LA DIVINE

DU MÊME AUTEUR

Grand Prix de la Société des gens de lettres
et prix Alexandre-Dumas
pour l'ensemble de son œuvre

Paradis entre quatre murs, Laffont.
Le Bal des ribauds, Laffont ; France-Loisirs.
Les Lions d'Aquitaine, Laffont, prix Limousin-Périgord.
Divine Cléopâtre, Laffont, collection « Couleurs du temps passé ».
Dieu m'attend à Médina, Laffont, collection « Couleurs du temps passé ».
L'Aigle des deux royaumes, Laffont, collection « Couleurs du temps passé » et Lucien Souny, Limoges.
Les Dieux de plume, Presses de la Cité, prix des Vikings.
Les Cendrillons de Monaco, Laffont, collection « L'amour et la Couronne ».
La Caverne magique (La Fille des grandes plaines), Laffont, prix de l'académie du Périgord ; France-Loisirs.
Le Retable, Laffont et Lucien Souny, Limoges.
Le Chevalier de Paradis, Casterman, collection « Palme d'or » ; Lucien Souny, Limoges.
L'Œil arraché, Laffont.
Le Limousin, Solar ; Solarama.
L'Auberge de la mort, Pygmalion.
L'Auberge rouge, réédition en 2001.
La Passion cathare :
  1. *Les Fils de l'orgueil*, Laffont.
  2. *Les Citadelles ardentes*, Laffont.

La Lumière et la Boue :
  1. *Quand surgira l'étoile Absinthe*, Laffont ; Livre de Poche.
  2. *Les Roses de fer*, Laffont, prix de la ville de Bordeaux ; Livre de Poche.

L'Orange de Noël, Laffont, prix du Salon du livre de Beauchamp'; Livre de Poche, France-Loisirs et Presses Pocket.
Le Printemps des pierres, Laffont ; Livre de Poche.
Les Empires de cendre :
  1. *Les Portes de Gergovie*, Laffont ; Presses Pocket et France-Loisirs.
  2. *La Chair et le Bronze*, Laffont.
  3. *La Porte noire*, Laffont.

La Division maudite, Laffont.
La Passion Béatrice, Laffont ; France-Loisirs et Presses Pocket.
Les Dames de Marsanges :
  1. *Les Dames de Marsanges*, Laffont.
  2. *La Montagne terrible*, Laffont.
  3. *Demain après l'orage*, Laffont.

Napoléon :
  1. *L'Étoile Bonaparte*, Laffont.
  2. *L'Aigle et la Foudre*, Laffont.

Les Flammes du Paradis, Laffont ; Presses Pocket et France-Loisirs.
Les Tambours sauvages, Presses de la Cité, France-Loisirs et Presses Pocket.

(voir suite en fin de volume)

MICHEL PEYRAMAURE

LA DIVINE

Le Roman de Sarah Bernhardt

ROBERT LAFFONT

ISBN 2-221-09738-6

FLEUR DE LAIT

Depuis le début de la nuit passée, la tempête mord la falaise, tonne dans les gouffres, fait surgir des geysers d'écume. Plus un navire au large, plus un promeneur sur la jetée. On ne distingue le phare de Port-Manech, à l'embouchure de l'Aven, qu'à travers une brume déchiquetée et éparpillée par un méchant noroît. Lorsque Maria Kervern se redresse, elle a du mal à tenir en équilibre : le vent qui la prend en écharpe l'oblige à danser sur place, en s'accrochant au manche de sa houe dont les dents s'ancrent à la terre lourde où affleurent les patates. Encore une poignée ou deux et elle en aura assez pour sa journée. Si elle en manque, le champ n'est pas éloigné de la ferme.

Il est temps qu'elle en finisse avec cette corvée : de grosses gouttes lui fouettent le visage. L'averse n'est pas loin ; à en juger par le mur de cendres violettes qui bloquent l'horizon des terres, elle durera des heures. Elle n'aime pas laisser seule la petite Sarah. Quand elle s'absente pour se rendre à Riec ou à Pont-Aven vendre ses œufs et son beurre, elle la confie à la fille de la voisine, Annick. Aujourd'hui, Annick est absente.

Mme Julie Bernhardt, mère de la fillette, lui a dit, lors de sa dernière visite :

— Je vous le répète, Maria : ne la laissez jamais seule. Cette enfant est d'une nature imprévisible...

C'est vrai : il faut l'avoir constamment à l'œil. La semaine passée, alors que Maria était à ses patates, Sarah a profité d'une minute d'inattention de sa nourrice pour trottiner jusqu'au bord de la falaise. En battant des bras, elle a joué à s'envoler pour rejoindre les premiers goélands cendrés de retour sur la côte bretonne. Persuadée d'avoir évité à temps un drame, Maria s'est promis de redoubler de vigilance.

Aujourd'hui, puisque Annick est absente, c'est à Yann, son mari, qu'elle a confié la garde de l'enfant. Précaution illusoire : souffrant d'un lumbago qui le cloue au lit, il est incapable de faire face à un danger. Son lourd panier au bras, sa houe à l'épaule, Maria se hâte vers la ferme dans une âpre bourrasque, quand des lamentations et une agitation insolite autour de sa masure lui arrachent un cri :

— Ma Doué ! *Pour sûr, il est arrivé malheur à la petite...*

Elle écarte un groupe de femmes éplorées, bondit vers la table où Sarah est étendue, inanimée. L'air sent le roussi. Penchée sur la petite, la mère d'Annick lui tamponne le visage d'une serviette imbibée de lait, et explique : elle était devant sa porte, en train de jeter du grain à ses poules quand elle a entendu crier Yann. Elle est arrivée assez tôt pour retirer l'enfant de la cheminée mais trop tard pour lui éviter des brûlures au visage et des dégâts à sa chevelure.

— J'ai pris du lait dans la cruche, dit-elle. Paraît que ça guérit bien du feu...

— Le beurre surtout, dit Maria.

Elle en barbouille le visage couvert de pustules. Sarah la laisse opérer sans une larme, avec une simple grimace. Yann n'a rien pu faire : quand il a vu Sarah proche de la cheminée, il lui a crié de reculer et a vainement tenté de la secourir. Alors, dit-il, il a crié, crié à s'en arracher le gosier.

— Fallait pas la laisser seule ! bougonne la voisine. Tu sais bien qu'elle aime le feu, cette gamine, même que c'en est bizarre, à ce que m'a dit ma fille. On dirait qu'elle veut le prendre dans ses mains, comme pour en jouer...

— Va falloir prévenir sa mère, pleurniche Maria. Elle est je ne sais où, à l'étranger, je crois. Elle m'a laissé son adresse, mais, comme je sais pas lire... Prends-la dans le tiroir du bahut et porte-la à la poste de Riec pour envoyer un télégramme. Tu feras écrire par la postière qu'il faut que Mme Bernhardt vienne dès qu'elle pourra. Après, tu iras prévenir le médecin et lui dire que c'est urgent. Regarde comme il est courageux, ce petit ange...

Elle ajoute :

— Par saint Corentin et saint Michel, je jure que je la laisserai plus jamais sans surveillance. Dès que possible j'irai faire brûler un cierge à l'église Sainte-Croix de Quimperlé, et je dirai des prières pour que cet amour retrouve sa jolie peau...

Lorsque Julie Bernhardt est arrivée, accompagnée du baron Hippolyte Larrey, fils du chirurgien militaire de Napoléon Ier, elle s'est retenue au bord de la table pour ne pas défaillir : elle ne reconnaissait plus sa fille dans cette image de betterave luisante de gras, qui semblait sortir de terre sous la pluie. Après avoir examiné l'enfant, le baron l'a rassurée :

— On lui a donné les soins qu'il fallait. Ma chère, je n'aurais pas fait mieux. Votre fille est hors de danger. Regardez : on dirait une petite fleur de lait...

— Mais sa peau, ses cheveux ?

— D'ici un mois elle aura retrouvé son teint frais et sa chevelure de bohémienne. Qu'allez-vous faire ? La ramener à Paris ?

— Vous savez bien que ma sœur Rosine et moi ne pourrions l'héberger rue Saint-Honoré, avec la vie que nous menons. Elle n'a pas sa place dans cette maison. Puisqu'elle est sauvée, je vais la laisser chez sa nourrice. Ça me coûte les yeux de la tête, mais, puisqu'il faut en passer par là...

Elle s'est tournée vers Maria, l'air sévère.

— Ma fille, vous l'ai-je assez répété ? Il faut veiller sur Sarah à toute heure du jour. S'il lui arrive un autre accident, je serai contrainte de vous l'enlever. Allons... allons... ne pleurez pas ! Vous êtes pardonnée.

Elle a ajouté :

— Hippolyte, mon ami, avez-vous un peu d'argent sur vous ?

Il a tiré quelques billets de sa poche, les a posés sur un coin de la table. Elle a murmuré :

— Pour le médecin et pour vous. J'allais oublier les mensualités que je vous dois...

Récit de Mme Guérard,
voisine et amie de la famille Bernhardt

Aussi loin que je puisse remonter dans mon souvenir, je trouve Sarah perdue en elle-même et au milieu des autres, insaisissable dans sa nature comme dans son comportement.

À peine sortie du ventre de sa mère, coupée de son milieu familial et de ses affections, elle a plongé dans l'aventure comme un navire démâté. Dans sa prime enfance, où qu'elle pût porter sa vue, elle était confrontée, sinon au vide, du moins à un décor étranger, a priori hostile, à des êtres qui ne lui révélaient rien de ses origines. La solitude était son lot ; elle en fait son théâtre. Elle portait déjà en elle un monde en gestation, un magma de lave, de rêves, d'ambitions et de promesses, qui l'aidaient à supporter sa condition d'exclue.

Sa nourrice, la bonne Maria, à défaut de s'exprimer (elle parlait parfaitement le breton, mais mal le français), l'a bien compris. Elle a pu constater que le moindre événement était pour Sarah un spectacle : elle convoquait sur la scène de son théâtre les personnages nés de ses fantasmagories juvéniles, les animait dans des décors qu'elle enjolivait à sa convenance. Le théâtre s'est greffé en elle, conférant à son entourage et à son lieu de vie une sorte de fonction magnétique.

Dès son retour de Bretagne, après son installation rue Saint-

Honoré, j'ai ressenti pour elle une fascination qui n'a fait que se confirmer jour après jour.

Notre première rencontre s'est produite dans l'escalier de notre immeuble, entre l'étage où je loge avec ma famille (on m'appelle la « dame du dessus ») et celui qu'occupent les deux sœurs Bernhardt. Vêtue d'une robe de piqué blanc, elle était assise sur une marche et jouait à la poupée, sans prêter attention aux gens qui allaient et venaient. Je me suis assise près d'elle et je lui ai dit :

— Je te connais bien, tu sais. Tu t'appelles Sarah. Moi, je suis Madeleine Guérard, la « dame du dessus ». Ta poupée, elle s'appelle comment ?

Son regard s'est décroché du mien, comme pour marquer son indifférence. J'ai ajouté :

— Tu ne veux pas me dire le nom de ta poupée ? Moi, à ton âge, je les avais toutes baptisées. J'en ai conservé quelques-unes. Si tu veux, je te les montrerai.

Je n'ai rien pu en tirer d'autre. Elle s'est levée, est descendue de quelques marches pour s'accroupir devant la porte de son appartement, où elle frappé du poing. Au bout de quelques minutes il en est sorti un homme que j'avais déjà croisé et qui ressemblait étrangement au duc de Morny, frère utérin de notre empereur. Il a baisé la main de Julie, a effleuré d'une caresse la tête de Sarah, avec un mince sourire. Je l'ai entendu dire :

— Ma chère, réfléchissez à ma proposition. La place de cette enfant n'est pas dans votre maison. Vous devez songer à son éducation, la placer dans un pensionnat pour qu'elle apprenne ce qu'une fille de son âge doit savoir.

— Rien ne presse, monseigneur, a répondu Julie. Elle n'a que sept ans.

— Qu'importe son âge ! Je vous le répète : sa place n'est pas ici.

Nul besoin de réfléchir longtemps pour percevoir le sens caché de cette dernière phrase. Julie Bernhardt et sa sœur Rosine, jeunes Juives émigrées à Paris, exerçaient en duo une profession que la loi tolère mais que la morale réprouve : celles de courtisanes. Elles vivaient et vivent encore, avec des aléas dus à l'âge, de leurs charmes, la qualité de leur clientèle les mettant à l'abri d'une intervention policière. J'ignorais alors le nom de leurs protecteurs, qu'elles recrutaient dans la meilleure société. Il m'arrivait et m'arrive encore fréquemment de croiser ces messieurs dans l'escalier ou la cour : ils me saluent en touchant le bord de leur chapeau du pommeau de leur canne, sans être gênés le moins du monde. Il est acquis qu'un personnage influent, dans quelque domaine que ce soit, se doit d'avoir une ou plusieurs maîtresses aptes à compenser l'ennui ou le dégoût de la conjugalité quotidienne.

Je vivais à cette époque en compagnie de mon époux, Louis, et de mon fils, Ernest. Après une flambée de passion ardente mais brève qui aboutit au mariage, Louis, jour après jour, me manifestait moins d'intérêt que pour son travail. J'avais épousé un érudit. Louis vivait dans un cocon tapissé de livres, dont j'avais peine à l'extraire à l'heure des repas ou de ses rendez-vous. Nous subsistions chichement des communications qu'il plaçait, non sans mal, dans des publications savantes. Je l'aidais dans ses recherches lorsque la livraison pressait. Si j'avais nourri l'espoir de le voir accéder à la notoriété, j'aurais été déçue. Ni la gloire ni la renommée ne lui tendirent la main, mais il n'attendait rien d'autre que la satisfaction égoïste que lui donnait son travail. C'est dire que nous ne roulions pas sur l'or et que nous avions besoin des intérêts de ma dot pour ne pas sombrer dans la misère.

Nos effusions juvéniles ont donné naissance à un petit Ernest. Il avait, à quelques mois près, l'âge de Sarah et ne semblait pas, alors, promis à un brillant avenir.

J'entretenais des rapports de simple courtoisie avec les sœurs Bernhardt. Leur mode de vie me laissait indifférente, contrairement aux bigotes de l'immeuble qui se gardaient du moindre contact avec ces femmes entretenues.

Je ne fus invitée à rendre visite aux « dames du dessous » qu'après quelques mois de cohabitation distante. Leur mobilier sans style précis me surprit moins que la négligence et le désordre qui régnaient dans l'appartement. La poussière recouvrait les meubles, des tentures pendaient lamentablement aux angles des murs et des cloisons, des vêtements et des linges occupaient les divans et les fauteuils, une bouteille de champagne vide voisinait, sur le piano, avec un cendrier d'où émergeaient des mégots de cigares, des blattes galopaient le long des plinthes...

— J'aimerais, me dit Julie, que vous me rendiez un service. J'ai appris les dons de couturière dont vous faites bénéficier d'autres locataires. Pourriez-vous tailler, dans une des robes que je ne porte plus, de quoi faire un costume pour notre Sarah ? Je vous réglerai à votre convenance, cela va sans dire...

J'acceptai, mais refusai toute rémunération, contrairement à mes habitudes. Puisque c'était pour Sarah... Restait à procéder aux mesures. On la trouva dans le cabinet de toilette, assise sur une pile de linge sale.

— Nous t'attendons dans le salon, dit Julie. Mme Guérard va prendre les mesures pour ta robe.

La voix de Sarah me parvint à la cantonade :

— Non ! Je veux pas !

— Cette enfant est insupportable... soupira Rosine. Elle n'en fait qu'à sa tête. En dehors de ses poupées, elle ne s'intéresse à rien. Elle a accepté d'entrer au pensionnat mais refuse qu'on l'habille convenablement.

— Non et non ! répétait Sarah. Je veux pas !

Julie, perdant patience, réclama la cravache oubliée par un officier, habitué de la maison. Rosine la lui apporta. J'arrêtai le geste de la mère à l'instant où elle allait l'abattre sur la rebelle.

— Ne la frappez pas, dis-je. Laissez-moi un moment seule avec elle. Vous verrez, tout se passera bien.

Je m'agenouillai près de la petite. Durant quelques instants nous restâmes face à face, elle, visage crispé par l'obstination, moi souriante, avec l'impression d'avoir à affronter un jeune fauve au visage de Méduse. Lorsque j'avançai la main pour dégager son front débordé par une lourde chevelure brune, elle fit mine de cracher sur elle puis recula de quelques pas, dans l'attente, sans doute, d'une riposte. Je me contentai de lui dire d'une voix calme :

— Ma petite fille, si tu ne te montres pas raisonnable, tu seras la première à en pâtir. Je suis venue pour t'habiller comme une princesse. Les élèves du pensionnat seront jalouses de toi, tu verras. Tu veux bien me suivre au salon ?

Je lui parlai de ma propre jeunesse, du plaisir que j'aurais eu à revêtir une robe de velours bleu, à côtoyer, dans l'institution où on allait la placer, des filles de la meilleure société. Il allait falloir qu'elle y mette du sien, qu'elle m'aide à choisir la forme qui lui plairait. On allait bien s'amuser... Peu à peu son visage se détendit sans perdre sa sévérité. Lorsque, de nouveau, je lui tendis la main, elle m'accompagna jusqu'au salon.

— Vous êtes une magicienne ! s'exclama Julie. Comment avez-vous réussi à...

— Sarah, répondis-je, a peut-être un caractère ingrat, mais la cravache n'y peut rien, au contraire. Il faut lui démontrer qu'elle ne gagne rien à s'obstiner dans ses caprices. Beaucoup d'enfants font de même à son âge...

— On voit bien, protesta Rosine, que vous n'avez pas affaire à elle tous les jours. Dieu sait que Youle et moi aimons cette enfant, mais il semble qu'elle nous déteste.

— Elle déteste le monde entier. Il faut lui apprendre à l'aimer.

Je lui demandai qui elle appelait Youle.

— C'est ma sœur : Julie. Youle dans notre langue. Nous sommes issues d'une famille juive allemande, les von Hardt, réfugiée en Hollande. Elle s'est mariée. Moi non : j'ai gardé mon nom de jeune fille.

J'admirai la minceur de Sarah, sa tignasse superbe et sauvage et ce regard de jeune louve qui me fascinait. En prenant les mesures, j'appris que le pensionnat d'Auteuil, dirigé par Mme Fressart, était réservé aux enfants de l'aristocratie et que, sans les instances de M. de Morny, il aurait fallu se rabattre sur un établissement plus modeste. Le duc assumerait d'ailleurs une partie de la dépense...

C'était donc bien le frère de l'empereur que je croisais dans l'escalier. Il rejoignait, dans ce havre accueillant, le romancier Alexandre Dumas, le baron Larrey, le compositeur Rossini et quelques autres personnages importants.

De tout le temps que je passai à tailler la robe en velours épinglé, Sarah ne me quitta pas des yeux, soit qu'elle tînt à surveiller mon travail, soit qu'elle prît plaisir à voir mes mains faire naître la toilette qui allait l'introduire dans un monde nouveau pour elle. J'étais la bonne fée qui allait faire de Cendrillon la reine du bal. Quand elle souhaitait prendre part à la métamorphose, je la laissais faire. Elle se piquait les doigts mais ne bronchait pas. Aussi courageuse que lorsqu'elle avait échappé au feu, en Bretagne... La petite Fleur de lait avait du caractère, et ça me plaisait.

On passa à l'essayage.

— Une merveille ! s'exclama Rosine. Youle, viens voir. Notre Sarah a des allures de princesse...

Je relevai une manche jusqu'au coude, montrai une cicatrice suspecte.

— S'est-elle blessée ? dis-je. À moins que...

— Je vois ce que vous pensez, lâcha sèchement Julie. Eh bien, non ! Nous ne sommes pas des tortionnaires. Ma sœur peut vous raconter à quoi cette cicatrice est due... Un accident, ma chère, un simple accident...

LE PLAFOND DE LA RUE

Récit de Rosine von Hardt,
tante de Sarah

Un jour, par une de ces décisions impulsives et draconiennes qui sont le propre de sa nature, Julie décida du retour de Sarah. C'était peu de temps après l'accident qui avait failli lui coûter la vie. Comme elle n'était toujours pas disposée à garder sa fille près d'elle, elle la confia à un couple de concierges de Neuilly, à une heure de voiture de la rue Saint-Honoré.

Pauvre Sarah... Elle s'ennuyait à mourir dans ce lieu sinistre, loin des falaises, des grands vents de Bretagne et de l'affection de Maria Kervern. Logée dans une pièce sans fenêtre, elle passait le plus clair de ses journées à jouer dans la cour de l'immeuble avec la fille d'une voisine, à regarder, par l'œil-de-bœuf de l'entresol, passer les gens, et à chercher, comme elle disait, « le plafond de la rue ».

Lorsque ma sœur était à Bruxelles ou dans une ville d'eaux allemande, ce qui lui arrivait souvent, c'est moi qui rendais visite à ma nièce. C'était toujours la même chanson : elle voulait retrouver sa maison de la rue Saint-Honoré. Était-elle mal soignée, brutalisée ? Non. Elle s'ennuyait. Je lui apportais des cadeaux : des poupées, du chocolat, des illustrés, de quoi dessiner. Elle y prêtait à peine attention

Je lui disais, pour la consoler et lui faire prendre son mal en patience :

— La grande fille que tu es doit pouvoir comprendre que nous ne pouvons pas te loger sous notre toit. Nous sommes trop prises par nos affaires et nous sommes trop à l'étroit.

Autant de raisons fallacieuses qu'elle acceptait, pauvre innocente qu'elle était. Elle me répétait qu'elle voulait voir le « plafond de la rue », sans que je comprenne ce que signifiait cette expression singulière. J'en avais le cœur chaviré.

Un jour elle m'implora, avec plus de violence que d'ordinaire, de la ramener « chez elle ». Alors que, lasse de cette scène sempiternelle, je me levais pour me retirer, elle s'accrocha à moi, déchira mes dentelles, me frappa le ventre de ses poings.

— Ça suffit ! lui dis-je en levant la main sur elle. Tu es trop jeune pour faire la loi. Je ne te ramènerai que lorsque le moment sera venu.

Je montai dans mon petit-duc, fis claquer mon fouet et m'éloignai au trot. Je ne vis pas Sarah sortir de l'immeuble, courir le long du trottoir pour me rattraper, s'accrocher à un ressort de la voiture. Ses cris me firent me retourner. J'arrêtai le cheval, courus vers elle, qui gisait, inanimée, sur la chaussée. Avec l'aide du concierge, je la transportai jusqu'à la loge. Cette chute aurait pu lui être fatale : elle souffrait d'une fracture à un bras et de nombreuses ecchymoses.

— Qu'allons-nous en faire ? me demanda le concierge. Dans son état, ça risque de nous coûter cher en soins.

— Ça ne vous coûtera rien ! ai-je répondu. Je vous la retire.

Je lui payai les mensualités en retard et conduisis ma nièce rue Saint-Honoré, sans me soucier de ce que Youle, que je fis prévenir alors qu'elle se trouvait à Gand, penserait de cette initiative. Je l'installai dans une chambre en veillant, tout le temps de sa convalescence, à ce que les allées et venues, les réceptions, les soirées intimes, les ébats diurnes ou nocturnes lui échappent.

Quelques années plus tard, peu avant son entrée au Conservatoire, elle m'avoua, en posant sa tête sur mes genoux :

— Ah ! tante Rosine, comment te dire le bonheur que j'ai ressenti à me retrouver dans une vraie chambre, dans un lit qui n'était pas une paillasse, avec, pour moi toute seule, une fenêtre donnant sur un jardin... Quand j'ai repris conscience, après mon accident, j'ai eu l'impression de me trouver au paradis. Tous ces gens qui venaient prendre de mes nouvelles, m'apporter des cadeaux... Vous vous serviez même de moi pour apitoyer les créanciers : « Regardez cette pauvre infirme ! Nous avons à peine de quoi consulter le médecin, et vous oseriez nous mettre sur la paille ? »

Il fallut des mois à Sarah, qui avait une ossature fragile, pour retrouver sa vitalité, son énergie... et son caractère ingrat. Elle passait le plus clair de son temps à somnoler dans son grand lit recouvert de livres d'images, à animer et à faire parler les poupées que M. Dumas qui apportait à chacune de ses visites. Il me glissa un jour à l'oreille : « Quel étrange personnage que votre Sarah... Elle s'invente un monde qui nous est interdit. »

Rétablie, Sarah devint infernale.

Elle supportait mal la présence de certains visiteurs, les vieux messieurs notamment. Nous étions contraintes de l'enfermer dans sa chambre, mais ses protestations, les injures qu'elle proférait, apprises à Neuilly, les coups qu'elle frappait à la porte, nous rendaient la vie impossible. Mme Guérard avait beau dire : Sarah se conduisait comme un démon.

Ce petit fauve hirsute (Sarah détestait se faire peigner) n'observa une trêve dans sa rébellion que lorsque sa mère lui dit un jour :

— Ma chérie, j'ai deux nouvelles à t'apprendre. Mais d'abord, mouche ton nez, petite sale ! La première...

— La première ?

— Le bon Dieu va m'envoyer un bouquet avec un joli bébé au milieu. Peut-être un petit frère. Tu aimerais avoir un petit frère, dis ?

— Non !

— Mais ça pourrait être une sœur...

— Qu'il la garde !

— La seconde nouvelle te concerne. C'est décidé : tu vas nous quitter pour le pensionnat de Mme Fressard, à Auteuil. Tu y trouveras des amies de ton âge, un grand jardin, ct tu pourras prier tous les jours dans la chapelle.

— Mouais...

— Il est temps que tu apprennes l'écriture et les bonnes manières. M. de Morny serait très mécontent si tu refusais. Tu sais comme il t'aime.

Elle lui parla de cette fameuse robe bleue, en velours épinglé, confectionnée par la « dame du dessus » : Madeleine Guérard.

Finalement, les choses se déroulèrent mieux que nous ne l'avions redouté. Il est vrai que nous fîmes en sorte que le transfert de ma nièce dans le pensionnat prît l'allure d'un départ en vacances. On entassa dans mon petit-duc une grosse malle et le carton à chapeau plein des poupées dont Sarah avait refusé de se séparer. Un landau suivait, dans lequel avaient pris place M. Régis, parrain de Sarah, et quelques familiers. Ce train donnait de la solennité à un événement somme toute banal.

Les deux véhicules ont fait halte devant le pensionnat, au 18 de la rue Boileau, auquel on accède par un portail monumental portant en lettres dorées le nom de l'établissement. Tandis que M. Régis s'occupait à faire transporter le modeste bagage de Sarah dans le dortoir, Mme Fressard nous fit les honneurs de sa maison. Avec son beau visage ovale, ses paupières papillotantes, sa toilette élégante dans sa modestie, sa coiffure *à la Sévigné* et ses manières onctueuses, elle n'avait rien d'un garde-chiourme. Quant à sa maison, elle ne rappelait en aucune manière un asile pénitentiaire : le grand jardin, d'où venaient des rumeurs de récréation, a des allures de parc.

— M. de Morny, nous dit la directrice, ne m'a pas caché que votre fille a un caractère difficile et une santé fragile. C'est pourquoi je veillerai personnellement à son éducation. D'ici peu, vous trouverez en elle du changement...

Elle effleura la chevelure de Sarah et fit la moue.

— Voilà une tignasse qui sera malaisée à friser, dit-elle.

— Et plus encore, répondit Youle, à défriser. Il faudra la brosser tous les jours pour la démêler, sinon vous ferez souffrir cette pauvre chérie.

Le maréchal Canrobert, un de nos plus fidèles amis, secoua sa crinière de lion et, soulevant Sarah, l'embrassa entre ses grosses moustaches.

— Soldat Bernhardt, dit-il, vous allez entrer dans votre caserne. Tâchez de respecter la discipline et de marcher au pas, sinon, gare !

Et il lui lâcha dans l'oreille un redoutable « scrogneugneu ».

Le départ de Sarah a été bénéfique pour ma sœur. Après la naissance de sa deuxième fille, Jeanne, la maison a retrouvé son calme et cet air d'aimable liberté d'avant la venue du petit démon enjuponné. Entre deux biberons, elle se remettait au piano et au chant, deux arts dans lesquels elle aurait pu faire carrière.

La seule à s'attrister du départ de ma nièce a été la « dame du dessus ». Dans les premiers temps, je n'ai pas vu d'un œil favorable l'intrusion de cette jeune femme au physique agréable, intelligente et instruite, dans une famille où elle n'avait que faire. Youle, en revanche, sollicitait ou acceptait cette présence qui la soulageait de quelques soins à donner à sa fille. Je ne discernais pour ma part, chez cette étrangère, qu'une curiosité insolente envers des « femmes entretenues » qui insultaient à la bonne renommée de l'immeuble. J'ai vite compris que les intentions de Mme Guérard n'étaient pas celles que je lui prêtais et qu'elle n'était attirée que par sa singulière fascination pour Sarah. Il semblait qu'elle eût décelé, comme Morny et Dumas, ce que ce caractère rebelle dissimulait d'énergie, d'originalité, de passion et de soif de liberté : ce que nous prenions, Youle, moi et quelques autres, pour les imperfections d'une nature indomptable.

Il m'apparaît clairement aujourd'hui, alors que des années ont passé, que nos préventions, nos craintes, les châtiments dont nous la punissions, ne pouvaient que renforcer l'esprit de rébellion sur lequel se fonde sa nature profonde.

LES BONNES MANIÈRES

Récit de Mme Guérard

Je me suis longtemps interrogée sur la paternité de Sarah. Ce n'est que par bribes et par recoupements que j'ai pu reconstituer un tissu d'hypothèses plus ou moins crédibles mêlées à quelques certitudes.

J'ai balayé une conjecture qui, d'emblée, me parut suspecte : Sarah ne pouvait être la fille du duc de Morny ou d'Alexandre Dumas, comme certains se sont plu à le répandre. En dépit de l'affection qu'ils lui vouaient et, pour l'écrivain en particulier, d'une vague ressemblance : teint mat et chevelure indisciplinable, rien de plausible ne confirme cette version.

Plus vraisemblable : Sarah, fruit des amours entre Julie et un étudiant du Quartier latin, Édouard Bernard, mais cette hypothèse manque de références fiables. On en trouve de plus sérieuses avec un officier de marine du Havre nommé Morel ; à sa mort, à Pise, alors que Sarah était adolescente, il lui a légué une somme importante pour le jour où elle se marierait.

Sarah ne m'a guère parlé de l'étudiant ; en revanche elle se montre prolixe à propos de l'officier de marine. Elle prétend l'avoir rencontré à plusieurs reprises et se souvient s'être promenée avec lui, main dans la main, autour de sa villa de Sainte-Adresse, proche du Havre, mais je me suis toujours méfiée de son goût pour la fabulation : elle a pu chercher à s'inventer un père, à partir de quelques éléments réels. Le personnage de l'officier de marine semble lui convenir ; elle a pu broder une dentelle imaginaire autour de lui...

J'en sais davantage sur son séjour de deux ans au pensionnat d'Auteuil.

Y fut-elle heureuse ? Oui ? non ? Comment savoir ? Elle se pliait volontiers à certaines disciplines, en repoussait d'autres à sa manière : avec fermeté. Apprendre à lire, à écrire, à coudre lui plaisait ; elle acquit sans peine l'essentiel des bonnes manières ; pour ce qui est du calcul, elle éprouvait une répulsion viscérale. Son obstination à en refuser l'enseignement lui attirait des réprimandes et des punitions qui déclenchaient des crises, lesquelles se terminaient sur un lit de l'infirmerie. Elle ne supportait pas d'être punie de coups de règle sur les doigts ; ce châtiment lui causait une telle frayeur qu'elle hurlait et se débattait.

C'est dans ce pensionnat qu'elle prit conscience de l'attrait que l'art dramatique exerçait sur elle. C'est du moins ce qu'elle me confia à quelque temps de son retour.

— Nous avions parfois la visite d'une actrice de la Comédie-Française, Stella Colas, qui venait déclamer des textes classiques. Je ne les comprenais pas toujours, mais ils me bouleversaient. Le songe d'Athalie, par exemple, tu sais, mon Petit' dame (c'est ainsi qu'elle m'appelait dans ses élans d'affection) : *C'était pendant l'horreur d'une profonde nuit...* Un soir, debout sur mon lit, je me suis mise à imiter la comédienne, en gonflant ma voix, avec des grimaces horribles. J'en ai été quitte pour quelques coups de baguette...

Débuts pitoyables dans la carrière de Sarah... Elle a poursuivi :

— J'avais retenu quelques-uns des vers que déclamait Stella Colas, car j'ai bonne mémoire, tu le sais. Je me les récitais jour et nuit, jusque dans mon lit. La surveillante, croyant que je priais, se gardait de m'interrompre.

En dépit de quelques caprices et de châtiments sévères, Sarah n'a pas gardé un mauvais souvenir de ces deux années. Le jour où Mme Fressard lui a annoncé qu'elle allait revenir dans sa famille, elle s'est jetée dans le bassin et a contracté une congestion qui faillit lui être fatale.

Les deux sœurs avaient quitté leur appartement de la rue Saint-Honoré pour s'installer au 6 de la rue de la Chaussée-d'Antin. C'est là, si j'en crois Sarah, qu'elle retrouva son père, l'officier de marine Morel. Il avait, dit-elle, maigri, et ses mains avaient pris l'apparence d'un vieux cuir. Sans doute souffrait-il de la maladie qui allait entraîner sa mort prématurée en Italie.

Youle et Rosine accueillaient fréquemment un personnage truculent qui, dès qu'il apparaissait, mettait la maison sens dessus-dessous : Giacchino Rossini, compositeur italien déjà célèbre, que j'avais rencontré rue Saint-Honoré. Il faisait contraste avec les autres protecteurs, non seulement par sa jovialité tonitruante, mais par ses tenues fantasques : bonnet à la sicilienne, large écharpe rouge sur les épaules. Il s'asseyait au piano et lançait avec son rude accent de Pesaro :

— Ma petite Julietta, que diriez-vous du grand air de mon opéra, *Guillaume Tell*, ou de *Mosé in Egitto ?* Hein ? Je vous accompagne...

Ils se passaient du public. En dehors des soirées consacrées aux amis, ils se délectaient de quelques airs d'opéra italien, dont Youle raffolait. Rossini quittait le clavier et, comme pris de frénésie, chantait et mimait Guillaume ou Moïse, avec des contorsions et des grimaces qui mettaient son petit auditoire en joie. Ce grand artiste était un théâtre à lui tout seul. Lorsqu'il s'était retiré, l'écho de sa voix semblait se répercuter dans tout l'appartement, comme un roulement de tonnerre assourdi.

Sarah ne resta que quelques mois dans cette nouvelle résidence. Elle avait appris chez Mme Fressard les rudiments de la lecture, de l'écriture et des bonnes manières. Le conseil de famille jugea utile de compléter ces premiers pas en la faisant inscrire au couvent des augustines de Grandchamps, à Versailles, par une instruction et une éducation religieuses qui viendraient à bout de ses néfastes penchants.

Elle alla de surprises en déceptions. Elle prenait un air de martyre en me parlant, quelque temps plus tard, de la sœur tourière, sévère et moustachue, de la supérieure, la mère Sainte-Sophie, dont le visage était dissimulé par un voile, du parloir sinistre comme une crypte, orné de portraits de papes, de saints, et du prétendant au trône, le comte de Chambord, qui se faisait appeler Henri V...

— À peine franchi le portail, je me suis accrochée au pantalon de mon père et à la jupe de ma mère, comme si l'on allait me jeter dans une prison. J'ai protesté à ma manière, en disant que je voulais retourner à Paris. Je fis un tel caprice que la supérieure se pencha vers moi, souleva son voile et m'embrassa. Devant ce visage de sainte, à la peau délicate, aux yeux bleus, à la bouche rieuse, je sentis fondre mes velléités de révolte. Elle m'expliqua que j'aurais un grand parc pour mes jeux et mes promenades, une chapelle pour mes dévotions et des filles de ma condition pour me tenir compagnie. Elle me dit, en me prenant la main : « Viens, je vais te faire visiter ta nouvelle demeure. Elle a l'air revêche mais ce n'est qu'une apparence, tu verras... »

Les premiers temps furent difficiles pour Sarah.

Rebelle à toute discipline, elle semblait prendre plaisir à proférer au milieu de ses compagnes les expressions vulgaires ou salaces qu'elle avait retenues des querelles qui opposaient sa mère, sa tante et les domestiques. Reprise par le démon du théâtre, elle se plaisait à mimer l'attitude des visiteurs. Le jour où elle gifla une jeune professe qui démêlait maladroitement sa chevelure, elle passa en conseil de discipline et faillit être renvoyée à sa famille.

À la longue, elle s'assagit ou fit semblant. On lui avait confié un carré de terre dans le jardin, où elle plantait et semait ce qui lui plaisait. Elle avait recueilli, dans l'étang qui occupait le bas du domaine, des serpents d'eau qu'elle avait enfermés dans une caisse et nourrissait de grenouilles. Dans ses études, elle montrait une assiduité relative, du moins dans les matières qui lui convenaient.

Sarah ne manifesta aucune affection pour sa sœur, Jeanne, qui vagissait encore dans son berceau. Quand sa mère lui annonça qu'elle allait recevoir du Ciel un autre bouquet avec, au milieu, un bourgeon de bébé, elle fit la grimace. Ce fut encore une fille. On l'appela Régina.

Elle venait d'avoir treize ou quatorze ans lorsque la mère supérieure annonça à ses pensionnaires la visite de l'archevêque, Mgr Sibour, auquel on offrirait un spectacle. Un spectacle au couvent ! Sarah se voyait déjà sur la scène, dans la pièce d'inspiration biblique écrite par une moniale : *Tobie recouvrant la vue*. Elle entra dans une sombre colère en apprenant qu'elle était exclue de la distribution. Par chance, lors de la dernière répétition, l'actrice qui devait interpréter le rôle de l'archange Gabriel s'étant effondrée, on fit appel à Sarah pour la remplacer. Ce fut son premier triomphe. On la couvrit de compliments, à l'égal du chien César qui, avec le même talent, jouait le démon couvert d'écailles que le saint devait trucider. Elle reçut des mains de l'archevêque une médaille sainte qu'elle se promit de garder sur son cœur toute sa vie.

Ce fut la dernière apparition de Mgr Sibour en public. À quelques jours de là, il mourait sous le poignard d'un prêtre excommunié...

Cet événement frappa Sarah au point de déclencher en elle une crise de mysticisme. Son succès théâtral tenu pour un excès de fatuité, elle se tourna vers Dieu, s'infligea des macérations. Une voie lumineuse s'ouvrait devant elle : elle serait, toute sa vie durant, la servante du Seigneur.

Ce voile de mysticisme n'était qu'illusion : il ne pouvait cacher bien longtemps son goût de la provocation. Franciscaine dans l'âme plus qu'augustinienne, elle organisa, pour la mort de son lézard favori, suite à une massive ingestion de mouches, une messe de *De profundis* assortie d'une procession qui se déroula sous l'œil stupéfait des surveillantes.

Cette initiative, sans risque pour la foi, n'aurait soulevé que la réprobation de la mère Sainte-Sophie si, au cours de la procession, un shako n'était tombé du ciel et si, juché à califourchon à la crête du mur d'enceinte, n'avait surgi un sous-officier rouge de confusion et qui réclamait son couvre-chef.

— Si vous y tenez tant, lui répondit Sarah, venez donc le chercher !

Au milieu des rires de ses compagnes et des imprécations des surveillantes, elle coiffa le shako, se hissa jusqu'à la passerelle transversale du portique de gymnastique et provoqua le militaire à venir assiéger cette place.

Il fallut l'intervention de la mère supérieure pour qu'elle consentît à rendre son trophée. En revanche, elle refusa de quitter son perchoir, consciente du châtiment sévère qui l'attendait. À plat ventre sur la passerelle, elle passa la nuit à grelotter et à gémir, appelant à son aide l'archange Gabriel. Ce n'est qu'au petit matin qu'elle consentit à redescendre dans le monde des humains. Elle paraissait si mal en point que la mère supérieure, plutôt que de la punir, la fit conduire à l'infirmerie. Elle y resta une quinzaine, le temps de se remettre d'une sévère pleurésie.

Pour être tardive, la sanction n'en fut pas moins implacable : on rendit Sarah à sa famille.

Sa crise de mysticisme n'avait été qu'un feu de paille, mais l'esprit de rébellion restait ancré en elle.

Je m'interroge encore aujourd'hui, alors que Sarah triomphe dans tous les pays du monde, sur les aberrations de son enfance et de sa jeunesse. J'y vois une impulsion débridée de se pousser coûte que coûte, en toute circonstance, au-devant de la scène. Elle portait déjà en elle les éléments qui allaient en faire la première comédienne de son temps, une créature vouée aux sentiments extrêmes, une maîtresse exigeante, fantasque et ingrate.

Sarah a dit de moi que je suis « douce et timide ». Il fallait bien ces qualités, alliées à une infinie patience, pour supporter ses humeurs, ses caprices et les mauvaises manières que ses séjours au pensionnat et au couvent n'avaient pas éradiquées. Ma vie s'est confondue à la sienne. J'éprouvais plus d'affection et d'attention pour elle que pour ma propre famille.

Lorsqu'elle fut renvoyée du couvent de Grandchamps, Sarah avait environ quinze ans. J'aurais pu me charger de parfaire l'enseignement qu'elle avait reçu, mais sa mère préféra en confier le soin à Mlle de Brabender à qui revint le rôle d'institutrice et de gouvernante.

Curieux personnage que cette vieille demoiselle confite dans l'encens. En dépit de son apparence virile, des moustaches et de la barbe qu'elle rasait chaque matin, elle n'était pas androgyne. Elle portait des châles des Indes, coiffait des chapeaux insolites qui lui donnaient l'allure d'un singe déguisé. Au demeurant, un aimable caractère, doté d'une patience que ne décourageaient pas les moqueries et les rebuffades de son élève.

L'enseignement qu'elle prodiguait à Sarah comportait des leçons de piano et de dessin. Sarah détestait cet instrument, mais son goût pour les arts allait s'épanouir et faire d'elle, quelques années plus tard, une artiste renommée.

La présence de Mlle de Brabender rue de la Chaussée-d'Antin ne se fit pas à mon préjudice.

J'avais acquis l'affection des deux sœurs, sensibles aux services et aux conseils que je leur prodiguais. La vie de courtisane qu'elles menaient me laissait indifférente, peu portée que je suis à critiquer mes prochains. Sans leur imposer ma présence, je passais le plus clair de mon temps dans leur logis, écoutant leurs confidences, leur servant de partenaire pour des parties de baccara, de rouge-et-noir ou de whist, parlant politique, les écoutant clabauder sur leurs protecteurs dont elles se moquaient, à l'exception de quelques personnages de qualité, comme le duc de Morny, le marquis de Caux, le banquier Stern, et le maréchal Canrobert...

Lorsque la bonne, Marguerite, de sa voix de pintade, annonçait l'un de ces messieurs, je me retirais discrètement, non sans surprendre baisemain, compliments, petits cadeaux et fausses effusions.

J'ai toujours été surprise de l'attirance que Julie et sa sœur suscitaient auprès de ces messieurs qui, de par leur qualité, auraient pu prétendre aux faveurs des grandes courtisanes de ce temps, les *lionnes*. Julie était de taille inférieure à la moyenne, boulotte, des yeux bleus dans un visage de madone italienne, une chevelure blonde à laquelle elle apportait les plus grands soins. Sa conversation n'avait rien de châtié, mais elle avait une voix agréable et chantante, vulgaire quand une colère la prenait, ce qui était fréquent. Peut-être, me disais-je, déployait-elle dans l'intimité des dons particuliers, de tendresse, d'ardeur ou de perversité.

Rosine était d'une beauté plus banale que sa sœur, mais d'un caractère plus affable et moins vulgaire, dans sa conversation surtout, qui était pleine d'agrément. Dans certaines controverses portant sur la littérature, elle tenait tête à Dumas, qui devait parfois baisser pavillon devant elle.

Les habitués se considéraient comme étant de la famille. Ils arrivaient sans se faire annoncer et s'installaient comme dans leurs meubles. Leurs relations avec les deux sœurs n'étaient pas tarifées : elles se contentaient de quelques secours propres à renflouer le navire lorsqu'il prenait l'eau. Ils savaient où trouver alcool et cigares, s'invitaient sans façon aux soirées artistiques qui donnaient quelque éclat à la famille et, de temps à autre, sans idée préconçue, prenaient le chemin d'une des chambres réservées aux ébats. Ils paraissaient indifférents au désordre, à la banalité et au délabrement du mobilier, et semblaient même s'y complaire, en réaction, je suppose, aux obligations que leur ménage imposait.

Les deux sœurs m'honoraient de leur confiance. Je servais d'exutoire à leurs humeurs. Elles ne me cachaient presque rien de leurs secrets de femmes, lorsque, leurs invités partis, le champagne leur donnait des idées folles.

Elles parlaient souvent de mariage à propos de Sarah, ou d'une perspective qui m'affligeait : la faire entrer dans une autre école, celle de la galanterie. Me demandaient-elles mon avis ? je répondais que c'eût été une absurdité : le physique ingrat de la petite, sa maigreur, son caractère difficile ne la préparaient pas à cet avenir.

Alors que Sarah entrait dans ses seize ans, je fus témoin d'une scène révoltante.

Lorsque Marguerite annonça M. Régis, le parrain de Sarah, je quittai la table de jeu pour me retirer. Rosine me retint. M. Régis était de la famille et ma présence ne gênerait personne.

Bras écartés, sa canne d'une main, son chapeau de l'autre, le vieil homme prit place dans le fauteuil le moins avachi réservé aux visiteurs de qualité, les « messieurs de la haute », comme on disait.

— Sarah ! glapit Julie, viens embrasser ton parrain.

La gamine arriva en traînant les pieds, se laissa effleurer la joue par les grosses moustaches et attirer sur les genoux du visiteur qui lui glissa à l'oreille d'une voix grasse :

— Ma petite reine, je sais que tu aimes les chocolats. Ton parrain ne l'a pas oublié. Regarde ce qu'il t'a apporté !

Sans cesser de faire la moue, Sarah défit le paquet, picora du bout des ongles un chocolat de Chez Marquis, le meilleur confiseur de la capitale.

— Dis donc, ajouta le vieillard, dont le teint s'empourprait, elle pousse, cette petite poitrine ! Encore un an ou deux et tu pourras rivaliser avec Mme Guérard. Tu aimes les chocolats, ma biche ? Et ton parrain, tu l'aimes, dis ?

— Mouais... fit Sarah.

— Montre-lui comment tu l'aimes ! lança Julie. Fais-lui un baiser d'hirondelle pour le remercier.

De mauvaise grâce, Sarah rapprocha son visage de celui du vieillard, tout barbouillé de favoris, chercha un coin pas trop ridé pour y faire palpiter ses cils.

— Continue... bredouilla M. Régis. Encore un peu, ma biche. Là, oui...

— Vos mains ! s'écria Sarah. Cessez de me peloter. Vous me faites mal.

Le vieillard interrompit ses caresses qui s'attardaient sur la taille, glissaient sous la jupe, grignotaient chaque espace de dentelle et de chair. Il soufflait comme une otarie, avec de petits gémissements de plaisir, le visage congestionné, un filet de salive au menton.

— Pardonne-moi, ma chérie, balbutia-t-il. Tu es si belle... Tiens, puisque tu es gentille, je te donne un gros billet. Tu vas pouvoir t'en acheter, des chocolats...

Assise près de Rosine, je l'entendis murmurer, les dents serrées :

— Ce vieux salaud... cet hypocrite... si on le laissait faire...

J'étais moi-même atterrée mais impuissante à manifester ma réprobation. Julie, elle, prenait ces privautés avec indulgence, paraissant même les encourager. Elle rattrapa Sarah qui se retirait vers sa chambre, son coffret de chocolats sous le bras, et souffla d'un ton sévère :

— Petite sotte ! Tu as vexé ce bon ami qui se montre si généreux avec toi. Ce billet qu'il t'a donné, je le garde pour t'acheter des souliers. Si tu avais été moins bégueule, il t'en aurait donné un autre...

L'indignation me monta au visage, au point que j'allais me retirer, quand Julie insista pour que je partage leur dîner. La gourmandise l'emporta. Je restai.

Au cours de cette même soirée, deux autres scènes, presque aussi odieuses que la première, retinrent mon attention.

Alors que nous nous apprêtions à passer à table, Julie s'en prit au parrain, alors qu'il savourait une dernière gorgée de *Parfait Amour*.

— Étonnez-vous que ma fille ne vous manifeste pas plus d'affection ! Vous êtes négligé et vous puez. De plus, vos visites se font rares, et vous vous montrez de moins en moins généreux. Ai-je cessé de vous plaire ? S'il vous faut de la chair fraîche, allez donc baiser les gamines des barrières !

Elle fut rappelée à l'ordre par Rosine qui s'impatientait :

— Vous brûlerez vos torchons une autre fois ! Le potage va refroidir...

Le dîner achevé, lorsque M. Régis eut pris congé, Julie dit à sa fille, sans se soucier de ma présence :

— Intelligente comme tu l'es, jolie comme tu le seras peut-être un jour, tu réussiras, j'en suis certaine. Les appuis des messieurs ne te manqueront pas, tu verras, mais il faudra te résoudre à accepter l'âge et les mauvaises manières de tes protecteurs. Tu t'es mal conduite, ce soir, avec ce pauvre M. Régis. Comprends-moi, ma chérie : ta tante et moi ne sommes plus toutes jeunes. Il faudra bien, un jour prochain, que tu prennes la relève. Ça sera difficile, au début, à cause de ton caractère, mais tu t'habitueras vite. Ainsi, tu ne feras que compenser les sacrifices que nous avons consentis pour ton éducation, qui est celle d'une princesse...

La réponse de Sarah fusa, nette et violente :

— Tu as fait des *choses* avec mon parrain, et tu voudrais que je fasse comme toi ? Jamais !

Rosine arrêta la main que Julie allait abattre sur sa fille.

— Ça suffit ! dit-elle d'un ton énergique. Nous en reparlerons plus tard. Sarah n'a que seize ans, je te le rappelle...

Sarah m'avoua, le lendemain, qu'elle avait passé une nuit blanche. Elle prit mes mains dans les siennes, posa sa tête contre mon épaule.

— Mon Petit'dame, tu étais présente, hier soir, et tu as dû tout entendre, curieuse comme tu l'es. Tu sais que je ne suis pas d'accord avec la proposition de ma mère. C'est non ! Je ne veux pas devenir une putain. Tu entends ! Jamais...

— Sarah, calme-toi et surveille ton langage.

— Tu sais bien que cette maison est un bordel. J'aime bien ma mère, ma tante, et toi plus que tout, mais un jour je partirai. Ce que je voudrais... ce que je voudrais, c'est retourner à Grandchamps, me faire religieuse. J'y songe de plus en plus.

— Ôte-toi cette idée de la tête, ma chérie. Tu ne supporterais pas la discipline du couvent. Il t'a rejetée et ne te reprendra plus.

— Alors, qu'est-ce qui m'attend ? Un mariage ? Ma mère et ma tante s'y emploient, mais ça me fait horreur. Appartenir à un homme qui me trompera à la première occasion, eh bien, je m'y refuse !

Elle ajouta avec un air de mystère.

— Il reste peut-être une autre voie : celle du théâtre. J'y songe parfois, et je me dis que ça me conviendrait. Qu'en dis-tu, mon Petit'dame ?

Je ne sus que répondre. Jamais encore à ce jour, Sarah n'avait manifesté une telle intention, si c'en était une. Je lui répondis simplement :

— Quelle que soit la voie dans laquelle tu t'engageras, tu ne pourras réussir que si tu en as la ferme volonté. Le théâtre, pourquoi pas ? Mais il faut le laisser mûrir en toi, et tu n'es pas prête.

— Détrompe-toi, dit-elle. Je le suis...

« BONSOIR, PETITE ÉTOILE... »

Récit de Rosine von Hardt

Sarah doit une fière chandelle au duc de Morny.

Revenu dans les allées du pouvoir à la suite du coup d'État du 2 décembre 1851, qui a fait de Louis Napoléon, son frère utérin, un prince président avant de le porter au trône impérial, il est devenu l'un des personnages les plus en vue du nouveau gouvernement. Cette notoriété subite, les contraintes qu'elle lui a imposées, ne l'ont pas fait renoncer à ses visites.

Il se fait chaque fois annoncer par un magnum de champagne et sa carte de visite. Il trouve toujours chez nous porte et table ouvertes. Notre modeste demeure le change, m'a-t-il confié, du luxe écrasant des palais impériaux et de l'ennui de son ménage. À la suite d'un voyage en Russie, il a épousé une princesse, Sophie Troubetskoï, de près de trente ans sa cadette. Devenu ministre de l'Intérieur, il a jugulé durement l'opposition républicaine.

L'amitié agissante qu'il nous témoigne, à moi surtout, je dois le dire, nous porte à le considérer comme un membre de notre famille. C'est pourquoi nous avons trouvé naturel de le convier à une réunion concernant l'avenir de Sarah.

Au cours de ce conseil de famille, le duc nous a entretenus de ses réalisations et de ses projets les plus importants : création d'une station balnéaire à Deauville, d'un hippodrome à Longchamp, et de sa collaboration avec Offenbach pour des livrets d'opérettes...

Il a omis de nous parler de sa fortune, amassée dans les chemins de fer et les mines. Parler d'argent entre nous est incongru...

Pour le dîner qui concluait le conseil, nous avions à notre table, outre le duc, deux amis de la famille : M. Régis, M. Meydieu, et un notaire du Havre, chargé des intérêts de ma nièce. Mlle de Bradender avait regagné le couvent de Notre-Dame-des-Champs, dont elle occupe une cellule.

C'est Sarah qui a servi le café et les cigares, avant de reconduire ses sœurs, Jeanne et Régina, à leur chambre. Mme Guérard est arrivée au moment du dessert.

Il me semble entendre la voix aigrelette de M. Meydieu, un homme « maigre à faire pleurer les oies », comme dit Sarah, apostropher ma nièce avec une jovialité un peu teintée de vinaigre :

— Alors, c'est pour toi, *mon fil*, que ce beau monde s'est dérangé ! Comme si nous n'avions pas autre chose à faire que de nous occuper d'une morveuse de ton acabit...

Il appelait Sarah « mon fil », afin de souligner sa maigreur, lui qui n'aimait rien tant que les grosses dondons. Cette familiarité indisposait ma nièce. Ce soir-là, j'ai craint qu'elle ne sortît ses griffes. Elle s'est contentée de renverser une tasse de café sur le plastron du bonhomme. Il s'est mis à hurler comme s'il était ébouillanté. Mme Guérard s'est précipitée avec une serviette de table pour tenter de réparer cette fausse maladresse. M. de Morny cachait un sourire complice derrière sa main. Il déteste ce personnage prétentieux et stupide, comme je le déteste moi-même.

Il a lancé, en allumant un cigare :

— Ne parlons plus de cet incident, je vous prie, et revenons à l'avenir de Sarah, comme nous l'avons fait tout à l'heure.

— Il paraît, ma chère enfant, que tu aurais l'intention de prendre le voile ? grasseya Meydieu. Monseigneur, voyez-vous ce démon au couvent ?

— Je suis d'accord avec vous, Meydieu. Il semble que ce ne soit pas sa véritable vocation, mais un simple coup de tête, d'ailleurs éminemment louable.

Le notaire du Havre, qui avait abusé du bordeaux, sortit de sa torpeur pour faire observer, entre deux grognements, que l'on n'entre pas au couvent comme dans un moulin.

— Ainsi que je vous l'ai fait observer au cours du conseil, il faut avoir de la fortune. Et ce n'est pas le cas, il me semble.

Sarah répliqua d'une voix glacée :

— Vous semblez oublier, maître, qu'avant de mourir mon père m'a laissé cent mille francs. Ce n'est pas rien...

— Certes... certes... mais vous ne pourrez entrer en possession de cette somme qu'au moment de votre mariage, à titre de dot, et rien ne dit, à ce jour...

— Eh bien, j'épouserai le bon Dieu ! Je veux entrer dans les ordres, et ce n'est pas vous qui m'en empêcherez.

Elle ajouta en regardant ma sœur :

— On m'aimait davantage au couvent des Augustines que dans ma propre famille.

Cette simple phrase fit l'effet d'une bombe. Passé un lourd silence, je vis Julie se lever, montrer sa fille du doigt, la taxant d'ingratitude avec des larmes dans la voix. M. de Morny interrompit sa tirade en se levant à son tour pour signifier que cette querelle de famille l'indisposait.

— Pardonnez-moi, dit-il. Le devoir m'appelle. Si vous voulez mon avis, sachez que Sarah n'est pas prête pour le mariage, pas plus que pour les ordres. En revanche...

Nous étions tous suspendus à ses lèvres. Il ajouta :

— Mon avis est que vous devriez poser sa candidature pour le Conservatoire. Faites-en votre profit ou non. J'ai dit...

Il demanda sa canne, son chapeau, et nous souhaita le bonsoir.

Je partageais l'avis de M. de Morny, malgré l'aversion que Sarah, un peu légèrement, avait manifestée pour cette perspective. Nous en avions parlé de temps à autre. Elle m'avait dit :

— Être comédienne ne me tente pas. Nous avons eu, au couvent, la visite de Rachel, venue prendre des nouvelles d'une de ses protégées. Au cours de sa promenade dans le parc, elle s'arrêtait à chaque pas pour reprendre haleine. Elle était d'une maigreur effrayante, très pâle, une sorte de spectre drapé de noir. Avant de partir, elle a confié à la mère Sainte-Sophie que le théâtre la tuait à petit feu. Je ne veux pas finir commc cllc.

Je ne m'arrêtai pas à ce constat fallacieux. Pour une Rachel usée et malade, combien de comédiennes finissent en bonne santé, couvertes de gloire et d'honneurs ?

— Non, répéta Sarah, je ne veux pas finir comme elle...

Je savais par expérience qu'il serait inutile de tenter de lui faire entendre raison.

Pour saugrenue qu'elle parût, la suggestion du duc de Morny faisait son chemin dans la famille. Mlle de Brabender, qui n'aimait guère ce personnage perdu de vices, tenait le théâtre pour une école de perdition, la plupart des comédiennes devenant des femmes de mauvaise vie. Mme Guérard, en revanche, paraissait ouverte à cette idée. Quant à Julie, elle ne faisait qu'en rire. Mon avis à moi était qu'il ne fallait pas rejeter cette suggestion.

Je parvins, non sans mal, à convaincre Youle de tenter une expérience : emmener Sarah au théâtre pour connaître ses réactions. Je lui fis valoir que le duc nous saurait gré de ne pas avoir méprisé son avis. Elle haussa les épaules et me chargea d'organiser cette soirée. J'en informai Sarah. Entre l'hostilité et l'indifférence, elle choisit cette dernière attitude.

— Quelle pièce irons-nous voir ? me dit-elle.

— J'ai pensé à *Britannicus*, de Racine, que va présenter la Comédie-Française. M. Dumas nous prêtera sa loge...

Récit de Mlle de Brabender

Dieu sait ce qu'il m'a fallu de patience, au cours de ma longue existence, non pour m'imposer à mes proches, car je suis modeste, mais pour leur éviter de sombrer dans l'erreur ou dans le vice. Patiente, je le fus avec la grande-duchesse moscovite dont j'étais la préceptrice, et la cour dissolue qui nous entourait. Patiente, je le suis de même pour les quolibets relatifs à mon physique qui m'a contrainte de renoncer aux amours humaines pour me vouer à Dieu, sans me résoudre à prendre le voile, attachée que je suis au siècle.

De quelle autre sorte de patience j'ai dû faire preuve en affrontant Sarah et, dans nos premiers rapports, obtenir qu'elle m'acceptât et me respectât ! J'ai acquis de haute lutte sa confiance, son obéissance et enfin son affection.

M'installer dans leur maison, comme les deux sœurs me le proposèrent, me paraissait incompatible avec la foi qui m'anime. Il m'aurait fallu, pour m'y intégrer et y demeurer, une conviction et une force d'âme de missionnaire, dont je suis dépourvue. En revanche, la perspective de rendre fertile cette friche qu'étaient l'esprit et l'âme de Sarah me tentait. J'ai accepté d'être à la fois son institutrice et sa gouvernante : une double mission dont chacun, semble-t-il, se satisfait.

Passé le dernier service religieux du matin, je quitte le couvent de Notre-Dame-des-Champs pour gagner la rue de la Chaussée-d'Antin. Parfois, après les quelques heures passées avec mon élève, j'accepte l'invitation que me fait Julie ou Rosine, de rester déjeuner.

J'étais absente au conseil de famille qui devait décider de l'avenir de la petite, et je l'ai regretté, car j'aurais eu mon mot à dire. C'est Mme Guérard, avec laquelle j'entretiens de bons rapports, malgré ses convictions athées, qui m'a parlé de l'idée saugrenue de M. de Morny de faire de Sarah une comédienne. J'en fus toute remuée : cette pauvre enfant, n'échappant à une famille indigne que pour être jetée dans cette fosse aux serpents qu'est le théâtre... Je me dis, pour me rassurer, que M. de Morny se trompait sur la nature de Sarah et que sa proposition serait un échec. D'ailleurs Sarah, nature trop entière et capricieuse, aurait du mal à se plier aux disciplines de cet art.

Pourquoi m'a-t-on invitée à chaperonner Sarah pour cette soirée à la Comédie-Française, au lieu de Mme Guérard ? Sans doute en raison de mon aptitude à juger les œuvres de l'esprit. Mais je n'étais pas seule. Mon élève était accompagnée de sa mère, de M. Régis Lagrenée, de M. Alexandre Dumas, qui nous a ouvert la loge où il amène parfois ses maîtresses. Durant le trajet dans la voiture de Rosine, la main de Sarah n'a pas quitté la mienne, comme si nous la conduisions à son sacrifice. Elle titubait en montant l'escalier du péristyle et jetait sur le décor et les spectateurs un regard de biche traquée.

Une fois dans la grande loge tapissée de rouge, elle a paru retrouver sa sérénité, s'intéresser au mouvement et aux voix montant du parterre. Assise près d'elle, je ne la quittais pas de l'œil et surveillais le moindre de ses réflexes. Elle se serrait contre moi et m'adressait de pauvres sourires où je lisais de l'affliction plus que du bonheur.

Le lendemain, elle me dit :

— Lorsque le rideau s'est levé et que la rumeur de la salle s'est tue, j'ai cru perdre connaissance. Le décor de *Britannicus* me plongeait dans un monde que je n'aurais pu imaginer. Il me semblait que ce palais, ces colonnes, ces portiques étaient brusquement devenus mon domaine, que ces planches allaient ployer sous mes pas, que ces personnages : Néron, Britannicus, Agrippine, Julie, s'adressaient à moi, sans que je parvienne à comprendre ce qu'ils me disaient. J'étais comme absente de cette loge et de cette salle. Lorsque le rideau est tombé sur le vers lancé par Burrhus : *Plût aux dieux que ce fût le dernier de ses crimes !*, mon parrain s'est penché vers moi pour me demander ce que je pensais de cette représentation. Je n'ai su que lui répondre, et d'ailleurs les applaudissements auraient couvert ma voix. En constatant que je pleurais il m'a traitée d'idiote...

J'ai dit à Sarah que cette scène ne m'avait pas échappé et qu'elle me troublait : M. Régis aurait dû prendre ces larmes pour une preuve d'émotion. Sarah a ajouté :

— La seconde partie du programme, vous vous en souvenez, était consacrée à l'*Amphytrion*, de Molière. J'ai prêté à cette pièce davantage d'attention qu'à la précédente, mais, bien qu'il s'agisse d'une comédie, le personnage de la pauvre Alcmène m'a tiré des sanglots. J'entendais des *chut* autour de moi, je sentais la main de ma mère me secouer l'épaule, je percevais vos conseils de retenue...

Furieuse, Julie n'a pas attendu la fin de la pièce pour nous donner le signal du départ. M. Régis s'est écrié : « Qu'on la mette au couvent, et qu'elle y reste ! Quelle sotte que cette enfant ! »

Sur le chemin du retour, Sarah s'est endormie contre mon épaule, vaincue par ses émotions. M. Dumas l'a portée dans ses bras jusqu'à sa chambre. Il l'a déposée sur son lit et il lui a dit en l'embrassant :

— Bonsoir, ma petite étoile...

Récit de Mme Guérard

En apprenant que Sarah semblait prendre goût à l'art dramatique, je pus difficilement cacher ma joie : c'était une petite revanche sur les appréhensions de Mlle de Brabender, la confirmation de l'avis donné par le duc de Morny, et auquel j'adhérais. Il est vrai qu'il était difficile de se faire une opinion sur les idées de Sarah concernant l'avenir. Dans le trouble de l'adolescence, elle ne parvenait pas à maîtriser ses élans et à trouver sa voie.

Prise d'une véritable fringale de lecture, elle tannait sa mère, sa tante et moi-même pour que nous lui fournissions de quoi la satisfaire. Elle relut *Britannicus*, s'engouffra dans les autres drames et tragédies de Racine, poussa des incursions dans les domaines de Corneille et de Molière, survola les fables de La Fontaine... Plongée dans une sorte d'hypnose, elle ne réagissait qu'avec retard, ou pas du tout, aux contraintes de la vie quotidienne.

Un courrier allait lui montrer que le soutien du duc de Morny avait porté ses fruits. Il émanait de M. Auber, musicien célèbre, maître de la Chapelle impériale et directeur du Conservatoire. Il souhaitait que Sarah lui fût présentée.

— Mère, dit Sarah, c'est une chance inespérée ! Pour quand est ce rendez-vous ?

— Pour jeudi prochain, mais tu iras sans moi ! bougonna Julie. Nous avons d'autres soucis en tête, ta tante et moi. Mme Guérard t'accompagnera, puisqu'elle semble tenir à ce que tu deviennes actrice...

Au jour prévu pour ce rendez-vous, Julie et Rosine attendaient la visite du marquis de Caux dont elles escomptaient un secours financier qui les délivrerait d'une meute de créanciers.

J'acceptai de bonne grâce la mission qui m'était confiée, sans me dissimuler les obstacles que ma petite chérie aurait à affronter dans un milieu où l'on trouve plus de vautours que de colombes. D'autre part, je me suis laissé dire qu'il y avait, dans ce métier, beaucoup d'appelés et peu d'élus.

L'accueil de M. Auber me rassura. Sous une chevelure prématurément blanchie, dans un visage couleur de vieil ivoire, son regard clair nous observait avec bienveillance. Il fit asseoir Sarah près de lui, sur le divan qui faisait vis-à-vis à son bureau, et lui dit d'une voix douce :

— Ainsi, mon enfant, vous souhaitez faire carrière dans l'art dramatique ?

J'entendis avec stupeur Sarah déclarer :

— Non, monsieur, je n'aime guère le théâtre.

Cette réponse était d'autant plus inattendue que, dans les semaines qui avaient précédé ce rendez-vous, elle s'était littéralement gavée de lecture et paraissait passionnée. Il est vrai que, dans le petit-duc qui nous mena au Conservatoire, elle n'avait soufflé mot, ce que j'attribuai à l'émotion.

M. Auber se contenta de sourire en frappant l'ongle de son pouce avec son lorgnon.

— Tiens... tiens..., fit-il, voilà qui est surprenant. J'avais cru comprendre... M. de Morny m'avait assuré...

Son regard allait de Sarah à moi, dans l'attente d'une justification qui ne venait pas. J'aurais dû protester, inciter Sarah à revenir sur sa réponse déconcertante, au moins l'expliquer, mais j'avais la gorge nouée. Je dus pourtant réagir quand il m'interrogea sur la raison d'un tel comportement. J'évoquai une ambiance familiale peu favorable à la suggestion de M. de Morny, le caractère fantasque de Sarah, son refus du mariage, son goût de l'indépendance, son intention, que je croyais révolue, de prendre le voile...

— Vraiment ? soupira-t-il. Le couvent... Ce n'est pourtant pas un lieu propice à faire s'épanouir un caractère indépendant... J'avoue que ce comportement me dépasse. Eh bien, nous allons aviser. Madame, je ne vous retiens pas plus longtemps...

Sur le chemin du retour, lorsque je demandai d'un ton sévère à Sarah de justifier son attitude, elle demeura muette. Je conclus à une provocation, sans en deviner les motifs. Je n'allais pas tarder à m'apercevoir qu'en dépit de sa réaction elle était déjà possédée par le théâtre, ce qui ne faisait qu'ajouter au mystère.

Elle parut avoir oublié cette entrevue manquée avec un personnage qui aurait pu décider de son avenir lorsque, dans les jours qui suivirent, elle s'immergea de nouveau dans les pièces classiques. Le jour où M. Meydieu lui apporta une belle édition de *Phèdre*, elle s'y plongea, en dépit des protestations de Mlle de Brabender :

— *Phèdre*... Quelle audace, cher monsieur ! Cette pièce est de la dernière immoralité. Les combats dont elle fait étalage, entre conscience et passion, vont troubler notre Sarah... si tant est qu'à son âge elle soit sensible à ce genre de débats.

— Soit... convint M. Meydieu. Nous allons lui faire lire *Le Cid*. Nous verrons bien si ça lui plaît. Je vais lui demander de déclamer quelques tirades de Chimène.

Ce fut pire que ce qu'il avait redouté. Sarah n'aurait donc rien compris à la haine et à la passion qui animent ce personnage ! Et la diction... Une catastrophe !

— Ma chérie ! protestait M. Meydieu, tu as tout à apprendre de la diction. Tu serres trop les dents, tu n'ouvres pas assez les « o », tu ne fais pas suffisamment vibrer les « rrr ». Nous travaillerons cette discipline une heure par jour...

Je me demandais à quoi rimaient ces exercices, dans la mesure où Sarah semblait avoir renoncé à la carrière théâtrale. J'y perdais mon latin. À croire que, par fanfaronnade, elle refusait de se faire aider et suscitait des obstacles pour s'enorgueillir de les surmonter. Cette perversité était bien dans sa nature. Quand je l'entreprenais sur ce sujet, elle biaisait en souriant d'un air mystérieux, comme pour me dire que, si elle devait obtenir une revanche sur son destin, ce serait avec ses propres armes.

Ces cours de diction improvisés me divertissaient. Je riais derrière ma main lorsque j'entendais le professeur Meydieu et son élève répéter inlassablement, avec des grimaces : « Combien ces six saucisses-ci ? » « Un très gros rat dans un très gros trou », ou encore : « Didon dîna, dit-on, du dos d'un dindon dodu »... Dans la journée, je surprenais Sarah à articuler ou à chanter : « Le plus petit papa, petit pipi, petit popo, petit pupu. »

— Voilà qui me change, me disait-elle en riant, des Pater et des Ave du couvent... C'est plus drôle !

Elle semblait franchir chaque jour un nouveau pas vers la scène. Son enfance avait été une sorte de terrain de jeu ou d'affrontement pour ses élans et ses passions désordonnées. L'adolescence venue, à la suite de confrontations intérieures dont je savais l'intensité, elle paraissait avoir trouvé sa voie. Oubliés les fantasmes mystiques, écartées les propositions de mariage avec un propriétaire champenois et un éminent financier, elle naissait à une nouvelle passion. Je n'avais pas de peine à deviner que celle-ci ne serait pas un feu de paille.

M. Alexandre Dumas, qui chérissait cette enfant comme si elle avait été sienne, se mêlait parfois à ce que je considérais un peu légèrement comme un jeu de société, mais il s'en lassa vite et nous dit :

— Abandonnez ces singeries ! Donnez à cette enfant des pièces sérieuses à étudier. Vous avez eu tort de renoncer à *Phèdre*. Je vois fort bien Sarah dans le rôle d'Aricie, la princesse amoureuse d'un héros. *Hippolyte me cherche et veut me dire adieu...* C'est un rôle pour elle.

Je ne me lassais pas de voir ce gros homme, boudiné dans ses gilets à fleurs, démarche de pachyderme, bedaine avantageuse, visage en sueur, grondant, riant, évoluer dans la petite chambre de Sarah, en s'exclamant :

— Reprenons la première scène du deuxième acte, le dialogue d'Aricie et d'Ismène. Je te donne la réplique...

Entendre ce gros homme marteler le texte délicat de Racine, le voir bomber le torse en postillonnant, aller et venir, son livre d'une main, grattant de l'autre sa tignasse de mulâtre, donner à la voix légère d'Ismène des intonations de charretier, c'était déjà un spectacle.

Le charme opérait. Sarah se prenait au jeu. Elle adorait le personnage d'Aricie ; elle était Aricie. Dumas s'exclamait en refermant le livre :

— Toi, ma petite, tu iras loin. Certes, ta diction est à perfectionner. Cela prendra du temps, mais nous y arriverons. Cet imbécile de Meydieu n'a rien compris. Nom de Dieu, quel tempérament ! Et cette voix, d'où te vient-elle ? Surtout, fillette, n'écoute pas ceux qui te disent qu'une actrice doit être grasse... comme... comme Marguerite. Tu es mince. Reste-le.

Il connaissait parfaitement la pièce de Racine, à laquelle il a consacré une étude. Ce qu'il ignorait alors, c'est que le drame historique sur lequel il travaillait : *Kean*, aurait en Sarah, quelques années plus tard, une interprète de choix...

LA MAISON DE MOLIÈRE

Récit de Marie Colombier,
actrice, compagne de Sarah

Je mets quiconque au défi de démontrer que, dans la camaraderie et l'amitié qui me liaient à Sarah, il y ait eu de ma part, au début de nos rapports, la moindre trace de calcul ou de perversité. Nous partagions la même passion : le théâtre. Si, plus tard, la vie nous a séparées, nous étions alors comme deux sœurs.

Mes débuts ont été plus laborieux que les siens. Je n'avais pas de protecteur éminent, comme le duc de Morny, pour m'aider à franchir les premiers obstacles. Je suis issue d'une famille modeste. Mon père, Pablo Martinez, officier carliste réfugié en France par mesure de sécurité, a été interné en Creuse, près d'Auzances. Ma mère, abandonnée par son amant, était gérante d'un hôtel parisien. C'est dire que je n'ai pas connu une enfance heureuse. À quinze ans, j'ai pris congé de ma mère pour rejoindre, à Bruxelles, le fils d'une cantatrice célèbre. C'est dans cette ville que j'ai reçu mes premières leçons d'art dramatique. Contrairement à Sarah, j'ai toujours su ce que je voulais, et tout sacrifié pour l'obtenir.

Sarah avait seize ans, comme moi, à quelques mois près, lorsque nous avons fait nos premières armes au Conservatoire, cette institution que le monde entier nous envie, comme disent les journaux. Pour l'examen d'entrée, mon comportement différait de celui de ma compagne. Autant elle semblait abattue, comme pour affronter un supplice, autant je me sentais à l'aise, comme si nous ne respirions pas le même air et n'avions pas la même perception du décor et des personnages qui grouillaient autour de nous, dans la vaste cour gardée par des officiers municipaux en uniforme. Je faisais de mon mieux pour la réconforter, mais, perdue dans son angoisse, elle ne m'entendait même pas.

Elle était accompagnée de sa tante Rosine, une Juive un peu terne mais délicate de visage, qui tenait par la main ses deux autres nièces, les sœurs de Sarah : Jeanne et Régina, et par celle qu'elle appelait mon Petit'dame, une jolie femme encore jeune, un peu boulotte, qui la prenait parfois contre elle pour la rassurer.

Autant qu'il m'en souvienne, ma compagne était vêtue d'une robe de soie noire laissant dépasser des franges de pantalon en broderie anglaise et des escarpins de peau mordorée. Quand je lui fis remarquer que sa robe portait une déchirure, et que le jury risquait d'en tenir compte, elle haussa les épaules avant de répondre :

— Je le sais ! Ça a fait tout un drame. Elle a été taillée dans une vieille soie trop cuite. Mais, bah ! je m'en fous...

Elle m'avoua que la présence de sa tante et de ses sœurs l'indisposait et qu'elle eût préféré être seule avec Mme Guérard, son ange gardien. Elle aurait toléré la venue de son institutrice et gouvernante, Mlle de Brabender, mais, assaillie par les railleries des candidats, celle-ci avait battu en retraite.

L'attente nous parut interminable, au milieu de ce creuset où s'épanchaient tant d'espoir, d'émotion, de doute. Lorsque M. Léautaud, souffleur attitré de la Comédie-Française, apparut sur le perron, encadré d'huissiers vêtus comme des Spartiates, pour annoncer le début des épreuves, Sarah me souffla à l'oreille :

— C'est insupportable ! Je préfère filer. De toute manière, je sais que je vais être recalée...

— Ne fais pas cette sottise ! ai-je protesté. Une chance se présente. Il faut la saisir. Attention, ça va être ton tour...

M. Léautaud l'accueillit sur le perron et lui demanda ce qu'elle allait proposer au jury.

— Une scène de *L'École des femmes,* de Molière. Le rôle d'Agnès.
— Bien... bien... mais je ne vois pas votre partenaire.
— C'est que... je n'en ai pas, monsieur.
— Diable ! On ne vous a pas dit qu'il en fallait un ? Alors, qu'allons-nous faire ?
— Je peux réciter une fable de La Fontaine : *Les Deux Pigeons.*
— Une fable ? C'est inconcevable ! Enfin... le jury appréciera. Veuillez me suivre.

La suite des événements, je la tiens de Sarah.
— J'ai vécu l'enfer, Marie. Je tremblais de tous mes membres en me retrouvant devant l'estrade où trônaient des personnages rébarbatifs. Lorsque j'ai annoncé que j'allais dire ma fable, des protestations ont fusé : « En voilà une idée... Nous ne sommes plus à l'école... » Comme j'avais oublié de faire ma révérence, M. Léautaud m'a rappelée à l'ordre. J'avais les jambes molles et la gorge pleine de sable. Il en sortit pourtant un filet de voix : *Deux pigeons s'aimaient d'amour tendre...*
Je pouffai de rire. Elle poursuivit :
— Un des jurés, perdant patience, m'a lancé : « Plus haut ! nous n'entendons rien... » J'ai été saisie par l'envie de hurler, de planter là ce tribunal, mais je me suis souvenue de Rachel qui, elle non plus, n'a pas eu des débuts glorieux. J'ai repris ma fable en forçant ma voix. Un juré m'a interrompue une nouvelle fois pour me dire d'un ton bonasse : « Allons, mon enfant, reprenez-vous. Nous ne sommes pas des ogres... » Une dame a protesté : « Si elle recommence, ce sera plus long qu'une scène. Nous perdons notre temps ! » C'est le sentiment de mépris que j'éprouvais pour ces juges qui m'a sauvée. Je me suis ressaisie pour débiter ma fable avec une assurance qui m'a surprise moi-même. Alors que je m'apprêtais, après une nouvelle révérence, à quitter l'estrade, M. Auber, qui siégeait dans le jury, m'a rattrapée au vol en me disant : « Eh bien, mon enfant, ce n'est pas mal du tout. Nous allons vous confier à des professeurs... ». « Est-ce à dire que je suis reçue ? » lui ai-je demandé. « Mais bien sûr... m'a-t-il répondu. Nous avons été conquis... » La joie m'a coupé les jambes. J'ai titubé jusqu'à l'endroit où j'avais laissé Rosine, mes sœurs et Mme Guérard, en hoquetant : « Je suis

reçue ! » J'aurais aimé te faire participer à ce bonheur inespéré, mais tu étais déjà devant le jury.

— Tu aurais pu m'attendre, me ramener chez moi...

— Si tu crois que j'ai pu y penser... Il me tardait d'annoncer la nouvelle à ma mère. Sur le trajet du retour, il me semblait voir mon nom écrit en lettres flamboyantes sur les façades, en guirlandes entre les arbres. Je sautais au cou de Mme Guérard en criant : « Je suis reçue, mon Petit'dame, reçue ! » Paris était devenu ma première scène. J'allais m'y pavaner dans de grands rôles, avant de partir à la conquête du monde !

Je suis sortie du Conservatoire, reçue moi-même. Sarah avait disparu. J'en conçus de l'amertume et de la colère, tant j'aurais aimé que nous conjuguions nos émotions et que nous allions nous gaver ensemble de pâtisseries.

Cette première manifestation d'indifférence de la part de mon amie devait peser dans nos relations futures. Je lui ai pardonné, mais je n'ai pu oublier.

Les vieux professeurs auxquels M. Auber allait confier Sarah n'étaient pas les premiers venus. Beauvallet avait été sociétaire de la Comédie-Française avant d'enseigner au Conservatoire. Provost avait connu la même carrière et eu Rachel comme élève. Samson lui-même avait eu la grande tragédienne dans sa classe.

Ces guides prestigieux allaient mettre en valeur, sinon le talent de Sarah, qui n'était pas encore affirmé, du moins la qualité de sa voix aux tessitures subtiles et variées, apte à des vibratos pathétiques. En revanche, elle abusait des intonations anglaises, des dentales qui lui faisaient mordre trop rudement les syllabes. De là à dire, comme certains critiques, qu'elle avait « une voix d'or » ou, comme Victor Hugo, qu'elle avait « une harpe dans la gorge », il y a une marge...

Je n'ai pas eu les mêmes professeurs que ma compagne. Mon préféré était Régner. Cet ami, qui me devint très cher, s'était distingué, quelques années auparavant, dans *Le Mariage de Figaro*. Je reçus également l'enseignement et les conseils d'Augustine Brohan qui avait pris la suite de Rachel au Conservatoire. Elle s'était prise d'affection pour moi et m'invitait à des soirées intimes où je ne rencontrais guère que de vieilles barbes académiques.

Pour s'excuser de son départ précipité, Sarah me convia à une collation dans la demeure familiale de la Chaussée-d'Antin.

Cette petite fête me donna l'occasion de l'observer dans son milieu habituel, et de plus près. Elle était d'assez belle taille, sans être grande, maigre, avec des bras minces et des gestes d'araignée. C'est surtout son visage qui retenait l'attention : c'était, en plus accentué, le masque sémitique de sa mère, Youle. Elle n'était pas aussi laide que certains l'affirmaient, pas très belle non plus, mais attachante, avec quelque chose en elle d'inachevé, peut-être un espace laissé vierge pour y loger des personnages, le côté lacunaire d'une statue antique à laquelle auraient manqué les derniers coups de pouce de l'artiste.

Si l'on a souvent loué la qualité exceptionnelle de sa voix, on n'a que peu souligné le mystère de son regard. Il m'obsédait. Ses prunelles longues prenaient des couleurs variables en fonction de son humeur et de la lumière : bleu-violet de mer profonde, vieil or, œil-de-chat... Il lui arrivait fréquemment, ce que sa mère lui reprochait, de lever son regard vers le ciel en rêvassant : Youle disait qu'elle *plafonnait*...

Quelques défauts altéraient son visage : une peau légèrement granuleuse, un front étroit, barré de ridules discrètes, un nez sémitique un peu busqué, une chevelure à la limite de l'hirsute...

Telle était Sarah dans son adolescence. Telle, je pus le constater, elle allait rester.

À propos de son décor quotidien, quelques qualificatifs me le font revenir en mémoire : clinquant, vulgaire, disparate, malpropre. C'était une sorte de bric-à-brac dépourvu du moindre goût. Bougeoirs et candélabres coulant sur les meubles, lampes laissant des traces huileuses sur le piano et les guéridons, bouteilles vides ou à demi pleines abandonnées sur le plancher...

Sarah n'eut qu'à se louer de ses professeurs. Elle m'amusait en me racontant les leçons de maintien de M. Élie. Elle suffoquait de rire en mimant les attitudes et la voix pincée de ce reliquat du Premier Empire, aux allures d'inverti, jaboté de dentelle, maquillé comme une catin de barrière :

« Allons, mesdemoiselles ! le corps rejeté en arrière, la tête haute, la pointe du pied en bas... Une, deux, trois, marchez ! » La baguette à la main, il nous apprend à *tenir l'assiette.* « Vous devez vous asseoir avec un air de dignité et de lassitude, quitter votre fauteuil quand vous êtes prise d'ennui ou sous le coup de la colère... » Tout, selon lui, tient dans le regard, le geste, l'attitude.

La première sœur cadette de Sarah, Jeanne, ne retint guère mon attention au cours de cette fête. Sa mère voyait pourtant en elle, à ce qu'il me parut, une digne émanation de son milieu. Cette gamine d'aspect terne et malsain avait déjà des comportements de courtisane : mal embouchée, vulgaire, de la perversité au fond de l'œil... Sa chevelure, contrairement à celle de Sarah, était lisse et d'un brun profond.

Régina, d'un an sa cadette, ne se laissait pas oublier : petite santé mais caractère violent et obstiné, elle dictait sa loi et, contrariée, entrait dans des colères âpres. Au physique, ce petit fauve détesté de tous était le portrait de sa mère.

Les répétitions se déroulaient souvent, avec Sarah, dans une atmosphère orageuse.

Elle arrivait en retard sans daigner s'en excuser, tolérait mal les conseils, moins encore les réprimandes. Elle n'aimait pas Beauvallet dont le comportement vulgaire l'agaçait et dont le physique lui déplaisait. Guère plus Provost qui, lui, la détestait.

Elle retournait chez elle avec une humeur de dogue, persuadée de n'avoir été comprise de personne. Elle jetait son chapeau sur un fauteuil en s'écriant :

— J'en ai marre du Conservatoire ! Personne ne me supporte, personne ne m'aime ! On se moque de ma toilette, de ma gueule, de mon caractère. Tous ces vieux beaux se croient des princes du théâtre, alors que ce ne sont que des ratés.

— Il ne faut t'en prendre qu'à toi-même, répliquait sa mère. Si tu m'avais écoutée...

Sarah n'écoutait personne. Et pas plus que les autres son Petit'dame qui avait le tort de ne pas l'encenser et de faire barrage à ses excès. La Brabender seule semblait avoir quelque empire sur elle.

Pour le concours de fin d'année, nous attendions, elle et moi, une catastrophe. Nous fûmes vouées aux seconds prix. Le pire était évité, mais Sarah fit feu des quatre fers : ces jurés, dit-elle, n'étaient que des ânes bons pour la réforme !

Elle aurait dû pourtant s'estimer comblée : rien, dans l'épreuve qu'elle avait subie, n'attestait d'un talent exceptionnel, de même qu'en ce qui me concerne. Derrière ce repêchage, on devinait l'ombre tutélaire du duc de Morny, dont nul, dans cette vénérable institution qu'était le Conservatoire, n'aurait osé contester les avis : ils avaient valeur d'injonctions.

À cette époque, beaucoup de filles du Conservatoire avaient des protecteurs : hommes politiques influents, artistes en renom, vieilles culottes de peau retour d'Algérie... Pour une mensualité de quelques louis, ils obtenaient les faveurs de ces gamines. Une tradition bien ancrée, à laquelle personne ne trouvait à redire : ces théâtreuses étaient des courtisanes en puissance, sauf quand le succès s'affirmait ou que l'insuccès les jetait au ruisseau.

Les conseils d'Augustine Brohan et de mon vieux maître, Régner, m'ont permis d'échapper à l'une et l'autre de ces conditions. Sarah choisit une autre voie. En fait, j'ignore si elle l'a *choisie*, ou si l'aventure qu'elle allait vivre débuta comme dans les romans, par hasard. Elle était avare de confidences sur cet épisode de sa vie.

Sarah a connu Paul Porel au Conservatoire, au cours de la première année. Il n'avait rien pour lui plaire, du moins quant au physique et à sa condition, mais il était artiste jusqu'au bout des ongles. Il vivait misérablement de son travail dans un atelier de reliure de la rue Gît-le-Cœur, quartier des Augustins, mangeait rarement à sa faim et logeait dans une infâme mansarde, couchant à même le plancher, sur une couverture, avec pour oreiller les livres pour lesquels il se ruinait.

C'est avec lui que Sarah connut ses premiers émois amoureux. Le seul témoignage de leurs rapports est une photo de Sarah, au dos de laquelle figure une dédicace qui ne laisse aucun doute sur leur nature et leur intensité.

Paul Porel aurait pu devenir un des acteurs les plus cotés des scènes parisiennes s'il n'avait bifurqué, quelques années plus tard, pour prendre la direction du deuxième théâtre de la capitale : l'Odéon. Il épousa une grande actrice, Gabrielle Réju, connue sous le nom de Réjane, dont les mauvaises langues prétendent que son haleine a de quoi décourager les moins délicats de ses partenaires.

Le deuxième examen d'entrée à la Comédie-Française n'eut guère plus de succès, pour Sarah comme pour moi, que le précédent. Il fut précédé pour elle d'une scène épique, qu'elle m'a racontée avec sa verve coutumière.

Soucieuse d'une bonne présentation de sa fille, Youle avait convoqué son coiffeur.

— Cet imbécile ! me dit Sarah. Ce figaro de bordel n'a rien compris. Durant plus d'une heure, il s'est battu contre mes cheveux à coups de peigne et de fer à friser, disant qu'il n'avait jamais eu à travailler sur une telle tignasse de négresse, qu'il aurait fallu me raser la tête et attendre que les cheveux repoussent normalement. Je l'entendais marmonner, s'énerver, et je hurlais quand il me brûlait avec son fer ou que son peigne m'arrachait des touffes de cheveux. J'étais hideuse. Mes tempes découvertes laissaient apparaître mes oreilles. Il avait, au-dessus du front, fait un étalage de saucisses qu'il qualifiait de « diadème antique » ! Il fallut remplacer mon chapeau par un voile de dentelle. Le succès que j'ai eu en arrivant au Conservatoire m'est resté sur le cœur. Tous ces gens qui se détournaient pour rire...

Aidée d'une de nos compagnes, Mary Lloyd, j'ai libéré la chevelure de Sarah des épingles qui maintenaient son équilibre, déroulé les saucisses, fait bouffer cette crinière de fauve qui puait la moelle de bœuf.

— Cela m'avait mise dans un tel état, a poursuivi Sarah, que j'en avais oublié mon texte. Ma voix même avait mué, je parlais du nez et mon visage ruisselait de larmes. Lorsque je me suis trouvée face au jury, une dame a demandé pourquoi on avait laissé concourir une malade. Je récitai la scène de *La Fille du Cid* dans un état second. En faisant ma révérence, je me suis écroulée, comme tu as pu le constater. C'était pitoyable ! Pourtant je me suis rattrapée avec la deuxième partie de l'épreuve : une scène de

L'École des vieillards. Je n'ai eu que le deuxième prix de comédie. Je crois que je méritais mieux : des gens ont applaudi...

La voiture de Rosine nous a ramenées pour un repas auquel nous fûmes invitées, Mary Lloyd et moi. M. Régis s'y trouvait. En apprenant le demi-succès de sa filleule, il s'est écrié méchamment :

— Encore un ratage ! Et malgré tout tu t'obstines... Tu ferais mieux d'abandonner toutes ces foutaises et de te marier.

Le bonhomme faisait allusion au dernier parti que Sarah venait de refuser : un riche Hollandais que Youle avait rencontré à Amsterdam, où elle donnait libre cours à son ultime pouvoir de séduction. Sarah avait de bonnes raisons pour repousser cette proposition, et c'étaient les plus fortes, celles du cœur : elle était éprise de Paul Porel.

— Faut pas te frapper, lui ai-je dit. Si tu n'avais pas été dans cet état, tu aurais eu le premier prix de comédie.

— Je suis découragée. Je me demande si je suis faite pour ce métier. Parfois je me dis que ma place était à Grandchamps. Je suis hantée par une image : la mienne, allongée sur les dalles, les bras en croix, pour ma prise de voile...

Sa voix s'enroua sous le coup de l'émotion. Elle s'ébroua, reprit du champagne, de la brioche, et ajouta, la bouche pleine :

— Nom de Dieu, Marie, faut que je me reprenne ! Tout n'est pas perdu, quand même...

Cette expression : *quand même*, allait devenir sa devise, une sorte d'étendard qu'elle allait brandir toute sa vie durant, en toutes circonstances, même dans celles qui allaient faire de nous des ennemies irréconciliables.

Récit de Mme Guérard

Ma pauvre chérie avait de bonnes raisons de considérer que sa carrière de comédienne était compromise. Elle passa quelques jours dans les transes, irascible, inabordable même pour moi ou Mlle de Brabender qui, venant de se casser une jambe, trottinait en s'aidant d'une canne, ce qui, avec ses moustaches, qu'elle avait renoncé à raser, lui donnait l'allure d'un grenadier retour de la Berezina.

Et pourtant, Sarah aurait eu tort de renoncer.

Un matin, je glissai un mot sous la porte de la chambre de Julie. Le duc de Morny l'informait de l'engagement de sa fille à la Comédie-Française. Quelques jours plus tard, comme miraculée, Sarah recevait une convocation à se présenter, pour la signature du contrat, au cabinet de M. Camille Doucet, intendant général des Théâtres.

Indifférente à cette nouvelle ou prise par ses obligations, Julie me confia le soin d'accompagner sa fille. Régina insista pour nous suivre et nous dûmes céder pour abréger son caprice.

Durant le quart d'heure qui précéda notre accueil, cette gamine dissipée ne cessa de sauter sur les banquettes, d'interpeller les visiteurs, de chanter des couplets vulgaires appris je ne sais où, de danser une sorte de bourrée.

Lorsque la porte s'ouvrit, M. l'intendant s'effaça avec une courbette pour nous laisser passer. Ce beau vieillard, familier des faveurs de Rosine, avait l'air doux et affable. De crainte que Régina ne fît des siennes dans la salle d'attente où patientaient quelques personnes, nous la prîmes avec nous. À peine entrée, elle fit son numéro, escaladant les sièges libres, se trémoussant et chantant des horreurs de sa voix de fausset.

— Voilà, dit M. Doucet, une enfant qui n'est guère sage. Peut-être un chocolat pourra-t-il la calmer ?

Régina saisit la boîte que le directeur lui tendait, et, tandis qu'il donnait lecture du contrat, la vida. Quand elle eut terminé, le visage barbouillé de chocolat, elle se mit à fouiller avec ardeur dans la corbeille à papiers, en éparpillant le contenu. Cette fois-ci, M. Doucet se fâcha et lui demanda d'en finir avec ces pitreries.

— Toi, monsieur, répliqua la petite, si tu m'embêtes, je dirai à tout le monde que t'es un donneur d'eau bénite vinaigrée !

Je vis ce brave homme se tortiller sur son fauteuil, rougir, jeter ses lorgnons sur le contrat en maugréant :

— Par exemple ! en voilà de l'audace ! Où as-tu entendu ça, petit démon ?

— C'est ma tante Rosine qui me l'a dit. Vous la connaissez bien, ma tante Rosine ?

Sarah balbutia :

— N'écoutez pas cette petite peste, monsieur Doucet. Elle ment et elle invente comme elle respire.

Régina se jeta sur elle, lui martela la poitrine à coups de poing.

— C'est toi qu'est une menteuse ! Ma tante a dit ça à M. de Morny qui a bien ri. J'étais là. J'ai tout entendu.

M. Doucet crut bon d'abréger cette entrevue agitée. Sarah signa le contrat, salua en bredouillant une excuse et se retira en traînant par la main Régina qui bramait comme une folle. Dans la voiture elle lui infligea une correction d'une telle violence que des passants s'arrêtèrent, prêts à intervenir, et que je dus moi-même mettre fin à cette scène.

Le moment venu de lancer des invitations pour fêter le succès de Sarah, elle se demanda si elle inviterait ses deux amies, Marie Colombier et Mary Lloyd. Elle avait deviné la jalousie qui perlait chez la première et soupçonnait la seconde d'avoir obtenu ses succès grâce à sa beauté et à son élégance plus que par son talent, ce qui, d'une part comme de l'autre, était injuste. Elle décida finalement qu'on se passerait de leur présence. Elle aurait aimé inviter Paul Porel, mais sa mère s'y serait fermement opposée, informée qu'elle était de cette relation indigne. Je voyais parfois ce pauvre garçon patienter, par tous les temps, en face de notre immeuble, dans l'espoir de voir sa maîtresse entrer ou sortir.

Youle avait vu grand. Le dîner fut digne des Tuileries. M. de Morny honora sa protégée de sa présence. Il retrouva parmi les convives son ami Camille Doucet, le ministre des Beaux-Arts Colonna-Walewski, familier du duc, un comte d'origine hongroise, Émile de Kératry, séducteur notoire, et l'illustre Rossini. Mlle de Brabender, malgré sa blessure, avait accepté d'être présente.

Au moment du dernier essayage de sa toilette, Sarah était dans tous ses états : sa robe était décolletée jusqu'à laisser deviner la naissance de ses seins. Je la rassurai de mon mieux :

— Mais ils sont jolis, tes seins, ma chérie. Allons, allons, tu es ravissante. On dit que le comte de Kératry a hâte de te rencontrer. Je parie qu'il va te faire la cour. Il faudra te méfier : on dit que des femmes se sont suicidées pour lui...

Sarah haussa les épaules et fit la moue. Cet officier de hussards ne lui ferait sûrement pas oublier son Porel. C'est du moins ce qu'elle devait penser mais, à cette date, elle commençait à se lasser de jouer les Mimi Pinson dans le taudis de la rue Gît-le-Cœur.

L'heure des cigares et des liqueurs venue, Rosine chanta, accompagnée au piano par Rossini, une romance sentimentale. Sarah déclama un poème de Casimir Delavigne : *L'Âme du Purgatoire*, puis le compositeur, qui tenait son pompon, enchaîna en jouant des airs de son pays, avec des élans sauvages dans la voix et dans les gestes. Les applaudissements réveillèrent M. de Morny qui somnolait, son menton à mouche incliné sur le plastron.

Au moment de se retirer, le comte de Kératry dit à Sarah :

— Mademoiselle, vous m'avez ému en lisant ce poème. J'ai

surpris quelques-unes de ces dames en train d'essuyer leurs larmes. Si j'osais...

— Mais, osez donc, monsieur.

— Si j'osais, je vous demanderais de venir donner un récital de poésie chez ma mère. Elle est passionnée par les œuvres de Victor Hugo, mais mieux vaut ne pas parler de ce poète devant M. de Morny : il est exilé, comme vous le savez, pour s'être opposé à l'empereur. Ma mère vous laisserait d'ailleurs le choix du répertoire. Acceptez-vous ?

Lorsque tous les invités se furent retirés, Sarah, rayonnante, me glissa à l'oreille :

— En fin de compte, il n'est pas mal, ce petit lieutenant de hussards. Il m'a donné rendez-vous chez sa mère. J'ai cru devoir accepter.

— Je sais, ma chérie : j'ai tout entendu. Prends garde : on ne se méfie jamais assez des militaires. Lorsqu'ils ont pris une place, il leur arrive souvent de la laisser à l'abandon.

J'ignore comment se déroula cette soirée chez Mme de Kératry. Sarah n'a pas daigné m'en parler. Ce qui est certain, c'est que le pauvre Paul Porel ne tarda pas à passer à la trappe, ce qui ne me surprit guère : ces amours juvéniles ne survivent pas, en général, au-delà de deux ou trois printemps. Il écrivit à sa compagne des lettres désespérées et des poèmes fades, lui reprochant de le négliger ; elle ne daigna pas lui répondre, lasse qu'elle était de leurs rendez-vous pitoyables. Je le vis encore, à diverses reprises, campé en face de l'immeuble, les mains enfoncées dans les poches de son vieux pardessus acheté au *décrochez-moi-ça,* son chapeau au ras des yeux, en train de surveiller inlassablement le porche.

Récit de Marie Colombier

11 août 1862 : une date que Sarah aurait dû faire peindre sur le mur de sa chambre, à côté de sa devise : *Quand même.* Ce fut celle où ma compagne allait, pour la première fois, paraître sur la scène de la Comédie-Française.

Elle me supplia de l'aider à supporter ce qui, pour elle, constituait une épreuve redoutable. Ce que je fis de bon cœur, alors que je m'apprêtais moi-même à jouer au Châtelet *La Jeunesse du roi Henri.* Augustine Brohan veillait sur ma carrière comme le duc de Morny sur celle de ma compagne, mais avec, en plus, de la tendresse.

Une longue veillée d'armes précéda cette journée qui allait décider de la carrière de Sarah. Durant des jours, elle répéta avec acharnement la scène d'*Iphigénie* de Racine qu'elle aurait à interpréter. Rosine, Mlle de Brabender et moi lui donnions la réplique et subissions ses humeurs. Elle gémissait :

— Je sens que je vais rater ce début. Je n'arrive pas à placer ma voix. Et, naturellement, aucune de vous ne s'en rend compte !

Et de répéter inlassablement : *Seigneur, où courez-vous, et quels empressements/ Vous dérobent si tôt à nos embrassements ?* Je lui faisais remarquer qu'elle avait le ton qu'il fallait, en moins vif peut-être...

— Tu ne dois pas confondre surprise et étonnement. Iphigénie n'est qu'une gamine...

La veille de la première répétition, Sarah m'avoua qu'elle avait mal dormi de trois nuits et qu'elle se répétait les vers dans son sommeil. Elle surveillait la naissance du jour par les interstices de sa fenêtre, comme une condamnée à mort.

Elle était en avance d'une heure quand elle passa me prendre par l'omnibus. Je n'étais pas encore à ma toilette, ce qui la mit de mauvaise humeur. Dans le lourd véhicule qui s'engageait sur le boulevard, je dus, une dernière fois, lui donner la réplique. Un employé de grand magasin nous applaudit discrètement avant de descendre.

Comme nous étions les premières arrivées, le régisseur, M. Davenne, nous fit visiter la galerie des bustes. Sarah observa longuement celui d'Adrienne Lecouvreur, comme si elle cherchait en elle les signes de son propre destin.

Au soir de cette journée, Sarah m'avoua qu'elle avait ressenti une des plus fortes émotions de son existence lorsque, avant la répétition, elle s'était trouvée seule sur la scène.

— Ah, ma chérie... Cette salle immense plongée dans la nuit, ce gouffre vertigineux sous mes pieds au bout de la scène nue et déserte, cette énorme machinerie au-dessus de ma tête, ce froid de cave qui me montait le long des jambes, ce silence surtout, oh ! ce silence... Sais-tu ce que je me disais ? Que je me trouvais au milieu d'une crypte consacrée aux gloires défuntes... Quelle idée, hein ? Quelle idée...

Une heure après notre arrivée, les premiers artistes commencèrent à rappliquer, sans adresser un salut, une parole ou même un regard à la pauvre Iphigénie. Les mufles ! Ils s'interpellaient, échangeaient des histoires et des plaisanteries dans un langage de palefrenier. Assise dans un fauteuil d'orchestre, j'assistai à la répétition en grignotant des biscuits. Malgré son jeu un peu mièvre, Sarah tira bien son épingle du jeu. Ce bon Davenne lui avait indiqué ses places et ses moindres passades. Mlle de Brabender avait veillé à son costume avec un zèle de bigote, mais Sarah avait envoyé promener la robe de laine, le voile, la couronne de rose, pour leur préférer une simple tunique.

Le jour de la représentation, je passai prendre Sarah à son domicile et la trouvai déjà prête, devant le porche, encadrée par ses deux anges tutélaires : Guérard et Brabender. En cours de route elle me montra une affiche où l'on pouvait lire : *Débuts de Mlle Sarah Bernhardt.* J'avais connu la même émotion lorsque j'avais débuté au Châtelet, quelques mois auparavant, mais celle de Sarah se communiquait à moi, comme si elle relevait de ma propre réussite.

On avait affecté à ma compagne une loge située de l'autre côté de la rue de Richelieu, à laquelle on accédait par une passerelle. La séance de maquillage fut animée.

— Tu es trop pâle ! dit Mme Guérard. Une touche de vermillon sur les joues, peut-être...

— Du vermillon ! protestait la Brabender. Vous oubliez qu'on ne conduit pas Iphigénie au bal mais au sacrifice. En revanche, on pourrait assombrir ses paupières...

— Comme celles d'une Turque ! Vous plaisantez, je pense !

La moutarde me monta au nez. Je m'écriai :

— Allez-vous lui foutre la paix ? Sarah est très bien comme elle est.

Elle se leva, s'accrocha à moi en sanglotant, me disant qu'elle avait sur la poitrine un poids qui la faisait étouffer, et qu'elle se sentait incapable d'articuler un vers. Je la rassurai de mon mieux : ce genre d'indisposition est commun à tous les comédiens au moment d'entrer en scène. Rachel elle-même en souffrit toute sa vie durant.

— Ça porte un nom, ma chérie : c'est le trac. Ça te passera dès que tu auras dit les premiers vers...

Que dire de ces débuts ? Ils furent hasardeux. Lorsque je retrouvai Sarah dans sa loge, elle tentait d'arracher sa tunique.

— Que fais-tu ? lui dis-je. Il te reste encore trois actes à jouer.

— Je ne les jouerai pas. J'ai été pitoyable, ridicule. Lorsque j'ai levé les bras pour implorer ma grâce, j'ai entendu des éclats de rire. On a dû me trouver trop maigre. Je préfère m'arrêter...

Je me fâchai, tentai de la persuader qu'elle avait été moins mauvaise qu'il lui semblait, qu'on avait applaudi sa tirade du troisième acte... Si elle refusait de jouer la suite, sa carrière était fichue.

Aucun directeur de théâtre ne courrait le risque de la faire remonter sur une scène.

— ... et qu'est-ce que tu deviendras ? Une catin, comme ta mère et ta tante ? L'épouse soumise d'un industriel ou d'un militaire ? C'est ça que tu veux, dis ?

Je sus que j'avais gagné lorsque, se laissant tomber sur son tabouret, elle me demanda de lui passer de la poudre sur le visage et de vérifier l'équilibre de sa couronne sacrificielle. Lorsque l'avertisseur passa en hurlant dans le couloir, elle était prête.

J'ai conservé la coupure de presse du critique Francisque Sarcey, qui parut le lendemain. Pas de quoi pavoiser ni rompre les amarres...

Mlle Bernhardt est une grande et jolie personne, d'une taille élancée et d'une physionomie fort agréable. Le haut du visage est surtout remarquablement beau. Elle se tient bien et prononce avec une netteté parfaite. C'est tout ce qu'on peut dire pour le moment...

Ce pauvre Sarcey avait confondu une séance théâtrale avec un concours de beauté, mais, somme toute, cette critique aurait pu être plus sévère. Celle qu'il lui consacra pour le rôle d'Henriette, l'adolescente sage et discrète des *Femmes savantes*, de Molière, la deuxième pièce de la soirée, était du même tabac et d'un style aussi plat :

Mlle Bernhardt a été aussi jolie et aussi insignifiante que dans Iphigénie... *Qu'elle le soit, ce n'est pas une affaire. Elle débute, et il est tout à fait naturel que, parmi les débutants, il y en ait qui ne réussissent point : il faut en essayer plusieurs avant d'en trouver un bon. Mais ce qui est triste, c'est que les comédiens qui l'entouraient ne valaient guère mieux qu'elle. Et ce sont des sociétaires... Ils sont aujourd'hui ce que Mlle Bernhardt pourra être dans vingt ans, si elle se maintient à la Comédie-Française...*

— En fait de vacherie, s'écria Sarah, on ne peut faire mieux ! Mais, que ça lui plaise ou non, à ce salaud de Sarcey, je resterai et on verra qui s'est trompé ! Je lui ferai bouffer sa littérature de merde !

Elle déchira le journal, en dispersa les morceaux au-dessus de sa tête avec une expression qui mêlait la colère et la peine.

— Sarah ! s'exclama Mlle de Brabender, quel est ce langage ?

— Celui que j'entends tous les jours dans les coulisses et dans les loges. Ça vous choque ?

Je savais que Sarah ne resterait pas sur ce demi-succès, qu'elle s'accrocherait et que, pour réussir, il suffirait qu'elle en ait la volonté. M. Régis, qui ne l'avait jamais encouragée dans cette voie, dressait déjà pour elle des plans sur la comète : après trente ans de présence, disait-il, elle deviendrait sociétaire et serait à l'abri du besoin.

C'était une ambition de fonctionnaire. Chaque fois que j'entendais le parrain de Sarah proférer ces insanités, je me retenais pour ne pas le gifler.

Récit de Mme Guérard

Cette petite Colombier, je la supporte de moins en moins. D'abord, c'est une pique-assiette sans scrupule. Ensuite, je la soupçonne d'être jalouse de Sarah qui, Dieu sait pourquoi, s'est entichée de cette dinde beaucoup moins douée qu'elle, mais, je dois en convenir, d'une intelligence redoutable et perverse. Ses relations avec Augustine Brohan me semblent suspectes. Son échec à la Comédie-Française, qui lui a interdit sa porte, l'a rejetée vers des scènes de moindre importance, comme le Châtelet, la Gaîté, l'Ambigu...

Ma pauvre chérie n'allait pas rester longtemps à la Comédie-Française. Un incident absurde, inattendu, dramatique, y a fait obstacle. C'est cette petite peste de Régina qui en est responsable.

En dépit de toute logique, Sarah s'était prise d'affection pour sa petite sœur qui allait avoir neuf ans, plus que pour Jeanne qui la laissait indifférente, peut-être parce que Régina lui ressemblait, du moins par ses révoltes et ses caprices.

Au début de l'année 1863, quelques mois après ses débuts à la Comédie-Française, Sarah fut conviée à participer à la cérémonie traditionnelle en l'honneur de Molière. Comédiens et comédiennes devaient déposer une palme au pied du buste. Au terme d'un caprice tonitruant, Sarah accepta la présence de Régina, contre la promesse de se tenir sage. Celle-ci avait juré, mais du bout des lèvres.

J'aurais eu plaisir à accompagner ma petite chérie à cette cérémonie, mais elle se déroulait quelques semaines après la mort de mon époux. Il avait une mauvaise santé, altérée par sa sédentarité et l'abus qu'il faisait du tabac, indispensable, disait-il, pour achever cette *Vie de saint Louis* à laquelle il travaillait depuis des années. Mon fils nous ayant quittés, je demeurais seule dans la vie, si bien que j'acceptai la proposition de Julie de m'installer rue de la Chaussée-d'Antin.

Soumise à mon deuil, je laissai à Mlle de Brabender le soin de chaperonner Sarah. C'est d'elle que je tiens le récit de cette cérémonie qui allait décider du destin de Sarah.

Tenant la petite Régina par la main, Sarah prit rang dans le cortège des comédiens qui s'engageaient sur l'escalier d'honneur. Elle était précédée d'une sociétaire de forte corpulence, sorte de monument de l'art dramatique : Mlle Nathalie, qui s'avançait vers le centre de la scène, bardée d'un corset comme une oie grasse, avec des regards méprisants pour les débutants et pour ses pairs. Sarah dut, à plusieurs reprises, rappeler à l'ordre sa sœur qui tentait de poser le pied sur sa traîne. N'y tenant plus, celle-ci sauta dessus à pieds joints.

Au cri que poussa Mlle Nathalie, tous les regards convergèrent vers elle. Elle se retourna le feu au visage, et, souffletant la gamine, l'envoya rouler, les quatre fers en l'air, contre la rampe. Régina se releva, une blessure au front, et courut se blottir contre sa sœur. Coupant court à l'indignation de l'oie grasse, Sarah s'approcha d'elle et lui administra une gifle retentissante.

Dans le brouhaha qui agitait l'assistance, on se porta au secours de Mlle Nathalie qui venait de perdre connaissance. Certains criaient au scandale, d'autres étouffaient des éclats de rire.

— Vous n'êtes qu'une mauvaise bête ! lança Sarah.

— Je l'ai pas fait exprès, je le jure, gémissait Régina. Cette grosse vache m'a fait mal. Tu entends, grosse vache ?

Mlle de Brabender m'affirma que ces termes grossiers étaient bien ceux que la gamine avait employés. Elle en avait été outrée.

— Deux clans se sont spontanément formés, me dit-elle. L'un autour de Mlle Nathalie, que l'on ranimait avec des sels et des coups d'éventail, l'autre autour de Régina dont on épongeait le sang et dont on calmait les nerfs.

Cette scène donne une idée, en la dramatisant, de l'ambiance qui règne dans les coulisses de la maison de Molière, lequel y aurait sûrement trouvé matière à comédies : ridicules, jalousies, perfidies, basses vengeances...

Un jeune sociétaire aborda Sarah et lui dit :

— Votre sœur a fait perdre un peu de sa superbe à cette dinde, et c'est tant mieux. Votre riposte a été vive, mais ce n'est pas pour me déplaire, et je ne suis pas le seul. Quant à la petite, je la trouve jolie et drôle. Mais où a-t-elle pêché ce langage... pittoresque ?

— Chez les cochers de fiacre, monsieur.

Mlle Brabender ne me cachait pas son pessimisme quant aux suites de cette affaire. Mlle Nathalie avait les idées courtes mais le bras long. Elle risquait de créer des ennuis à la famille et, pour le moins, exiger des excuses que Sarah, j'en étais persuadée, lui refuserait.

C'est ce qu'elle fit, mais cette attitude, honorable au demeurant, devait lui coûter cher. L'affaire n'allait pas traîner. Le lendemain de l'incident, une lettre de l'administrateur l'invitait à une confrontation avec la victime.

D'emblée, il lui fit sévèrement la leçon :

— Vous avez montré dans cet incident, mademoiselle Bernhardt, un manque de respect flagrant pour une de nos plus grandes comédiennes. Elle attend, dans la pièce voisine, en compagnie de trois témoins, que vous veniez lui présenter vos excuses.

— Je m'y refuse ! répondit sèchement Sarah. La victime, ce n'est pas elle, mais ma petite sœur.

M. Thierry leva les bras au ciel et s'épongea le visage. En s'obstinant dans son refus, Sarah risquait d'être frappée d'une amende ou même de voir son contrat résilié. Elle campa sur sa décision. Il s'assit près d'elle, sur le divan, et lui dit d'une voix dont il avait du mal à maîtriser l'émotion :

— Vous allez briser votre carrière pour une simple question

d'amour-propre. Pourtant vous paraissiez vous plaire parmi nous. Vous avez été adoptée sans réserve et l'avenir vous souriait. Il vous en coûterait peu de dire simplement à Mlle Nathalie : « Veuillez m'excuser... » Ces deux mots peuvent vous éviter bien des ennuis. Souvenez-vous d'Henri IV. Lorsqu'on lui a demandé de renier sa religion s'il voulait être roi, savez-vous ce qu'il a répondu ? « Paris vaut bien une messe. » Et il a été roi...

M. Thierry n'a rien pu en tirer d'autre qu'un refus catégorique. Les jours suivant cette rencontre de la dernière chance, Sarah est restée cloîtrée dans sa chambre, dans l'attente du courrier qui lui annoncerait son renvoi. Elle n'en sortait que pour me confier ses angoisses et chercher une consolation. Chez nous, l'ambiance était sinistre : on la boudait, on ne lui adressait plus la parole. J'ai entendu M. Régis s'exclamer :

— Je l'ai toujours dit : cette *fillasse* trop maigre n'est pas faite pour le théâtre. Si vous m'aviez écouté, vous n'en seriez pas là aujourd'hui. Et si vous aviez fait preuve d'autorité, elle aurait épousé cet ambassadeur du Maroc que je lui ai présenté...

Elle s'accrochait à moi comme à une bouée, sa tête dans mon épaule, et me disait :

— Mon Petit'dame, qu'aurais-tu fait à ma place, chez M. Thierry ? Te serais-tu excusée ?

— Je me serais excusée, mais du bout des lèvres et en croisant les doigts. La Comédie-Française vaut bien une blessure d'amour-propre. Je crains que tu ne tardes pas à regretter cette obstination. Mais aussi, bon Dieu ! pourquoi t'être encombrée de cette gamine turbulente ?

Le cœur brisé, elle avait fini par admettre que les jeux étaient faits, quant elle reçut une lettre la convoquant de nouveau à la Comédie-Française, non pour une nouvelle mise en demeure mais pour lui proposer le rôle-titre de *Dolorès*, une pièce de Louis Bouilhet, ami et conseiller de Gustave Flaubert.

Sarah exultait. On avait passé l'éponge et l'horizon s'éclairait : elle allait retrouver la scène. Ses soucis, qu'elle appelait ses « papillons noirs », s'envolaient d'un seul coup ! Elle apprit, en se présentant à ce rendez-vous, que ce rôle ne lui avait été confié que parce que la comédienne pour laquelle il était prévu était indisponible.

Elle revint morose de la première lecture, possédée d'une sourde appréhension. Quelque chose lui disait que c'était trop beau et que ça ne marcherait pas. Elle eut une confirmation de ce pressentiment lorsque Mlle Nathalie, qu'elle croisa dans le foyer, lui lança avec un sourire ironique :

— Ne vous réjouissez pas trop, mademoiselle ! J'ai fait en sorte que ce rôle vous soit enlevé. C'est ma petite vengeance...

Sarah aurait pu croire à une fanfaronnade car, les jours suivants, les lectures se poursuivirent sans aléas. Alors qu'elle sortait d'une de ces séances, une lettre lui apprit que la comédienne qui devait interpréter *Dolorès* était de nouveau disponible. Écumant de colère, elle se rua dans le bureau de M. Thierry en s'écriant :

— J'ai décidé de quitter cette maison ! Considérez notre contrat comme résilié.

— Réfléchissez, lui dit l'administrateur, avant de prendre une décision que vous regretteriez. Je vous donne quarante-huit heures. Passé ce délai, je considérerai que vous ne faites plus partie de notre troupe.

C'était tout réfléchi. Rompus les ponts avec l'Île enchantée qui avait passé comme un rêve et s'éloignait à l'horizon, Sarah allait attendre des années une nouvelle chance.

— Bah... me dit-elle, j'aurai ma revanche. Après tout, la grande Rachel a démissionné maintes fois de la Comédie-Française et ne s'en porte pas plus mal...

LES SAISONS FOLLES

Récit de Rosine

La santé de notre vieil ami, M. de Morny, me donne des inquiétudes.

Depuis quelque temps, ses visites se font rares. Chaque fois, je constate que son état s'est dégradé. Il est vrai qu'il a passé la cinquantaine et mène une vie trop agitée pour son âge : ses projets de Deauville et de Longchamp, des intérêts à défendre dans d'importantes sociétés industrielles, ses rapports tendus avec sa belle-sœur, l'impératrice Eugénie, ses maîtresses, sa jeune épouse qui lui fait payer ses négligences... Il s'y ajoute l'affaire du Mexique : en contribuant à placer le frère de l'empereur d'Autriche, Maximilien, sur le trône de Mexico, avec l'intention de tirer les marrons du feu, il s'est, semble-t-il, fourvoyé.

C'est beaucoup pour un seul homme...

Lors de sa dernière visite, son visage avait la couleur de la cire et sa démarche était incertaine. Il balançait sa canne entre ses genoux, « plafonnait », comme dit Youle, et il fallait lui arracher les mots de la bouche. S'il vient de temps à autre vers nous, c'est moins pour réveiller une vieille affection que pour fuir l'ambiance délétère de la cour des Tuileries et de son ménage.

D'une voix balbutiante, il nous a demandé des nouvelles de Sarah, s'est réjoui d'apprendre son admission à la Comédie-Française – comme s'il avait pu l'ignorer ! – a paru affligé en apprenant sa démission.

— Cette petite est bizarre, dit-il. Je crois qu'elle a du talent mais elle doit se méfier de sa nature. C'est sa pire ennemie...

— Sarah est ainsi, lui ai-je dit. Entière, volontaire, obstinée. Cela peut constituer des qualités dans ce métier, mais aussi des défauts dangereux. Il reste qu'elle sait, et nous le savons tous, ce qu'elle vous doit.

Je lui ai proposé un petit verre de *Parfait Amour* qu'il a refusé, et un cigare qu'il a accepté, mais dont il n'a tiré que quelques bouffées. Quand je lui ai demandé s'il souhaitait se détendre dans ma chambre, il a eu un faible sourire et a répondu dans un soupir :

— Nous avons passé de belles heures ensemble, ma Rosine, mais aujourd'hui, ce qui me reste d'énergie, je le consacre à mes occupations et aux courses...

Il égrena d'un air pathétique les maux qui l'accablaient : ses insomnies, son manque d'appétit, ses somnolences dans la journée, ses malaises qui le surprenaient au spectacle... Il sortit de son gilet un boîtier, y prit une pilule d'éther qu'il croqua en ajoutant :

— Voyez à quoi j'en suis réduit, ma chérie : je me drogue à la *manière anglaise*, comme on dit. Ça durera jusqu'à mon départ...

Je ne l'ai jamais entendu prononcer le mot « mort » ; il préférait « départ ».

Sarah nous occasionnait bien des soucis.

Je n'ai jamais vu d'un œil favorable l'intention de Youle de faire embrasser à ma nièce notre condition. Elle a décelé, au-delà du physique relativement ingrat de la petite, quelques ressources : le charme sémitique qui émane d'elle, sa voix chaude, ses yeux de chatte, sa chevelure sauvage, son esprit même... Autant de qualités qui auraient pu séduire les messieurs qui fréquentent notre maison. Ma sœur a déjà tenté, à diverses reprises, de mettre ces qualités en pratique pour certains de nos habitués. Autant d'expériences qui se sont révélées désastreuses : la petite n'est pas douée, il faut en convenir. Youle a été longue à le comprendre.

Un jour, peu après sa sortie du couvent, elle avait décidé de jeter Sarah dans les bras d'un capitaine de dragons. Je protestai que nous n'étions pas des maquerelles. Elle riposta :

— Tout de suite les grands mots ! Sache que ce militaire possède des domaines en Provence et des immeubles à Paris, qui lui viennent de sa femme. Si nous parvenons à l'apprivoiser, nous serons à l'abri du besoin pour quelque temps. De plus, il est joli garçon et Sarah semble apprécier sa présence.

— Parce qu'il lui offre des chocolats de Chez Marquis ! Je sais, moi, qu'elle le déteste. Elle me l'a dit...

Lors de sa troisième visite, je l'ai surpris, enfoncé dans un fauteuil, le visage cramoisi, en train de fourrager sous les jupes de Sarah, posée comme un oiseau sur ses genoux, une bouillie de chocolat plein la bouche. Lorsqu'il s'aventurait trop loin, elle lui frappait le bras pour l'obliger à se retirer. Il poussa plus loin son audace, prit la main de Sarah pour la porter à sa braguette. Là, c'est moi qui ai réagi. J'ai bondi, tendu à l'officier son képi et sa badine en lui disant que cette maison n'était pas un bordel pour mineures, qu'il parte et qu'on ne le revoie plus.

Youle m'en a voulu, mais la leçon a été profitable.

Oubliée son aventure avec Paul Porel, Sarah filait le parfait amour avec Émile de Kératry. Parfait, je ne sais ; bref, assurément.

Le récital de poèmes qu'elle avait accepté de donner chez Mme Mère lui avait valu les compliments de quelques messieurs informés du scandale de la Comédie-Française, mais les sourires pincés de quelques dames qui ne lui pardonnaient pas d'avoir déclamé, malgré la mise en garde d'Émile, un poème de Victor Hugo, ce misérable, ce rebelle honni par Leurs Majestés impériales.

Cette soirée marqua la naissance d'une relation amoureuse qui n'allait durer que quelques mois. Un jour, il arriva, le visage décomposé, et lui montra la feuille de route qu'il venait de recevoir pour le Mexique, où la guerre faisait rage. Comme il lui restait quelques semaines avant son embarquement, il lui offrit un voyage en Espagne. Ils s'aimèrent sous le soleil des Baléares, comme avant eux George Sand et Chopin, mais leurs étreintes portaient en elles le signe de la fin.

Youle fut la première à regretter cet aléa qui la privait des générosités du beau capitaine. Elle dit à Sarah :

— Ta sœur et moi ne pouvons plus te garder à ne rien faire. Ma fille, il va falloir te débrouiller, remuer ciel et terre pour trouver des engagements. Sinon...

D'un geste menaçant, elle lui montra le chemin de sa chambre et de son lit.

Je puis en témoigner : Sarah s'est démenée auprès des directeurs de théâtre pour obtenir des rôles, avec une conviction bien ancrée en elle : ne rien pouvoir faire dans la vie en dehors du théâtre. Elle obtint de petits rôles, dans des pièces sans avenir, n'eut que des succès modestes, mais elle était de nouveau plongée dans son milieu de prédilection : elle perfectionnait son style et apprenait les astuces du métier. En revanche, elle supportait mal la coutume généralement admise de la claque. Les directeurs louaient les services d'*applaudisseurs* ou de *rieurs*, professionnels chargés d'assurer le succès de leur spectacle. Ils leur faisaient distribuer des bouquets, à charge pour eux de les envoyer sur la scène à la fin de la pièce.

Les directeurs répondaient aux objections de Sarah :

— C'est une précaution indispensable, du moins pour certains spectacles qui demandent à être défendus. Tout le monde le fait. Nous ne pouvons y échapper...

Il me serait aisé de retrouver les titres des pièces où elle a joué à cette époque un peu folle : elle en a conservé tous les programmes. À l'occasion, Marie Colombier lui donnait la réplique.

Elles s'entendaient en perfection en ce temps-là, surtout dans un domaine adjacent : la galanterie. Au sortir du théâtre, elles faisaient la tournée des bistrots et des établissements de nuit, se faisaient offrir un médianoche au champagne par des fêtards, des *chevaliers du gardénia*, rentraient aux aurores ou ne rentraient pas.

Ces saisons folles, j'aimerais les effacer de ma mémoire. Ma nièce, livrée à elle-même, était prise dans le double tourbillon du théâtre et de la fête. Je craignais à la fois pour sa santé et son équilibre mental. Elle était moins solide que sa compagne, plus sujette aux accès de dépression qui la jetaient dans mes bras ou dans ceux de son Petit'dame.

Le retour de Kératry aurait pu la sauver, mais il ne donna pas une seule fois de ses nouvelles, au point que nous l'imaginions abattu par les rebelles de Juárez, dans une sierra torride.

En cette année 1863, alors qu'elle allait avoir vingt ans, les côtés ingrats de son physique s'estompaient. Elle s'affinait, acquérait un style personnel, évoluait de la maigreur à la minceur, alors que Marie Colombier, gourmande qu'elle était, prenait un tour de taille avantageux.

Ma nièce se confia à moi en ces termes, un jour de morosité :

— Je ne regrette pas la Comédie-Française. Je serais devenue comme la grosse Nathalie. Aujourd'hui, ce n'est pas le Pérou, mais chaque spectacle me fait découvrir des raisons de persévérer. Je suis consciente d'être ignorée du public, et ce n'est pas cette stupide pièce de Labiche, où je suis en train de jouer : *Un mari qui lance sa femme*, qui me fera connaître. Au moins ai-je appris que je ne suis pas faite pour le vaudeville mais pour le drame ou la comédie...

Quoi qu'elle pût m'en dire, cette double existence la minait, au point qu'il lui venait parfois des idées suicidaires. Elle me raconta qu'à la suite de sa démission, alors qu'elle se trouvait désemparée, elle avait avalé pour en finir le contenu d'un flacon d'encre. Cela n'avait fait que la rendre malade. Elle alla trouver un soir cette bonne Guérard pour lui demander du laudanum, qu'elle lui refusa. C'était à la suite de son insuccès dans la pièce de Labiche. Présente dans la salle pour la première, Youle ne lui avait pas caché sa déception : elle était ridicule dans le rôle de la princesse russe...

À quelque temps de là, rompant son engagement, elle partait pour l'Espagne avec Émile de Kératry. Elle avait adressé au directeur du Gymnase, Montigny, un simple mot d'excuse : « Ayez pitié d'une pauvre toquée ! »

À son retour d'Espagne, nous reçûmes des nouvelles de Youle, qui se trouvait à Bruxelles, souffrante. Sarah n'hésita pas une seconde et prit le train. Ma sœur ne souffrait que d'une grippe. Elles revinrent ensemble. Youle guérie et Sarah enceinte.

Je me demande s'il n'y avait pas, dans l'esprit de ma sœur, un calcul pervers, destiné à attirer Sarah dans les filets de la belle société bruxelloise. Ma nièce s'est montrée avare de confidences sur cette étrange équipée, et n'a consenti à se confier à moi que plus tard, en ajoutant à son récit, semble-t-il, le piment du romantisme.

On était en juin et les longues journées chaudes se prêtaient à la fête.

Youle entraîna sa fille dans une soirée masquée, donnée par une grande famille de la ville, les Bruce. Sarah avait revêtu une tenue élisabéthaine de location, en velours grenat, qui lui valut les compliments du maître de maison. Ce soir-là, elle dansa à s'en étourdir, passant d'un cavalier à un autre, jusqu'à finir dans ceux d'un Hamlet blond et gracile qui ne la quitta plus et lui vola un baiser. Elle le gifla. Il lui offrit la rose qu'il portait à sa boutonnière, en lui disant :

— Mademoiselle, veuillez pardonner mon audace, mais j'ai des excuses : cette chaude soirée, le parfum des femmes et ceux du parc, cette musique, et surtout votre charme m'ont fait perdre la tête. Je ne connais ni votre visage ni votre nom, mais, si vous ne trouvez pas cette invitation trop cavalière, venez me rejoindre demain, sur la promenade. Cette rose me permettra de vous reconnaître.

Il ajouta sur un ton pathétique, en s'inclinant pour lui baiser la main :

— Accordez cette faveur, je vous en conjure, au malheureux prince de Danemark...

Ce galant cavalier n'était pas originaire des rives de la Baltique, mais il était prince, et de haute volée : Henri Charles Joseph Eugène de Lamoral, prince de Ligne. Sa famille remontait au XIe siècle et comptait des comtes d'Empire, des ambassadeurs, des candidats au trône de Belgique et quelques éminents ecclésiastiques.

Dévoilant d'emblée, avec son visage, ses batteries, il fit à la réplique de la reine Élisabeth d'Angleterre une cour pressante, la mena visiter son palais, ses jardins et, pour finir, sa chambre. Sarah ne lui opposa qu'un simulacre de résistance, de manière à montrer à ce beau prince de légende qu'elle n'était pas la première catin venue.

Ils vécurent quelques jours de bonheur intense et partagé. On disait d'eux, dans l'entourage du prince : c'est l'union de la libellule et du papillon. Les choses se gâtèrent lorsque, à l'instigation pressante de Youle, Sarah tenta de pousser plus loin sa tentative de séduction. Ce papillon qu'était le prince de Ligne ne paraissait pas disposé à se laisser conquérir par cette petite Juive qui lui avait donné du plaisir mais à laquelle il ne comptait pas s'attacher pour la vie. Il espaça leurs rendez-vous et finit par lui faire comprendre, sur un ton cavalier, qu'elle avait cessé de lui plaire. Elle en conçut du chagrin et Youle de la colère.

De retour en France, ma nièce accoucha dans les délais normaux d'un garçon qu'elle appela Maurice. Informé de la nouvelle, Henri de Ligne, bon prince, accepta, non sans réticence, de reconnaître cet enfant mais pas de l'adopter.

C'était, si ma mémoire est bonne, en décembre de l'année 1864.

Sarah dut bientôt se remettre à son banc de galère. On ne lui proposait que des rôles médiocres, dans des pièces qui ne l'étaient pas moins. En fait, les directeurs de théâtre hésitaient à engager cette comédienne qui faisait parler d'elle par ses sautes d'humeur et ses scandales, plus que par son talent.

À cette époque de vaches maigres, qui dura trois ans, elle survécut grâce à des protecteurs dont Youle et moi avions éprouvé la générosité, comme le marquis de Caux, l'industriel champenois Robert de Brimont et le banquier Jacques Stern.

La chance ne lui adressa un mince sourire que lorsqu'on lui proposa un rôle dans une comédie au titre ridicule : *La Biche au bois*, de je ne sais plus quel auteur, au Théâtre de la Porte-Saint-Martin. Elle avait à chanter quelques couplets ; comme elle ne se sentait aucun goût et aucun talent pour la romance, elle préféra réciter les vers. Le directeur crut qu'on allait la huer ; on l'applaudit et elle eut trois rappels...

Sarah ne pouvait plus compter sur l'aide de M. de Morny pour lui remettre sérieusement le pied à l'étrier. C'est l'intendant général des Théâtres, ce brave M. Doucet, si indulgent à ses caprices, qui lui tendit la perche. Sans être de nos habitués, il aimait notre compagnie. Les déboires de ma nièce parurent le laisser quelque temps indifférent, quand, un soir, alors qu'il sirotait une absinthe dans un café des boulevards, il apprit que Félix Duquesnel, directeur de l'Odéon, réorganisait sa troupe et s'était mis en quête d'une jeune actrice pour une comédie qu'il allait monter.

— Je connais une personne qui pourrait vous convenir, dit Doucet. Je pense à la petite Sarah Bernhardt. Je puis vous l'adresser.

Sarah occupait alors rue Aubert, dans le quartier de Saint-Denis, après quelques déménagements discrets pour échapper à ses créanciers, un appartement qu'elle partageait avec sa sœur Régina et quelques animaux de compagnie. Doucet la convoqua et lui demanda si elle était décidée à poursuivre sa carrière. La réponse ne le surprit pas :

— Plus que jamais, monsieur.

— Alors, mon enfant, nous allons tenter d'oublier vos inconséquences passées et de vous remettre en selle, mais il faudra me promettre d'être raisonnable. Vous remettrez au directeur de l'Odéon, mon ami Duquesnel, la lettre de recommandation que voici. Il attend votre visite. Ne tardez pas trop.

Lorsque Sarah se décida à effectuer cette démarche, il fallut lui trouver une tenue qui ne fût ni banale ni excentrique. Mme Guérard lui confectionna une robe jaune serin, au dessus de soie noire dentelée, un chapeau conique en paille couvert d'épis et de clochettes, retenu par un ruban de velours noir.

Cette toilette fit un effet différent de celui qu'on avait escompté. La secrétaire de Duquesnel annonça à son patron qu'une « dame chinoise » demandait à le voir. Ils restèrent une heure à bavarder et il lui fixa un autre rendez-vous avec son associé : Charles de Chailly. Sarah sursauta : elle avait eu affaire à lui récemment et savait qu'il avait une piètre opinion de son talent. Duquesnel la rassura : ce n'était pas un ogre.

— Quel homme est ce Duquesnel ? lui demandai-je.

— Beau et blond... Aimable et souriant...

Je dus me contenter de ce bouquet d'épithètes.

L'affaire faillit échouer. De Chailly s'était insurgé contre la décision de son associé : cette fille était folle ! de quoi allait-on s'encombrer pour faire plaisir à cette vieille baderne de Doucet ?

Au retour de son deuxième rendez-vous, Sarah était toute frémissante, à la fois de colère et de contentement. Elle avait décroché un contrat, mais ça n'avait pas été sans mal. Elle comprit tout de suite combien l'associé de Duquesnel la détestait.

— Ce vilain bonhomme avait la mine d'un bouledogue auquel on veut enlever sa pâtée. Sans un mot, il m'a présenté le contrat qu'il avait signé à contrecœur, en me disant : « Mademoiselle, s'il n'avait tenu qu'à moi, vous ne seriez pas là aujourd'hui ! » Je lui ai répondu : « Eh bien moi, monsieur, s'il n'y avait eu que vous pour diriger ce théâtre, je serais allée voir ailleurs ! »

Ce viatique pour une carrière enfin digne de Sarah lui semblait relever d'une opération de magie. L'Odéon était le théâtre le plus important de la capitale, après la Comédie-Française. Il avait vilaine apparence : délabré, sale, puant, mais on y entretenait une ambiance de camaraderie. Duquesnel donnait le ton avec sa bonne humeur et sa mansuétude. Dès les premiers jours, Sarah s'y sentit à l'aise : elle jouissait d'une liberté inespérée, on lui prêtait attention, et on lui faisait confiance. Aucune Nathalie n'errait dans les coulisses.

Ses véritables débuts, c'est là qu'ils eurent lieu. Ses premiers succès, c'est là qu'elle les connut. Chaque soir, dans mes prières, je conjurais le Ciel qu'il la protégeât.

Récit de Mme Guérard

La mort de Mlle de Brabender nous a bouleversés. Son honnêteté foncière, la rigueur de ses convictions religieuses, que je ne partage pas, son érudition, l'affection qu'elle portait à Sarah en faisaient un membre de la famille.

Depuis son accident – cette jambe brisée qui lui imposait de ne se déplacer qu'avec une canne – elle dépérissait. Elle quittait de plus en plus rarement sa cellule de Notre-Dame-des-Champs où Sarah et moi allions lui rendre visite chaque semaine, avec des roses qu'elle plaçait sur sa table de nuit et des friandises qu'elle distribuait aux moniales.

Lors de notre dernière visite, elle nous parut changée, et c'est à peine si elle nous reconnut. Un serre-tête cachait en partie ses cheveux gris, son gros nez semblait s'être dilaté, sa moustache et sa barbe qu'on n'avait pas rasées depuis quelques jours avaient envahi son visage. La supérieure nous apprit que ses jours étaient comptés.

Une semaine plus tard, sans avoir retrouvé ses esprits, elle entrait en agonie. Nous trouvâmes le couvent sens dessus dessous, la pauvre femme ayant passé durant la nuit. Une étrange mutation semblait s'être accélérée dans son physique. Elle avait pris l'apparence d'un homme avec sa barbe et ses moustaches rousses. Sur la table de nuit, nos dernières roses se fanaient près du verre à dents. La supérieure nous dit :

— Nous avons été prises d'inquiétude en voyant s'opérer cette transformation. Nous nous sommes même demandé si cette créature était de nature masculine ou féminine. Je puis vous rassurer : Mlle de Brabender est bien une femme. Il suffit de regarder ses mains : délicates comme celles d'une pianiste.

Sarah lui devait beaucoup, non seulement en matière d'enseignement et d'éducation : elle la conseillait, parfois la réprimandait pour ses outrances et les côtés néfastes de sa nature, mais sans jamais avoir brandi la férule. J'avais parfois l'impression qu'elle la considérait comme sa propre fille et tentait de la sauver de la mauvaise pente où elle aurait glissé, inexorablement, si elle avait suivi les conseils de sa mère. Elle n'aimait pas la voir se diriger vers le théâtre mais convenait volontiers que ce pouvait être pour elle le moindre mal.

LA « PETITE ORPHÉE »

Récit de Marie Colombier

La Brabender est morte ! Dieu ait son âme... Cette vieille fille aux allures de grenadier de l'armée impériale et de duègne m'était insupportable, avec les grands airs de préceptrice qu'elle prenait, sous prétexte qu'elle avait enseigné à la cour de je ne sais quelle famille moscovite. Je ne l'ai jamais aimée et elle me le rendait bien. Elle osait prétendre que j'avais une mauvaise influence sur sa protégée, que je l'entraînais dans des lieux de débauche, que je la jalousais – quelle idée, grands dieux ! Je n'irai pas à ses obsèques.

Les caprices de Sarah, ses fugues en Espagne et en Belgique, ses passades et ses passions, ses colères lorsque je conteste certaines de ses décisions n'ont pas réussi à ébranler notre solide amitié. J'ai toujours, et aujourd'hui encore après bien des années et de redoutables conflits, suivi sa carrière avec intérêt et, je le réaffirme, sans le moindre sentiment de jalousie.

Lorsqu'elle m'annonça qu'elle avait signé un contrat avec l'Odéon, je fus la première à m'en réjouir. Elle oublia cependant de préciser qu'elle était engagée à l'essai et pour un mois. Peut-être n'avait-elle fait que survoler ce document, à son habitude, ou peut-être ceux qui l'avaient lu – je pense à Rosine et à Guérard – n'avaient-ils pas osé lui révéler cette restriction...

Au mois d'août de l'année 1866, date de ses vingt-deux ans, elle incarna, enfin, des personnages dignes de son talent et de ses ambitions, à l'occasion d'une soirée consacrée à l'anniversaire de l'empereur. Elle eut à interpréter deux rôles : dans *Phèdre*, la princesse de sang royal, Aricie, et, dans *Le Jeu de l'amour et du hasard*, de Marivaux, celui de Silvia. Elle se tira à son avantage de son premier rôle, mais fut médiocre dans le second, qui n'était pas compatible avec son tempérament.

Elle avait adopté, pour ce deuxième rôle, une tenue ridicule qui avait provoqué un éclat chez de Chailly. Il avait protesté auprès de son associé :

— Qu'est-ce que cette mascarade ? A-t-on idée de s'attifer ainsi pour jouer devant la cour impériale ? Du bleu, du blanc, du rouge ! Je m'attendais à l'entendre chanter la *Marseillaise* et à la voir brandir le drapeau républicain ! Et cette maigreur... On aurait dit une flûte qui aurait plus de croûte que de mie !

— Mais, mon ami, avait protesté Duquesnel, elle a été très applaudie dans le rôle d'Aricie. Sa voix a ému le public.

— Sa voix... sa voix... Ce n'est pas suffisant pour en faire une comédienne. Mon cher Félix, quitte à déplaire à son protecteur, votre vieil ami Doucet, il faut se débarrasser d'elle, et sans plus tarder.

— J'avoue que le rôle de Silvia ne lui convenait pas, mais donnons-lui une nouvelle chance. Elle plaît au public jeune, et c'est celui de l'avenir.

— Certes... mais c'est aujourd'hui qu'il faut assumer les échéances, et nous ne pouvons nous encombrer d'un poids mort. Les temps sont durs...

Sarah me dit un soir, alors qu'elle venait tout juste d'effectuer un remplacement :

— Duquesnel et Doucet sont satisfaits. Si l'on me donne une véritable chance, je la saisirai, rien que pour emmerder de Chailly !

Cette chance lui vint avec *Athalie*. Elle était à l'aise dans l'œuvre de Racine, plus que dans la comédie : il était son dieu, la tragédie incarnée, l'écho, peut-être, de ses élans profonds.

Elle me convia à une répétition à laquelle participait un de nos anciens professeurs du Conservatoire, Beauvallet. Toujours mal embouché mais bon conseiller, il était, ce soir-là, furieux contre

Félix Duquesnel qui avait eu l'idée saugrenue, selon lui, de faire chanter, sur une musique de Mendelssohn, les chœurs parlés. La première répétition se traduisit par un fiasco.

— Nom de Dieu ! hurlait Beauvallet, où avez-vous trouvé ces choristes ? Ils chantent faux ! Ça va être un foutu bordel, c'est moi qui vous le dis... C'est tout simplement a-bo-mi-na-ble !

— Il y a peut-être moyen d'arranger les choses, suggéra de Chailly. Nous gardons la musique, mais nous faisons dire les paroles par... tiens, pourquoi pas ? par la petite Bernhardt ? Elle a une jolie voix et une bonne diction, je le reconnais.

Et ça marcha ! À la fin de la répétition, tout le monde, et les musiciens eux-mêmes, applaudit. La première fut pour Sarah une surprise : l'idée, venue de ce personnage qui la détestait et qu'elle exécrait, allait la pousser vers le succès. Ce fut ce qu'elle appela modestement « un petit triomphe ». Elle eut trois rappels ; les ovations des étudiants remplacèrent la claque que Duquesnel, comme elle, ne souffrait pas. Elle me dit en se démaquillant dans sa loge :

— Sais-tu ce que m'a dit de Chailly ? « Tu as été adorable. » Ce tutoiement m'a un peu choquée. J'ai répondu : « Tu trouves sans doute que j'ai engraissé pour te plaire ? »

Elle ajouta en me sautant au cou :

— Ce que j'aimerais, ma chérie, c'est jouer de nouveau avec toi.

— J'en serais ravie, mais il y a peu de chances pour que je me produise sur cette scène.

— Détrompe-toi. George Sand t'a vue jouer récemment dans *Les Viveurs de Paris*, de Xavier de Montépin, et tu lui as plu. Elle souhaite que tu aies un rôle dans la pièce qu'elle fait lire à Duquesnel : *L'Autre*. Elle aimerait que tu figures dans la distribution. Es-tu d'accord ?

Je l'étais, cela va sans dire.

Elle m'avoua le bonheur que lui procurait sa nouvelle condition. Elle la changeait de la Comédie-Française et de son atmosphère délétère, comme du Gymnase et de son ambiance frelatée. À l'Odéon, on ne parlait que de théâtre, librement, de copain à copain. On refaisait le monde au bistrot. Entre les répétitions, on allait jouer au ballon dans les jardins du Luxembourg... Personne ne s'offusquait de voir Sarah arriver au théâtre avec le petit-duc de Rosine ni ne la jalousait, sachant qu'elle avait loué, à Auteuil, une résidence où elle avait installé pour l'été son petit Maurice, ses sœurs et Mme Guérard.

Elle n'avait pas tardé à tomber amoureuse du beau Duquesnel, qui le lui rendait bien. Lorsqu'elle quittait Auteuil pour le rejoindre au théâtre, elle roulait à une allure d'aurige le long des quais, pénétrait dans le hall d'entrée comme une tornade, distribuait autour d'elle des saluts et des baisers, chantonnait en s'apprêtant dans sa loge.

Elle me disait :

— Ce théâtre est une masure infecte. L'air est plein de microbes, on y écrase des blattes en marchant, on voit des souris et des rats jusque sur la scène, et ce que ça peut puer ! Mais je m'y sens bien. C'est ma maison. Une usine à fabriquer du bonheur, à tailler les pierres précieuses que nous fournissent les auteurs...

Les rapports entre George Sand et Sarah étaient singuliers. Sarah souhaitait conquérir sa sympathie, son amitié peut-être, mais elle se heurtait, de la part de cette grande dame, à un mur d'indifférence qui la navrait.

La romancière disait d'elle :

— Cette petite Bernhardt est une bonne fille un peu sotte mais dotée d'un bon caractère. Elle interprète certains de mes personnages comme une grue prostituée qu'elle est. Elle joue tout à côté, ce qui me fait penser que ces femmes de théâtre sont toutes stupides. Cette pauvre Sarah est une toquée, mais elle m'aime bien. Quand elle m'écoute, elle ne joue pas mal, et elle est charmante...

J'ai renoncé à révéler à ma compagne ces propos surpris au cours d'une répétition et qui sont tels que je les relate. Sarah était moins sévère avec elle. Elle me disait :

— Cette femme est désarmante. Elle fume des cigares qui empestent, me parle du bout des lèvres comme si ma conversation l'ennuyait, et pourtant je crois qu'elle m'aime bien. Parfois, en étudiant un rôle, il m'arrive de lui prendre la main, et je sens une sorte de fluide passer entre nous. Le prince impérial, Plomplon, lui a dit un jour devant moi, dans ma loge, que je devais être amoureuse d'elle ! George lui a répondu en me caressant la joue : « Sarah est ma petite madone. Ne la tourmentez pas... » Elle peut être aimable, tendre parfois. À d'autres moments, elle se comporte comme une harpie. Mais que veux-tu : je l'aime.

J'ai joué avec Sarah *Le Marquis de Villemer*, de Mme Sand. Cette pauvre Sarah... Elle était affligée d'un rôle ingrat : celui d'une femme de trente-cinq ans, un peu folle. Elle joua ensuite la malheureuse Mariette de *François le Champi*. Je n'obtenais, quant à moi, que des rôles secondaires, mais cela me convenait, tant j'avais de plaisir à évoluer dans le petit univers de l'Odéon. J'y respirais un air qui me grisait. Je voyais déjà un soleil de gloire monter à l'horizon de Sarah, et je tenais, aussi modeste puis-je être, à m'y réchauffer.

Cette gloire, ce ne sont pas les pièces médiocres de George Sand qui la lui apportèrent.

Il devenait urgent pour ma compagne de se faire apprécier à sa juste valeur et de la sauver des créanciers qui la harcelaient. Elle a toujours été un panier percé : à peine l'argent dans sa poche, il s'envole. Elle désirait vivre sur un grand pied dans des chaussures trop étroites. Sa domesticité était pléthorique, et elle commençait à donner libre cours à sa zoophilie : dès son installation rue Aubert, elle adopta des chiens, des chats et deux tortues qu'elle affubla de noms ridicules : Chrysagène et Zerbinet...

Youle lui imposa comme préceptrice, pour le petit Maurice, une vieille Hollandaise que son père avait épousée après le décès de son épouse : Louisa Van Berinth, une duègne à allure de chouette, méchante et sévère, qu'à la place de Sarah j'aurais jetée à la Seine après l'avoir étranglée.

Nous voguions de concert, cahin-caha, malmenées par quelques tempêtes dans ce monde du théâtre soumis à des caprices de haute mer, mais qui nous réserva des bonasses bienheureuses, jusqu'à ce qu'un gentil jeune homme pointât son museau.

Plus jeune que Sarah de deux ans, François Coppée était peu connu à ce jour, mais son talent allait parler pour lui. Cet obscur employé au ministère de la Guerre se disait poète et auteur dramatique. Sarah le trouva sur son chemin alors qu'il était l'amant d'une actrice de l'Odéon, Florence Léonide Charvin, plus connue sous son pseudonyme : Agar. Cette pulpeuse brunette de quarante ans, amie de Sarah, lui présenta son petit génie ignoré.

Coppée ne payait pas de mine : taille modeste, mince, longue chevelure rejetée en arrière comme par un coup de vent, front lisse et large, l'allure d'un Bonaparte et le regard d'un sacristain. Il était boutonné jusqu'à la cravate, qu'il portait ample, à la La Vallière, dans un veston de velours brun. En matière de poésie, il ne jurait que par Charles Baudelaire et Théophile Gautier. Il avait rencontré Agar à la suite de la publication de son poème : *Bénédiction*, dans une revue confidentielle.

Agar dit à Sarah :

— Coppée meurt d'envie de faire jouer à l'Odéon un acte en vers : *Le Passant*, qui se déroule au temps des trouvères. Il aimerait que nous jouions cette pièce à deux personnages. Toi dans celui du trouvère Zanetto, moi dans celui de Silvia.

— Mouais, fit Sarah. Faut voir...

Une semaine plus tard, Coppée apportait sa pièce à Duquesnel. Il la lut et la communiqua à Sarah, qui en prit connaissance à son tour et la lui rendit en disant simplement :

— C'est génial ! Ce mélange de poésie et de drame me ravit.

De Chailly partageait cet avis : on allait monter cette pièce et la présenter en première partie du programme. Tous criaient au chef-d'œuvre.

Le soir de la première, Coppée installa sa mère et sa sœur dans une loge et resta en coulisses, se rongeant les ongles jusqu'au sang, entre deux pompiers, avec, côté jardin, un Duquesnel aussi angoissé que lui. Le décor était résolument romantique : colonnade antique, verdure et clair de lune. Je faillis pouffer de rire en voyant Sarah vêtue en trouvère d'enluminure, luth dans les bras, plume au bonnet, ses maigres guibolles gainées de satin prune.

De Chailly et Duquesnel comptaient sur un honnête succès. Ce fut un triomphe. Coppée trépignait sur place, embrassait Agar, puis Sarah, en gémissant :

— Ah ! Sarah, ce que vous avez bien joué votre première réplique : *Vivent les nuits d'été pour faire un bon voyage !* Et toi, mon Agar, tu as été merveilleuse. J'ai l'impression que, toutes les deux, vous avez prolongé mon rêve...

Ce *Passant* ne fit pas que passer. Il connut une centaine de représentations, avec un égal succès. Certains soirs, on refusa du monde. Ce fut l'occasion pour cette vieille baderne de Sarcey d'ajouter de l'eau à son vinaigre.

Le spectacle avait été précédé, quelques semaines avant, de la représentation d'une pièce romantique d'Alexandre Dumas : *Kean*.

Ce soir-là, le public, composé principalement d'étudiants du Quartier latin, était houleux. Ils voulaient du Victor Hugo, le révolutionnaire, le banni, et on lui servait de l'Alexandre Dumas, ce serviteur de l'Empire ! Ils réclamaient *Ruy Blas* sur l'air des *Lampions*. Lorsque l'auteur arriva dans sa loge, accompagné d'une de ses maîtresses, il fut accueilli par des sifflets, des injures et des cris d'oiseaux. Il tenta de se défendre et, sa bedaine en avant, de calmer ses « jeunes amis ». Ils l'obligèrent à se taire et, pour une raison que j'ignore, lui demandèrent de chasser la jeune femme de sa loge. Les spectateurs de l'orchestre prirent avec indignation la défense de l'auteur. Lorsque la demoiselle eut disparu, le silence succéda au tumulte, interrompu par des fusées de cris isolés qui réclamaient *Ruy Blas*, comme si la direction pouvait faire sortir cette pièce de ses manches. C'était, en quelque sorte, une nouvelle bataille d'*Hernani*.

Dans *Kean*, Sarah tenait le rôle d'une Anglaise excentrique, Anna Damby. Lorsque, avec une heure de retard consécutif au tumulte, le rideau se leva, Sarah était moite de peur et j'avais toutes les peines du monde à la rassurer.

— Je sens que je vais m'effondrer, dit-elle à Duquesnel.

— Soit, dit-il. Je t'y autorise, mais à la fin du dernier acte. Tu verras, cette meute se couchera à tes pieds. Allons, courage !

Lorsqu'elle bondit sur la scène comme une lionne sortant de sa cage, un murmure flatteur l'accueillit. Ce fut pour elle, comme pour Dumas, un nouveau triomphe. Le lendemain, elle découvrit dans *Le Figaro* de quoi dissiper ses doutes . on la traitait de *Petite*

Orphée. On la jugeait dotée d'*une voix étonnante et chaude.* Elle était aux anges.

La princesse Mathilde Bonaparte, la très mondaine fille du prince Jérôme, frère de Napoléon Ier, présente à la première du *Passant,* fut bouleversée par ce spectacle au point d'entreprendre de sculpter un buste d'Agar. L'idée lui vint de proposer à son cousin l'empereur de donner une représentation de cette pièce aux Tuileries, à l'occasion d'une visite de la reine de Hollande et de son fils, le prince d'Orange, que certains gazetiers avaient baptisé « le Prince Citron... »

Récit de Mme Guérard

C'est moi que Sarah choisit pour l'accompagner au palais des Tuileries et l'assister pour la soirée de gala donnée en l'honneur de la reine de Hollande. Outrée d'être oubliée, Marie Colombier a boudé durant des jours.

Ce spectacle était précédé d'une présentation à Leurs Majestés impériales. Nous arrivâmes en grande toilette. L'intendant, M. de La Ferrière, nous fit patienter dans le salon jaune, en compagnie de Duquesnel, de De Chailly et d'Agar.

— Il faut que j'étudie ma révérence, me dit Sarah. Est-ce qu'elle est convenable ? Le port de tête... le sourire... Comme ceci ? Dois-je ou non regarder l'empereur, lui tendre la main ? Et que dois-je lui répondre s'il m'adresse un compliment ?

J'éclatai de rire.

— Lui tendre la main ? Tu plaisantes. S'il te fait son compliment, tu réponds simplement « sire », en traînant un peu : « siiire ».

Elle fit quelques pitreries et se mit à chantonner, sans prêter attention au geste que je lui fis pour qu'elle s'arrêtât.

— Siiire... Siiiire... Et puis, zut, à la fin !

Un discret éclat de rire la fit se retourner. La stupeur lui fit exécuter une révérence manquée et bredouiller une excuse ou je ne sais quoi. L'empereur sourit, tapota dans ses mains et passa un index sur ses moustaches.

— Eh bien, mademoiselle...

— Sarah Bernhardt.

— ... eh bien, mademoiselle Sarah Bernhardt, vous aviez tort de vous inquiéter : cette révérence était parfaite dans sa simplicité. Pour mon épouse, faites-la un peu plus lente.

Pauvre empereur, il avait l'air mal en point : la démarche hésitante et le teint cireux, mais il parlait d'une voix douce et pénétrante et son regard, sous ses longs cils, gardait sa vivacité. Il nous précéda jusqu'au grand salon où l'impératrice, vêtue d'une robe grise qui comprimait ses formes rebondies, nous attendait, assise au milieu de ses dames d'honneur, comme dans le célèbre tableau de Winterhalter. Sarah fit convenablement les trois révérences d'usage. Eugénie était moins laide qu'on le disait mais sa voix était déplaisante : rauque et vulgaire.

La représentation du *Passant* était prévue pour la semaine suivante. Elle se déroulerait dans le grand salon où une estrade était déjà dressée. Le prince impérial, qu'on appelle Plomplon, un adolescent d'environ treize ans, se mêlait en toute simplicité aux préparatifs. Lorsque Sarah lui demanda des orangers et des citronniers, il les fit quérir dans la serre et aida à les placer aux endroits qu'elle lui indiquait. L'impératrice nous fit servir une collation et nous confia à l'intendant pour une visite du palais. J'étais ravie ; Sarah boudait : cette « grande baraque », ces pièces immenses, d'un luxe écrasant, la laissèrent indifférente.

Le soir de la représentation, l'impératrice paraissait mal à l'aise : elle faisait bouger ses jambes sous sa robe et son visage se crispait d'une grimace. Ses escarpins trop étroits la blessaient. J'ignore quelle attention elle porta à Zanetto et à Silvia, mais elle avait d'autres préoccupations. Elle parvint, non sans efforts, à libérer ses pieds et, dès lors, parut prendre davantage intérêt au spectacle.

Le rideau tiré, l'empereur, à qui cette scène de torture n'avait pas échappé, demanda à ses officiers d'ordonnance de former un paravent pour que la pauvre Eugénie pût se rechausser sans attirer l'attention. Le prince d'Orange l'y aida.

Il n'avait pas été prévu de cachet pour les deux actrices. En revanche, l'empereur leur offrit une broche sertie de pierres précieuses.

Récit de Rosine

Quelle mouche a piqué ma nièce ? Que faisait ce cercueil au milieu de sa chambre ? Je n'ignorais pas que ses penchants morbides l'avaient incitée à plusieurs reprises à contempler les cadavres conduits à la morgue, mais, de là à faire l'acquisition d'un cercueil... J'imagine que cette idée saugrenue lui a été inspirée par les romanciers anglais à la mode, qui ne parlent que de maisons hantées et de cimetières.

Ce cercueil était en bois de rose, capitonné de satin blanc, avec un coussinet brodé de perles. Elle m'avoua qu'elle y dormait, chaque nuit, et s'en trouvait bien, mieux, en tout cas, que dans le lit où Régina, qui s'agitait en permanence, troublait son sommeil.

Je me demandais si Sarah n'était pas en train de sombrer dans une morbidité proche de la folie, mais je me disais qu'outre ses lectures sa vie d'actrice l'incitait à ce genre de fantaisies macabres, qu'elle reportait dans la vie courante la hantise de la mort ressentie par certains de ses personnages, qu'elle se donnait un spectacle intime, à rideaux fermés.

Ses tocades, ses brèves amours et ses passions prolongées avaient un caractère moins inquiétant.

Après les saisons folles passées avec Marie Colombier, alors que ces deux oiselles cherchaient où se poser en évitant de se retrouver dans une cage, Sarah n'avait rencontré l'amour qu'avec le comte Émile de Kératry et le prince de Ligne. Elle avait oublié Paul Porel, qui volait à présent de ses propres ailes.

Depuis son admission à l'Odéon, avec Marie sur ses talons, les relations amoureuses de ma nièce avaient pris un tour nouveau. Youle et moi lui avons fait connaître des messieurs de la *haute*, sans imiter une certaine Mme Cardinal qui louait ses filles à de vieux coureurs. Elle apprit à notre contact à ne pas donner trop d'elle-même dans ces rapports, afin d'éviter que la galanterie ne tourne à l'esclavage et ne perturbe sa carrière de comédienne. Elle eut des amants de choix : le marquis de Massa, qui fréquentait indifféremment les Tuileries et le bal Mabille, le maréchal Canrobert, héros d'Algérie et de Crimée, un viticulteur champenois, un pacha d'Égypte... Ce qu'elle appelait avec humour sa *ménagerie*.

Parmi ses protecteurs les plus assidus figurait une des célébrités de Paris, Charles Haas, homme à femmes par excellence, « créature de l'ombre, des draps et du plaisir », disait-on. Marcel Proust allait faire de lui le personnage principal de son roman : *Un amour de Swann*. Sarah avait fait sa connaissance alors qu'elle jouait *Athalie* à l'Odéon et que l'Exposition universelle de 1867 révélait au monde que la Prusse s'armait déjà pour la guerre.

Il avait douze ans de plus qu'elle, mais les portait avec élégance. Cette liaison orageuse, ce jeu dramatique intense amenèrent Sarah au bord du suicide, du moins me l'affirma-t-elle. Compter sur lui pour qu'il renonçât à sa vie galante, qu'il l'épousât et lui assurât à la fois fortune et célébrité, c'eût été nourrir des illusions fallacieuses. Charles Haas n'était pas disposé à se laisser subjuguer. Il collectait ses maîtresses dans le vivier des grandes cocottes à la Cora Pearl ; s'engager, pour la vie, avec une petite théâtreuse à l'avenir indécis ne lui disait rien ; il est probable qu'il n'en eut même pas l'idée d'autant qu'il était marié et que son épouse était, semble-t-il, de nature complaisante.

Les lettres qu'elle lui adressait, et que parfois elle me faisait lire, étaient de pathétiques brouillons de passion. Je devinais qu'elle courait à l'abîme ; elle faillit y sombrer. Profondément ébranlée lorsque Charles, avec beaucoup de ménagement, lui annonça la fin de leur idylle, elle crut mourir.

J'ai conservé une copie de la dernière lettre qu'elle lui adressa : *J'ai mal à la poitrine. Je vous devrais bien des souffrances. Une mousse sanglante humecte mes lèvres. Puisse-t-elle être un baiser de la mort ! Adieu, mon cher Charles ! J'ai pour vous une infinie tendresse. Je vous adore. Vous ne m'aimez pas et vous n'y pouvez rien. Ni moi. Je vous envoie un souffle plein d'amour...*

Sarah, singulièrement, a toujours manifesté de l'attrait pour les phtisiques, comme la Marguerite Gautier de *La Dame aux camélias*, qui allait être un de ses plus grands succès. Avec ses amants qui menaçaient de l'abandonner, elle jouait les poitrinaires non sans quelque perversité : elle se piquait les gencives avec une épingle, crachait du sang dans la dentelle de son mouchoir et s'évanouissait. Elle n'est pas comédienne pour rien...

Mme Guérard fut témoin d'une de ces scènes de comédie, le jour où un commerçant vint présenter une lourde facture. Le monsieur avec qui elle se trouvait fut victime du subterfuge. Il s'apitoya en la voyant, la bouche humide de sang, au bord de la syncope. Il tira de son portefeuille les quelques billets qui soldaient la créance, mais on ne le revit plus.

Je décidai Sarah à me suivre chez Nadar afin de poser pour une photo.

De son nom de famille Félix Tournachon, cet artiste avait dans sa clientèle tout ce que Paris comptait de célébrités. Il me plaisait que ma nièce figurât dans ce Gotha. On trouvait, dans son atelier du boulevard des Capucines, autant de monde que dans le salon de la princesse Mathilde. Ce géant roux et jovial promenait sa tignasse de lion, faisait tonner son verbe retentissant à travers son atelier tapissé d'images représentant des ballons dirigeables voguant en plein ciel. On se livrait là à des activités et des loisirs divers et insolites : des hommes en bras de chemise s'y livraient un duel à l'épée ou au sabre, d'autres, vautrés dans des fauteuils de vannerie, parlaient politique en fumant le cigare et en buvant du champagne, ou disputaient des parties de whist ; des femmes bavardaient comme des perruches, des gens de théâtre lisaient des passages de leur prochaine pièce...

Imperturbable dans son travail, Nadar examinait ses modèles comme un médecin ausculte ses malades, en quête des détails révélateurs de leur personnalité. Il parut fasciné lorsque je lui eus présenté Sarah. Il répéta son nom à plusieurs reprises, l'invita à le rejoindre dans le studio, rectifia une mèche, déplaça une boucle, fit jouer la lumière autour d'elle avant de soupirer en se grattant la tête :

— Étonnant... Il y a chez votre nièce quelque chose de magique, comme d'une créature venue d'un autre monde, qu'un de mes dirigeables aurait cueillie au moment de toucher terre. Vous dites : Sarah Bernhardt ? Tiens... tiens... cela me rappelle ce scandale à la Comédie-Française ? Ah ! ah ! quelle histoire... J'en ris encore !

Il lui fallut une bonne heure pour trouver la tenue conforme au caractère de son modèle, lui faire prendre des poses, régler l'éclairage, prendre cliché sur cliché. Cela me coûta fort cher, mais je ne le regrette pas.

J'ai conservé une épreuve de cette première photo de ma nièce. On y voit Sarah drapée négligemment, à l'antique, le visage éclairé d'un côté, son épaisse chevelure mise en valeur, le haut du corps libre, la tunique échancrée jusqu'au niveau de la poitrine. Un sourire de Joconde sur ses lèvres, elle était belle et mystérieuse comme une femme de Judée aux temps bibliques. C'est le portrait de Sarah que je préfère, parce que le plus vrai. On peut tricher avec la photographie mais, quand on cherche la vérité d'un personnage, il devient comme nu.

À cette époque où elle se partageait entre galanterie et théâtre, sa notoriété n'était pas encore affirmée. Après quelques mois difficiles, à courir d'une scène à l'autre, elle avait interprété une comédie anodine : *La Biche au bois*, qui ne lui apporta pas le succès espéré.

Un soir, quelques semaines plus tard, un employé d'assurances se présenta à son domicile de la rue Aubert. Il venait lui proposer le renouvellement de sa police d'incendie. Furieuse, à la suite d'une rupture avec je ne sais qui, elle lui demanda de repasser.

Elle se plaisait dans cet appartement meublé dans un style hollandais qui lui rappelait les origines de notre famille partie d'Allemagne pour se réfugier aux Pays-Bas. Louisa Van Berinth avait apporté sa contribution à cet aménagement, avec les quelques meubles qui l'avaient suivie.

Le lendemain de la visite de l'assureur, lorsque je passai chez elle, comme je le faisais une fois ou deux par semaine, pour aller promener le petit Maurice, je la trouvai sur les nerfs.

— Non ! dit-elle fermement. Aujourd'hui, je le veux près de moi. J'ai l'impression qu'un événement grave va se produire. C'est pourquoi Maurice doit rester ici.

— Et Louisa ? Tu veux la garder avec toi, elle aussi ?

— Oh ! elle...

Ce soir-là, elle avait réuni quelques amis, dont Charles Haas et le journaliste Arthur Meyer. De tout le repas, elle parut nerveuse et inquiète, prononçant des phrases sibyllines, comme celle-ci qui m'est restée en mémoire et qui ressemble à une prédiction de Nostradamus : « Après le dernier coup de minuit, ce ne sera plus aujourd'hui. Les gnomes qui me guettent auront manqué leur coup. »

Après le dessert, elle se mit au piano et, avec sa maladresse habituelle, joua quelques pièces italiennes. Soudain ses mains se suspendirent sur les dernières mesures d'*Il Bacio*. Elle fit pivoter son tabouret et dit d'une voix étranglée :

— Écoutez ! Il doit y avoir un incendie quelque part. On crie « Au feu » dans la rue.

Charles Haas se leva, ouvrit la fenêtre et s'écria :

— Mais c'est chez vous que ça brûle ! Regardez ! Ça vient de votre chambre...

Sarah bondit, pénétra dans la pièce en coup de vent, arracha Maurice à son lit, réveilla Louisa qui dormait à côté, puis transporta l'enfant chez une voisine, en face de son domicile. Les pompiers ne tardèrent pas à venir. Ils durent emprunter l'escalier de service pour accéder à l'appartement et tenter de sauver la vieille dame qui s'était mise à hurler.

L'appartement de Sarah présentait un spectacle de désolation : presque tous les meubles avaient été endommagés par le sinistre. Ma nièce, pour avoir éconduit l'agent d'assurances, était sur la paille.

Nous lui vînmes en aide, Youle et moi, ainsi que la famille. Des poètes lui envoyèrent des vers pour la consoler ; un hôtel voisin s'offrit à l'héberger gratis, le temps qu'elle retrouve de quoi se loger ; la plupart de ses amis et protecteurs ne lui offrirent que leurs regrets.

C'est alors que Félix Duquesnel proposa d'organiser une soirée de gala *à bénéfice* à l'Odéon. Il invita pour la partie musicale une cantatrice, la colorature Adelina Petit, devenue l'épouse du marquis de Caux, qui avait été l'amant de Sarah, l'autre étant occupée par diverses scènes de comédie. On l'applaudit à tout rompre dans la célèbre cavatine du *Barbier de Séville : Une voce poco fa...*

Cet incident laissa persister quelques doutes dans mon esprit. Je soupçonnai Sarah d'avoir voulu jouer les Néron pour réveiller la presse qui la boudait. Elle le prit de haut. Comment pouvais-je croire qu'elle eût volontairement risqué la vie de Maurice ? La réalité était plus banale : c'est un rideau qui, soulevé par un courant d'air, avait brûlé au contact d'une bougie et déclenché le sinistre.

Nous hébergeâmes Sarah quelque temps rue de la Chaussée-d'Antin. Elle ne se plaisait plus dans notre maison et la quitta sans regret quand je lui eus trouvé, rue de l'Arcade, près de la mairie de Montmartre, un garni où elle s'installa en attendant de trouver mieux. Un secours qu'elle n'attendait plus lui vint du notaire du Havre : ce brave homme lui annonça qu'il débloquerait à son intention la dot qu'il gardait en réserve pour le jour de son mariage.

Je finis, après de nombreuses démarches, par lui trouver, rue de Rome, à deux pas de la gare Saint-Lazare, un vaste appartement d'entresol. Une conjuration amicale lui permit de le meubler convenablement.

En juillet de l'année 1870, alors qu'elle se reposait aux Eaux-Bonnes, dans les Pyrénées, elle apprit une nouvelle qui la bouleversa : la France venait de déclarer la guerre à la Prusse. Quant à moi, je pensai à notre vieil ami, le duc de Morny. Décédé depuis cinq ans, il avait échappé à ce drame et à l'humiliation qui allait le conclure.

L'INFIRMIÈRE AU GRAND CŒUR

Récit de Mme Guérard

Nous préparâmes dans la fièvre notre départ de Paris.

Après avoir placé Louisa Van Berinth, qu'elle appelait *la vieille,* dans un asile adéquat, Sarah prépara elle-même, avec l'aide de la tante Rosine, l'exode des siens vers la villa de son père, à Sainte-Adresse, près du Havre. Elle resterait seule avec moi à Paris, alors que, par trains entiers, les familles fuyaient en province, dans la crainte de voir les Prussiens surgir sous les murs de la capitale.

Au retour de la gare Saint-Lazare, elle soupira :

— Qu'allons-nous devenir, mon Petit'dame ? Tous les théâtres ont fermé leurs portes, y compris l'Odéon. Que faire ?

— Tâcher de vivre, ma chérie, lui répondis-je. Comme tous ceux qui ont décidé de rester. Si ça peut te consoler, il y a plus malheureux que nous. Je pense à nos soldats et à leurs familles. Les combats ont commencé, et ils sont, paraît-il, sanglants. Nous n'allons pas tarder à voir arriver les premiers blessés.

Elle répéta machinalement : « Les premiers blessés... » et ajouta :

— Tu viens de me donner une idée ! Je vais aller trouver Duquesnel et lui proposer de transformer le foyer de l'Odéon en ambulance militaire. Il faut bien se rendre utile...

Je la mis en garde contre un tel projet : il faudrait une autorisation, trouver le matériel, les médicaments, la nourriture, des médecins et des infirmières... Elle s'accrochait à son idée : ce qui venait de se faire à la Comédie-Française pourrait se répéter à l'Odéon. Il suffisait d'en avoir la volonté.

J'avais eu tort de croire à un coup de tête de sa part.

Le patriotisme et le don de soi semblaient avoir supplanté en elle sa passion pour le théâtre qui, du fait des événements, demeurait, de toute manière, lettre morte. Elle me tint un long discours plein de fièvre et de passion : elle voulait sauver des vies, peut-être des âmes, redonner confiance à des hommes jetés en pâture au Moloch de la guerre, répondre par son propre sacrifice aux balles prussiennes. Étais-je prête à la suivre ? Je l'étais. Elle se jeta dans mes bras.

Duquesnel et de Chailly ne mirent aucun obstacle à ce projet de transformer le foyer des artistes, et tout le théâtre s'il le fallait, en ambulance. Cette initiative mettrait un peu de vie – si l'on peut dire à propos d'un endroit où la mort serait en coulisses – dans cette vaste bicoque déserte où le drame allait faire son entrée, autrement qu'en alexandrins.

Pour organiser l'accueil des blessés, l'autorisation de la Préfecture de police était nécessaire. Sarah s'en chargea. La réponse la stupéfia : le préfet était disposé à la recevoir « dans les plus brefs délais » ; la lettre était signée : « Comte Émile de Kératry ».

Il nous reçut le jour-même dans son cabinet des Tuileries où régnait une fiévreuse animation. Les combats faisaient rage, à Saint-Privat, à Gravelotte, et nos armées reculaient sur tous les fronts. La rue murmurait : « Nous sommes foutus... »

Kératry s'avança vers Sarah, bras tendus et souriant. Il respira dans son cou, en la pressant contre sa poitrine, l'odeur des étreintes passées.

— Je suis heureux de vous revoir, dit-il en la faisant asseoir. Je parierais volontiers que vous m'aviez oublié.

— Quel toupet, monsieur le préfet ! Vous avez tout fait pour ça, me semble-t-il. Depuis votre départ pour le Mexique, vous n'avez pas donné signe de vie.

Il parut gêné, prétexta les nombreux périls qu'il avait eu à affronter dans cette aventure guerrière atroce et inutile, quelques blessures, des fièvres, et surtout l'envie qu'il avait d'oublier son passé, « tout son passé », avant de retourner en France.

Il se rassit, fit claquer ses mains sur son bureau.

— Eh bien, dit-il, en quoi puis-je vous être utile ?

Elle lui répondit hardiment :

— Êtes-vous prêt à m'accorder ce qui me sera nécessaire pour le projet dont je vous ai parlé dans ma lettre ?

Il éclata de rire.

— J'attends vos ordres, mon général !

Elle énuméra ses besoins, consignés sur un carnet. Il leva les bras au ciel, lui demanda de parler plus lentement : il avait de la peine à suivre son débit et à prendre note. Il lui promit de tout faire pour lui venir en aide : il pourrait puiser dans les subsistances que l'impératrice avait fait amasser dans les sous-sols des Tuileries et sur le chantier du Palais-Garnier. Elle aurait tout ce qu'elle souhaitait. Enfin, presque tout. Elle lui signala qu'on avait inconsidérément entassé des stocks de poudre dans les caves de l'Odéon et que cela présentait un risque pour tout le quartier. Il fronça les sourcils : elle le lui apprenait ; il allait intervenir.

Kératry avait beaucoup changé depuis leur dernier rendez-vous. Sa beauté avait pris de la rudesse, ses traits s'étaient tirés, des rides et une cicatrice marquaient ses joues et son front. Il était toujours aussi séduisant, mais en plus viril. Elle lui trouva, sous l'habit chargé de décorations, l'allure d'un aventurier.

Au moment de partir, elle tomba en arrêt devant la patère où était suspendue la cape du préfet.

— Vous faut-il autre chose, mon amie ? dit-il.

— Oui, monsieur le préfet. Cette cape ferait bien mon affaire. Je veux dire celle d'un des soldats que nous allons soigner.

— Eh bien, dit-il, prenez-la. Elle est à vous.

Les premiers blessés arrivèrent alors que nous commencions à nous demander ce que nous faisions dans le foyer désert, encombré de lits et de paillasses. Au fur et à mesure que les Prussiens progressaient et que les batailles se faisaient plus âpres, ils nous vinrent de plus en plus nombreux.

Marie Colombier vint se joindre à nous et nous fut utile. Je n'aime guère cette grosse fille qui, jadis, avait entraîné notre Sarah dans des aventures triviales, mais je dois convenir qu'elle se dévoua sans réserve pour nos blessés, avec une bonne humeur qui les réconfortait.

Kératry ne nous avait pas oubliés. En plus de ce que Sarah lui avait demandé, il nous fit livrer des barriques de vin, des bonbonnes d'eau-de-vie et diverses autres subsistances. Sur ses instances, le chocolatier Menier nous adressa un chargement de ses produits, Félix Potin une véritable épicerie ambulante et le baron de Rothschild un wagon de vin et de spiritueux. Nous aurions pu, avec tous ces dons, tenir un siège.

C'est d'ailleurs ce qui allait se produire.

Un des anciens amis de Youle et de Rosine, le baron Larrey, venait de temps à autre examiner nos pensionnaires. Nous eûmes également le concours d'une grande femme vêtue de noir, sèche comme un pruneau, d'allure virile et d'une énergie farouche : Louise Michel, l'institutrice anarchiste qui allait devenir l'égérie de la Commune.

Sarah ne laissait pas de me surprendre. Certaine que la fatigue ou l'écœurement auraient raison de sa volonté et de son courage, je la surveillais étroitement, prête à la secourir au moindre signe de défaillance. Elle ne m'en donna pas l'occasion : elle soignait sans sourciller les pires blessures, nettoyait les linges souillés des incontinents, fermait les yeux des morts et faisait leur toilette, sans manifester autre chose que de l'émotion et de la pitié.

Nous fêtâmes Noël avec le boudin blanc de Félix Potin et le vin du baron, sous des guirlandes de houx, en écoutant des soldats bretons chanter des airs de leur pays. Un prêtre de Saint-Sulpice vint célébrer une messe sur un autel de fortune. Sarah, à quelques jours de là, eut la surprise de recevoir un soldat qu'elle avait bien connu dans sa jeunesse : Paul Porel. Il avait été blessé lors d'un combat sur le plateau d'Avron, proche de Paris.

Nous étions débordées. Les blessés étaient logés jusque dans les couloirs. Pour comble de malheur, l'hiver de 1871 fut très rigoureux et, malgré les secours du préfet, nous avions du mal à nous procurer du combustible.

Une nouvelle affligea Sarah : elle apprit que sa famille avait quitté Sainte-Adresse pour se replier aux Pays-Bas où elle serait, disait sa mère, plus en sécurité.

Nous avons brûlé tout ce qui pouvait l'être : la structure des décors, le petit mobilier, jusqu'aux chaises curules des tragédies. Malgré ça, le froid nous accablait.

Au début du siège, alors que s'installait le gouvernement de la Commune, notre ambulance reçut la visite du maire de Paris. Il parcourut les locaux et, avant de se retirer, dit à Sarah :

— Vous faites votre possible pour sauver ces malheureux, et je vous en félicite, mais je ne veux plus voir ces bondieuseries sur vos murs. Enlevez-les au plus vite, sinon vous risquez des sanctions.

— Je n'en ferai rien, monsieur ! répliqua Sarah. C'est un réconfort pour la plupart de nos blessés, et cela ne semble guère importuner les autres.

— Puisqu'il en est ainsi, ne comptez plus sur notre aide !

Sarah comprit qu'il ne faisait pas bon caresser cette brute à rebrousse-poil : il s'appelait Hérisson... Il oublia sa menace, mais ne nous livra qu'avec parcimonie ce qui nous était nécessaire. Nous reçûmes de sa part un chargement de viande en bocaux. Ce fut une fête, mais elle tourna court : cette viande était avariée et nous dûmes la jeter au ruisseau. Des énergumènes nous prirent à partie en hurlant que nous jetions de la nourriture à l'égout, alors que Paris crevait de faim. Ce qui restait de ce cadeau empoisonné fut retourné à Hérisson. Nous dûmes nous contenter de la viande de cheval que Sarah obtenait d'un équarrisseur. Nous ne pouvions plus compter sur Kératry : le préfet de l'Empire avait fui à Versailles.

Les bombardements débutèrent, ébranlant, de jour et de nuit, le sol de la capitale. L'horizon s'illuminait de fantastiques constellations rougeoyantes. Dès que nous mettions le nez dehors, nous entendions des cris fuser de toutes parts : « À l'ambulance ! » Nous nous précipitions au milieu des fumées et des gravats. L'Odéon était comble, comme pour les grandes soirées de premières, sauf qu'à la place des vivats, on n'entendait que des gémissements. Il fallait allonger les blessés à deux dans un lit, parfois à même le sol. Des gardes nationaux au visage farouche, peu exigeants quant aux soins et aux vivres, souhaitaient repartir au plus vite pour se battre aux fortifications. Nous dormions dans les fauteuils d'orchestre.

— À l'ambulance ! À l'ambulance !

Au cours d'une de nos sorties, j'observai le manège de quelques gavroches : ils ramassaient des éclats d'obus qu'ils revendaient à titre de souvenir, pour s'acheter un tour dans les queues interminables qui patientaient devant les boutiques. Nous vîmes un jour un de ces gosses coupé en deux par un éclat d'obus.

Sarah fulminait :

— La guerre, quelle infamie ! On devrait envoyer au bagne ou à la guillotine ceux qui en sont responsables. Quand se décidera-t-on à respecter la vie humaine, à ne plus jeter les hommes dans ces boucheries, comme du bétail ?

Le jour où un officier qui procédait à une inspection lui révéla qu'il avait mis au point un dispositif pour faire des ballons captifs des véhicules chargés d'explosifs destinés aux bombardements, elle lui cria :

— Vous n'êtes qu'un sauvage ! Vous me faites horreur ! Foutez le camp !

Sarah laissa de nouveau s'épancher sa colère quand elle reçut de sa mère un billet lui annonçant que la famille avait quitté les Pays-Bas pour la ville balnéaire de Homburg, en Allemagne. Elle froissa le billet et le jeta en s'écriant :

— Ma mère est en Allemagne, mes amies ! À Homburg. J'ignore où est cette ville.

— Je le sais, moi, dit Marie Colombier. Bad Homburg vor der Höhe est une ville d'eaux fréquentée par la meilleure société. Son casino est réputé. J'y ai vécu quelques jours, avant la guerre, et...

— Je ne veux pas en savoir davantage ! s'écria Sarah. Qu'on ne me parle plus de ça !

Elle me dit, quelques heures plus tard :

— Ma mère, si elle était devant moi, là, je la giflerais. Les Allemands voudraient que nous ayions chez eux nos origines. C'est possible, mais, moi, je ne me suis jamais sentie germanique, et aujourd'hui moins que jamais. Leur demander asile sous prétexte qu'ils ont gagné cette guerre est odieux...

Elle ne décoléra pas de trois jours. Elle voulait partir, préparait ses bagages, y renonçait devant les difficultés que présentaient des voyages du fait des événements de la Commune et des dangers d'un voyage extra-muros.

— Ce n'est que partie remise, me dit-elle. Dès que possible j'irai chercher ma famille pour la ramener là où elle doit être : à Paris !

Alors que Marie Colombier se trouvait encore parmi nous, à l'ambulance de l'Odéon, Sarah et elle laissaient volontiers apparaître le costume de la comédienne sous la blouse de l'infirmière. Elles passaient leur temps de repos à somnoler dans un fauteuil d'orchestre mais se retrouvaient parfois dans la bibliothèque du théâtre, pour y lire des textes sur l'art dramatique, des pièces, ou parler de leur carrière. Un soir, alors que tout était silence dans le théâtre, à part les plaintes et les gémissements des blessés, Sarah, qui venait de retrouver dans les rayons un exemplaire du *Passant,* publié par Lemerre, dit à sa compagne :

— J'aimerais jouer de nouveau cette pièce.

— Ça se fera sûrement, après la guerre.

— Je veux dire là, maintenant. Je connais par cœur le rôle de Zanetto. Tu seras Silvia.

Elles montèrent sur la scène, une chandelle à la main. Sarah posa la sienne sur le plancher, Marie garda à la main celle qui lui était nécessaire pour déchiffrer son texte. Face à la salle plongée dans l'ombre, d'où émergeaient vaguement des blouses blanches, Sarah lança : *Vivent les nuits d'été pour faire un bon voyage...*

Je surpris cette scène insolite, au moment où Zanetto lançait à Silvia :

Quant on dort on ne peut savoir, mais on devine
Et j'entendais un bruit de musique divine...

Ce à quoi Silvia répliquait :

Ce que vous avez pris sans doute pour des mots
Mélodieux, c'était, dans les sombres rameaux,
Le murmure que fait, en s'envolant, la brise...

Ébahie par le spectacle de ce duo de spectres debout, immobiles, dans la lumière tremblotante des chandelles, je me laissai tomber dans le premier fauteuil à ma portée. La guerre aurait pu passer en trombe autour de ce théâtre, frapper à nos portes, envahir la salle, sans que ces deux folles s'interrompissent.

Le murmure de la brise... Tout ce que je percevais, hormis le texte de François Coppée, c'était le ronflement d'un gros infirmier, au premier rang de l'orchestre et, de temps à autre, le cri d'un blessé ou d'un soldat assailli par un cauchemar.

Suite du récit de Mme Guérard

L'armistice une fois signé, à la fin de février 1871, Sarah décida qu'il était temps de partir à la recherche de sa famille. Tenter de la décourager eût été inutile. Elle ne m'écoutait même pas quand je lui disais :

— Le pays est complètement désorganisé, envahi par des soudards et des bandits. Les trains ne fonctionnent plus, tu ne trouveras pas une voiture disponible. Et où dormiras-tu ? Toutes les auberges sont fermées. D'autre part, qui va t'accompagner ? Tu ne vas tout de même pas partir seule ?

Sa réponse me stupéfia :

— Mais toi, bien sûr !

Je protestai : qu'elle n'y compte pas ! À mon âge, et avec mes rhumatismes...

— Eh bien, soupira-t-elle, je me débrouillerai seule.

Pour héberger les blessés en surnombre, elle avait loué à ses frais et transformé en ambulance, un vaste appartement de la rue Taitbout, et y avait installé une dizaine de lits, sous la surveillance de la préceptrice de Maurice, Mlle Soubise. C'est à cette jeune femme jolie et fringante, au physique de créole, que Sarah proposa de l'accompagner.

— Je dois vous prévenir, lui dit-elle : ce ne sera pas un voyage d'agrément. Il sera même dangereux, impossible peut-être...

La jeune femme lui sauta au cou en la remerciant de sa confiance et en l'assurant qu'elle la suivrait au bout du monde, « et même jusqu'en enfer ».

« Jusqu'en enfer... » Sarah ne lui en demandait pas tant, mais c'est pourtant ce qui les attendait. Non sans mal, elle obtint de M. Adolphe Thiers, chef du gouvernement provisoire né de l'armistice, un sauf-conduit qu'il accompagna de quelques remarques décourageantes : ce viatique ne leur servirait pas à grand-chose, cette équipée serait une folie pour des hommes normalement constitués, alors, pour deux faibles femmes...

J'ai toujours, depuis son départ, éprouvé un regret intense d'avoir refusé mon aide à Sarah. J'étais épuisée, comme elle, mais plus encore en raison de mon âge et des maux qui commençaient à m'accabler. Si Sarah et la petite Soubise vécurent des heures difficiles durant cette épopée, j'ai partagé leurs épreuves, par la pensée, et vécu l'enfer à ma manière.

Pour tout bagage elles n'avaient emporté qu'une malle et un sac de voyage. Sarah rangea dans le sien, avec son linge, un revolver. Elle en tendit un autre à Soubise qui recula, épouvantée, et montra une paire de ciseaux qui constituaient sa seule arme.

— Pauvre innocente, lui dit Sarah, que comptes-tu faire avec ça si tu es attaquée ?

— Me tuer, répondit Soubise.

Je les accompagnai jusqu'à Saint-Lazare pour les aider à porter leur bagage. Par ce matin glacial de début février, dans une ville agitée par la tempête de la Commune insurgée contre l'armistice, la gare était déserte et pas un train n'en partait. Loin de se décourager, Sarah chercha un autre moyen de franchir les fortifications. Elle ne trouva une issue, après des heures de recherches, qu'à la poterne des Poissonniers, pour déboucher dans un poste avancé tenu encore par des Prussiens. Un officier lui dit en bon français, après avoir examiné ses papiers :

— Sarah Bernhardt... Seriez-vous l'actrice célèbre ? Bien... bien... mais qu'allez-vous faire à Homburg ? Vous n'y arriverez jamais ! Le mieux est de faire demi-tour. Mais, si vous tenez à votre idée, je vais vous faire escorter jusqu'à Gonesse. Là, vous trouverez un convoi de ravitaillement. Un de nos officiers dirige la gare. Vous lui remettrez ce billet de ma part. Après ça, que Dieu vous garde...

Ce voyage, qu'elle devait me détailler plus tard, fut une suite de miracles : un vagabondage de onze jours, alors qu'en temps normal il en aurait fallu trois. Il se déroula dans des contrées ravagées par les combats, parcourues par des francs-tireurs français, des soldats perdus de l'armée prussienne, des maraudeurs... Elles durent se nourrir de mets infâmes dans de véritables coupe-gorge, où elles étaient agressées par la canaille que le revolver de Sarah avait du mal à tenir en respect. Elles voyagèrent dans des trains bondés, aux wagons démantibulés, dans des voitures de maraîchers, à dos d'âne ou à pied...

Cette interminable équipée les conduisit de Bruxelles à Cologne et de là à Homburg, à proximité de Francfort. Elles trouvèrent la famille de Sarah au 7 de l'Oberstrasse.

Sarah me raconta ces retrouvailles.

— Mon Petit'dame... Te dire ma joie en retrouvant ma famille en bonne santé... La rancune que j'avais nourrie contre ma mère s'évanouit. Maurice venait d'avoir sept ans, mais il en paraissait dix. Et ce qu'il était beau ! Malade du cœur, ma mère passait de son fauteuil à son lit et de son lit à son divan. Je trouvai que ma tante Rosine avait encore grossi, que Jeanne *plafonnait* de plus en plus et que Régina était sage, mais elle est déjà malade...

Les épreuves avaient alterné avec les miracles. Durant les quelques jours que la famille resta à Homburg, dans l'attente de son rapatriement, le feu se déclara en pleine nuit dans la maison, obligeant les occupants à l'évacuer, en chemise et robe de chambre, et à faire le pied de grue par trois pouces de neige...

Récit de Rosine

Mon émotion et ma terreur lorsque, ayant traversé de nouveau la France dévastée par la guerre, je me retrouvai dans les banlieues de Paris où se poursuivaient les combats, et que je pénétrai dans cette ville en proie, après les souffrances du siège, aux affres de la révolution... Je quittais le calme quartier de l'Oberstrasse, le casino, les cafés à orchestre, les grands jardins, pour me plonger dans une tempête et ne voir autour de moi que du feu et du sang. Pourquoi ma nièce ne nous a-t-elle pas laissés jouir en paix de notre exil provisoire ? Passé la joie des retrouvailles, elle s'en est prise à sa mère, allant jusqu'à lui reprocher d'avoir fait des « courbettes aux Prussiens » pour assurer son confort et protéger sa fortune. Elle n'a interrompu le flot de ses sarcasmes que sur mon intervention : ma sœur, en larmes, frisait la syncope.

La colère de Sarah n'a été qu'un feu de paille. Elle n'est pas rancunière de nature.

Elle habitait toujours à l'entresol du bel immeuble du 4, rue de Rome. C'est là que nous sommes descendus avec nos bagages, dans une voiture de laitier, tassés entre des bidons, en attendant de regagner notre propre domicile.

Le spectacle d'une ville en pleine ébullition, que j'avais du mal à reconnaître, était hallucinant. Ce n'étaient partout qu'immeubles éventrés par les obus ou ravagés par l'incendie. On fusillait dans les jardins et les cours. On placardait sur les murs des affiches haineuses. Je m'attendais à trouver notre maison envahie ou pillée ; il n'en était rien : Marguerite et son mari l'avaient bien gardée, avec les chiens de Sarah.

Ma nièce ne perdait pas son temps. De retour à son ambulance de l'Odéon, elle reprit ses activités d'infirmière tout en s'efforçant de renouer des liens qui faciliteraient, la paix revenue dans Paris, son retour sur la scène.

Aux derniers jours de la Commune, la vie était devenue une aventure quotidienne dans Paris en guerre, où des incendies éclataient de toutes parts. Nous décidâmes de nous replier sur Saint-Germain-en-Laye, en marge d'une grande forêt, en bordure de la Seine. Ce décor et cette ambiance agrestes me rappelaient, au sortir de la géhenne, les douces heures de Homburg. Youle ne put nous suivre : elle était allée conduire Régina, malade de la poitrine, dans un sanatorium.

Si Saint-Germain nous faisait oublier la guerre et la révolution, l'insécurité régnait dans les campagnes d'alentour. Sarah n'allait pas tarder à en faire l'expérience.

Elle faisait une promenade à cheval en forêt, accompagnée d'un jeune capitaine versaillais qui s'était épris d'elle : Arthur O'Connor, quand un coup de feu claqua, faisant cabrer leur monture et les désarçonnant. O'Connor tira son pistolet d'arçon et se jeta à la recherche du brigand. Des coups de feu éclatèrent, et le capitaine revint en boitillant, avec une blessure à la cuisse.

— C'est un franc-tireur, dit-il. Il a réussi à s'enfuir, mais il n'ira pas loin. Je l'ai blessé au ventre.

— Le pauvre diable... murmura étourdiment Sarah.

— Ça, par exemple ! s'écria le capitaine. Comment osez-vous plaindre un homme qui voulait votre mort ? Laissons-le crever.

Lorsqu'ils eurent retrouvé le franc-tireur à l'agonie dans un fourré, O'Connor décida de l'achever. Sarah s'y opposa. Il rengaina son arme en bougonnant contre cet excès de sensiblerie.

— Cet officier m'a déçue, me dit-elle au retour. Il me plaisait par sa beauté, son élégance, sa courtoisie. Je sais aujourd'hui que c'est une brute.

Certains soirs, nous montions sur une butte, en compagnie du capitaine, pour regarder au loin Paris brûler comme dans un feu de forge. Le vent poussait jusqu'à nous des nuées de papillons noirs envolés des bibliothèques et des archives de ministères sinistrés. Parfois, soulevées jusqu'au zénith par le souffle des brasiers, des feuilles à peine grignotées par le feu tombaient du ciel. O'Connor les ramassait avec précaution pour les confier aux autorités versaillaises. C'était une brute, peut-être, mais un militaire d'un zèle exemplaire.

Leurs rapports s'espacèrent, jusqu'au jour où elle refusa l'invitation qu'il lui fit pour une soirée mondaine. Exit O'Connor...

La Commune écrasée, l'ordre revenu dans Paris dévasté, nous songeâmes au retour. À peine avions-nous franchi la barrière, l'odeur de l'incendie, mêlée à celle de centaines de cadavres dont certains encombraient encore la chaussée et les jardins, nous fit suffoquer. Nous progressions dans une fumée grasse et fétide, qui imprégnait nos vêtements et notre peau.

— Il va falloir reprendre le collier, me dit Sarah. Les théâtres ne vont pas tarder à rouvrir.

LE BAISER DU POÈTE

Récit de Marie Colombier

Sarah me manquait, comme elle manquait, après son départ pour Saint-Germain, à l'ambulance de l'Odéon, qu'elle avait confiée à Mme Guérard. Les batailles de la Commune, que j'ai vécues avec Louise Michel comme compagne de barricades, ne me délivraient pas d'une obsession : celle de voir Sarah m'échapper. Je l'aimais sincèrement et ne pouvais, à cette époque, concevoir que de violentes animosités nous sépareraient à jamais.

Je la revis à l'Odéon alors que les portes de ce théâtre se rouvraient avec des pièces du répertoire classique, sans négliger d'étudier des œuvres d'auteurs contemporains.

Pour une comédie d'André Theuriet, *Jean-Marie*, Sarah retrouva dans la distribution Paul Porel, qu'elle avait soigné quelques mois avant. Il s'était affiné et avait acquis une certaine autorité. Sarah jouait dans cette comédie le rôle d'une jeune Bretonne soumise à un vieux mari. Le soir de la première, je me hasardai jusqu'à sa loge et attendis que la foule des complimenteurs se fût retirée pour qu'elle remarquât ma présence dans son miroir, alors qu'elle se démaquillait.

— Tiens ! me dit-elle, te voilà ? Eh bien, approche...

Mon cœur bondit de joie lorsqu'elle se leva pour m'embrasser avec une effusion qui me ravit. Elle est ainsi : prompte à oublier les rancunes comme les bienfaits. Elle me convia à un médianoche que nous offrait de Chailly. Épanouie par le succès de la reprise, elle se montra, au cours de cette soirée, loquace, volubile, charmeuse. Elle parla beaucoup mais mangea peu, surtout pas de viande, qu'elle détestait. Le succès qu'elle avait obtenu avec la pièce de Theuriet ne semblait pourtant pas l'avoir grisée. Tête froide malgré ses impulsions capricieuses, elle rêvait de devenir une *étoile* de première grandeur, mais c'est là l'obsession de tous les comédiens. Il ne lui manquait qu'un grand auteur, qu'elle appelait modestement son « messie ».

Durant cette réception, on parla de Victor Hugo, retour de son île de Guernesey avec une auréole de proscrit et une barbe de prophète. Sarah manifesta son désir de monter une pièce du poète : *Ruy Blas*. Duquesnel y avait lui-même songé, et l'affaire semblait en bonne voie.

— L'ennui, ajouta de Chailly, c'est que Jane Essler est aussi sur les rangs, mais la cause n'est pas perdue. Je connais un parent de Hugo, Auguste Vacquerie. Il m'a promis de plaider en notre faveur.

— Je t'en conjure, dit Sarah, ne baisse pas les bras. Il me faut le rôle de la reine Doña Maria. Si c'est nécessaire, j'irai implorer le maître de me l'accorder.

— Pourquoi pas ? dit de Chailly, mais en ultime recours.

Sarah obtint que la pièce fût jouée à l'Odéon, mais une exigence de sa part faillit tout remettre en question. Le jour où elle reçut une invitation du poète à participer, chez lui, à la lecture de sa pièce, elle eut un mouvement de révolte. Elle brandit le carton sous mon nez en s'écriant :

— Lis ça, Marinette : *Rendez-vous chez M. Hugo, le 6 décembre, à 2 heures*... Il me *convoque* ! Quel toupet ! Ça ne se fait pas. C'est au foyer du théâtre que doivent avoir lieu les lectures. Je vais lui écrire...

Non sans quelque perversité, j'en conviens, je jetai de l'huile sur le feu et ajoutai ma réprobation à la sienne. Sa famille, toujours prompte à lui faire adopter de mauvais partis, se joignit à moi : pour qui se prenait-il, ce proscrit, ce renégat ? Il fallait lui donner une leçon ! Sarah écrivit à Hugo et me montra sa lettre : elle s'excusait sèchement, sous un prétexte fallacieux, de ne pouvoir répondre à son invitation : *Monsieur, la reine a pris froid, et sa* camera mayor *lui interdit de sortir. Vous connaissez mieux que quiconque l'étiquette de la Cour d'Espagne. Plaignez votre reine, monsieur...* Hugo répondit sur le même ton : *Je suis votre valet, madame...*

Petite victoire pour Sarah : la lecture eut lieu dans le foyer du théâtre. Je lui demandai quelle impression lui avait fait le maître. Elle fit la moue :

— Peuh... Galant, une certaine majesté due à sa barbe grisonnante, un peu gros et flétri, le nez un peu fort, la bouche... rien à en dire...

Je dus me contenter de ce portrait sommaire et peu flatteur. Elle ajouta qu'au cours de cette lecture, assise en face de lui, sur le bord d'une table, elle avait vu son regard s'allumer et s'était amusée à le provoquer en remontant le bas de sa jupe et en remuant les jambes. Il avait répliqué à ce qu'il considérait comme une attitude vulgaire, par un distique improvisé : *Une reine d'Espagne, honnête et respectable/Ne devrait pas s'asseoir ainsi sur une table...*

Le soir de la générale, Sarah, devenue, par la grâce de Victor Hugo, la reine Doña Maria de Neubourg, fit une entrée en scène qui laissa les spectateurs éblouis. Elle apparut dans le décor somptueux de la cour d'Espagne, entourée de dames d'honneur et de pages, sous un dais de velours écarlate porté par quatre gentilshommes. Son costume était à lui seul une œuvre d'art.

Je sentis un frisson courir à la racine de mes cheveux et j'entendis monter de la salle un murmure de ravissement, lorsqu'elle lança, à la première scène du deuxième acte : *Il est parti, pourtant ! Je devrais être à l'aise/Eh bien, non ! ce marquis de Finlas, il me pèse/Cet homme-là me hait...* Il faut en convenir, Sarah était superbe de beauté et de majesté. Elle prenait à cœur ce rôle longtemps convoité. De tous ceux qu'elle a interprétés par la suite, c'est celui qui convient le mieux à sa personnalité. J'eus, ce soir-là, lorsque le rideau tomba, le sentiment que le talent de Sarah n'allait pas tarder à côtoyer le génie.

Je n'étais pas seule de cet avis. Francisque Sarcey écrivit dans sa gazette : *Elle donne à certains mots une valeur extraordinaire... Elle a chanté, oui, chanté, de sa voix mélodieuse, ces vers qui s'exhalent comme une plainte que le vent tire d'une harpe suspendue...* Sarah lui fut reconnaissante de cette critique qui la réhabilitait sans réserve. On dit même qu'elle donna au vieux critique des preuves tangibles de sa gratitude.

Sarah m'avait conviée à la retrouver dans sa loge à l'issue du spectacle. Lorsque je m'y présentai, elle était entourée d'admirateurs, hommes et femmes. Je m'écartai lorsque le régisseur annonça le maître. Il s'avança d'une allure un peu lourde, en tenant d'une main sa canne et son chapeau, de l'autre s'épongeant le visage. J'assistai à une scène singulière : Victor Hugo, prosterné devant la reine d'Espagne, lui prit la main pour y déposer un baiser en murmurant :

— Merci, madame, oh, merci...

Je crus Sarah sur le point d'aider le vieil homme à se relever pour l'embrasser. C'est dans les bras d'Émile de Girardin qu'elle tomba en larmes.

Elle s'est toujours montrée avare de confidences sur ses relations avec le poète. Mon avis est qu'elles ne furent pas seulement suscitées par le théâtre. Elle m'a d'ailleurs confié, au retour d'une visite au domicile du grand homme, qu'il l'avait baisée sur la bouche.

Pour fêter la centième représentation de *Ruy Blas*, Victor Hugo donna un grand dîner auquel je ne fus pas conviée, mais dont Sarah me parla. Elle était déchaînée ce soir-là. Debout, verre en main, ivre peut-être, elle avait demandé au poète d'embrasser toutes les dames, en commençant et en finissant par elle. Le maître avait cédé de bonne grâce à ce caprice, et même, sûrement, avec plaisir.

Alors que l'on portait un dernier toast au succès de *Ruy Blas*, de Chailly chancela et piqua du nez dans son dessert, victime d'une attaque qui n'allait pas tarder à lui être fatale.

Une gloire aussi lumineuse que celle de Sarah allait engendrer des ombres.

Elle semblait incapable de s'en tenir sagement à une situation, aussi confortable fût-elle. À peine la croyait-on installée et heureuse de l'être, elle déployait ses ailes et, pfuittt... s'envolait.

Elle brandit un jour, devant Mme Guérard, une lettre de M. Émile Perrin, administrateur de la Comédie-Française. Oublieux de l'outrage infligé à Mlle Nathalie, de la démission de sa jeune pensionnaire, des propos insanes qu'elle avait tenus envers le personnel de la maison, il lui proposait, avec sa réintégration, des appointements alléchants et une renommée inégalable. En quelque sorte un pont d'or pour accéder à la célébrité.

— Que vas-tu lui répondre ? demanda Mme Guérard. Tu dois encore, par contrat, un an à Duquesnel.

Elle haussa les épaules :

— Oh... Duquesnel, j'en fais mon affaire.

— Tu ne vas pas le laisser en plan. Il a beaucoup fait pour toi dans des moments difficiles, et...

— Je n'en sais rien. Et puis, zut ! arrête de m'ennuyer avec cette affaire.

À peine la lettre lue, sa décision était prise : elle abandonnerait l'Odéon ! Cette ingratitude envers un directeur qui lui avait ouvert la voie et avait fait d'elle une des étoiles de la scène me révoltait. Je le lui dis. Nous faillîmes nous brouiller. Elle ne pouvait faire moins qu'informer la direction de l'Odéon de cette offre intéressante. Duquesnel lut la lettre que lui tendait Sarah, la reposa calmement sur son bureau et lui demanda ce qu'elle avait décidé. Rien pour le moment : elle voulait simplement un conseil. Il sourit.

— Un conseil ? Alors mieux vaut que tu restes. D'ailleurs tu nous dois encore un an, et je ne puis te laisser partir avant.

Ils parlèrent finances. L'offre de Perrin était de taille à la faire réfléchir. Si Duquesnel compensait la différence, alors... Il refusa et ajouta une menace :

— Si tu nous quittes, nous te ferons un procès que tu perdras. Nous prendrais-tu pour des idiots ?

Elle se leva brusquement, lui lança :

— Oui, pour de triples idiots ! Adieu !

En descendant l'escalier elle entendit la voix affolée de Duquesnel :

— Mais attends donc ! Reviens ! Sarah ! Sarah !

Les dés étaient jetés. Elle avait franchi son Rubicon.

Récit de Mme Guérard

Pauvre Youle... Elle s'était tassée depuis quelque temps, si bien que, déjà courte de taille et ronde de hanche qu'elle était, elle ressemblait de plus en plus à une courge. La lutte qu'elle menait pour perpétuer sa jeunesse était vouée à l'échec. Elle souffrait de plus en plus du cœur, si bien que tout effort et toute contrariété lui étaient néfastes. J'avais de bons rapports avec elle, mais il m'arrivait de regimber devant ses sautes d'humeur et ses exigences : elle me prenait trop souvent pour une bonne à tout faire, alors que je ne recevais pas de gages et que j'en étais souvent de ma poche pour les dépenses ordinaires de la maison.

J'avais de meilleurs rapports avec Rosine. Bonne fille, souple, d'excellente compagnie, elle était loin d'être sotte. Ses relations suivies avec le vieux Camille Doucet, devenu membre de l'Académie française, l'avaient imprégnée d'une culture qu'elle n'étalait pas. Elle était comme sa sœur, mais en plus délicat, rose et grasse, des qualités que ses protecteurs appréciaient. Sarah préféra toujours à sa mère celle qu'elle appelait dans sa jeunesse « Tata Santibon ».

Cette langue de vipère de Goncourt se répand en ragots, dans le salon de la princesse Mathilde, sur Julie Bernhardt qui, selon lui, aurait « prostitué ses filles dès l'âge de seize ans ». Appréciation exagérée ! Elle se contentait de laisser quelques vieux messieurs s'amuser avec Sarah ou ses sœurs et rétribuer leur complaisance en argent ou en nature. Prostituées, elles ne le furent, au sens strict du terme, que plus tard. La demeure des « sœurs Bernhardt », comme on disait, n'était pas une réplique de la Maison Tellier de Maupassant.

La timidité, la nature en apparence réservée de Jeanne ne dissimulaient aucun mystère. Si cette fille mollassonne était la préférée de Julie, c'est qu'elle ne disait jamais « non ». Sa mère lui annonçait : « Ce soir, nous avons à dîner M. Dupont. Il faudra être gentille avec lui et ne rien lui refuser. Il est généreux... » Et Jeanne se montrait soumise sans restriction aux exigences de M. Dupont qui, en quittant l'appartement, laissait un gros billet sur le guéridon. Le « denier du cul », comme disait un humoriste...

Je n'ai eu que des rapports sommaires avec cette grande dinde fadasse, aux yeux de chatte d'un vert mordoré. En revanche Sarah aimait sa « Petite Jeannot », s'évertuait à lui éviter les pièges de la galanterie et la poussait vers le théâtre. Elle lui obtint à l'Odéon de petits rôles qui n'attiraient guère l'attention sur elle. Il me semble la voir encore, plantée contre un décor avec lequel elle se confondait, immobile, comme chaussée de cothurnes de plomb, oubliant ses tirades, alors que des voix ironiques montaient de la salle pour la rappeler à l'ordre. On l'eût dite vouée aux rôles de statues.

Ce n'est pas ce manque de talent qui inquiétait le plus Sarah. Incapable de résister à la tentation, elle avait été entraînée de son propre gré dans une sorte de club d'artistes qui trouvaient un dérivatif aux soucis de leur métier dans le haschisch et la morphine.

Régina était d'une autre nature. Soumise, impubère, aux attouchements des vieux messieurs, violée, à ce qu'on m'a dit, elle en avait souffert dans sa chair et dans sa tête. En dépit des mises en garde de Sarah, elle avait laissé se développer en elle une perversion juvénile qui, avec les années, devenait du vice. De santé précaire, poitrinaire, elle était en permanence en proie à des accès d'excentricité ou à des dépenses d'énergie qui la laissaient sur le flanc. Sarah protégeait de son mieux ce petit fauve hystérique, à la toison blonde, sans charme mais d'une beauté singulière, et lui évitait de sombrer dans le ruisseau. Plutôt que de la maintenir dans un milieu familial délétère où elle macérait, elle la gardait avec elle, la faisait coucher dans son lit et dormait, elle, dans son cercueil.

Au fil des mois et des années, la maison des sœurs Bernhardt inclinait vers la décrépitude. Malgré ma vigilance, tout allait à vau-l'eau. La domesticité, imposée par une notion d'honorabilité, avait vieilli et, mal payée, travaillait sans conviction. Tout se diluait dans la crasse, le désordre, la poussière. Il m'arrivait de prendre le plumeau, le balai, la cuillère à pot et même le râteau pour le jardin, ce que ces dames trouvaient normal.

Si je parle au passé de cette famille c'est qu'à part Sarah, on n'y fit pas de vieux os.

À l'âge de quinze ans, Sarah s'était découvert une vocation artistique. Dans la solitude de sa chambre, elle se livrait à des copies d'œuvres célèbres. Julie ne la prenait pas au sérieux : « Ma pauvre fille, encore une de tes lubies ! Tant que tu y es, pourquoi ne pas faire de la sculpture ? »

— Pourquoi pas, en effet ? répondit Sarah. Je vais y songer.

Elle dut attendre, pour s'attaquer à cette nouvelle discipline, d'avoir un local bien à elle. Elle s'inscrivit à l'École artistique de la rue de Vaugirard et récolta quelques récompenses. Je me souviens de l'appréciation d'un membre du jury : *Mlle Bernhardt deviendra l'un de nos plus grands peintres. Elle obtiendra la gloire pour elle-même et son pays.* Une véritable prédiction de cartomancienne, sauf que ce n'est pas dans la peinture ou la sculpture qu'elle allait connaître cette gloire.

La réaction de Julie fut catégorique : Sarah devrait choisir entre le théâtre et les arts. Elle refusa ce choix, mais en veillant à ce que les arts plastiques ne pussent concurrencer la scène. Je ne croyais guère à la persistance de ce que Julie appelait une « lubie », mais je me gardais de la décourager, sauf lorsque ses excentricités me paraissaient abusives. Elle me confia son intention d'entrer aux Beaux-Arts, mais cette institution était fermée aux femmes. Au lendemain de la guerre, alors qu'elle n'avait pas renoncé à s'exprimer par le pinceau, elle fut admise à l'Académie Jullian qui ne pratiquait pas la discrimination des sexes.

Même si le théâtre passait au premier plan dans ses préoccupations, elle allait trouver dans ce milieu, nouveau pour elle, de nombreux amis et quelques amants. Parmi ces derniers, Georges Clairin, qu'elle appelait « Jojotte », et Gustave Doré.

J'ai bien connu Gustave Doré aux premiers temps de leur idylle : un homme d'une beauté un peu rude, discrètement enveloppé, d'un type andalou assez prononcé, plus âgé qu'elle de douze ans, ce qui ne se remarquait guère. Ils effectuaient des randonnées à travers l'Île-de-France, s'arrêtaient pour dessiner ou peindre sur le motif, à l'égal des Impressionnistes. Ils s'entendaient en perfection dans les domaines de l'art et du sentiment.

Ce n'est que quelques années après l'armistice que Sarah fit ses premiers essais dans la sculpture, alors qu'elle avait effectué son retour à la Comédie-Française pour y jouer *Hernani*, de Victor Hugo, ce qui lui laissait peu de temps libre. Là encore, c'est Gustave Doré qui l'initia à cet art difficile. Il n'avait pas à l'encourager : elle débordait d'enthousiasme.

Dans l'atelier de la rue de Clichy, elle donnait à sa nouvelle passion tous ses moments de liberté, affrontant à coups de maillet la matière brute. Elle choisit ses premiers modèles dans sa famille : Jeanne, puis Régina, avant de s'attaquer à des célébrités. Le Salon lui ouvrit ses portes : elle y présenta une sculpture grandeur nature : *Après la tempête*, dont l'idée lui était venue au cours d'un voyage en Bretagne avec Gustave Doré. La femme de ménage de sa mère lui avait servi de modèle pour l'épouse du pêcheur, et le gamin noyé qu'elle tenait dans ses bras était un jeune modèle italien qu'elle devait bourrer de chocolat pour qu'il se tienne tranquille. Elle obtint une mention honorable, avec médaille d'argent, alors qu'elle avait rêvé d'or. Auguste Rodin lui ôta quelques illusions ; il dit, en regardant le buste de Régina : « C'est une fameuse cochonnerie... »

Il en eût fallu bien davantage pour décourager Sarah. Sous prétexte que ses œuvres trouvaient facilement des acquéreurs, elle envisagea de se donner entièrement à cet art. Cette intention qui me désolait et rendait ses proches furieux demeura à l'état d'intention. Je ne pouvais la prendre au sérieux lorsque je la voyais, affublée de son costume d'atelier : vareuse et pantalon blanc, énorme lavallière, manchettes en dentelle, cheveux fous et visage en sueur, gesticuler au milieu des éclats volant sous son burin. Peut-être avais-je tort de sous-estimer son talent : l'architecte Charles Garnier lui confia la réalisation d'une statue du *Chant*, destinée à orner la façade de l'Opéra de Monte-Carlo, avec en vis-à-vis une statue de Gustave Doré figurant la *Danse*.

La mort de Régina ne me surprit guère. Elle survint dans un décor qui semblait préparé de longue date à ce triste événement : la chambre de la rue de Rome où Sarah avait installé son cercueil, un squelette et une tête de mort. Cette chambre me faisait horreur et je n'y pénétrais qu'avec appréhension.

Sarah déserta son atelier pour s'occuper d'elle. La pauvre petite venait d'avoir dix-huit ans. La cure qu'elle avait suivie dans un sanatorium n'avait fait que retarder les progrès du mal qui lui rongeait la poitrine. Le chagrin de Sarah fut sincère, malgré quelques concessions au spectacle, que beaucoup se complurent à observer. Elle dut prendre, sur les conseils de son médecin, quelques jours de repos, qu'elle passa en Bretagne, avec Gustave Doré. Elle visita la pointe du Raz, peignit avec acharnement et parvint à surmonter son chagrin.

MADEMOISELLE RÉVOLTE

Récit de Marie Colombier

Jean Sully-Mounet se fait appeler au théâtre Mounet-Sully, ou, par ses collègues de la Comédie-Française, Mounet tout court. C'est un des plus beaux hommes que j'aie connus, sinon un modèle d'intelligence et de délicatesse. Ce rustre natif du Périgord a gardé une pointe de l'accent rocailleux de sa province, et des manières vulgaires de paysan, encore qu'il ne soit pas né au cul des vaches, comme on dit, mais dans une honnête famille parpaillote.

Sarah l'a rencontré naguère à l'Odéon, sans que les hasards de la programmation les aient fait se retrouver sur la scène. C'est dans la Maison de Molière qu'ils connurent les prémices d'une liaison qui allait durer deux ans.

Revenue au bercail, Sarah avait déjà récolté quelques beaux lauriers, tant dans le répertoire classique que moderne. Son caractère difficile la fit surnommer « Mademoiselle Révolte. » Elle m'avoua qu'elle prenait un malin plaisir à provoquer l'administrateur, M. Émile Perrin, pour le faire sortir de ses gonds et bégayer de sa « voix de canard ».

Elle menait à cette époque une vie infernale. Debout aux aurores après quelques heures de sommeil (elle dort où et quand elle veut, comme Napoléon Ier !), elle allait faire du cheval aux Champs, travaillait dans son atelier, répétait l'après-midi, jouait le soir, retrouvait sa petite cour pour un repas ou une folle soirée... Comment, emportée dans ce tourbillon, a-t-elle pu prêter attention à ce balourd de Mounet et le faire entrer dans sa vie par la grande porte : celle de la passion ?

Elle l'a rencontré, m'a-t-elle dit, au cours d'une répétition à la Comédie-Française. Elle lui a lancé en le voyant :

— Mounet ! Toi, ici... Je te croyais encore chez Duquesnel. Ce que tu es beau... Tu l'étais moins, il me semble, à l'Odéon. Je m'en serais aperçue...

— Il faut dire, répondit-il, que tu n'avais guère le temps de me regarder. Tu passais devant moi sans daigner me saluer, comme une étoile filante. Viens donc me voir jouer ce soir.

— Je viendrai.

Elle a tenu parole. Bouleversée par son talent, elle lui a confié qu'elle aimerait être sa partenaire, par exemple dans *Andromaque*. Cette perspective lui plaisait, mais il fallait en parler à M. Perrin, qui se fit un peu tirer l'oreille mais finit par céder, et ils jouèrent ensemble cette pièce.

Ce fut, en même temps qu'un de leurs plus grands succès, un coup de foudre réciproque. Ils ne se ressemblaient pas mais se complétaient harmonieusement. Beaux tous les deux, faits à l'antique, ils savaient faire partager au public leur passion et leurs querelles, comme si, la barre d'éclairage n'existant plus, une fusion totale se fût opérée entre eux et la salle.

— Jamais je n'ai senti une telle adhésion de la part du public, me confia-t-elle. Décidément, Mounet a un talent fou, à l'état brut, ce qui le rend plus sensible. Il peut être successivement séduisant et infâme. Oui, infâme ! Tiens, par exemple, dans la scène finale de *Ruy Blas*, il avale le poison en faisant « glouglou » comme s'il vidait une chopine au goulot, alors que je m'écrie : *Du poison ! Dieu, c'est moi qui l'ai tué. Je t'aime !* Et glou, et glou... En revanche, dans d'autres scènes, c'est un ouragan, la passion incarnée, et alors, il est bouleversant...

Certain soir, dans une scène émouvante, il poussa une sorte de rugissement qui fit s'esclaffer le public. Il se retira en coulisses si précipitamment qu'il emprunta une fausse porte et faillit faire s'écrouler le décor, alors que la salle, elle, croulait sous les rires. Lorsqu'il voyageait dans Paris, il mêlait sa voix puissante au fracas de la rue et s'écriait en bombant le torse : *Dieux, quels ruisseaux de sang coulent autour de moi ?*

Je demandai hardiment à Sarah s'il se comportait au lit comme sur la scène. Elle me répondit en levant les yeux au ciel :

— Il est... merveilleux ! La même fougue, et, de plus, inépuisable. Regarde ces bleus qu'il m'a faits aux bras, aux jambes, partout. Ce n'est pas un homme, c'est un demi-dieu, une bête fauve, un monstre...

Quelque chose me disait que cette relation amoureuse, pour intense et partagée qu'elle fût, ne durerait guère que quelques saisons : trop de différences entre eux qui, à la longue, créeraient des antagonismes. Élevé dans une famille huguenote de Bergerac, Mounet avait gardé un fond de puritanisme qui lui dictait une mission : arracher Sarah à la vie dissolue qu'elle menait dans son milieu d'acteurs et d'artistes, et en faire sa femme. Sarah mariée à Mounet ? Il y aurait eu de quoi rire : dans l'intimité, sans les liens artificiels du théâtre, ils auraient été comme chien et chat. Ils se fussent déchirés.

Non contents de répéter le jour, de jouer le soir, ils s'écrivaient. Jamais Sarah n'a autant griffonné de lettres, sublimes, pathétiques, féroces parfois lorsque Mounet se montrait jaloux de Clairin, de Hugo, et même de Louise Abéma, qui ne cachait pas ses mœurs lesbiennes. J'ai eu connaissance de certaines de ces lettres, de celles, notamment, qui annonçaient une rupture éminente. J'en ai encore des frissons.

Cette perspective affolait le pauvre Mounet. En scène, il lui arrivait d'en perdre la tête : il ne suivait aucun conseil, hurlait quand on le contrariait, se montrait sujet à d'étranges fantaisies, comme d'exiger un serpent vivant dans une tragédie. Il s'était même pris de jalousie pour Francisque Sarcey. Un soir que le journaliste l'attendait pour emmener souper Sarah, Mounet surgit, lui fit une scène, menaça de le provoquer en duel... En raccompagnant Sarah rue de Rome, il l'injuria, fracassa à coups de canne l'intérieur du fiacre et se retrouva au commissariat de police.

Cette passion orageuse épuisait Sarah, d'autant qu'en dépit de son travail et de son talent, le succès qu'elle attendait tardait à se concrétiser, au point qu'elle regrettait, en ayant abandonné l'Odéon, d'avoir lâché la proie pour l'ombre. Elle était prise fréquemment de quintes de toux qui lui faisaient cracher du sang, du moins s'en plaignait-elle.

Mounet n'allait pas très bien, lui non plus. Adversaire des apparences fallacieuses, des détours, des hypocrisies, il se trouvait confronté à un personnage qui lui offrait tout cela en gerbe. Sarah devenait, plus sensiblement de jour en jour, un personnage insaisissable, provocant, déconcertant. Comme en se jouant, elle le faisait passer du chaud au froid, du plaisir à la colère, de la colère à la fureur. Elle le trompait, se faisait pardonner, le trompait de nouveau...

La critique persistait pourtant à prétendre qu'ils formaient le plus beau couple d'acteurs de la capitale. Sans la rigueur de Mounet, sans la versatilité de Sarah, ils seraient entrés, la main dans la main, dans la légende du théâtre et y seraient peut-être restés.

Elle lui écrivait : *Notre bonheur dépend de notre séparation. Je ne pourrai jamais supporter votre absolutisme. Vous seriez éternellement malheureux...* Il répondait : *Je n'y comprends rien, rien, rien !* Sarah semblait plus fiable comme amie que comme maîtresse. « Semblait » est le mot qui convient. J'aurai l'occasion de m'en expliquer...

Durant cet épisode de sa vie sentimentale, je ne vis que rarement ma compagne, en partie du fait que j'avais à charge ma vieille mère et ma sœur, et parce que Sarah s'était trouvé une nouvelle amie : une jeune actrice, Sophie Croizette.

J'étais un peu jalouse, je l'avoue, de cette fille élégante, racée, rieuse, toujours en quête de plaisirs. Au contraire de Sarah qui conservait sa maigreur, elle était toute en rondeurs et en fossettes, dans des tons de lis et de roses. Une sacrée belle fille, oui, avec parfois quelque vulgarité dans son comportement et son langage. Elle menait par le bout du nez son amant, Émile Perrin, ce qui contribuait à son succès sur les planches.

Dès leur sortie du théâtre, elles s'amusaient comme des folles, de même que Sarah et moi au temps des vaches maigres et des saisons radieuses. Le nez en l'air, bras dessus, bras dessous, leur chapeau rejeté sur la nuque, jouant de leur ombrelle comme d'un miroir aux alouettes, elles ne passaient pas inaperçues entre les Capucines et la porte Saint-Martin.

Aussi liées fussent-elles, elles ne pouvaient échapper à certaines querelles.

Dans une pièce intitulée *Le Sphinx*, qui se déroulait de nuit, la clarté de la lune devait se poser tantôt sur Sophie, tantôt sur Sarah. Perrin ayant décidé arbitrairement que seule sa favorite aurait droit à cette lumière céleste, Sarah se rebella et réclama sa part.

— Monsieur Perrin, lui dit-elle, le texte de cette pièce est formel. Si vous persistez à donner la pleine lune à Sophie, laissez-m'en au moins un croissant.

La bouderie dura tout le temps des répétitions. Sarah obtint finalement satisfaction : elles auraient chacune un quartier de lune. Le succès de la pièce dissipa les séquelles de ce conflit absurde.

Sarah, ayant besoin de repos après le tumulte de sa rupture avec Mounet, demanda à Perrin un congé d'un mois. Il le lui refusa. On était en train de monter le *Zaïre* de Voltaire et la troupe était déjà composée. Elle se plaignit à moi de ce qu'elle considérait comme une injustice.

— Je suis malade, et il le sait. Je crache le sang ! Regarde mon mouchoir... Cet intellectuel bourgeois voudrait ma mort qu'il n'en ferait pas tant. Eh bien, soit ! je mourrai sur scène.

— Tu n'exagères pas un peu, ma chérie ? Est-ce que tu es vraiment malade ? Ne jouerais-tu pas la comédie pour te rendre intéressante ?

Elle me jeta son mouchoir à la figure et me tourna le dos. J'avais touché un point sensible.

Elle donna dans *Zaïre*, qu'elle interprétait avec Mounet, tout ce qu'elle avait de talent. On joua la pièce trente fois, avec le même succès. À quelque temps de là, dans le rôle-titre de *Phèdre*, on parla moins de talent que de génie. Il semblait qu'elle ne pût être surpassée ni se surpasser elle-même. Seule la grande Rachel, lisait-on dans les journaux, pouvait lui être comparée. Un critique anglais écrivit : *Entendre* Phèdre *par la bouche de Sarah Bernhardt, c'est approcher l'immortalité et contempler la lumière éternelle...*

Sarah m'invita à la suivre à Monte-Carlo pour l'inauguration de l'Opéra, sur la façade duquel figurait une de ses œuvres sculptées. Ce fut pour elle une heure de gloire et pour moi de bonheur : le dernier que je reçus d'elle.

À cette époque, elle menait de front une triple liaison amoureuse qui s'ajoutait à quelques aventures sans suite : avec Mounet, dans les derniers spasmes de la rupture, avec Gustave Doré, et avec Victor Hugo.

Je compris ce qu'elle attendait du vieux poète : qu'il lui fît un enfant. Elle le retrouvait dans son somptueux appartement de la place des Vosges, passait en sa compagnie des heures pas toutes consacrées à la lecture de ses pièces. Les langues allaient bon train, mais elle s'en moquait, et Hugo de même. Il lui disait : « Pour se préserver des atteintes de la calomnie, il faut faire comme Mithridate : s'immuniser contre elle, l'ignorer et surtout ne jamais y répondre. »

L'espoir de Sarah fut déçu : si, à quatre-vingts ans passés, le vieux poète courait encore le guilledou avec les servantes, l'attente d'une procréation de sa part était illusoire.

On pourrait ajouter à ces liaisons celle qu'elle entretenait avec Louise Abéma, la femme-peintre, qu'on appelait « l'Amiral Lesbos. » Elle s'habillait en homme, comme George Sand ou cette autre artiste : Rosa Bonheur, se donnait des allures d'officier de marine japonais et fumait le cigare. Louise fit le portrait de Sarah et Sarah lui consacra un buste. Elles devinrent (qu'on me pardonne la vulgarité de cette expression) comme cul et chemise. Louise veillait sur Sarah comme un chien de garde, et Sarah ne lui ménageait ni son amitié ni, peut-être, son amour.

À cette époque, ma compagne quitta son domicile de la rue de Rome, devenu trop exigu à son gré, pour la rue Fortuny, dans la plaine Monceau. Elle acheta un terrain et décida de s'y faire construire un hôtel.

Elle nous entraînait chaque jour sur le chantier, Sophie et moi, grimpait aux échafaudages, veillait aux travaux, ne reculait devant aucune dépense, sans se soucier des dettes qui s'accumulaient. Elle voulait à cette *folie* un style Renaissance. Pour décorer l'intérieur, elle fit appel à ses amis peintres qui l'ornèrent de fresques allégoriques. Elle y entassa un bric-à-brac de meubles précieux dans une jungle peuplée d'animaux exotiques et de plantes démesurées.

Sarah joua encore avec Mounet dans *Hernani*. Victor Hugo, qui assistait à la première de son drame, en fut ému aux larmes. C'est l'une d'elles qu'il adressa, le lendemain, à l'actrice, sous la forme d'un bracelet orné d'un gros diamant. À défaut de lui avoir donné l'enfant qu'elle désirait, elle lui offrait un des derniers bonheurs de sa vie.

Récit d'Eugène Godard, aéronaute

Mieux vaut le préciser d'emblée : je ne suis que l'instrument innocent de la querelle qui a opposé l'administrateur de la Comédie-Française, M. Émile Perrin, à Mlle Sarah Bernhardt. Je n'étais d'ailleurs pas informé de leurs dissentiments. Enfin, si, un peu, tout de même, par les journaux.

Durant l'Exposition universelle de 1878, dans le secteur consacré aux ballons captifs, j'étais occupé, avec l'ingénieur Henry Giffard, inventeur du premier aérostat mû par une machine à vapeur placée dans la nacelle, à animer l'attraction consistant à faire monter le ballon chargé de clients à une hauteur suffisante pour qu'ils ressentent le vertige de l'altitude et voient du ciel la capitale.

Une main a touché mon épaule, une voix a prononcé mon nom. J'ai dit d'un ton peu amène :

— Pardonnez-moi, madame, mais je n'ai guère de temps à vous consacrer. Vous voyez que je suis occupé. Adressez-vous à la caissière...

À travers le tumulte, je l'ai entendue me dire à l'oreille :

— Je suis Sarah Bernhardt. La comédienne, oui. Je souhaite vous parler.

Je l'ai priée de revenir à la fermeture car, avec ces cris, ces rires, ces gloussements, on avait du mal à s'entendre. Elle n'est pas revenue ce soir-là, ni le lendemain, mais le dimanche suivant. Gracieuse, fraîche, pâle sous son ombrelle, elle m'a convié à boire une coupe de champagne au café et m'a confié les motifs de sa visite.

Elle avait participé récemment à un dîner au cours duquel on avait parlé de ces merveilleux engins volants. Un convive avait affirmé qu'aucune femme ne pourrait renouveler l'exploit de Gambetta : quitter Paris à bord d'un ballon et n'atterrir qu'à des lieues de là. Elle a répliqué qu'elle en était capable.

— Mademoiselle, lui ai-je répondu, je puis vous offrir un tour de manège gratis pour vous être agréable, quand vous le souhaiterez...

— C'est autre chose que j'attends de vous, monsieur Godard : que vous organisiez, spécialement pour moi, un vol qui rappelle celui de Gambetta : une randonnée au long cours...

Je me suis gratté la tête : cela prendrait du temps et demanderait des moyens. Elle m'a répondu qu'elle n'était pas pressée et qu'elle avait l'argent nécessaire.

— En êtes-vous capable, oui ou non ?

Là, j'ai failli être vexé. Poser une telle question à un vétéran de l'aérostation, qui a déjà à son actif des centaines d'ascensions, a participé, dans la nacelle du *Géant*, aux guerres d'Italie avec l'illustre Nadar, organisé un système de postes durant le siège de Paris ! De toute manière, je devais parler de ce projet à M. Giffard : son accord était indispensable.

— Si je comprends bien, lui dis-je, vous voulez voir Paris du plus haut possible ?

— C'est la France, le monde, que je veux voir du haut du ciel, monsieur Godard !

Et elle a éclaté de rire.

Dans les semaines qui ont suivi, nous nous sommes revus maintes fois, chez elle ou dans notre atelier, autour des ballons. Elle s'intéressait à tout, s'informait sur l'utilisation du guiderope, de la soupape, du gaz, de l'ancre, du lest... Au cours de nos entretiens, l'idée me venait qu'il y avait, dans cette jolie tête, une autre idée que celle d'accomplir un exploit féminin inédit : ne pas se faire oublier de son public...

Elle me raconta qu'elle avait des rapports difficiles avec

M. Perrin, qui lui vouait moins d'attention qu'à la « petite Croizette » et ne lui épargnait ni critiques ni vexations.

Surpris autant que moi de cette requête venant d'une femme illustre, M. Giffard ne nous ménagea pas son aide. Nous fîmes confectionner par nos ouvrières un ballon spécial, de couleur orange, qu'en souvenir d'*Hernani* Mlle Bernhardt baptisa *Doña Sol.*

En plus de notre héroïne, la nacelle d'osier a embarqué un de ses amis, le peintre bien connu, Georges Clairin. Ce qui me surprit, c'est qu'elle n'eût pas prévenu de son exploit les journalistes et sa famille. Notre départ se déroula au milieu de quelques curieux qui, ayant reconnu la comédienne, s'écriaient : « Ramenez-la ! Ne nous la tuez pas ! »

J'ai observé ma passagère durant notre ascension. Elle paraissait éblouie, subjuguée, comme anesthésiée par la traversée des nuages, le grand ciel libre et lumineux que nous trouvions au-dessus. Je l'entendais murmurer : « Admirable... Prodigieux... Fantastique... » Elle marmonnait des prières ou, peut-être, des poèmes de Victor Hugo.

Je ne me lasse jamais du spectacle de l'Île-de-France, à une altitude de mille six cents mètres : il est sublime. Nous glissions majestueusement, sans le moindre à-coup, sur un tapis de nuages couleur de neige, comme sur un traîneau dans un conte nordique.

La situation parut se compliquer pour ma passagère lorsque, une heure environ après notre départ, nous avons atteint l'altitude de deux mille trois cents mètres. Une étrange somnolence s'empara d'elle, un filet de sang coula de ses narines et elle se plaignit de ce que ses oreilles se mettent à bourdonner, au point qu'elle ne nous entendait plus.

Nous prîmes notre dîner alors que nous atteignions les deux mille six cents mètres. À la demande de Mlle Bernhardt, qui paraissait ragaillardie par le vin, nous portâmes un double toast à M. Giffard, pionnier de l'aérostation, et à M. Gambetta, héros de la guerre.

Une exigence de Mlle Bernhardt m'avait surpris au départ : elle avait tenu à ce qu'on accrochât une chaise à l'extérieur de la nacelle, dans l'intention de s'y asseoir pour mieux jouir du spectacle. Lorsque le ballon prit de la hauteur, elle renonça à franchir la rambarde pour s'y installer.

Le froid s'abattit brutalement sur nos épaules, avec le crépuscule et l'altitude. Mlle Bernhardt somnolait. Georges Clairin dessinait sur son calepin.

Jugeant qu'il était temps de redescendre, je décidai, lorsque nous fûmes à une altitude convenable, de larguer le guiderope, ce cordage de cent vingt mètres de long qui allège l'engin par son contact avec le sol, lui confère de la stabilité et modère la vitesse à l'atterrissage. J'aperçus dans la pénombre, à la lunette, un moutonnement de forêt, celle de Ferrières me sembla-t-il, à peu de distance de Lagny-sur-Marne. J'ouvris la soupape et notre engin descendit vers un espace libre de végétation.

Aux coups de trompe que je lançai, alors que nous tenions encore l'air, je vis accourir un homme qui ressemblait à un chef de gare. À l'aide du porte-voix, je lui demandai où nous nous trouvions, mais sa réponse ne parvint pas jusqu'à nous. Le vent nous chassant vers la forêt où un atterrissage eût été risqué, je jetai l'ancre alors que la nuit venait et que la pluie s'était mise à tomber à seaux.

Je ne dirai rien de notre voyage de retour. Il se fit par le train que nous prîmes à la gare la plus proche où le châtelain de l'endroit se fit un plaisir et un honneur de nous conduire : les passagers dans une voiture et, dans une autre, le ballon tout en fripe.

— Vous avez été très courageuse, dis-je à ma passagère. Vos amis auront perdu leur pari. Je vous ferai rapporter votre chaise.

— Gardez-la, me dit-elle, cela vous fera un souvenir.

Récit de Sophie Croizette

La croisière aérienne de Sarah a été diversement appréciée. La presse s'en est emparée, avec quelques piques narquoises, mais, bah ! ces journalistes s'amusent d'un rien. Certains louaient son courage ; d'autres, comme Marie Colombier, lui reprochaient d'avoir voulu se faire de la réclame...

Celui qui a le moins apprécié cet exploit, c'est peut-être mon ami de cœur, Émile Perrin. Apprenant ce caprice, il m'a dit de sa voix bégayante :

— Ça ne se passera pas comme ça ! Je vais lui faire la leçon. Une actrice de la Comédie-Française, s'aaafficher ainsi... C'est... inqualifiable !

J'ai eu du mal à lui faire reprendre son calme. Après tout, lui ai-je dit, Sarah n'avait pas l'intention de ridiculiser la maison, ni même, je crois, de faire parler d'elle.

— Je vais la convoquer pooour demain... dans mon bureau, et nous allons nous expliquer. Ta présence ne sera pas de trop, maaa chérie.

Sarah s'est présentée à l'heure dite, souriante, sans une trace, sur son visage, des épreuves de son exploit. Émile l'a accueillie d'un air renfrogné, les lorgnons tremblant sur son nez, et lui a déballé en vrac tous ses griefs : comportement capricieux au cours des répétitions, railleries envers le personnel, retards au théâtre... Quant à sa malheureuse initiative...

— Je suis navré de vous dire, ma chère, que vooootre récente excentricité va vous coûter cher. Vous avez effectué un voyage hors de Paris sans notre consentement. Vous allez nous devoir l'amende prévue, qui est de miiille francs.

Là, je me suis dit qu'il y allait un peu fort, le petit père Perrin. Sarah a répliqué du tac au tac, en riant :

— Le cas d'un voyage en ballon n'est pas prévu dans mon contrat. C'est donc qu'il était autorisé. D'ailleurs, en dehors du théâtre, cher monsieur, je fais ce qui me plaît, et cela ne vous regarde en rien, dans la mesure où j'assure mon service.

Elle ajouta, lui clouant le bec alors qu'il allait se défendre :

— D'ailleurs, monsieur l'administrateur, vous me négligez depuis quelque temps. Vous n'avez aucun grand rôle à me proposer. Vous me ferez bientôt jouer les soubrettes ! Alors, cette amende, je ne la paierai pas !

Bien envoyé ! Mon Perrin a rougi, blêmi, m'a interrogée du regard comme pour me prendre à témoin de cette impertinence, mais j'ai fait la morte. La voix éclatante de Sarah m'a fait sursauter.

— Et puis, zut ! vous m'assommez ! Je vous flanque ma démission.

Elle s'est levée et a quitté le bureau en faisant claquer la porte. Mon Émile s'est dressé, tout gris, tout mou, accroché à son fauteuil. Il me dit en essuyant ses lorgnons :

— Je ne pensais pas... non, je ne pensais pas qu'elle irait jusque-là, foutre ! Elle a paaassé les bornes.

— Vous aussi, mon cher ! Une amende de mille francs pour une simple promenade en ballon. Vous allez vous ridiculiser !

Il ajouta d'une voix pitoyable :

— Me voilà en tout cas dans de beaux draps, foutre, oui ! Me semble lire déjààà la presse. Tu crois qu'elle pourrait revenir sur sa décision, hein ? Tu vas lui parler, tâcher de lui faire comprendre...

— Réjouissez-vous, Émile ! Puisque vous ne pouvez la supporter, vous avez une occasion idéale de vous séparer d'elle. Que demander de plus ?

Informé de cette affaire, le ministre des Beaux-Arts, soucieux d'éviter un scandale, convoqua Sarah à son bureau. Elle négligea de s'y présenter. Le ministre ne lui en tint pas rigueur, habitué qu'il était au sans-gêne des artistes. Il lui fit savoir par courrier qu'elle n'aurait pas à payer l'amende que lui réclamait Perrin et lui suggéra de retirer sa démission. Elle demanda à réfléchir.

Une semaine après cet incident, alors que tout était rentré dans l'ordre, Sarah me fit des confidences, à la terrasse du Frascati, un café où nous avons nos habitudes.

— J'ai conscience de n'être pas toujours facile à vivre. Tu en sais quelque chose, ma pauvre chérie. Nous nous ressemblons, d'ailleurs, par notre goût de l'indépendance, mais toi, tu es toujours souriante, et tu mets des formes à tes fantaisies. J'avoue que je manque souvent de mesure, mais je suis ainsi.

— Ce n'est pas les journalistes qui s'en plaindront ! Tu es pour eux une mine d'or.

— Je ne lis pas les journaux, tu le sais. Alors, tout ce qu'ils peuvent raconter sur moi de médisance ou de bienveillance m'importe peu. Ce qui compte, c'est l'opinion qu'ont de moi mes proches, ceux que j'aime comme ils m'aiment, compagnons, amis, amants. Avec eux, je vis dans un domaine qui, chaque jour, me comble de petits bonheurs. Ils sont mon soleil.

Je me demandais à quoi pouvait bien rimer cette confidence. Puis je me dis que Sarah nourrissait sans doute le projet, vague encore, d'échapper à toute contrainte, qu'elle sentait le besoin impérieux de changer de vie et que, pour cela, elle devait se dépouiller, être nue pour aborder ces nouveaux rivages.

L'Exposition universelle avait fait affluer dans Paris des célébrités venues du monde entier, qui se faisaient un plaisir, presque un devoir d'assister au moins à un spectacle de la Comédie-Française. Sarah et moi étions sur scène chaque soir. Épuisée, elle a dû, sur un ordre impératif de son médecin, prendre quelques semaines de repos à Menton.

Elle a profité de ces vacances forcées pour rédiger un récit de son équipée aérienne, en faisant alterner l'émotion et l'humour. J'ai encore ce livre dans ma bibliothèque. Il s'intitule *Dans les nuages :*

impressions d'une chaise. La chaise dont il est question est celle qu'elle avait fait accrocher à la nacelle, et qu'elle a laissée en souvenir à Godard. Je me suis régalée en lisant ce récit illustré par des dessins de Clairin.

Je me suis amusée de même de la charge menée contre certains journalistes, qui la poursuivaient de leur ironie à propos de son voyage en ballon. Elle écrivit pour l'un d'eux une parodie imitant son style et son goût pour l'exagération : *J'avais bien entendu dire que Doña Sol (c'est le nom du ballon) brûlait des chats pour manger du poil rôti, qu'elle faisait ses délices des queues de lézard et des cervelles de paon sautées au beurre de singe. Je savais qu'elle jouait au croquet avec des têtes de mort coiffées de perruques Louis XIV. Je la croyais capable de tout...*

Ce petit livre obtint un grand succès. Sarah a du style, du vocabulaire, de la verve, le goût des images fortes et pittoresques. Elle aurait pu, en plus du théâtre et des arts, s'engager dans le journalisme et la littérature.

— Sur tes vieux jours, lui ai-je dit, il faudra songer à écrire tes mémoires ou des romans.

Elle m'a répondu d'un air songeur :

— Mes mémoires, peut-être. Des romans, sans doute. J'en ai plein la tête...

Elle a fait les deux.

Son récit a mis en fureur Gustave Flaubert. Son éditeur, Charpentier, lui avait promis une édition de luxe d'un de ses livres pour la fin de l'année, période de fortes ventes dans les librairies. Sarah l'a supplanté. Lorsqu'un critique a osé comparer le talent d'écrivain de la comédienne à celui de George Sand, il s'est interrogé : « Où s'arrêtera le délire de la bêtise ? »

À son retour à Paris, elle a repris du collier avec une sorte de fureur, d'autant qu'aucun rôle important n'était en vue et qu'elle retrouvait les tracasseries de mon Émile, les jalousies de nos collègues, l'ironie de la presse.

Elle se sentait, m'a-t-elle confié, de plus en plus mal à l'aise dans la Maison de Molière, qui aurait dû constituer pour elle un tremplin et une consécration. Elle tardait à rebondir. Je voyais avec inquiétude venir le moment de la rupture.

Émile Perrin a réuni l'ensemble du personnel, administratif et artistique, pour lui annoncer une nouvelle de première importance : la Comédie-Française allait devoir subir des travaux de réparation et d'entretien qui entraîneraient une relâche de six mois. Des murmures se sont élevés dans l'assistance : serait-on au chômage ? si oui, de quoi vivrait-on ? Perrin nous a rassurés : personne ne serait lésé. Il avait reçu une proposition de deux impresarios anglais, MM. Hollingstead et Meyer, qui souhaitaient voir la Comédie-Française se produire à Londres et en tournée.

Un autre tumulte, joyeux celui-là, monta de nos rangs. Cette perspective donnait des idées de vacances pour pensionnat, et allait permettre à notre compagnie de s'affirmer sur des scènes étrangères. Seule Sarah montra quelque réticence en apprenant qu'elle ne figurait pas dans le programme d'ouverture prévu par l'administration.

— Si cette décision est maintenue, me dit-elle, on se passera de moi !

Je ne parvenais pas moi-même à comprendre cette discrimination. Quelle mouche avait piqué mon Émile ? Une soirée inaugurale sans la présence de l'*étoile* de la compagnie constituait une erreur et une provocation. Quand je donnai mon avis sur cette mesure stupéfiante à Émile, il m'envoya promener en me disant que cela ne me concernait pas et qu'il en avait assez des prétentions de cette *perruche* de Sarah.

Les impresarios contestèrent vivement cette décision. Ils lui annoncèrent que, si l'on persistait à écarter Sarah de la première, le contrat pouvait être forclos. Mis au pied du mur, le couteau sur la gorge, Émile dut battre en retraite. Il dut ajouter in extremis au programme le deuxième acte de *Phèdre*... avec Sarah.

Cette première victoire incita ma compagne à pousser plus loin son avantage. Elle me dit en m'embrassant :

— Nous allons partir pour Londres avec une promotion. Nous étions pensionnaires, nous serons sociétaires à part entière ! Je vais en faire la demande au comité.

— Tu es folle ! Il n'acceptera jamais. Perrin...

— Je me fous de Perrin ! Il capitulera, ou alors je n'irai pas en Angleterre.

— Mais, ma chérie, c'est du chantage !

— Possible, mais il répond à de la malveillance. Nous sommes quittes.

Elle informa le comité de sa requête et obtint gain de cause, pour elle et pour moi. Cette victoire facilement acquise me comblait, jeune que j'étais, alors que des vétérans attendaient cet honneur depuis des lustres.

Avec Sarah, rien n'est jamais simple ni acquis d'avance. Sa nature est soumise à de telles alternances, sa voie à de tels méandres, qu'avec elle il faut toujours s'attendre à des changements de cap ou à des caprices.

Elle avait besoin de cette tournée en Angleterre. La construction de son hôtel particulier de la Plaine Monceau lui coûtait les yeux de la tête. Elle ne reculait devant aucune dépense : outre un aménagement somptueux, elle aurait une domesticité digne d'un ministre : secrétaire, majordome, intendant, servantes... Les dettes s'ajoutaient aux dettes. Quand les créanciers se faisaient menaçants, elle leur jetait quelque argent en leur promettant le reliquat pour les calendes. Je ne sais quel journaliste a dit d'elle : *Sarah Bernhardt n'a eu de relations fidèles qu'avec ses créanciers...*

Avant notre départ pour Londres, elle eut la visite d'un autre imprésario, américain celui-ci, mais qui travaillait en Angleterre. Il se nommait Edward Jarrett. C'était un homme de taille avantageuse, au regard clair et dur, coiffé d'une chevelure blanche comme sa barbe. Il lui dit tout de go :

— Je suis venu vous proposer de faire fortune.

Sarah dressa l'oreille : c'étaient des propos qui ne pouvaient la laisser indifférente.

— Je n'irai pas par quatre chemins, comme on dit chez vous, ajouta-t-il avec une pointe d'accent. Que diriez-vous d'une tournée en Amérique ?

La réponse de Sarah avait de quoi surprendre. Elle s'écria :

— Jamais de la vie. L'Amérique... quelle idée ! Mon public est ici, à Paris, à la rigueur en Europe.

Il répliqua d'un ton calme, avec un sourire :

— Ne vous fâchez pas, mademoiselle. Dans un premier temps, vous pouvez gagner beaucoup d'argent en restant à Londres, en plus de vos appointements. Il suffirait de donner des récitals dans quelques salons de la capitale. C'est très bien payé. À tout hasard, j'ai préparé un contrat. Votre signature suffira. Ici...

Elle signa le contrat après l'avoir distraitement survolé. Comme je lui reprochais cette négligence qui pouvait avoir des conséquences pénibles, elle bredouilla :

— Que veux-tu, ma chérie, cet homme m'a pour ainsi dire ensorcelée. J'ai senti que je pouvais lui faire confiance. Mon instinct me trompe rarement.

Elle a eu raison de se fier à son flair : sa collaboration avec Jarrett allait durer des années, et il ne l'a jamais trahie.

Émile apprit la nouvelle par un article du *Times*, que Hollingstead glissa sous ses lorgnons. Il entra dans une rage folle, fonça chez Sarah pour lui demander raison de son comportement : elle n'avait pas daigné l'en prévenir. Crime de lèse-majesté...

— Je suis libre d'organiser mes soirées à ma convenance, cher ami, lui répondit-elle avec aplomb. Cela me procurera quelques subsides dont j'ai le plus grand besoin. Cinq mille francs pour déclamer la *Nuit d'octobre*, de Musset, chez lady Dudley, c'est une offre que je ne pouvais refuser, que cela vous plaise ou non. Vous y opposer serait remettre en cause ma participation à la tournée.

Et mon Perrin, une nouvelle fois, dut capituler.

Récit de Mme Guérard

Lorsque Sarah s'est mis en tête de m'embarquer dans son aventure aéronautique, j'ai refusé : à mon âge, avec mes rhumatismes, des risques de phlébite, ma crainte du vertige, cela m'était interdit. En revanche, lorsqu'elle m'a proposé de la suivre en Angleterre, j'ai accepté. Nous n'avions jamais, elle comme moi, pris le bateau, mais je n'en éprouvais aucune crainte, si ce n'est le mal de mer. Je me disais en outre que Sarah aurait besoin de moi plus que de cette folle de Croizette. En suivant ses indications, j'ai préparé les bagages : un monceau de malles, de valises, de cartons à chapeau...

— N'oublie pas les vêtements chauds, mon Petit'dame !

— Mais, ma chérie, nous sommes en juin...

— Juin, en Angleterre, c'est comme février chez nous.

J'ai fait provision de pastilles contre le mal de mer, d'opiacées contre les maux de tête, de semelles goudronnées pour éviter le froid aux pieds, de cataplasmes compressifs pour le diaphragme.

Au moment d'embarquer pour une traversée d'une heure, nous avons vu surgir un étrange personnage, d'allure pittoresque, qui traînait une malle à roulettes. Il dit à Sarah :

— J'ai inventé, madame, un système de sauvegarde en cas de naufrage. Puis-je vous faire une démonstration ?

— Faites donc, répondit Sarah. Nous avons le temps.

Il déploya sous nos regards stupéfaits une étrange panoplie : une large ceinture portant dans des pochettes un nécessaire de survie : des œufs à percer avec une épingle, de l'alcool, du sucre... Sarah avait de la peine à garder son sérieux. Elle accepta le cadeau, glissa un billet dans la main de l'inventeur, fit monter la ceinture salvatrice dans le bateau et, une fois au large, la jeta par-dessus bord.

Partis avec la foule, nous avons débarqué à Folkestone au milieu d'une autre foule qui acclamait Sarah, lui jetait des bouquets, répandait des fleurs de lis sur ses pas en scandant des *Hip hip hourrah !* retentissants. Au premier rang de ces admirateurs figurait une sorte de géant grassouillet, aux cheveux longs, au revers fleuri, qui brandissait son chapeau. Lorsque Sarah passa près de lui, il s'inclina et lui dit :

— L'Angleterre vous salue par ma voix, mademoiselle. Je m'appelle Oscar Wilde. J'aimerais que...

Il ne put achever sa phrase : une vague avait emporté Sarah.

Déception de la troupe en arrivant à Charing Cross : il y avait autant de monde, sinon davantage, qu'à Folkestone, mais cette foule silencieuse paraissait nous être indifférente. Elle était là pour assister au départ pour Paris de Leurs Altesses le prince et la princesse de Galles. Sarah parut déçue : elle comptait sur leur présence à la soirée inaugurale.

Meyer avait retenu pour nous une villa donnant sur Chester Square. De modestes dimensions, triste, noyée dans le gris de Londres, entourée d'un jardin humide, froid et banal, elle n'avait rien qui pût nous faire oublier l'hôtel de la Plaine Monceau. En revanche, le hall était envahi de gerbes et de bouquets envoyés par des amis parisiens.

Edward Jarrett n'attendit pas pour lui rendre visite. Dès le lendemain, il sonna à notre porte et annonça qu'elle allait devoir subir des interviews.

— J'ai pu rassembler une trentaine de journalistes, dit-il. Comme ils sont très susceptibles, il faudra les recevoir individuellement. Cela va demander du temps. Comptez une journée. Je vous servirai d'interprète.

Cette épreuve redoutable se déroula sans encombre grâce à l'entregent de Jarrett. Une autre, plus difficile, attendait Sarah : la confrontation avec la bonne société londonienne. Elle s'y risqua comme un chat dans une boutique de verrerie, avec quelques maladresses consécutives à sa méconnaissance de la langue et des mœurs d'Albion. Elles ne passèrent pas inaperçues mais ne suscitèrent aucun scandale, aucun écho malveillant dans la presse, ce qui n'aurait pas été le cas à Paris. Soirée après soirée, au fur et à mesure qu'elle pénétrait dans ce milieu nouveau pour elle, les préventions qu'elle avait pu nourrir contre la société londonienne se dissipaient : elle n'était ni aussi froide ni aussi gourmée qu'elle l'avait imaginé. Elle était sensible à l'aimable liberté de propos et de comportement qui régnait au cours de ces réceptions. On devinait, en regardant les filles s'amuser entre elles, qu'elles n'avaient pas comme souci essentiel de se trouver un mari.

Au retour d'un de ces récitals, elle me dit :

— Émue comme je l'étais, j'ai conscience d'avoir commis quelques bévues. Elles ont pu surprendre ou choquer, mais ne m'ont pas fait d'ennemis. Ces gens ne sont pas rancuniers. Les messieurs se conduisent en véritables gentlemen et les ladies en femmes du monde qui ne dépareraient pas les soirées de la princesse Mathilde...

Et cependant, ses maladresses, ses inconvenances auraient pu lui valoir des reproches. Combien de messages auxquels elle ne daignait pas répondre, d'invitations qu'elle négligeait d'honorer, de rendez-vous oubliés ?

Sarah s'en excusait tant bien que mal. Elle résistait difficilement aux penchants néfastes de sa nature, qui la portent à ce genre de mépris, le plus souvent involontaire, pour autrui. Si, au moment d'un rendez-vous, elle éprouve du vague-à-l'âme, le besoin de méditer ou de rêvasser, un nuage tombe sur elle et la retranche des obligations de ce monde.

Durant notre séjour, plusieurs fois par semaine, elle effectuait des promenades à cheval dans Hyde Park, rendez-vous de ce que la *gentry* compte de cavaliers et d'amazones. Elle y côtoyait des pur-sang et des poneys irlandais, des piétons et des voitures, chacun empruntant sans déroger l'itinéraire qui lui était affecté. Elle découvrait dans ce lieu magique des agréments qu'elle aurait en vain cherchés aux Champs-Élysées et au bois de Boulogne, qui portaient encore les stigmates de la guerre.

J'ai rarement vu Sarah dans un état d'anxiété tel que celui qui la prit le soir de la première de *Phèdre.*

Elle m'avoua que le public londonien la glaçait. Pour se rassurer, elle exigeait ma présence dans sa loge et dans les coulisses. Pour un peu, elle m'aurait placée dans le trou du souffleur ! Sachant que le public du Gaiety Theatre était venu surtout pour l'applaudir, elle craignait tant de le décevoir qu'elle se rongeait les poings.

— J'ai un trac effrayant, me dit-elle. Pire que lors de la première du *Passant,* tu te souviens ? Et ma voix ? Où est passée ma voix ? Et mon voile ? Et mes bagues ? Tu as oublié d'attacher ma ceinture de camées. Rappelle-moi les premiers vers : *Le voici. Vers mon cœur... vers mon cœur...* Tu as oublié, évidemment ! Si je comptais sur toi. Ce texte, tu le connais pourtant, nom de Dieu ! *Vers mon cœur...*

Je lui soufflai la suite sans m'affoler, persuadée qu'une fois en scène, elle lui reviendrait, tout naturellement, comme d'habitude :

— *... vers mon cœur, tout mon sang se retire/J'oublie en le voyant ce que je viens de dire...*

— *... On dit qu'un prompt départ vous éloigne de nous.* Merde ! il me manque une bague... Elle était pourtant là, à l'instant. Je deviens folle. Je sens que je vais décevoir, qu'on va me huer...

— Rassure-toi, ma chérie, tous les Anglais sont à Paris, avec Leurs Altesses royales. Il doit n'y avoir que des Belges dans la salle.

— Des Belges... des Belges... Tu sais que j'ai été prise du même trac, à Bruxelles.

— Tu avais tort de t'angoisser : il n'y avait que des Anglais dans la salle...

Des coulisses où je me tenais, je frémis lorsque je constatai que Sarah avait pris son texte un ton trop haut. Jamais, me disais-je, elle ne tiendra jusqu'au bout. Miracle ! non seulement cette étourderie passa inaperçue, mais Sarah joua admirablement, comme possédée par une rage froide, avec des intonations dramatiques d'une rare intensité, une sorte d'emportement. Il est vrai qu'elle avait en face d'elle Mounet-Sully, dans le rôle d'Hippolyte. Lui aussi, subjugué par cette fougue, fut sublime.

Sarah se dépensa tant, au cours de ce deuxième acte, qu'à peine le rideau baissé elle s'évanouit, alors qu'éclataient les rappels. J'aidai Mounet à la transporter dans sa loge.

Ce soir-là, j'ai bien cru que la dernière heure de ma chérie était arrivée.

De retour à Chester Square, elle vomit du sang. Malgré l'heure tardive, le médecin de l'Hôpital français, le docteur Vintras, accourut aussitôt. Elle me demanda de faire prévenir d'urgence le docteur Parrot. Toutes affaires cessantes, il arriva le lendemain.

Cette défaillance tombait mal : Sarah devait jouer, trois jours plus tard, une pièce de Dumas fils : *L'Étrangère*, avec Sophie Croizette. Parrot décréta qu'elle devrait y renoncer : elle n'aurait même pas la force de monter sur la scène et de rester debout. Elle protesta qu'elle se sentait beaucoup mieux, que la fièvre était tombée, qu'elle n'avait plus de vomissements.

— Que cela vous plaise ou non, docteur, je jouerai cette pièce.

— Je vous le déconseille. Vous êtes trop faible. Trois jours seront insuffisants pour que vous soyez rétablie. Ce serait de la dernière imprudence.

— L'imprudence, je connais : elle fait partie de ma nature et vous n'y pouvez rien. Je tiendrai mon engagement coûte que coûte.

Le soir de la représentation, elle me chargea d'occuper Parrot tandis qu'elle prendrait la clé des champs. Ma mission remplie à contrecœur, je courus la rejoindre. Au cours de la séance d'habillage, elle eut trois défaillances. Cela laissait augurer du pire.

— Cela ira mieux dès que je serai en scène, me dit-elle. Souviens-toi de ma devise : *Quand même !*

Campée dans les coulisses, entre un lord guindé et Oscar Wilde, je n'en menai pas large. Les deux premiers actes se déroulèrent dans une ambiance insolite mais sans la moindre défaillance de la part de Sarah. En revanche, au troisième acte, catastrophe ! Elle avait oublié sa réplique. Croizette avait beau la lui souffler, rien ne venait. Elle eut suffisamment de présence d'esprit pour couper court en lançant d'un air désinvolte à sa partenaire : « Si je vous ai fait venir ici, madame, c'est que je voulais vous instruire... euh... des raisons qui m'ont fait agir. J'ai réfléchi ; je ne vous les dirai pas aujourd'hui... »

Cette tirade ne figure pas dans le texte que je connais pour l'avoir répété avec elle. Je vis avec terreur Croizette se lever de son siège, ahurie, lèvres tremblantes, et se retirer à reculons. Le rideau tomba opportunément et me délivra de mon angoisse.

J'entendis Croizette crier dans les coulisses :

— Elle est folle ! Elle a sauté une scène de deux cents lignes ! Que va dire le public ? Et la presse ?

Sarah, elle, paraissait sereine. Encore sous l'emprise de l'opium, elle ne semblait pas comprendre ce qui s'était passé, et pourquoi nous faisions ces mines sinistres en la regardant.

En lisant les comptes rendus de la presse, que nous traduisit Jarrett, je constatai qu'aucun critique ne mentionnait cette défaillance, sauf un seul, celui du *Figaro : Sarah, toujours nerveuse, a perdu la mémoire...*

Elle m'avoua, dans le fiacre qui nous ramenait à Chester Square :

— Bourrée d'opium que j'étais au moment d'entrer en scène, j'avais la tête vide et la démarche incertaine. J'avançais comme dans un rêve et ne distinguais de la salle qu'un brouillard lumineux. Ma voix ne semblait plus m'appartenir, elle venait de très loin, comme un écho. Je ne souffrais plus, comme si un double parlait et agissait à ma place. Curieusement, j'avais envie de rire et de chanter. Par quel miracle je m'en suis tirée, je l'ignore, mais je m'en suis tirée, *quand même !*

Elle parut surprise quand je lui révélai qu'elle avait sauté une scène de deux cents lignes. Sa réaction me stupéfia :

— J'ai bien fait. Cette scène est trop longue, assommante, inutile... Tu sais ce que m'a dit Dumas ? « Quand j'écris une pièce, je la trouve intéressante. Quand je la vois jouer, je la trouve stupide. Quand on me la raconte, je la trouve parfaite, parce qu'on en oublie généralement la moitié... »

Elle s'est mise à rire et à chantonner.

Edward Jarrett ne perdait pas de vue son projet. Outre qu'il obtenait des engagements à Sarah pour des soirées dans la société aristocratique de Londres, il lui suggéra d'exposer à Picadilly quelques-unes de ses sculptures. Elle reçut un millier de visiteurs, parmi lesquels Oscar Wilde qui semblait la suivre de loin depuis notre débarquement. Entouré d'éphèbes ravissants, une fleur à la boutonnière, un cigare aux lèvres, il tentait de l'approcher, non pour lui faire la cour mais pour lui parler de la pièce qu'il était en train d'écrire : une *Salomé* qu'il rêvait d'incarner en Sarah. Cela ne put jamais se faire, ce drame biblique étant jugé impudique par les puritains.

Sarah vendit, au cours de cette exposition, de quoi jeter quelques poignées d'argent à la meute des créanciers qui attendaient son retour avec impatience.

Après la représentation de *Zaïre*, Sarah, libre pour trois jours, me demanda de la suivre à Liverpool pour y faire des achats. Elle avait fait la même proposition à Sophie Croizette, qui, toute à une amourette avec le fils d'un lord, avait refusé.

Elle voulait acheter des lions. Je crus avoir mal compris.

— Eh bien, quoi ? Des lions, oui... ou plutôt des lionceaux. Deux seulement. J'en raffole. Ils sont si choux...

Elle m'avoua qu'elle rêvait d'adopter un éléphanteau qu'elle nourrirait au biberon, un singe, un perroquet... Je mis ce caprice sur le compte de l'opium, mais elle avait cessé d'en prendre une fois guérie. Sarah adore les animaux, mais à sa manière : comme compagnons de jeux et comme décor pour sa jungle de la Plaine Monceau. Elle doit se prendre pour la reine de Saba en visite chez le roi Salomon. Une fois que ces pauvres bêtes ont cessé de la distraire, elle les oublie.

Pour l'heure, tel était son bon plaisir. Servante docile, je la suivis à Liverpool, pour une visite au zoo tenu par Mr. Cross. Elle n'y découvrit que des lions, superbes mais encombrants et dangereux. Mr. Cross lui montra des tigres, des léopards, des chacals, des pumas, des guépards... Elle tomba en arrêt devant une sorte de gros chat, un guépard d'un an, l'acheta et, en prime, reçut une collection de caméléons à la robe somptueuse. Elle confia l'un d'eux à un bijoutier londonien, le fit monter en sautoir et le promena sur son épaule. Une fantaisie, me dis-je, qui allait lui attirer de nouveaux sarcasmes de la presse parisienne...

Notre demeure de Chester Square se transforma en ménagerie. Elle y logea quatre chiens : ceux qu'elle avait amenés de Paris et ceux qu'elle avait recueillis dans le square, le perroquet Bizibouzou, le singe Darwin, et son fauve. L'ambiance de la maison devint très vite insupportable. Nous n'étions plus à Londres mais dans la savane africaine.

Elle m'avait demandé d'ouvrir la cage du guépard dans le jardin ; je m'y refusai ; elle s'en chargea, avec courage. Le fauve libéré sauta dans les arbres, joua de la balançoire dans les branches, se lança à la poursuite des chiens, accompagné par les cris de terreur de Darwin et de Bizibouzou.

Chaque matin, durant tout notre séjour, le lâcher du fauve se déroula comme une scène de cirque, en présence d'un groupe de spectateurs postés derrière la grille. La presse s'en mêla ; elle parla du *sabbat matinal* de miss Sarah Bernhardt, mais avec gentillesse. Il n'en serait pas de même pour celle de Paris...

Récit de Madeleine Brohan,
actrice de la Comédie-Française

Pourquoi ai-je accepté de suivre Sarah Bernhardt à Londres, alors que mon âge et ma santé auraient dû me faire renoncer à cette proposition ? Je m'ennuyais un peu à Paris, si bien que la perspective de ces quelques mois à passer en compagnie de celle que j'admire plus que toute autre et qui me divertit avec ses fantaisies, ses caprices, les événements qu'elle sème sur sa route, l'emporta. Plus que toutes ses partenaires, elle fait courir un frisson de gaieté et de vie dans notre compagnie un peu sclérosée. Je ne me lasse jamais de l'observer et de l'entendre. Sur scène, elle m'éblouit. Près d'elle, je m'imprègne de son bonheur de vivre, de son enthousiasme, de son énergie. Elle est ce que j'aurais aimé être.

Un soir, pourtant, je la trouvai en proie au découragement, ce qui lui arrive parfois et me la rend plus proche encore. Elle venait de lire des journaux français qui s'en prenaient à elle par-dessus la Manche, en s'amusant de ses nouveaux caprices.

— J'en ai assez, me dit-elle, de servir de tête de Turc à ces plumitifs ! Ils ne savent qu'inventer pour me nuire, comme si je leur portais ombrage. Dès qu'ils parlent de moi, ils trempent leur plume dans le vinaigre ou le vitriol. Naguère, ce qui alimentait leurs chroniques, c'était mon cercueil, mon voyage en ballon, mes démêlés avec la Maison, mes amours avec Mounet-Sully. Aujourd'hui ils s'en prennent à ma passion pour les animaux ! Comme c'est un mince sujet, ils m'accusent de m'exhiber habillée en homme pour un shilling, de fumer le cigare, de pratiquer l'escrime dans mon jardin, habillée en Pierrot, de prendre des leçons de boxe...

Elle me jeta sur les genoux un ouvrage satirique signé du caricaturiste Robida, qu'on venait de lui envoyer : *Les Aventures et Mésaventures de Séraphiska, sur terre, sur mer et dans le ventre des bêtes féroces.* Autant de stupidités qu'elle aurait dû mépriser, comme le lui avait conseillé Victor Hugo. Elles lui sont sensibles. Elles la blessent.

En vertu de mon droit d'aînesse, je la consolai de mon mieux, consciente d'être, avec Mme Guérard, vestale du temple, la plus apte à la comprendre.

Ce soir-là, Sarah paraissait particulièrement touchée par ces attaques. Nous étions assises côte-à-côte sur un banc du jardin, près du perchoir de Bizibouzou, le singe Darwin somnolant sur une de ses épaules, l'autre occupée par son caméléon. Elle avait jeté sur le sol l'infâme pamphlet de Robida et soupirait :

— Pourquoi toutes ces méchancetés, Brohan ? Je n'ai jamais fait de mal à personne, du moins volontairement.

— Ma pauvre chérie, tu ne peux rien y faire. Tu es devenue, par ton originalité et ton talent, un être à part, donc une cible idéale. Beaucoup souhaiteraient être à ta place et prendraient ces flèches empoisonnées pour des envois de fleurs. Ton physique...

J'éloignai du pied le guépard qui venait renifler mes escarpins. Sarah m'avait rassurée : il n'était pas dangereux. Encore jeune et joueur, il n'avait pas appris à tuer.

— Mon physique..., soupira-t-elle. Il ne joue guère en ma faveur. Les journalistes se moquent de ma maigreur, de mon profil sémitique, de ma tignasse. Je me souviens de ce qu'a dit l'un d'eux : *une grosse éponge sur un bâton...*

— ... oui, ton physique ! Cesse de te prendre pour un laideron. Tu es belle, ma chérie, mais d'une beauté peu conventionnelle et donc vulnérable. Les hommes n'aiment que les modèles convenus. Sortir de la banalité, c'est en quelque sorte les agresser dans leurs convictions. Tu n'échappes pas et tu n'échapperas jamais à cette règle. Tu as des cheveux abondants ? on fera de toi une négresse blonde. Ton nez est un peu busqué ? on va le transformer en courge. Tu es mince ? on te comparera à un squelette. Je te le répète : sortir de la convention, c'est s'exposer à se faire tirer dessus.

Je lui parlai de sa voix, qui entrait pour une large part dans la fascination qu'elle exerçait sur son public. Cette *harpe naturelle*, comme disait Hugo, conférait à sa diction une qualité incomparable. Si des comédiennes s'en moquaient, c'était par jalousie.

— Ta principale ennemie, lui dis-je, c'est toi-même, ce goût que tu as pour la provocation, ce manque de souplesse, cette exigence en amitié, en amour et dans tes rapports quotidiens avec tous. Quand tu comprendras que les bassesses, l'hypocrisie, le mensonge, la calomnie font partie du jeu dans notre société, tu trouveras ton repos et tu seras sauvée. Comme on dit vulgairement, il faut « laisser pisser le mouton ».

Elle bougonna en grattant la tête du guépard.

— Facile à dire. Ces conseils, je les ai entendus cent fois. N'en as-tu pas d'autres dans ta manche ?

J'éclatai de rire et pris un air badin pour rétorquer :

— Me prendrais-tu pour Mentor, mon petit Télémaque ? Des conseils ? Je pourrais t'en fournir, mais les suivrais-tu ? Tu pourrais coiffer tes cheveux à plat, comme le Petit Caporal Bonaparte, et les enduire d'onguents... Tu pourrais manger jusqu'à devenir grasse comme Marie Colombier ou Mlle Nathalie, puisque ça plaît aux hommes... Tu pourrais vivre comme une nonne, renoncer à...

— Ça suffit ! Tu te moques de moi, toi aussi.

— Je plaisantais, ma chérie ! Sache que je t'admire, que je t'aime, et que je souffre des misères qu'on te fait subir. Dis-toi que tout ça n'est que du sable, de la poussière que le vent dispersera. Réponds aux sarcasmes par le mépris. Seul doit compter ton travail de comédienne. Dans moins de cinquante ans, tout le monde aura oublié les insanités de Robida, mais toi, ma chérie, on ne t'oubliera jamais.

Elle prit ma main, la serra nerveusement, la porta à ses lèvres.

— Toi, Brohan, n'as-tu jamais souffert d'injustices ou de jalousies ?

— Oh ! moi... Je suis ma voie sans me soucier de ce qu'on dit de mon talent ou de mes défauts. En toute sérénité. Aujourd'hui, alors que j'arrive au terme du voyage, je n'apprécie rien tant que l'ombre et le calme. J'ai compris que le bonheur est dans le pardon ou l'indifférence. Tu comprendras un jour. Peut-être...

Récit de Mme Guérard

Depuis la mort de Régina et notre départ pour Londres, la santé de Julie s'était aggravée. Elle distillait comme un poison le remords de n'avoir pas aimé cette gamine et veillé sur elle comme elle l'aurait dû. De plus, elle s'était mis en tête cette idée absurde : Sarah ne reviendrait jamais, elle trouverait un milord et resterait en Angleterre. Ces sombres pensées hantaient ses jours ; la nuit, elle sonnait la vieille Marguerite et sanglotait dans ses bras.

Ces obsessions tournaient au cauchemar et la harcelaient au point qu'un matin Marguerite la trouva à l'agonie, au milieu de sa chambre, allongée à même le parquet qui portait les traces de ses ongles. Son cœur, depuis longtemps malade, allait cesser de battre.

J'avoue sans remords que je n'ai jamais aimé cette femme dépourvue de générosité et sans morale. Seuls comptaient pour elle la réussite sociale et l'argent. Les sentiments qu'elle vouait à ses filles se fondaient sur leur capacité à préserver et à accroître la fortune de la maison Bernhardt, qu'elle considérait comme son fonds de commerce.

Elle a connu avec Régina son premier échec. Elle avait, trop tôt, tenté de prostituer cette chatte maigrichonne, sauvage et poitrinaire. Le deuxième concernait Jeanne : cette grande bringue naïve et sotte avait supporté sans rechigner les premières étreintes tarifées à domicile, avant de bifurquer vers ce que Baudelaire appelle les « paradis artificiels », ce puits sans fond d'où elle ne remonterait jamais. Son troisième échec, Julie l'a connu avec Sarah, qu'elle avait jugée trop peu malléable pour la former à sa propre condition.

La mort de Jeanne allait suivre de peu celle de Régina et de leur mère. Sarah était consciente qu'elle ne ferait pas de vieux os. Elle ne l'arrachait au milieu de la drogue que pour l'y voir replonger. Réprimandée, parfois avec violence, Jeanne fondait en larmes, promettait de renoncer à son vice, travaillait les petits rôles que lui procurait sa sœur mais revenait, à la première occasion, au haschisch et à la morphine.

Elle était, avec Sarah et leur tante Rosine, le seul vestige direct de la famille : un trio uni par des attaches si précaires que l'une des trois disparaissant, les deux autres n'en eussent guère été affectées. Rosine déclinait lentement mais sûrement. Elle ne trouvait à mettre en valeur les restes de ses charmes, avec quelque chance de succès, qu'aux Pays-Bas, où les hommes se montrent friands de tout ce qui vient de Paris. Des séjours dans les villes d'eaux retardaient sa décrépitude.

Jeanne... Rosine... Des images du passé que Sarah, tant bien que mal, s'attachait à protéger. Ses espoirs, c'est sur Maurice qu'elle les plaçait.

Ce fils naturel du prince de Ligne était beau comme un séraphin : des traits délicats, un regard un peu terne mais profond, sous de longs cils noirs qui lui donnaient une allure féminine... Sarah l'adorait ; il l'idolâtrait.

Elle avait vingt ans quand il vint au monde. Le prince n'avait guère fait de difficulté pour le reconnaître, mais avait refusé de l'adopter, jugeant que le fruit de ses brèves amours avec une comédienne ne méritait pas de porter son nom et d'hériter de sa fortune.

Cet enfant ne se fit pas remarquer, au cours de ses études, par son intelligence et son assiduité : il fut renvoyé à trois reprises du collège. Sa mère tira de ces échecs une double conclusion : les professeurs étaient incompétents et le directeur une vieille baderne qui détestait tout ce qui était juif ! Lorsqu'on l'interrogeait sur la paternité de Maurice, elle répliquait avec humour : « J'ai le choix entre l'empereur Guillaume, le chancelier Bismarck, Léon Gambetta et Auguste Thiers... »

Maurice appelait sa mère Maman-Oiseau. Dans cette affection aveugle, l'oiselle allait laisser des plumes...

Retour de Londres, Sarah devint la maîtresse de son peintre favori : Georges Clairin. Il a fait d'elle le portrait le plus flatteur et le plus vrai : celui qui la montre à moitié allongée sur un divan, dans une longue robe de soie jaune, songeuse, une main à la tempe. Un portrait de reine. Tendre, attentif, discret, il eut tôt fait de lui faire oublier les tempêtes qu'elle avait essuyées avec cette brute de Mounet-Sully. Elle voguait avec lui sur une mer plus sereine, entre souffles de passion et brises d'amitié. Ce beau brun aux yeux andalous lui pardonnait ses caprices et lui passait ses fantaisies. Il lui fut bénéfique ; il l'est encore, mais seulement en amitié.

Je déteste que l'on soupçonne Sarah d'entretenir des liens contre nature avec certaines créatures, comme Louise Abéma qui passe pour une de ses partenaires dans les jeux saphiques. Il est vrai qu'elle prêtait le flanc à ces présomptions : on les voyait souvent ensemble ; Louise s'habillait en homme et fumait le cigare ; Sarah affectionnait les rôles masculins depuis Le *Passant*...

— Elle est drôle, la Louisette, disait Sarah : elle me tanne pour que je lui offre une nuit d'amour.

— Tu ne vas tout de même pas céder ?

— Qui sait ? J'hésite. Ce serait peut-être une expérience intéressante.

Louise, qui ne manque pas de talent, a représenté Sarah dans une barque, assise à l'avant, avec sa compagne debout derrière elle, sous une ombrelle, dans l'attitude d'un amiral commandant la manœuvre, yeux bridés, cheveux courts, nuque rasée, boutonnée jusqu'au cou. « En avant toutes ! cap sur Lesbos ! »

Louise, comme la Colombier, est un peu jalouse de l'emprise que j'ai sur Sarah. Elle s'amuse à me provoquer, lutine sa compagne en ma présence, sans me quitter de l'œil. La semaine dernière, alors que je repassais des dentelles, elle s'est approchée de moi par-derrière, m'a pressé la taille en me glissant à l'oreille :

— Tu sais que tu es encore belle ? Un peu grasse à mon goût, le nez un peu de traviole, mais fichtrement appétissante. Es-tu libre, ce soir ?

Quand je me suis retournée, indignée, brandissant mon fer à repasser, ces deux folles se sont esclaffées.

— Mais non, grosse bête ! C'était pour rire...

J'eus un mouvement de stupeur en apprenant que le célèbre romancier Alphonse Daudet, visiteur épisodique de la Plaine Monceau, avait choisi Sarah comme modèle pour l'héroïne de son roman *Le Nabab*. Elle y apparaît sous les traits d'une femme sculpteur, Félicia, et M. de Morny sous ceux du duc de Mora, son amant.

— C'est une imposture ! me suis-je écriée. Tu devrais traîner Daudet devant les juges. Ceux qui liront ce mauvais roman en concluront que tu as été la maîtresse de Morny !

— Un procès ? Jamais de la vie ! Ce livre ne peut que me faire de la réclame. Et puis c'est un roman. Imaginer que j'aie pu être la maîtresse de ce pauvre Morny est plutôt flatteur, non ? Et puis, merde ! les gens penseront ce qu'ils voudront.

Elle m'expliqua, ce que j'ignorais, que Daudet avait réglé, *post mortem*, son compte au duc : il avait été son secrétaire et ne lui pardonnait pas sa sévérité.

À la réflexion, je crois que ma chérie avait raison : s'attaquer à un romancier aussi célèbre que Daudet, c'était perdre d'avance son procès et, de plus, se tourner en ridicule.

Sarah devait reparaître à quelque temps de là dans un roman de Marcel Proust : *À la recherche du temps perdu*, sous l'apparence d'une prima donna : la Berma, et sous un jour assez favorable pour m'éviter de sortir mes griffes.

— C'est, m'a expliqué Sarah, ce qu'on appelle un « roman à clé ».

Ces clés, je m'en méfie : elles n'ouvrent souvent que sur une galerie de caricatures...

Récit de Sophie Croizette

Sarah m'a raconté par le menu son entretien avec Madeleine Brohan, qui lui a laissé une forte impression. Miracle ! Elle en est revenue le feu aux joues, comme si cette vieille peau l'avait adoubée, bien décidée à se défendre, à attaquer au besoin, prête à « faire des étincelles », alors que la Brohan lui avait prêché la sérénité et le mépris...

Les jalousies s'étaient exacerbées autour d'elle lorsqu'on avait appris son idylle, aussi brève que discrète, avec le prince Édouard d'Angleterre, ce gros homme bon vivant, amateur de Parisiennes et de vins français. J'en ai entendu de belles en laissant traîner mes oreilles : « Cette pécore, pour qui se prend-elle ? Elle espère sans doute être reçue à la cour, devenir une *lady*, une favorite de Son Altesse ? Si elle s'imagine qu'Édouard va tout lâcher pour elle... » La cabale, dans notre troupe, allait bon train !

C'est sur un autre terrain que la bataille fut enclenchée.

Émile Perrin nous avait imposé une pièce en vers d'Émile Augier : *L'Aventurière*, la plus piètre de cet auteur, défenseur de la morale bourgeoise. Sarah a accepté de la jouer puis, après deux représentations, a pris prétexte de sa santé pour renoncer. Sollicitée pour prendre la suite, je me suis récusée. Marie Lloyd a fait de même. Si bien qu'il fallut remplacer cette pièce par le *Tartuffe* de

Molière. Déçus de ne pas retrouver leur idole, les spectateurs demandèrent à être remboursés.

Toute la troupe, à peu d'exceptions près, se dressa contre Sarah. Elle affronta cette conjuration avec courage et ne fit que se moquer des reproches et des insultes venus de Paris, que le public anglais commençait à accréditer.

Elle réagit en adressant à Albert Wolf, directeur du *Figaro*, une lettre bien tapée, avec demande d'insertion. Elle balayait, comme d'un revers de main, les turpitudes dont on l'accusait et terminait par ces mots qui me firent froid dans le dos : *Je donne ma démission de la Comédie-Française...*

— Tu ne vas pas faire ça ? ai-je protesté. Ce n'est pas sérieux ! D'ailleurs, ta démission sera refusée.

Je lui proposai de parler de cette affaire à Perrin ; elle me l'interdit, au prétexte que ce serait inutile. La réaction du comité fut brutale : Sarah faisait litière de la discipline, méprisait les rôles qu'on lui proposait, se moquait de son contrat... Un vétéran de la troupe l'accusant de vouloir déserter, elle lui répondit :

— Mon cher, je ne déserte pas : je change de caserne...

De retour à Paris, Sarah eut de nouveau à affronter la presse à scandale. Les journalistes s'attachaient à elle comme des sangsues, à croire qu'ils n'avaient pas d'autre personnage à importuner, alors que la politique, la littérature, les arts et le théâtre en foisonnaient.

Sarah m'a raconté sa première interview, à dix-sept ans, alors qu'elle vivait encore chez sa mère. En replaçant son calepin, le journaliste avait réclamé à Julie le montant d'un abonnement à la gazette, et la note était salée...

Perrin n'était pas resté les deux pieds dans le même sabot. À peine Sarah était-elle revenue dans son hôtel de la Plaine Monceau, il rappliqua, tout miel et tout sucre.

Il n'avait pas pris au sérieux cette histoire de démission. Des mots en l'air, comme d'habitude ! Allait-elle passer son existence à signer des contrats et à les résilier ? Comptait-elle que cette annonce lui ferait de la réclame ? Alors, là, elle avait gagné...

Elle l'écouta calmement en défaisant ses derniers bagages et en donnant des consignes à Marguerite pour le guépard, le singe et le perroquet.

— J'ai de bonnes raisons de vouloir démissionner, lui dit-elle, et vous les connaissez. Donnez-nous de bonnes pièces et nous vous ferons de bons spectacles. Celle d'Augier était nulle : une mauvaise intrigue, des vers pitoyables de banalité... Il y avait de quoi être écœurée. Je ne suis pas la seule, d'ailleurs, à penser ainsi.

— Vous n'avez pas tort, reconnut-il. Nous avons fait un mauvais choix. Mais ce n'est pas une raison pour jeter le manche après la cognée. Revenez sur votre décision et restons bons amis.

Il lui proposa d'assister à la cérémonie qui serait donnée à quelques jours de là, à la Comédie-Française, pour fêter la réouverture par un hommage à Molière. Elle ne dit pas non.

— Promettez-moi, Sarah, d'être raisonnable et de ne pas susciter de scandale.

— Je vous le promets, dit-elle. Maintenant, pardonnez-moi : j'ai beaucoup à faire...

Au cours de cette cérémonie, elle montra une sagesse exemplaire.

On avait installé sur la scène, dans des locaux qui sentaient encore la peinture fraîche, le buste de Molière, au pied duquel chaque acteur devrait déposer une palme. Appelée à se présenter, elle est restée un moment immobile, muette, prête à faire face à une réaction hostile, dans l'attitude du Christ sous les outrages. Cette minute m'a paru une éternité. J'avais le cœur serré, une sueur froide aux tempes. Soudain, j'ai fondu de plaisir. Un murmure monta de la salle, s'amplifia, éclata en applaudissements et en vivats. Sarah venait d'emporter une de ses plus belles victoires.

Sa démission ? on n'en parla plus, du moins de quelque temps...

C'est la jalousie qu'elle ressentait en permanence autour d'elle, notamment parmi la troupe, qui peinait le plus ma compagne. Aussi prompte à donner son amitié qu'à la retirer, souvent par simple négligence, elle ne ressentait qu'à la longue, et après en avoir été informée par des tiers, les premières atteintes de ce comportement odieux. Parfois cela tournait à la haine et l'ulcérait.

Elle me dit un soir, dans sa loge, alors qu'elle était en train de peindre ses ongles et de se faire des grimaces dans sa glace :

— Ma chère Sophie, j'ai constaté que, dans notre domaine, les hommes jalousent les femmes beaucoup plus que les femmes ne se jalousent entre elles. Je rencontre davantage d'hostilité chez eux que chez elles.

Elle me cita quelques noms que je me garderai de divulguer. Elle a assez d'adversaires ou d'ennemis comme ça...

Elle a ajouté :

— J'ai de plus en plus la conviction que le théâtre est un art essentiellement féminin. On a gardé la mémoire des grandes comédiennes, alors que beaucoup de comédiens, connus en leur temps, ont sombré dans l'oubli. Cette constatation pourrait expliquer cette jalousie dont les hommes nous accablent.

Elle a soufflé sur ses ongles, s'est mise à chantonner avant de me soupirer :

— Je t'ennuie avec mes théories sur le théâtre, ma pauvre chérie. Et tu restes là à m'écouter. Tu es d'une patience...

Ça, oui : d'une patience angélique... Bon sang, me disais-je, où était-elle allée pêcher toutes ces belles phrases qui paraissent sortir d'un livre ? Je ne serais pas étonnée d'apprendre qu'elle tient ces arguments de sa nouvelle fréquentation : celle de l'auteur dramatique Victorien Sardou.

J'ai bien dit *fréquentation*. L'amitié viendrait plus tard. Peut-être...

Récit d'Émile Perrin,
administrateur de la Comédie-Française

Je suis atterré. Ce que j'avais pris pour de la bravade ou le goût de la réclame n'était pas une menace en l'air. Sarah vient de m'adresser sa lettre de démission. Elle est là, sur mon bureau. Je souhaite qu'un courant d'air l'emporte, comme les séquelles d'un mauvais rêve, mais il faut bien se rendre à l'évidence : la démission de Mlle Sarah Bernhardt de la Comédie-Française est *irrévocable.*

Pour la convaincre de rester, je lui ai envoyé ma jeune garde, en la personne de Sophie, et mes vétérans : tous sont revenus bredouilles. Elle ne les a pas éconduits ; elle les a même écoutés sans se fâcher, mais avec une volonté évidente de ne pas revenir en arrière.

Je pourrais écrire des pages sur mes relations avec ce petit démon, avouer que j'étais un peu amoureux d'elle, si le mot n'était exagéré. Il serait plus judicieux de dire que j'aurais aimé savoir ce qui se cache au bout de ce chemin où elle sème ses petits mystères, observer cette énigme vivante non dans mon cabinet mais dans son milieu quotidien.

Je suis encore jeune et j'aurais pu, sans forfanterie, tenter ma chance, d'autant que j'avais sur elle un pouvoir : celui de détenir les clés de sa réussite. Je n'ai rien tenté, non en raison de mes rapports avec cette petite catin de Croizette, mais parce que je craignais de trop laisser de moi dans une aventure où d'autres ont failli perdre la raison.

Ce qui m'a retenu, en dépit de l'avis du comité, d'en finir avec cette peste, c'est la certitude d'avoir affaire au génie incarné du théâtre. Qu'on en pense ce qu'on voudra, elle est en passe de devenir la plus grande comédienne de son temps, une « nouvelle Rachel », disent les critiques...

Cette affaire de démission a débuté à propos de la représentation, au retour à Paris, de l'œuvre d'Émile Augier, *L'Aventurière*, une pièce d'une rare platitude, j'en conviens, où Sarah n'avait que faire. Ce que je n'ai pas osé dire à l'auteur, elle le lui a servi avec sa franchise habituelle. Il a encaissé cette diatribe sans broncher.

Lorsqu'elle m'a annoncé qu'elle ne pourrait jouer cette pièce, en prétextant une indisposition, j'ai pensé avec juste raison qu'il s'agissait d'un nouveau caprice.

— Il faut remettre de quelques jours, me dit-elle. Voyez l'état où je suis. Ma gorge est enflée et j'ai maigri au point de ressembler à une cafetière anglaise. De plus, je n'ai répété que trois fois. Quant à mon costume, il faut le revoir : c'est une horreur !

Bref : je ne tardai pas à comprendre qu'elle inventait de bonnes raisons pour prendre ses distances avec la Compagnie. Je lui ai répondu qu'on ne pouvait ajourner cette première, que la location était faite et qu'il était important de donner cette séance un mardi, jour des abonnés. De guerre lasse, elle a fini par céder.

Cette première n'a pas été la catastrophe que j'attendais, mais une déception générale pour le public et la presse.

Dans l'acte I, Sarah a été pitoyable avec sa voix enrouée et son manque de conviction. Elle s'est rattrapée dans les actes suivants, mais sans parvenir à conquérir le public. Il n'a réagi que lorsque, se penchant sur un chandelier, elle a failli enflammer ses cheveux. Des critiques l'ont soupçonnée d'avoir créé cet incident pour faire parler d'elle ou faire interrompre les représentations.

La presse du lendemain était sévère pour la pièce mais surtout pour Sarah à laquelle on reprochait d'avoir joué le personnage de Clorinde comme s'il s'agissait de Nana et de Gervaise, de Zola. On lui reprochait aussi d'être vulgaire. Le mot la fit bondir. Elle, vulgaire ! C'était le pire reproche qu'on pût lui faire. Elle me dit, avec un air de lionne blessée :

— Perrin, j'en ai assez de ces critiques venimeuses. J'en ai marre de Paris. J'ai envie de me retirer au bout du monde et me faire oublier de ces gens qui me détestent. Partir, oui, partir...

Ces derniers mots me firent froid dans le dos. Je savais qu'un certain Jarrett, qui se disait Américain et imprésario, restait tapi dans l'ombre, n'attendant que les circonstances favorables pour avancer sa mise. Il lui avait promis l'Amérique et la fortune. Connaissant Sarah et ses besoins d'argent, je me disais qu'elle ne lui résisterait pas longtemps, si même elle lui résistait. Avec une pièce de qualité, nous l'aurions peut-être gardée ; avec *L'Aventurière,* nous allions la perdre.

Maudit soit Augier !

Où était Sarah ? Avait-elle réellement pris le bateau pour l'Amérique, comme l'annonçaient certains journaux ? Sa cachait-elle quelque part dans Paris ? Pour en avoir le cœur net, je me rendis à son hôtel de la rue Fortuny, Plaine Monceau. Je n'y trouvai que des domestiques qui ne purent ou ne voulurent rien me dire, et son fils, Maurice, qui jouait les innocents. D'ailleurs, à quoi bon ? Je savais, avant d'avoir sonné à sa porte, que toute tentative était inutile. Je tentai malgré tout cette démarche, conscient que, dans le milieu du théâtre, on peut toujours s'attendre à des miracles...

AMERICA... AMERICA...

Récit de Mme Guérard

Nous n'avons pas attendu la lettre de démission de Sarah pour faire nos préparatifs de départ. C'est à moi, gouvernante, intendante en chef et factotum, que cette tâche incombait. Tout naturellement.

Désireuse de fuir Paris, Sarah élut domicile, avant son départ, dans la grande villa située non loin du Havre, à Sainte-Adresse, que son père lui avait léguée. Avant de partir, elle fit ses recommandations aux domestiques : ils ne devaient révéler à personne, et surtout pas aux journalistes, le lieu de sa retraite.

Une maladresse allait la trahir : se promener en ville en ma compagnie. Elle n'en prit conscience qu'en voyant des passants s'arrêter pour la saluer ou lui parler. Trois jours plus tard, une meute de journalistes campait devant notre demeure. Elle prit la précaution de fermer porte et volets et de ne sortir qu'à la nuit tombante, pour une promenade sur la côte.

Nous n'étions pas installées d'une semaine que Marguerite nous prévint de la venue, rue Fortuny, d'un huissier envoyé par l'administration de la Comédie-Française. On la sommait de comparaître au procès engagé pour rupture volontaire de contrat. Il était reparti en laissant une copie de son exploit.

— L'affaire se présente mal pour moi, me dit-elle. Perrin a

conservé les lettres que je lui ai adressées, et moi aucune. Ces documents ne plaideront pas en ma faveur.

Perrin lui réclamait trois cent mille francs de dommages et intérêts ainsi que la cession des quarante mille francs que la Comédie-Française lui devait. Comble de malchance : son avocat, un certain Bardoux, était un ami de Perrin.

Elle passait des heures, le soir tombé, sur un banc du perron, face à la mer moutonnante du printemps. Enfouie sous une couverture, elle rêvait du navire qui allait l'emporter loin de toutes ces tracasseries. Je lui apportais des cafés brûlants et des pâtisseries de ma fabrication. Elle paraissait absente, me regardait à peine, m'adressait rarement la parole.

Elle attendait Edward Jarrett.

Son imprésario lui faisait un pont d'or : il lui promettait des émoluments et des indemnités colossaux, un train spécial pour sa troupe, un wagon Pullman pour elle, ses proches et la montagne de bagages sur laquelle j'avais charge de veiller. Dans ce wagon, elle aurait sa chambre, son salon et un piano. Jarrett se contenterait de prélever dix pour cent sur les recettes...

En attendant la date du départ, prévu pour l'automne, Sarah accepta la proposition d'Hollingstead d'une tournée en Angleterre, avec sa propre troupe : celle qui la suivrait outre-mer. Pour faire d'une pierre deux coups, elle y roda les spectacles prévus pour l'Amérique : *Hernani, Phèdre, La Dame aux camélias, Froufrou, Adrienne Lecouvreur*... De quoi séduire les publics les plus divers et les plus exigeants.

La présentation de cette dernière pièce, œuvre d'Eugène Scribe, attira à Londres la fine fleur de la critique parisienne. Le vieux Sarcey vint, en pleurant d'émotion, féliciter Sarah dans sa loge.

Vitu, critique au *Figaro*, ajouta :

— Vous nous manquerez cruellement. Dans le cinquième acte, vous avez été bouleversante.

Et Lapommeraye de bredouiller :

— Revenez à Paris, je vous en conjure, et les portes de la Comédie-Française se rouvriront toutes seules pour vous...

En dehors des spectacles et des soirées particulières, Sarah s'ennuyait à Londres. Elle comparait la « boue noire » de cette ville à la « boue dorée » de Paris, comme si la boue pouvait être autre chose que de la boue. Elle supportait de plus en plus mal les longues rues sinistres, les monuments gris de poussière et de crasse, les fenêtres à guillotine, le spectacle odieux des ivrognes qui beuglaient leurs chansons en pissant contre les murs...

— Je ne peux supporter, me disait-elle, ces fenêtres qui ne s'ouvrent qu'à moitié, qui gardent leur petit quant-à-soi égoïste et perfide. Les Anglais, mon Petit' dame, ne font rien comme tout le monde.

D'autres engagements devaient conduire Sarah et sa troupe à Bruxelles puis à Copenhague où se déroulait une Semaine française, avec une représentation prévue pour le roi et la reine.

Des milliers de curieux attendaient notre convoi, criant leur enthousiasme et nous inondant de fleurs, avant de nous escorter jusqu'à l'Hôtel d'Angleterre. Le lendemain, une visite était prévue à Elseneur, la forteresse où Shakespeare a situé *Hamlet.* Sarah s'inclina sur le tombeau supposé du héros (une colonnette ridicule) et but quelques gouttes puisées à la fontaine d'Ophélie, en faisant mine de se recueillir. Son verre fut brisé afin que personne d'autre ne puisse y boire après elle.

Je garde du retour à Copenhague l'image saisissante d'une mer couverte de pétales de roses répandus par un chœur d'étudiants chantant des airs nostalgiques du pays, dans la lumière du crépuscule.

Sarah m'avoua, les larmes aux yeux, qu'en assistant à cette scène elle s'était sentie *tout près de Dieu.*

Le lendemain, lors du dernier repas officiel, Sarah commit une bévue qui faillit déclencher un incident diplomatique. Le baron von Magnus, ambassadeur d'Allemagne, ajustant son monocle et bombant le torse, leva sa coupe en s'écriant dans un mauvais français :

— Je bois, bademoiselle, à votre bays, qui nous donne des artistes tels que vous. À cette pelle France que nous aimons tant, et qui...

Sans attendre la fin du toast, Sarah leva sa coupe en s'écriant :

— Soit, monsieur le baron, buvons à la France, mais à la France *tout entière.*

Cette allusion à l'occupation de l'Alsace et de la Lorraine par les armées allemandes jeta un froid parmi les germanophiles, rares à la cour de Copenhague, et fit sourire les Danois, qui détestent les Prussiens. Dans la voiture qui nous ramenait à l'Hôtel d'Angleterre, Sarah pouffa de rire.

— Tu as vu comme je lui ai cloué le bec, à cet ulhan ? Il n'allait tout de même pas imaginer que j'allais lui sauter au cou ou trinquer avec lui, quelle que soit son importance ! Les fleurs qu'il m'a envoyées ce matin et que je lui ai fait retourner, s'il me les avait offertes lui-même, je les lui aurais jetées à la figure !

Le lendemain, un attaché de la légation française vint remettre à Sarah le texte d'une lettre d'excuses, en lui demandant de la signer, afin de minimiser un incident qui aurait pu avoir de graves conséquences pour le baron et pour les relations entre le Danemark et l'Allemagne. Elle refusa de cautionner ce tissu d'hypocrisie et de bassesse.

Le costume prévu pour Sarah dans *Phèdre,* un de ses rôles favoris, fut l'objet d'une anecdote émouvante, qui en dit long sur son caractère.

Avant le départ pour l'Amérique, elle avait commandé à un jeune costumier, Lepaul, débutant dans sa profession, qui était de constitution faible et malade de la poitrine, cette tunique qu'il tarda à lui livrer car il l'avait brodée entièrement de ses mains.

Après un sévère rappel de Sarah, il passa une nuit entière à la peaufiner. Lorsqu'il lui apporta l'ouvrage terminé, elle l'accueillit avec colère. Il répondit d'une voix tremblante qu'il avait passé des jours et des nuits sur ce travail. Sarah lui demanda de lui montrer son « chef-d'œuvre ». Elle l'admira, félicita Lepaul, mais lui dit :

— Tiens... tiens... il y a une tache, là...

— Je n'y avais pas prêté attention, bredouilla le pauvre garçon. J'ai dû me piquer avec une aiguille. Veuillez me pardonner. Je vais nettoyer cette tache.

— Laissez, lui dis-je, je m'en occuperai.

Je venais de remarquer qu'une autre goutte de sang perlait à la commissure de ses lèvres. De crainte qu'elle ne tombât sur le costume, je le repliai et le plaçai dans la malle. Sarah s'emporta, disant qu'il était honteux de souiller par maladresse une aussi belle tunique. Elle s'écria :

— Tenez, Lepaul, prenez votre argent et filez !

Je n'oublierai jamais l'expression du petit costumier lorsque, marchant à reculons, un filet de sang au menton, il regagna la sortie avec des courbettes. Je dis à Sarah :

— Ce pauvre garçon est vraiment malade. Cette tache ne vient pas d'une piqûre d'aiguille mais de sa bouche. Il est poitrinaire...

Elle marmonna je ne sais quoi, se coucha, se releva une heure plus tard pour me dire :

— Je ne peux pas dormir. J'ai honte. Ce garçon était si fier de travailler pour moi et si satisfait de son œuvre... Et moi, pauvre idiote, qui l'ai humilié ! Peut-être qu'il ne s'en relèvera pas. Peut-être qu'il va mourir bientôt, par ma faute...

Lepaul ne survécut pas longtemps à cette épreuve. Retour d'Amérique, nous avons appris qu'il était mort quelques semaines après avoir remis à Sarah la tunique de Phèdre. Ce costume, elle a toujours refusé de le porter. Il est là, dans une de ses malles. De la tache de sang, il ne reste qu'une trace brunâtre à travers laquelle on voit la lumière.

Journal de Marie Colombier

Mardi 16 octobre 1880

C'est un trait caractéristique du caractère de Sarah que de faire appel à ses amis en cas de besoin et de les rejeter après usage. Je n'y ai pas échappé.

Lorsqu'elle s'est lancée dans la construction de son hôtel de la Plaine Monceau, elle m'a sonnée et, bonne fille, je suis accourue. Une heure ou deux par jour, souvent davantage, j'ai mis la main à la pâte, notamment pour les aménagements intérieurs. Je dois reconnaître qu'elle-même n'a épargné ni son temps ni sa peine, escaladant les échafaudages, conseillant les tailleurs de pierre pour la réalisation des éléments décoratifs, secouant l'architecte, M. Escalier (un nom prédestiné), pour hâter les travaux.

Lorsqu'elle a invité ses amis à l'inauguration, elle m'a oubliée.

Je ne lui en veux pas trop, et même je crois que je pourrais lui pardonner, mais je ne puis excuser cette ingratitude.

Lorsque Sarah a demandé au petit soldat Colombier de remplacer sa sœur, Jeanne, droguée à mort, et de se joindre à sa troupe pour partir à la conquête de l'Amérique, j'ai répondu « présente ».

Et me voici embarquée sur ce vieux rafiot : *L'Amérique,* battu par la tempête, balayé par des rafales de neige, en train de noircir du papier à la clarté d'une chandelle, dans une des cabines où la *patronne* a casé son personnel. De mauvaises odeurs suintent de partout, à croire que ce vaisseau a fait jadis office de navire négrier. Sur le pont inférieur, le capitaine Jouclas a entassé une chiourme de plusieurs centaines d'émigrants d'où montent, comme ce soir, des cris, des rires et des chants à fendre le cœur.

Ce navire, pompeusement baptisé *steamer*, est vermoulu des vergues à la cale. Il constitue à lui seul, m'a dit le quartier-maître Constant, dont j'ai fait mon ami, un catalogue de ce qu'un bateau long-courrier peut réunir d'avaries : il a été heurté par un chalutier islandais au large de Terre-Neuve, a pris feu dans le port du Havre, a eu la coque enfoncée par un iceberg, et, dans une tempête, au large des Açores, alors que l'eau noyait les soutes, l'équipage a mis en action une pompe qui les remplissait au lieu de les vider.

— Et je ne te parle pas, ajouta Constant, des pannes de moteur, des heurts possibles avec des icebergs. Si une grave avarie se produisait, nous serions dans de beaux draps pour l'évacuation des passagers.

— Combien sommes-nous à bord ?

— Un peu plus de mille en comptant le personnel navigant.

— Combien de personnes pourrait-on sauver ?

— Moins de trois cents. Mais rassure-toi : les gens qui occupent ta classe seront les premiers à monter dans les canots.

— C'est ignoble !

— C'est l'usage. On considère que les migrants ne sont rien : la lie de l'humanité. Faut dire que, quand on les voit... Pires que des animaux...

Je faillis le gifler. J'aurais eu tort, car je l'aime bien, mon Constant. Il connaît des coins où l'on ne peut nous surprendre. Il sent le tabac de pipe : une odeur qui me donne du vague à l'âme, et son torse est couvert d'une géographie d'escales : Bornéo... Rio de Janeiro... Madère...

18 octobre

Sarah m'a invitée dans la cabine qu'elle partage avec Mme Guérard. Une de ses servantes, Félicie, est logée avec son mari dans une cabine contiguë. On se croirait dans une chambre d'hôtel de luxe : cloisons tendues de reps grenat constellé de ses initiales, grand lit aux montants de cuivre, fleurs et plantes... Il n'y manque que le guépard, le singe et le perroquet, mais le chien Minuccio est présent.

Elle est restée trois jours sans sortir de sa cabine : fatiguée, malade, maussade. Elle a laissé son petit Maurice à Paris et s'inquiète d'une affaire qui aurait pu avoir des suites dramatiques : excédé de voir un caricaturiste tourner sa mère en dérision, il lui a jeté à la figure un verre d'absinthe et l'a provoqué en duel ; l'autre s'est contenté de lui donner un conseil : attendre que le poil lui vienne au menton. Maurice a promis qu'il n'en resterait pas là.

Nous avons pris le thé, répété quelques scènes, grignoté quelques pâtisseries. De temps en temps, Sarah s'en prenait à Jeanne qui somnolait sur le lit, indifférente à notre conversation. Sarah n'a accepté de l'emmener que pour tenter de l'arracher à son milieu de drogués, mais elle est, pour le moment du moins, incapable de remonter sur scène, et c'est moi qui vais la remplacer. Jeanne n'est pas partie sans biscuits : elle a soustrait à la vigilance de sa sœur des dragées d'opium et des ampoules de morphine. Associées au ratafia qu'elle boit avec les matelots et à des parties de jambes en l'air dans la soute aux cordages, ces drogues font des ravages. Sarah se dit que sa sœur est bien longue à se remettre...

L'après-midi a été calme : petite houle, ciel dégagé, vent frais... Nous sommes montées sur le pont, emmitouflées dans des couvertures. Sarah m'a de nouveau parlé de Maurice qui l'inquiète pour le grain de folie qu'il a hérité d'elle. Lorsqu'elle lui a annoncé qu'il ne la suivrait pas en Amérique, il lui a fait une scène digne de Corneille. Quelques mois avant, lorsqu'elle est montée en ballon en le laissant au sol, elle lui a promis un poney pour le consoler. Cette fois-ci, elle lui a confié assez d'argent pour qu'il ne manque de rien pendant des mois.

— Tout de même, je me méfie : c'est qu'il est dépensier en diable, mon garçon !

Je n'ai pu me retenir de répondre :

— Bon sang ne saurait mentir...

Elle m'a embrassée en riant et m'a demandé où en étaient mes amours avec Paul Bonnetain. J'ai rencontré, peu avant d'embarquer, cet aimable garçon, écrivain doué, autour d'un roman : *Charlot s'amuse*, recueil d'épisodes masturbatoires. Nos rapports n'ont rien de romantique : il me fait correctement l'amour et ne joue plus aux mêmes jeux que Charlot depuis que nous nous connaissons. Avant de partir il m'a présentée au directeur de *L'Événement* qui m'a demandé d'écrire, au jour le jour, une relation du voyage avec Sarah Bernhardt. J'ai accepté sans en parler à ma compagne. Cette collaboration est bien payée.

24 octobre

Triste journée : il vente et il neige. *L'Amérique*, navire fantôme, cingle sur une mer grise, sous un ciel d'encre.

Avant le repas du soir, alors qu'elle se trouvait sur le pont pour jouir du spectacle d'une mer en furie, Sarah a aperçu la mince silhouette noire d'une femme, qui paraissait sur le point d'être balayée par une rafale. La dame allait s'engager dans l'escalier quand elle a manqué une marche. Sarah s'est précipitée et lui a évité une chute dans la coursive. Elles ont échangé quelques mots. Sarah a appris qu'elle venait de sauver, d'un accident qui aurait pu être mortel, la veuve du président Abraham Lincoln, assassiné par un acteur fanatique, John Wilkes Booth. Un comédien avait tué son mari ; une comédienne la sauvait...

— En fin de compte, nous dit-elle, je me demande si j'ai bien fait. Elle m'a avoué qu'elle était lasse de vivre. Peut-être aurais-je dû m'excuser...

19 octobre

Avertie qu'une femme d'émigrant était sur le point d'accoucher, Sarah, en compagnie du médecin du bord, s'est rendue dans la partie du pont inférieur qu'elle occupe. J'ai demandé à la suivre ; elle a accepté.

C'est la première fois que je pénètre dans cette sentine puante, mal aérée, encombrée de bagages attachés par des ficelles. Ils sont là plus de sept cents, vêtus de défroques misérables, mal nourris, claquant des dents. L'odeur est à tomber, le bruit des disputes assourdissant.

La pauvre femme était à son terme et souffrait le martyre. Nous l'avons aidée dans son travail et avons poussé le même cri de plaisir en voyant le bébé tomber dans les mains du médecin. C'était un enfant de pauvre, sans même un âne et un bœuf pour souffler sur lui.

— Voyez comme il est beau ! dit Sarah lorsqu'on lui eut fait sa toilette. Je serai sa marraine.

Pauvre enfant... Ta marraine t'aura vite oublié.

20 octobre

Quand nous sommes redescendus dans le quartier des émigrants, le lendemain, l'enfant était bien entouré. On ne voyait de lui que son visage, petit œuf de lumière rose émergeant d'un magma de vieux linge. Je me dis que ce pauvre chérubin ne verrait peut-être pas les côtes d'Amérique. Le médecin ne partageait pas mon avis : l'enfant était sain, et il fallait voir avec quelle ardeur il s'agrippait à la poitrine de sa mère.

Sarah arriva les bras chargés de sacs de farine pour faire des bouillies. Nous dûmes célébrer l'événement en buvant au goulot un tord-boyaux d'Europe centrale. Sarah n'a pu se dérober à cet honneur, mais, remontée en hâte sur le pont, elle a vomi au-dessus de la rambarde, au milieu d'une tempête de neige digne des légendes islandaises.

Pour le plaisir, mais aussi pour nous réchauffer, nous avons fait l'amour, Constant et moi, dans la soute aux voiles. Le roulis était tel qu'au cœur de l'action nous étions ballottés de bâbord à tribord, en restant accrochés l'un à l'autre, dans un mouvement qui doublait notre plaisir. Je n'ai jamais rien connu de tel avec Bonnetain, que je trouve, comparé à cette brute de Constant, un peu planplan.

Dans la nuit traversée par les coups de tonnerre des lames contre la coque, montent vers moi des chants d'Allemagne ou de Pologne, je ne sais. Il me semble, lorsque je ferme les yeux devant ma chandelle et ma page, que ces migrants chantent, pour moi et moi seule, leur chant d'amour et de liberté.

22 octobre

Ce matin, on n'a pas célébré l'office dominical sur le pont, comme d'ordinaire, car la tempête fait rage. Le capitaine Jouclas a rassemblé Sarah et ses proches dans sa cabine, sans Mme Guérard, qui se dit athée. Quant à moi, je n'ai pas été invitée. Parmi les migrants, un pope, un pasteur ont passé une partie de la matinée à prêcher et à chanter. Les voix des femmes traînent dans des aigus qui vous déchirent les entrailles...

Sarah prend en pitié le sort des émigrants. Elle m'a dit, au cours d'une promenade au soleil, sur le pont supérieur :

— Je plains ces malheureux. La plupart ne sont riches que d'illusions. Ils rêvent de l'Amérique comme d'une terre promise, mais la plupart vont être précipités dans l'enfer des villes, guettés par le chômage et le banditisme. Les autres seront rejetés dans des déserts et des marécages, abandonnés aux Indiens, sujets à des maux que nous ignorons. En bonne justice, si le navire devait sombrer et Dieu exercer sa justice, ce sont eux qui devraient être sauvés en premier.

Elle s'essuya les yeux et me quitta pour aller pleurer dans sa cabine.

23 octobre

Ce matin, Sarah a eu la visite de trois matelots alors que nous étions occupées à répéter une scène de *Froufrou.* Ils venaient souhaiter sa fête à notre « patronne ». Elle prétendit avoir oublié ; je suis persuadée qu'il n'en est rien. Ils lui apportaient un bouquet de fleurs fraîches. Elle leur demanda, les mains plaquées sur son visage, où ils les avaient trouvées. Elle a ri de bon cœur en découvrant que ce bouquet était l'œuvre du cuisinier et que ces fleurs étaient des légumes artistement découpés et ciselés.

Nous y sommes allés de notre cadeau personnel. La sachant frileuse, je lui ai offert une paire de bas pas trop usagés. D'autres lui ont apporté, qui un bonnet, qui une fiasque de bourbon, qui un bijou de pacotille... Sophie Croizette lui a tendu une enveloppe qui contenait un mot de Maurice, écrit avant le départ. Elle a essuyé une larme et embrassé la lettre.

Les émigrants n'ont pas voulu être en reste : quelques heures plus tard, on lui a présenté son filleul, le petit Grégory, dans une corbeille garnie de fruits exotiques, avec sur son front une étoile de David découpée dans une enveloppe de chocolat. Les parents étaient accompagnés d'un petit orchestre qui a joué des airs bohémiens chargés de nostalgie à vous tirer les larmes.

Après que les musiciens se furent retirés, elle m'a prise à part pour me dire :

— Sais-tu à quoi j'ai pensé ? Tu vas sans doute me dire encore que je suis folle... Si je proposais une forte somme à la mère de Grégory, crois-tu qu'elle me le laisserait ? Ce bébé est adorable. Crois-tu ?

— J'en doute, lui ai-je répondu. De nos jours, on n'achète pas un enfant comme jadis sur un marché d'esclaves. Renonce à cette idée.

J'avais soudain envie de l'injurier, de la battre, de l'humilier, mais aurait-elle compris les motifs de mon indignation ?

27 octobre

Ce matin, peu avant le lever du jour, nous sommes arrivés en vue de New York. Le fleuve Hudson était gelé, ce qui rendait la progression de *L'Amérique* difficile. Une équipe de briseurs de glace était à l'œuvre, pioche en main, pour nous ouvrir un passage. Une fois effacée la buée qui recouvrait le hublot, la ville est apparue, hérissée de gratte-ciel, comme une encre de Hugo.

Le pont inférieur était déjà envahi par les émigrants qui, après des manifestations de joie dont tout le rafiot a retenti, gardaient un silence religieux. Cette première image d'un paradis terrestre pris dans les glaces n'avait rien de rassurant. Les sirènes et les cornes de brume semblaient hurler à la mort.

Lorsque le soleil eut dissipé les derniers brouillards, ce fut la fête à bord. Notre traversée avait pris douze jours. Chaque matin, en me levant, je me disais, en écoutant les plaintes sinistres de la coque : peut-être est-ce le dernier jour de ce voyage. Et là, face à cette ville qui s'éveillait et propageait jusqu'à nous ses rumeurs, je respirais plus librement, consciente d'avoir échappé à de graves dangers. Je ne crains pas la mort, mais sombrer dans les eaux glacées, me débattre contre les vagues, me semblait la pire des épreuves. À travers l'air frais qui me piquait le visage, je cherchais à déceler l'odeur de ce port de l'Amérique, persuadée que j'étais qu'elle ne pouvait être semblable à celle que nous avions respirée au Havre. Une odeur *sui generis,* en quelque sorte. Illusion... Tous les ports ont la même odeur, sauf, dit-on, ceux de l'Orient.

À peine avions-nous mis pied à terre, notre arrivée prenait des allures de fête.

Jarrett et son associé, Abbey, avaient bien fait les choses. Il semblait que toute la ville s'apprêtât à nous accueillir. Un steamer chargé d'une foule déchaînée venait à notre rencontre, suivi de quelques embarcations de moindre importance. Un orchestre fit flotter dans le vent, par rafales, une *Marseillaise* tonitruante. Les *hip hip hourrah !* se mêlaient au nom de Sarah, clamé par la multitude qui agitait des chapeaux, des mouchoirs et de petits drapeaux tricolores.

La distribution du courrier s'organisa alors que le capitaine Jouclas dirigeait les manœuvres d'accostage. Je n'attendais aucune lettre ; il y en avait pourtant une de mon petit Bonnetain ; il espérait que la traversée s'était déroulée sans incident et me rappelait le contrat qui me liait à *L'Événement.* Je la déchirai après l'avoir lue, de crainte qu'elle ne tombât entre les mains de Sarah.

Durant toute la manœuvre, je cherchai des yeux Constant. Il se tenait debout à la coupée, son képi au ras des sourcils, sa pipe à la bouche. Pour attirer son attention je m'isolai de mes compagnons et restai debout au pied d'un mât, ridicule comme une cruche au milieu d'une table vide. Il ne pouvait manquer de me voir lorsqu'il se retourna. Je lui adressai un signe, mais il fit mine de ne pas le remarquer. De même, lorsque j'empruntai la passerelle : quand je souris en passant près de lui, il détourna les yeux.

Le consul de France à New York nous attendait avec des fleurs et des compliments, sur les quais envahis par la foule. Alors que la terre semblait encore tanguer sous nos pas et que nous étions mal rétablis de notre dernière nuit à bord, il fallut subir des discours à la gloire de la France et de Sarah.

Elle supporta mal cette corvée imposée par Edward Jarrett. Ces compliments en chaîne, ces *shake-hands* vigoureux constituaient pour elle une épreuve redoutable. Elle fit ses yeux blancs, s'accrocha à Jarrett et s'écroula à ses pieds, dans un concert de clameurs :

— Écartez-vous ! Laissez-la respirer !

— Un médecin ! On demande un médecin !

— Délassez son corset !

Sarah n'a jamais porté cet instrument de torture qu'elle supporte mal. La Guérard et moi nous avons dégrafé le haut de sa robe. Sophie Croizette lui a fait respirer des sels.

S'il y avait supercherie, ce que j'étais portée à croire, elle fut efficace. La foule s'est dissipée. Sarah a rouvert les yeux et soudain, en apercevant un groupe de journalistes fonçant sur notre groupe, elle a de nouveau sombré dans le nirvana. Jarrett s'est porté à leurs devants et leur a demandé de se rendre à l'hôtel dans la soirée, une fois Sarah remise de ses émotions.

J'étais présente quand elle s'en est prise à Jarrett, lui reprochant d'en faire trop et de la mettre en danger. Il a éclaté de rire.

— Mais, *darling,* c'est la « rançon de la gloire », comme on dit en France. Vous devez l'assumer. Des voitures nous attendent pour nous conduire à votre hôtel. N'oubliez pas que vous êtes la reine du jour et que New York ne parle que de vous. N'oubliez pas non plus de répondre aux saluts en cours de route...

Je fais quant à moi confiance à Sarah : ce sont des obligations qui ne peuvent lui échapper...

Récit de Mme Guérard

L'Albemar est le meilleur hôtel de New York. Il est réservé en priorité aux célébrités mondiales. À part quelques fautes de goût, il peut rivaliser avec nos palaces les plus somptueux et les plus confortables.

Nos imprésarios avaient fait réserver pour Sarah une suite de dimensions impressionnantes, avec un salon de réception qui allait nous être utile. J'avais imaginé Sarah baignant dans le bonheur : elle avait rêvé de l'Amérique, et l'Amérique était à ses pieds. Pourtant son humeur était exécrable. À peine installée, elle me dit :

— Je ne veux pas qu'on me dérange. Tu vas fermer toutes les portes à clé. La petite, celle qui n'a pas de serrure, tu la bloqueras avec un fauteuil. Si on sonne, ne réponds sous aucun prétexte.

— Même si c'est Jarrett ?

— Surtout si c'est Jarrett ou Abbey ! J'ai bien droit à un peu de repos, nom de Dieu !

Elle se laissa tomber toute habillée sur le lit, les bras en croix, son écharpe sur les yeux, insensible aux rumeurs venant du salon où des journalistes l'attendaient déjà malgré la consigne donnée par Jarrett de patienter quelques heures pour les interviews. Elle s'endormit immédiatement. Sarah dort où et quand elle veut ; c'est généralement dans un lit, dans un fauteuil, mais ce pourrait être à même le plancher, dans un fossé ou debout. Il semble qu'un mouvement d'horlogerie programme dans sa tête l'heure fixée pour son réveil. Si elle a décidé de ne dormir qu'une heure, elle ne dépassera pas ce délai.

Jarrett tenta de communiquer avec moi à travers l'entrée. Je fis semblant de ne pas l'entendre. Il fit glisser un mot sous la porte, pour demander à Sarah de ne pas trop tarder. J'y répondis par la même poste : « Laissez-la se reposer. Si vous tentiez d'entrer par cette porte elle sauterait par la fenêtre. »

Elle se réveilla à l'heure qu'elle s'était fixée, bâilla, demanda si les journalistes avaient commencé à rappliquer. Elle soupira lorsque je lui appris que le salon était déjà plein et qu'on l'attendait avec impatience. La rumeur que nous percevions ne pouvait que confirmer mon propos.

— Bien... dit-elle en se grattant la tête. Puisqu'il faut aller au supplice... Passe-moi ma robe blanche, celle qui a des roses brodées, et mes bijoux. Et puis, non : pas de bijoux. Simplicité d'abord ! Ce n'est pas la mode que je représente ici. Dis à Félicie de me faire monter un café, et pas la lavasse que ces barbares boivent d'ordinaire.

L'irritation d'Edward Jarrett se dissipa lorsqu'il la vit paraître, détendue, souriante, face à la meute qui se ruait sur elle. Le salon avait été décoré en son honneur avec un goût parfait : plantes vertes, canapés garnis de coussins, bustes de Molière, de Racine et de Corneille, au milieu de petits parterres de fleurs fraîches.

Sarah m'ayant demandé de ne pas la quitter d'une semelle, je m'assis près d'elle sur le canapé qui lui était réservé, Jarrett campé derrière nous pour servir d'interprète.

Je crus bien que cette séance allait finir en eau de boudin, ou pis, lorsque, à la première question qui lui fut posée, portant sur le rôle qu'elle préférait, elle répondit au reporter ébahi que ça ne le regardait pas. À la deuxième question, aussi banale que la précédente, à savoir ce qu'elle prenait pour son petit déjeuner, Jarrett jugea prudent de répondre à sa place que Mlle Bernhardt prenait des flocons d'avoine et du lait. Elle s'esclaffa, se retourna vers lui et rectifia, dans son mauvais anglais :

— *No ! I eat mussels vith white wine.*

La presse nous apprit le lendemain que Mlle Sarah Bernhardt se nourrissait principalement de moules au vin blanc !

La vigilance de Jarrett évita d'autres bourdes à sa *star.* Il ne restait qu'une poignée de journalistes, quand elle se leva en annonçant qu'elle en avait assez dit. Un caricaturiste occupé à faire son portrait lui demanda de patienter encore quelques instants. Elle s'approcha, demanda à voir son œuvre et, fronçant les sourcils, déchira le feuillet et lui jeta les morceaux à la figure.

— Dites donc, jeune homme, c'est moi, ce squelette ? J'ai vraiment cette gueule ?

Le caricaturiste fut contraint de refaire son dessin de mémoire, avec un commentaire venimeux. Les quelques vagues notions de langue anglaise que je possède depuis le collège m'ont permis de prospecter journaux et magazines. J'y retrouve, amplifiées, dénaturées, des séquences de l'interview, avec, ici et là, des pointes acerbes contre cette actrice parisienne qui les avait décontenancés ou mécontentés. Pire que dans la presse française !

Elle me dit qu'elle s'en moquait.

— Tu le sais : je déteste les journalistes, qui se plaisent à dénaturer la vérité. Je n'ai aucune haine contre eux : je les méprise. Le mépris est plus reposant que la haine. Je suis souvent encline à pardonner, mais jamais à oublier. Je me souviens de ce que m'a dit Hugo sur la calomnie. Ceux qui le veulent peuvent s'en protéger en l'ignorant. Répondre à la calomnie par du mépris, voilà la règle la plus sage. Rien d'autre que la mort ne peut nous abattre...

À l'issue de cette séance, Sarah demanda à Jarrett de lui accorder deux ou trois jours de repos.

Lorsque nous nous promenions dans les quartiers chics de la ville, bras dessus, bras dessous, elle s'arrêtait de temps à autre, comme prise d'un vertige : il lui semblait encore, me disait-elle, ressentir le tangage du navire. Ce malaise l'obligeait à s'asseoir sur un banc ou à la terrasse d'un café.

Avant la première représentation, au Boot's Theatre, nous eûmes à subir une nouvelle épreuve, plus fastidieuse et plus humiliante surtout, avec la Douane. Jarrett ne put nous épargner ces tracasseries qui allaient durer des heures. Hommes et femmes en uniforme fouillèrent nos bagages, plongèrent leurs sales mains dans les costumes de scène et nos effets personnels, avec des appréciations ironiques ou salaces devant notre lingerie intime, que Sarah leur arrachait en les injuriant.

Nous avions si peu confiance dans l'honnêteté de ces rustres que nous confiâmes au mari de Félicie le soin de veiller sur les costumes de scène. Il installa son lit dans les loges et veilla avec une vigilance de cerbère sur ce trésor de pacotille.

Sarah tomba en admiration devant le pont de Brooklyn, dont on achevait la construction.

— C'est prodigieux ! dit-elle. Un exploit aussi étonnant que notre tour Eiffel... Quand on pense qu'un génie a osé suspendre à cinquante mètres au-dessus de ce fleuve un ouvrage qui supportera des trains bondés, des tramways, des voitures, des milliers de piétons, c'est à couper le souffle...

Nous sommes restées deux heures à contempler cette construction prodigieuse. En face de nous, dans le soir froid de cette fin d'octobre qui sentait l'odeur puissante du fleuve, contre le ciel éblouissant du crépuscule, New York allumait ses feux comme pour une fête de nuit.

— Décidément, soupira Sarah, les Américains sont un grand peuple, et nous sommes tout petits, nous, gens de la vieille Europe, à côté d'eux. Il se fait tard et j'ai froid. Rentrons...

À la demande de Jarrett, je fus chargée de recenser les costumes de scène et de les remettre en ordre. Ce n'était pas une petite affaire, car les douaniers les avaient mélangés. Sarah aurait aimé m'aider, mais elle était trop occupée avec la répétition qui venait de débuter pour la première d'*Adrienne Lecouvreur,* d'Eugène Scribe, prévue pour le 8 novembre, soit une dizaine de jours après notre arrivée.

Comme nos managers l'avaient prévu, la salle était comble. Les places, vendues aux enchères, avaient atteint des prix exorbitants et certains les cédaient avec bénéfice. Elle protesta quand je lui annonçai que le spectacle, jugé immoral par les ligues de vertu, toutes-puissantes dans ce pays, était interdit aux jeunes filles.

Le public de cette première était correct mais glacé. À aucun moment, sinon au dernier acte, lorsque Adrienne clame sa révolte contre la princesse de Bourbon, rien ne nous rappelait l'enthousiasme du public parisien.

À la fin du premier acte, Abbey entra dans la loge de Sarah pour lui raconter qu'un spectateur venait de faire un scandale et exigeait d'être remboursé : il avait attendu Sarah Bernhardt et elle n'avait pas daigné se montrer. De qui se moquaient ces imposteurs, ces coquins ? Abbey avait eu du mal à lui faire comprendre que la *star* n'allait pas tarder à faire son entrée.

Sarah demanda comment était la salle.

— Comme d'habitude, dit Abbey. Dans l'expectative. Elle vous attend...

Jarrett devait nous avouer, à l'issue du spectacle, qu'il avait loué une claque, et qu'elle avait parfaitement répondu à ce qu'il en attendait. Cet enthousiasme tarifé avait ranimé la salle un peu somnolente, chez qui cette histoire datant de la Révolution française n'éveillait que peu d'échos. Ce qui aurait pu être un bon succès s'était achevé par un triomphe.

Un groupe de musiciens noirs nous attendait devant l'hôtel, au milieu de la foule compacte et délirante qui nous avait suivis. Sarah eut du mal à s'esquiver au bras de Jarrett. Il lui recommanda de se montrer et de saluer de la fenêtre de sa chambre, afin que cet enthousiasme ne dégénère pas en émeute : il avait déjà entendu des coups de feu, que nous avions pris pour des pétards...

Durant ce séjour à New York, la troupe donna sept représentations, avec chaque fois le même succès.

Lorsqu'elle se rendit au théâtre pour une ultime matinée, Sarah crut qu'elle n'arriverait pas au terme de son trajet. Des centaines de forcenés l'attendaient, comme pour le défilé de l'*Independance Day* : des femmes assises sur des pliants, des gamins brandissant des drapeaux français et américains, des chœurs chantant la *Marseillaise...* Coutume singulière : des hommes lui tendaient un calepin ou leur manchette en lui demandant d'y inscrire sa signature ! On lui jetait dans les bras des bouquets et des gerbes, on lui offrait des bijoux. Armée d'une paire de ciseaux, une folle tenta de lui couper une mèche de cheveux...

Du haut de l'escalier d'entrée, Jarrett nous faisait des signes désespérés en nous montrant l'horloge. Nous étions, ainsi que le reste de la troupe, prisonniers de cette multitude fanatique, si bien qu'il fallut l'intervention de la police pour disperser la foule à coups de matraque et nous délivrer.

Ce jour-là, *La Dame aux camélias* enregistra un record : une vingtaine de rappels, si bien que le rideau tomba avec une heure de retard.

Le retour à l'hôtel posait un nouveau problème. La foule nous attendait dehors, plus dense et plus agitée que d'ordinaire. Jarrett proposa un subterfuge : remplacer à la sortie Sarah par sa sœur. Avec un voile sur le visage, le public s'y tromperait. C'est ainsi que Jeanne, qui n'avait fait aucune difficulté pour effectuer ce remplacement, fut jetée en pâture à la meute déchaînée, comme une martyre dans l'arène, et que nous pûmes, en toute tranquillité, regagner nos pénates, y souper et prendre une longue nuit de repos.

Le lendemain, au lever du jour, nous partions pour Boston. La neige n'avait cessé de tomber toute la nuit. À défaut de notre train spécial, que nous ne prendrions qu'à Philadelphie, une voiture somptueuse et bien chauffée nous attendait pour ce long voyage.

Jarrett nous avait prévenues : nous n'aurions pas dans cette ville un accueil aussi enthousiaste qu'à New York. Le public bostonien est réputé froid, peu enclin à manifester ses émotions ou ses déceptions. On verrait bien...

Avant même de parvenir au terme de ce voyage, Sarah avait essuyé en chaire les foudres des clergymen : elle était l'ambassadrice d'un Vieux Monde pourri de vices, venue pour pervertir le Nouveau. Ils montraient dans leurs prêches les flammes de l'enfer menaçant la prostituée de Babylone...

Jarrett nous fit une autre révélation, tout aussi surprenante : cette cité était vouée aux femmes. La première créature à poser le pied sur cette terre sauvage, dans les temps anciens, était une fille d'Ève. Histoire ? Légende ? Toujours est-il que nous eûmes une agréable surprise : toutes les femmes bostoniennes n'étaient pas des dames patronnesses revêches et confites dans la morale chrétienne. L'accueil qu'elles nous réservèrent nous conforta dans cette impression, et tout se passa le mieux du monde, en dépit des insanités fulminées par les prophètes en robe noire.

Avant de quitter New York, Sarah s'était mis en tête de rendre visite à l'un des savants les plus célèbres au monde : Thomas Edison.

Il demeurait à Menlo Park, dans le New Jersey, une localité proche de la ville d'Orange. Il travaillait là à sa nouvelle invention, le *phonographe,* et à la fabrication de lampes à incandescence. Ce qui attirait Sarah dans cet antre de sorcier moderne, c'était moins l'intérêt pour le progrès que la perspective de côtoyer, ne serait-ce que quelques heures, un génie de la science.

Le convoi nous déposa à Menlo Park aux premières heures du jour, par un froid polaire. Il fallut emprunter une voiture pour nous rendre au domicile d'Edison, à travers une nuit épaisse et blanchâtre, dans la lumière des lanternes.

Alors que nous approchions de la demeure d'Edison, des dizaines de lumières électriques éclatèrent soudain, comme la rampe d'un théâtre fantastique, sur le bord de l'allée et dans les arbres. Le génie nous attendait sur le perron, entouré de sa famille, malgré l'heure matinale. Son accueil nous parut protocolaire, et sans la moindre chaleur.

Sarah s'en prit à Jarrett :

— Curieux homme... On dirait que notre visite l'importune. Alors, pourquoi a-t-il accepté ce rendez-vous, Jarrett ? Vous l'avez sans doute mal préparé à nous recevoir. Faisons demi-tour...

— Vous ne tarderez pas à changer d'avis. Ce savant est un homme circonspect, mais il vous aura vite adoptée.

Après quelques minutes d'entretien autour d'un *breakfast,* la glace était rompue. Cet homme, qui avait quelques années de moins que Sarah, avait fait sa conquête.

De la visite que nous fîmes de ses installations, je garde un souvenir magique : celui de l'antre d'un sorcier moderne opérant dans un immense laboratoire où, dans des gouffres infernaux, palpitaient des feux électriques, où se mouvaient des machines mystérieuses, pareilles à de gigantesques fourmis, au milieu d'un crépitement hallucinant d'éclairs bleuâtres et de coulées de lave. Ce n'était pas un atelier mais un volcan transformé en usine.

Quant au « phonographe », dont Adison se plut à nous faire la démonstration, c'est un instrument diabolique. Il demanda à sa visiteuse de réciter quelques vers, de *Phèdre* par exemple, les enregistra et les restitua quelques secondes plus tard. Ce nouveau prodige du génie humain nous laissa bouche bée...

Nous passâmes la journée à Menlo Park, reçus à la table familiale, en toute simplicité, et ne repartîmes qu'au soir tombant pour Boston.

Épuisés...

Récit de Marie Colombier

Sarah n'aime guère évoquer sa vie sentimentale. Si j'ai pu suivre de près ses amours et ses démêlés avec ce pauvre Paul Porel, qui, aujourd'hui, a trouvé sa voie, elle m'a confié par la suite, comme on rassemble les fragments d'un vase brisé, des confidences sur ses amourettes et ses passions. Elle le faisait en toute confiance car j'étais, disait-elle, *sa meilleure amie*.

En nous éloignant l'une de l'autre, les aléas de la vie et de nos carrières ont espacé nos rapports, si bien que je n'eus que par des tiers, ou par le fait du hasard, connaissance de ses amours, avec des ombres et des lumières, des présences et des vides peuplés de créatures discrètes et fugitives.

Quelques noms d'élus émergent de ma mémoire.

Si le premier amant de Sarah, et peut-être celui qu'elle a le plus aimé, est Paul Porel, le comte de Kératry n'allait pas tarder à surgir et à lui ouvrir la porte des amours lucratives, exemptes de passion, dans l'attente des orages que lui apporterait Mounet-Sully. Entre ces deux pôles, il y eut des escales heureuses ou utiles : le chirurgien Samuel Pozzi, riche mais ennuyeux, le banquier Stern, à classer au répertoire des utilités, le comédien Pierre Berton, bel Hamlet gnangnan, qui insistait tant pour l'épouser qu'il fut éconduit... Je suppose qu'elle aima vraiment, du moins durant une saison, ce dandy, Charles Haas, le Swann du roman de Marcel Proust. Cet *homme de l'ombre, des draps et du plaisir* se lassa d'elle plus qu'elle de lui, et retourna à son jardin de femmes. Il y eut bien aussi dans ce catalogue le comédien Édouard Lagrenée, qu'on appelait le « petit chien de Sarah », tant il avait conscience de la protéger, au point de se battre en duel avec un journaliste malveillant...

Avec le prince de Ligne, elle a pénétré, les yeux grands ouverts, dans un conte de fées dont elle était la Cendrillon. L'a-t-elle aimé ? Je l'ignore. Espérait-elle qu'il puisse en faire sa femme ? J'en mettrais ma main au feu, encore qu'elle tînt, plus qu'à tout, à sa liberté. Elle n'a pu obtenir de lui qu'il adoptât Maurice ; il s'est borné à une reconnaissance de paternité. À en croire ma compagne, il ne s'est jamais montré généreux.

Le lieutenant de vaisseau Julien Viaud, plus connu comme écrivain sous le nom de Pierre Loti, a été, à ce qu'on dit, follement épris d'elle. Leurs rapports ont duré le temps d'une permission. On prétend qu'il s'est présenté à son domicile à la manière de Cléopâtre devant César : enroulé dans un tapis porté par deux solides matelots, mais il faut faire, dans la vie de Sarah, une large place à la légende. Je crois qu'après les premières effusions entre cet inverti et cette nymphomane, ils sont restés amis. C'est peut-être le même goût pour l'exotisme et l'inversion des sexes qui a permis à leurs relations de perdurer.

Il y eut aussi, passant, tels des albatros dans cette tempête permanente qu'est la vie de ma compagne, le journaliste Émile de Girardin, Félix Duquesnel, directeur de l'Odéon, le critique Francisque Sarcey, Victor Hugo, Angelo, ce bel animal dépourvu de talent mais doué pour les exercices nocturnes, et enfin notre manager, le bel Edward Jarrett...

Aujourd'hui, alors que nous cinglons par train spécial à travers l'immense espace américain, il ne peut être question que d'Angelo. Sarah a tenté de lui donner sa chance sur la scène, mais des doutes lui sont venus lorsque ce pauvre garçon s'est fait siffler dans une scène ratée de *Hamlet.* Depuis, il s'en tient à un rôle de vigile, qu'il partage avec la Guérard.

Sarah et Angelo se sont connus avant ce voyage en Amérique. Il était alors, à ce qu'on dit, l'amant de Sophie Croizette, qui s'en est débarrassée en le jetant dans les bras de sa compagne. Pas folle au point de s'éprendre de ce jeune rufian, Sarah se contenta des hommages qu'il lui prodiguait.

Elle s'est souvenue de lui le moment venu de composer la troupe qui la suivrait en Amérique. Le choix était difficile et restreint : ne pouvant obtenir le concours des acteurs en renom, qui n'allaient pas lâcher la proie pour l'ombre, elle se rabattit, sans sacrifier la qualité, sur ceux qui espéraient un contrat. Lorsqu'elle me sollicita, j'acceptai sans réserve, d'autant que j'étais libre de tout engagement.

Nos managers étaient d'accord pour qu'Angelo, en plus des petits rôles qu'elle lui faisait tenir, servît de chien de garde à la star, mais avec discrétion. Le jour, il restait en marge du cercle des intimes et des proches. La nuit, il manifestait sa présence avec moins de discrétion. Il assistait au coucher de la reine et ne repartait qu'à l'aube.

Un soir où elle avait abusé du bourbon, la petite Croizette me confia que le talent d'Angelo se situait au bas-ventre, mais qu'il était particulièrement doué.

Je n'ai pas oublié, quant à moi, mon beau quartier-maître, mais lui ne se soucie pas plus de ma personne que d'une guigne. J'avais espéré le retrouver à New York, du fait qu'il connaissait ma résidence, et je fus déçue. Qu'ai-je pu laisser dans le souvenir de cet oiseau migrateur ? Peu de chose, sans doute. Constant est du genre à avoir, comme on dit, une femme dans chaque port. Il en eut une à bord et en a profité. Sans doute ne suis-je pas son genre de femme. Ainsi va la vie...

Je contemple le paysage qui défile par la vitre de notre wagon. Il m'impressionne par ses dimensions, d'une autre échelle qu'en Europe, plus que par son pittoresque. De temps en temps nous croisons des groupes d'animaux sauvages, reliquat des immenses troupeaux massacrés par les maniaques de la carabine. Ils semblent ne savoir où aller, comme moi, qui suis en attente d'amour dans ma vie et de succès sur la scène. Sarah et moi, dans nos débuts, étions solidement liées l'une à l'autre, partageant nos rêves, nos ressources, parfois nos amants. J'ai senti, au fur et à mesure que le succès venait récompenser son talent, qu'elle se détachait de moi pour finir par me rejeter puis revenir vers moi en sollicitant mon aide.

La voix de Croizette dans mon dos :

— Alors, Marinette, toujours dans tes écritures ? Tu vas faire un succès en France. Les lecteurs de *L'Événement* vont se régaler...

J'ai blêmi et joué la surprise.

— *L'Événement ?* Que veux-tu dire ? Qui t'a raconté ces sornettes ?

Elle a levé son auriculaire.

— Mon petit doigt... Ne fais pas l'innocente. Te voilà devenue journaliste. Comme je connais tes sentiments pour Sarah, je me dis que tu vas mêler un peu de vinaigre à ta prose.

Je lui ai demandé de garder le secret. Si Sarah l'apprenait, je me trouverais en mauvaise posture.

Elle me le promit, éclata de rire et me jeta un baiser sur la joue.

Récit de Sophie Croizette

J'ai hâte de lire, une fois de retour en France, les articles que Marie consacre à notre tournée. Mes sentiments pour cette compagne avec laquelle j'entretiens des rapports normaux sont mitigés : elle ne manque pas de talent, elle est d'une fréquentation agréable, d'une intelligence supérieure à celle de la plupart d'entre nous, et je n'ai rien à lui reprocher. En revanche, son comportement à l'égard de Sarah, malgré une cohabitation sans histoire ni familiarité excessive, me trouble. Elles semblent, l'une et l'autre, avoir oublié le temps des vaches maigres, quand elles faisaient la noce sur les boulevards.

Je crois que Marie a mal accepté les distances que sa compagne a prises avec elle dès ses premiers succès, et qu'elle est obsédée par un sentiment de jalousie. Sarah ne s'est pourtant pas comportée en ingrate : elle lui a obtenu un contrat de trois ans à l'Odéon. Marie, j'en ai la certitude, accepte mal que Sarah, avec cette minceur qui la situe à contre-courant de la mode, parvienne à s'imposer alors qu'elle, qui répond aux canons de la beauté, reste dans l'ombre.

Il faut dire qu'en matière de théâtre comme dans d'autres domaines, la mode évolue. De nos jours, la comédienne n'est plus obligée, pour satisfaire les goûts du public, de se faire engraisser comme une oie. Perrin m'a amusée en me racontant la mésaventure de la grosse Mlle George, dans la pièce de Hugo, *Marie Tudor*, au théâtre de Limoges. Contrainte de s'agenouiller pour répondre aux exigences de son rôle, elle a dû faire appel à son partenaire pour se relever. Ce genre de situation humiliante risque de se produire pour Marie si elle ne se décide pas à maigrir. La nourriture, souvent exécrable, que nous trouvons sur notre table devrait l'y aider.

Depuis que nous avons quitté la France, Sarah, à de rares exceptions près, semble ignorer son ancienne amie. Si elle tombe un jour sur le secret de Marie, cela risque de faire des étincelles. Je me garderai de le lui révéler car j'en ai fait la promesse, mais je crains qu'un jour ou l'autre elle ne l'apprenne. Avant, peut-être, notre retour...

Récit de Mme Guérard

Si l'on m'avait dit que le nom de Sarah pourrait être mêlé à une histoire de baleine, j'en aurais bien ri. Et pourtant...

À la sortie d'une matinée donnée au théâtre de Boston, nous étions en route pour notre hôtel, en compagnie de Jarrett et d'Angelo, lorsque nous fûmes agressés par un énergumène qui, dressé sur le marchepied de la voiture, hurlait je ne sais quoi comme un dément. Je le repoussai à la pointe de mon parapluie ; il s'accrocha en criant de plus belle.

— Mais enfin, demanda Sarah, que veut-il ? Et ça veut dire quoi, *whale ?*

— Ça signifie baleine, dit Jarrett. Cet homme nous annonce qu'il vient de capturer une baleine. Il veut nous la montrer.

— Pour que nous l'achetions ? Merci bien !

— Simplement nous la montrer. Il paraît qu'elle est encore vivante et d'une taille monstrueuse. À l'entendre, un véritable Léviathan.

— Eh bien, dit Angelo, allons voir ce phénomène.

Toujours en équilibre sur le marchepied, l'homme nous guida jusqu'au port. Le malheureux cétacé était allongé dans un bassin, avec deux énormes harpons dans le flanc. Pour le maintenir en vie, des matelots répandaient de la glace sur lui. Il respirait encore ; sa queue se soulevait et retombait lourdement.

Un homme s'avança vers nous et se présenta sans façon après s'être incliné poliment :

— Mon nom est Henry Smith. Je suis armateur et patron de pêche. Ce sont mes matelots qui ont harponné cette baleine et l'ont ramenée. Jamais vu la pareille. Un monstre...

Le premier réflexe de Sarah, émotive qu'elle est, fut de rebrousser chemin, d'autant que cet homme, taillé comme un grizzli, emmitouflé dans des fourrures, visage rubescent d'un buveur d'*ale* sous le bonnet à oreillettes, un gros diamant sur la poitrine, ne semblait pas lui inspirer confiance.

— *My god !* Il a raison, dit Jarrett : c'est un monstre. Il a trouvé sa Moby Dick ! Jamais vu de baleine de cette taille, même à l'embouchure du Saint-Laurent.

Smith insista pour que nous fissions l'escalade de cette montagne de chair encore frémissante de vie. Je crus me rompre les os en descendant par une étroite échelle de fer rouillée au fond du bassin et en remontant par une autre échelle jusque sur le dos de la bête.

À pas mesurés, en raison de la glace répandue sur elle, nous nous sommes promenés sur le dos de la baleine, qui, de temps à autre, oscillait dangereusement. Smith était aux anges. Lorsque Sarah risquait de perdre l'équilibre, il la prenait dans ses bras et faisait mine de danser la gigue.

Il guida Sarah jusqu'à l'extrémité antérieure de la baleine en lui disant qu'elle pouvait arracher un petit fanon et l'emporter, *for remember.*

— Jamais ! s'écria-t-elle. Ce pauvre animal souffre déjà suffisamment.

— Faites donc, *my dear,* lui dit Jarrett, sinon vous allez vexer ce pauvre homme. La baleine ne sentira rien.

Sarah s'exécuta de mauvaise grâce et remonta avec son trophée à la main, le visage crispé, comme si elle avait entendu le monstre lui reprocher son geste.

— S'il manque une baleine à ton corset, me dit cet imbécile d'Angelo, tu auras de quoi la remplacer...

Sous son apparence de terre-neuvas, Henry Smith n'était pas un imbécile. Certain du parti qu'il pourrait tirer de cette chasse miraculeuse, il avait mûri un projet qui allait faire sa fortune.

Lorsque nous avons quitté Boston pour New Haven, un port du Connecticut, le premier personnage que nous avons rencontré en pénétrant dans notre hôtel, c'était lui. Il avait gardé son diamant en évidence sur son poitrail mais changé sa tenue de trappeur pour un costume trois pièces qui lui allait comme une redingote.

— Que voulez-vous encore ? lui cria Sarah.

— Vous faire une réception digne de votre célébrité, m'dame.

Il fit un geste vers le grand salon et soudain éclata le concert discordant donné par un groupe de nègres costumés comme pour une parade de cirque, jouant du tambour, de la clarinette, du banjo avec des cris sauvages. Un étrange convoi s'arrêta au même moment devant l'hôtel. Il arborait une banderole peinte de couleurs vives, représentant Sarah en train de brandir le fanon de Moby Dick, avec cette inscription que nous traduisit Jarrett :

Venez voir l énorme cétacé que Sarah Bernhardt a tué en lui arrachant des baleines pour ses corsets, qui sont faits par Madame Lily Noë (suivait son adresse). D'autres pancartes portaient des formules diverses : *La baleine est aussi florissante* (sic) *que de son vivant... Elle a cinq cents dollars de sel dans l'estomac... Chaque jour on renouvelle la glace sur laquelle elle repose, pour le prix de cent dollars...*

Fier de son œuvre, l'affreux bonhomme plastronnait. Jarrett se tordait de rire et Sarah, bouche bée, restait muette de stupéfaction. Lorsque Smith lui demanda si elle aimait ce déballage, elle le gifla et se retira au pas de charge. Il lui fit envoyer des fleurs ; elle les jeta par la fenêtre. Lorsque Jarrett vint la retrouver pour la calmer, elle lui cloua le bec.

— J'en ai assez de ces exhibitions grotesques ! Le mauvais goût, la cruauté et l'imposture ont des limites. L'Amérique est un pays de sauvages. Je veux retourner en Europe !

— Vous êtes liée par votre contrat, ma chérie, et vous n'avez pas les moyens de le dénoncer. Cette réclame, la fortune que Smith fait sur votre dos n'ont rien d'indécent. Il s'est d'ailleurs proposé de vous offrir dix pour cent de ses recettes, et...

— Allez donc vous faire foutre, vous, Smith et sa baleine !

La baleine de Henry Smith arriva avant nous à Hartford, en Nouvelle-Angleterre. Sans en informer Sarah, j'allai lui rendre visite. Malgré l'odeur qui émanait de ce monstre en pleine décomposition, des groupes se promenaient sur son dos, dans la musique du groupe de nègres qui nous avait accueillis à New Haven.

Moby Dick allait nous suivre où que nous allions, Henry Smith à l'avant de sa caravane, son porte-voix au poing, traînant derrière lui ce monceau de chair pourrie.

— Jarrett, dit Sarah, je n'en puis plus. Faites-moi plaisir : débarrassez-moi de cet énergumène. Si vous ne le faites pas, Angelo s'en chargera. S'il refuse, je le ferai moi-même à la première occasion. Souvenez-vous que j'ai acheté un revolver à l'usine Colt, à Hartford...

— Soit, *darling*, soupira Jarrett, j'en fais mon affaire.

Nous apprenions, quelques jours plus tard, avant de franchir la frontière du Canada, que Smith avait dû interrompre sa tournée : il venait de tomber gravement malade.

Nous n'étions pas pour autant débarrassés de lui.

Spingfield... Baltimore... Philadelphie...

Notre train spécial doté d'un wagon Pullman luxueux, agencé comme un petit appartement, traversait d'immenses paysages polaires sous un ciel lourd de neige. Nous trouvions dans toutes les villes où nous faisions halte un public inconstant et difficile. *La Dame aux camélias* notamment troublait le puritanisme de ces populations plongées dans un obscurantisme médiéval ; elles ne pouvaient et ne devaient pas s'apitoyer sur le sort d'une courtisane promise à l'exécration publique.

Nous étions à Baltimore, sous la neige, le 1er janvier. Notre chambre d'hôtel ouvrait sur la baie de Chesapeake prise dans les glaces, avec sur ses bords des navires immobiles, blancs de givre de la coque à la pointe des vergues, comme des baleines échouées. Jamais la France ne me manqua autant que ce jour-là. Je pensais à nos amis qui sablaient le champagne, à Maurice qui devait faire la fête avec quelque gourgandine, à nos confrères de théâtre qui dansaient dans le foyer...

Nous n'avons fait qu'une apparition à la fête sinistre organisée par Jarrett et Abbey dans les salons de l'établissement. Sarah a pris le prétexte fallacieux d'une indisposition pour se retirer dans sa chambre, laissant ses compagnons poursuivre sans elle.

Tandis que je l'aidais à se déshabiller, elle bredouillait à travers ses larmes :

— Je donnerais dix ans de ma vie, mon Petit'dame, pour me trouver à Paris, près de Maurice, en ce moment. Que fait-il ? Avec qui va-t-il passer cette nuit ? Et ma tante Rosine, dont je n'ai plus de nouvelles ? Et mes animaux, aura-t-on pris soin d'eux ? Dans quel état vais-je retrouver ma maison ?

J'évitai, les jours suivants, de lui annoncer un événement qui aurait pu la peiner : la mort de Gustave Flaubert. J'en avais eu connaissance dans les journaux, à Baltimore. Elle avait beaucoup d'estime et d'admiration pour cet écrivain qui, lui, n'était pas tendre avec les femmes, et ne l'avait pas été avec elle en particulier.

Pourquoi Sarah a-t-elle accepté d'effectuer une visite des abattoirs de Chicago, une ville qui allait nous retenir une quinzaine ? À entendre Jarrett, la tuerie en chaîne des porcs était un spectacle à ne pas manquer. Il aurait mieux fait de se taire...

Je n'ai pas le cœur sensible au point de pleurer sur un animal que l'on tue pour en consommer la chair, ce qui est conforme aux lois de la nature, mais, dans cette usine à tuer, face à ce massacre incessant d'animaux grognant, couinant à la mort qu'ils pressentaient, je fus sur le point de me retirer, l'estomac au bord des lèvres.

Sarah frisait la syncope. Elle s'accrochait à mon bras en gémissant :

— Ces porcs... ils sont encore vivants quand on les accroche à la chaîne pour les éventrer ! Ils bougent ! Ils crient ! Jarrett, foutons le camp, je n'en puis plus...

Seule avec Jarrett et Angelo à s'intéresser à ce massacre, Jeanne, immobile, comme fascinée, ne perdait rien de ce spectacle d'égorgements, d'éviscérations, de découpages au couperet. Elle semblait éprouver une ivresse malsaine à respirer l'air chargé d'une buée grasse et puante, sa main accrochée à celle d'Angelo.

Sarah me dit sur le retour :

— Comme Hugo, je n'ai jamais aimé la viande. Après ce spectacle, j'en suis dégoûtée à jamais.

Le soir, elle joua *Phèdre* dans un tel état d'énervement qu'elle bâcla son rôle et qu'à la fin du quatrième acte, quand elle lance : *Détestables flatteurs, présent le plus funeste/ Que puisse faire aux rois la colère céleste*... elle s'évanouit. Les deux vers de la réplique d'Œnone disparurent dans le tumulte qui montait de la salle.

Elle se consola de cette défaillance, le lendemain, lorsque les membres d'un club féminin lui offrirent un collier de diamants.

Le succès de la troupe, dans cette ville réputée puritaine, a été dû en grande partie à la réclame *a contrario* qui lui fit l'évêque. Ce vilain bonhomme s'est lancé avec une fougue si haineuse dans ses diatribes contre le théâtre et la littérature de France, que ses ouailles se devaient de juger sur pièces la véracité de ses convictions.

Pince-sans-rire sous son allure sévère, Abbey l'a remercié à sa façon, par une lettre ironique : *Monseigneur, j'ai l'habitude, quand je viens dans votre ville, de dépenser pour la réclame quatre cents dollars. Comme vous l'avez assurée à ma place, je vous envoie deux cents dollars pour vos pauvres...*

Saint Louis, capitale du Missouri, sur le fleuve Mississippi, est la porte du Grand Ouest sauvage. Cette ville allait nous réserver bien des surprises, peu agréables pour la plupart.

À peine avions-nous débarqué, Abbey convoqua Sarah pour effectuer un premier bilan financier de la tournée. Elle l'écouta distraitement, mais dressa l'oreille lorsque le manager lui annonça que son bénéfice net dépassait le million de francs. Elle se fit répéter ce chiffre, rougit, blêmit, chancela en se levant.

— Eh là ! lui dit Jarrett en se précipitant, vous n'allez pas nous refaire le coup de *Phèdre ?*

Elle se reprit, éclata de rire, l'embrassa, ainsi qu'Abbey qui faillit en perdre son lorgnon. Jarrett poursuivit :

— Nous allons tâcher de faire monter votre bénéfice à deux millions. Avouez, *darling*, que vous n'auriez jamais gagné autant d'argent en restant à l'Odéon ou à la Comédie-Française ! Et, de plus, quel voyage...

Nous devions rester une semaine à Saint Louis. Sarah s'y ennuyait tant qu'elle menaça de filer à l'anglaise, mais il eût été absurde, parvenue à mi-chemin du pont d'or annoncé par ses imprésarios, de faire marche arrière.

Il est vrai que cette vaste métropole, française plus qu'américaine, n'a rien d'une station balnéaire. Elle est d'une saleté repoussante, on y piétine dans la boue et elle n'offre rien de comparable à l'opulence des autres villes où nous nous sommes arrêtés.

— Je veux partir ! gémissait Sarah. Cette ville pue, ce théâtre est infect et ces gens sont insupportables d'inculture et de sottise. Quant à notre hôtel, il est sinistre et glacé. Je meurs d'ennui...

— Mourez si vous y tenez, ma chère, lui dit Abbey, mais vous resterez jusqu'au bout. Il y a un beau cimetière à Saint Louis, avec une vue sur le fleuve...

Saint Louis n'avait rien à nous proposer en matière de distractions, sinon le spectacle du port et une attraction unique au monde : la grotte des poissons aveugles, mais, outre que les docks puaient horriblement, cette dernière curiosité avait fermé ses portes : le bassin vide ne rouvrirait qu'avec la crue du Mississippi.

Un bijoutier nous attendait dans le hall de l'hôtel au retour d'une promenade en bateau à aubes. Gras, mielleux, volubile, il nous exposa le projet qu'il venait de concevoir : une exposition des bijoux de Sarah. Abbey et Jarrett étaient d'accord.

— Nous avons tout à y gagner, dit Jarrett. Mr. Simon se propose de remettre ces bijoux en état à ses frais et même de remplacer les perles et les anneaux qui manqueraient. Ça pourrait être une excellente réclame pour nos spectacles. Les dames de cette ville raffolent de tout ce qui est bijoux, surtout de ceux qui viennent de France.

— Êtes-vous sûr que ce Simon n'est pas un escroc ?

Le bijoutier, entendant parfaitement le français, protesta : sa boutique était la plus connue et la plus respectable du pays. N'empêche : cette nouvelle forme de réclame excédait Sarah. Elle refusa d'y assister et me demanda d'y aller à sa place. J'en revins affolée, bégayant :

— Tes bijoux sont parfaitement mis en valeur dans des vitrines, mais alors... mais alors...

Mr. Simon avait pris une initiative audacieuse et qu'il avait gardée secrète : il avait installé dans ses vitrines, mêlés à ceux de Sarah, des bijoux de sa fabrication, avec des étiquettes où l'on pouvait lire : « La pipe de Mlle Sarah Bernhardt, ses lunettes de travail, son cure-dents... » Le tout constellé de pierres précieuses...

— C'est une escroquerie ! glapit Sarah. Je m'en doutais. Je n'ai jamais fumé la pipe ni porté de lunettes. Je vais lui dire ce que je pense de ses méthodes, à cet escroc !

Elle sauta dans sa voiture, traversa la ville en trombe et se heurta à porte close : l'exposition n'avait duré que quelques heures.

— Vous avez eu tort de vous mettre en colère, lui dit Jarrett. Mr. Simon aurait dû nous prévenir, mais il a vendu cinq paires de vos lunettes, trois de vos pipes et une vingtaine de vos cure-dents en ivoire... Vous allez lancer une nouvelle mode, ma chère. Mr. Simon m'a chargé de vous remettre vos bijoux rénovés. Il n'en manque pas un et, de plus, il ne s'est pas montré ingrat. Voici un cadeau pour vous...

Le coffret que lui tendait Jarrett contenait un porte-cigarette en or enrobé de turquoises : une petite merveille. Du coup, la rancœur de Sarah fit place à une alacrité qui lui révéla Saint Louis sous un jour nouveau. Le seul inconvénient, c'est qu'elle ne fumait pas...

Notre train nous embarqua pour un long voyage vers Cincinnati, dans la belle vallée de l'Ohio. Malgré le froid vif, Sarah s'installa dans un rocking-chair sur la plate-forme arrière du Pullman afin de mieux jouir du paysage. Soudain, peu après notre départ, au cours d'une halte, le chef du convoi nous demanda de remonter au plus vite dans le train. Des gardes armés de revolvers et de carabines descendirent sur le quai et, en hurlant des menaces et des injures, parvinrent à extraire de sous notre wagon un colosse transi, armé d'un revolver, et qui se débattait furieusement.

Lorsqu'on l'interrogea, il avoua tout. Alléchée par l'exposition de bijoux, une bande de malfrats de Saint Louis avait décidé de se les approprier. L'homme chargé de l'opération devait, au milieu de la nuit, décrocher notre Pullman à un endroit précis. Comme ce wagon se trouvait être le dernier du convoi, l'opération aurait été facile.

— Nous l'avons échappé belle ! dit Jarrett. Sept complices l'attendaient un peu plus loin. Si nous n'avions pas réagi, ils ne nous auraient pas brutalisés, mais ce n'est pas dans mes habitudes de me laisser agresser sans me défendre. J'ai toujours un revolver chargé sur moi. L'affaire aurait pu se terminer dans le sang. C'est le genre de réclame que je préfère éviter...

Notre train fit marche arrière en direction de Saint Louis où le malfaiteur fut livré, pieds et poings liés, au shérif. Sarah prêcha l'indulgence ; on la lui promit. Dans les semaines qui suivirent j'appris, après que l'on eut emprisonné la bande, qu'on s'était contenté de l'expulser.

Récit de Marie Colombier

Tandis que nous roulions à travers la forêt canadienne encore prise par l'hiver, Sarah nous a rebattu les oreilles avec ce qu'elle considère comme un exploit : la visite qu'elle fit, avec Jarrett, dans la réserve indienne de Canghnanwaga, en terre iroquoise, à quelques lieues de Montréal.

A-t-elle lu dans sa jeunesse les récits de Fenimore Cooper ou les aventures de Phileas Fogg ? Toujours est-il qu'après nous avoir tannés avec ses visions de tipis, d'Indiens à plumes ou de troupeaux de bisons, il a fallu, à son retour, lui arracher ses impressions, tant elle paraissait déçue.

— Nous avons été reçus, m'a-t-elle dit, par Soleil des nuits, fils du chef Grand Aigle blanc. Sa fille nous a joué sur un vieux piano de bastringue un air d'Offenbach... La famille tient une boutique d'épicerie qui vend surtout du bourbon et un infâme tord-boyaux, Grand Aigle blanc est le meilleur client...

L'accueil que nous fit Montréal : inoubliable !

Nous arrivâmes en pleine nuit, par traîneaux, depuis la gare, dans une ville illuminée d'où montaient des cris en l'honneur de Sarah. Le chemin que nous suivions était bordé d'hommes déguisés en grizzlis, qui brandissaient des lanternes. Sarah s'extasiait :

— Des ours ! encore des ours ! Mon Dieu, les pauvres, comme ils sont bien dressés...

— Mais non, innocente, lui dit Angelo, tu vois bien que ce sont des hommes déguisés !

Elle ne voulut pas en démordre jusqu'au terme de cette promenade.

Le moment solennel de cette réception a été la déclamation d'un poème d'une cinquantaine de vers, par un barde canadien, Louis Fréchette. Je n'ai retenu qu'une strophe de l'œuvre de cet Orphée en complet veston et lorgnons, dont les mains tremblaient davantage d'émotion que de froid. Ils ont dû faire sourdre bien des larmes dans cette nuit de givre, la plus froide de cet hiver-là, à ce qu'on nous dit :

Salut donc, ô Sarah ! Salut ô Doña Sol
Lorsque ton pied mignon vint frôler notre sol,
Te montrer de l'indifférence
Serait à notre sang nous-même faire affront
Car l'étoile qui luit la plus belle à ton front
C'est encor celle de la France...

Si le « pied mignon » battait le sol, ce n'était pas pour marquer le rythme des vers mais pour se réchauffer. Il nous fallut boire la coupe jusqu'à la lie, mais la gloire vaut bien une heure ou deux de froid aux pieds. Là, au milieu de cette foule silencieuse et émue, de ce champ de lucioles proche du Saint-Laurent, nous étions figés de froid comme les grognards de l'Empereur au moment de franchir la Berezina.

Sarah réussit sur la fin un bel évanouissement. On la transporta à bras d'hommes à l'hôtel Windsor.

Notre tournée tirait à sa fin.

Partis de Paris depuis six mois, nous devions reprendre le bateau pour la France le 3 mai. Je n'éprouvais aucune impatience, sachant que personne ne m'attendait, sauf peut-être Paul Bonnetain, et encore... J'occupais mon temps libre à rédiger pour *L'Événement* des dépêches que je confiais discrètement au courrier, à la moindre occasion favorable. J'ignorais alors si ces relations de voyage seraient publiées, mais j'en conservais les brouillons pour en faire un livre à mon retour.

J'ai relaté hier, par écrit et avec force détails, pour une dépêche à mon journal, l'incident survenu alors qu'ayant quitté Cincinnati nous roulions vers le golfe du Mexique sous des pluies diluviennes.

Un soir, alors que Sarah s'apprêtait à se coucher, Jarrett frappa à sa porte pour une affaire urgente : le pont de bateaux qui devait nous permettre de traverser le fleuve en crue risquait de s'effondrer au passage du train. Selon lui, le plus sage eût été de revenir en arrière : cette manœuvre nous ferait perdre trois ou quatre jours mais nous éviterait le risque d'un naufrage au milieu du Mississippi.

— Pas question ! s'écria Sarah. Remonter vers le nord, retrouver le froid et la neige, jamais de la vie ! Nous passerons !

Jarrett se dit qu'il était inutile de discuter. Il s'entretint avec le chef du convoi qui lui dit :

— J'accepte de prendre ce risque, mais cela vous coûtera deux mille dollars. Si nous sombrons, cette somme sera acquise à ma famille. Si nous passons, je vous la rendrai.

Proposition acceptée. Jarrett, pour ne pas créer une panique ou une rébellion, se garda de nous la communiquer. Seules Sarah et Mme Guérard furent mises au courant. Nous ne l'apprîmes qu'une fois sur l'autre rive.

Après le versement de la somme promise et l'envoi à la famille, le convoi s'ébranla à toute vapeur, traversa en trombe les premiers éléments mobiles mais, parvenu au milieu du fleuve, à l'endroit où le courant est le plus violent, l'ouvrage se balança, se creusa et menaça de se rompre. Levée d'un bond, je me jetai à la portière. Le train tanguait comme un navire, enfoncé jusqu'au marchepied dans l'eau qui rejaillissait jusqu'aux vitres. Il s'enfonçait, remontait, bondissait sans quitter les rails, ce qui ne me rassura qu'à demi. Je me disais : « Là va s'arrêter notre tournée. Nous sommes foutus... » Des cris commençaient à s'élever autour de moi quand la locomotive, ayant repris son souffle, bondit de nouveau, retrouva une assise plus ferme et nous déposa sans autre émotion sur la rive opposée.

Il y avait autour de moi comme un air de miracle. Nous nous

étreignions, nous embrassions, en riant et en pleurant. À peine notre train avait-il touché la terre ferme, le pont se brisa en son milieu, et ses éléments se dispersèrent au fil du courant.

Au loin brillaient les premiers feux de La Nouvelle-Orléans.

Jarrett proposa de laisser au chauffeur la somme convenue. Sarah ne pouvait faire moins qu'accepter.

J'ai raconté pour *L'Événement*, avec le même luxe de détails, notre séjour à La Nouvelle-Orléans.

L'inondation avait fait de cette ville un immense lac où surnageaient quelques immeubles. Les quartiers bas avaient été les premiers à souffrir de cette crue monstrueuse : des cadavres d'hommes et d'animaux passaient au fil de l'eau ou jonchaient la rive. À la misère ordinaire des Noirs s'ajoutait cette épreuve qu'ils acceptaient avec le fatalisme qui leur est propre.

Nous ne pouvions circuler en ville que par les trottoirs surélevés d'un mètre, en prévision de ce genre de catastrophe qui se produit, à ce qu'on m'a dit, presque chaque année.

L'hôtel qui nous hébergea était le plus misérable que nous ayions connu au cours de notre périple. La chambre que je partageais avec Sophie Croizette, un taudis grouillant de vermine et de moustiques, puait l'eau croupie et le cadavre. Des blattes couraient le long des murs ou s'accrochaient à nos cheveux. Des rats couinaient sous le plancher...

Le patron de l'hôtel nous conseilla de ne pas nous approcher des levées de terre qui bordent le fleuve : des serpents et des alligators rejetés par le fleuve en faisaient un endroit dangereux. De plus, ils pénétraient dans les jardins et les maisons. Un soir, notre coiffeur, qui logeait au rez-de-chaussée, sortit en hurlant de sa chambre : des reptiles avaient colonisé sa malle à perruques.

Sarah était bien la seule à trouver du charme à cette ville. Oubliant l'inondation, elle jugeait la population hospitalière, aimable, spirituelle. Il est vrai que les recettes atteignaient des records et que le public était chaleureux.

Le sort semblait pourtant s'acharner sur nous, dès que le rideau se levait. Dans *La Dame aux camélias*, alors que l'on doit pousser sur la scène une table dressée pour le repas, on s'aperçut qu'aucune issue n'était assez large pour lui livrer passage, si bien qu'il fallut enlever un pan du décor. Lorsqu'on la retira elle accrocha un panneau et entraîna la chute de tous les autres éléments. Le signal de l'hilarité avait été donné par un jeune nègre qui, depuis le début du spectacle, n'avait cessé de s'esclaffer. Toute la salle l'imita, puis les acteurs eux-mêmes. C'est ainsi que, pour la première et la dernière fois, Marguerite Gautier fut sauvée par le rire.

Notre caravane reprit son périple à travers les anciens territoires français de la Louisiane, par Atlanta, Nashville, Memphis, Louisville, Saint Joseph...

Située dans la vallée inférieure du Missouri, cette dernière ville réserva une surprise à Sarah. Alors qu'elle se rendait à la soirée dansante organisée par Jarrett dans les salons de l'hôtel, un colosse ivre se jeta sur elle. Comme Saint Joseph a la réputation de distiller la meilleure bière d'Amérique, cette brute lui avait fait honneur plus que de raison. Il souleva sa capture et l'emporta sur son épaule. Il fallut l'intervention musclée de Jarrett et d'Angelo pour la délivrer.

Au cours de cette même soirée, la musique du bal fut ponctuée à diverses reprises par des coups de revolver et de pistolet en l'honneur de l'illustre visiteuse. Des morceaux de verre et une poussière de plâtre pleuvaient dans nos coupes de champagne.

Laewenworth... Quincy... Springfield...

En remontant vers le nord nous retrouvions, avec la neige, le dernier soleil de l'hiver. Sarah se tenait volontiers, une partie de la journée, sur la plate-forme arrière, enfouie sous des couvertures. Lorsque nous la mettions en garde contre un coup de froid qui risquerait de dénaturer sa « voix d'or » et l'empêcher de jouer, elle protestait qu'elle ne redoutait le froid « qu'à l'intérieur de son corps ». Elle disait vrai : je l'ai vue, durant la visite des chutes du Niagara, danser sur un bloc de glace en tenue légère, comme une fée d'Islande.

Il me tardait de rentrer au bercail. La fatigue de notre troupe était sensible jusque sur la scène, mais le public, peu exigeant, ne venait que pour voir Sarah et ne semblait pas s'en apercevoir. Les pièces qu'on lui présentait lui importaient peu et, d'ailleurs, leur sens lui échappait. Un soir, Jarrett fit distribuer au public, comme il le faisait d'ordinaire, des copies de *Phèdre*, alors que l'on jouait *Froufrou*. Le public n'y vit que du feu.

Nous jouions sans conviction et des scènes entières passaient à la trappe. Parfois il fallait réveiller l'un de nous qui somnolait. Nos costumes commençaient eux aussi à donner des signes de décrépitude et menaçaient de partir en charpie. Les décors malmenés pendouillaient par endroits. Malgré la vigilance du *boss* et les colères de Sarah, tout allait à vau-l'eau.

Je ne saurais terminer cette relation de voyage parallèle à celle que je rédige pour mon journal, sans évoquer mes démêlés avec Sarah, qui eurent des suites en France, au-delà de ce que l'une et l'autre aurions pu imaginer.

Tout est venu de cette pauvre chiffe de Jeanne, actrice sans talent et droguée. Comme je l'ai déjà relaté, au moment de quitter la France, alors qu'elle était prévue dans la distribution, on dut la faire hospitaliser. Sarah me sollicita pour la remplacer au pied levé. Bonne pâte et sans engagement dans l'immédiat, j'acceptai, d'autant qu'il me plaisait de franchir l'océan et de découvrir des terres nouvelles.

Guérie, du moins en apparence, Jeanne n'avait rejoint la troupe qu'une quinzaine plus tard. Il fallut refaire les costumes à ma taille, puis de nouveau à la sienne, car Jeanne était mince, alors que moi...

Je demandais de temps à autre à Sarah si elle allait enfin faire établir mon contrat. Elle promettait d'en parler à nos managers, mais rien ne venant, je protestai. Elle me répondit :

— Ne te tracasse pas, Marinette ! J'ai pris avec toi un engagement moral et je m'y tiendrai. Je vais demander à Abbey de te faire signer un engagement.

Au nom d'une vieille amitié qu'elle ne pouvait trahir, du moins je le supposais, je signai ce document sans réfléchir qu'un engagement n'est pas un contrat et que j'étais, de notre troupe, la seule dans ce cas. Lorsque j'appris, de surcroît, que le montant de mes émoluments était réduit de moitié par rapport à ce qui avait été prévu, je me fâchai tout rouge.

Un matin, alors que nous remontions vers le New Jersey, je rejoignis ma compagne au moment où elle prenait le soleil à sa place habituelle, Angelo accroupi à ses pieds, sa tête sur ses genoux. Je fis signe au sigisbée d'aller voir ailleurs si j'y étais, et, en m'efforçant de me contrôler, je fis part de mes griefs à ma compagne. Elle bougonna :

— L'argent, les gros sous, tu ne penses qu'à ça, décidément ! Je trouve que tu es bien payée pour les petits rôles que je te fais jouer. Je t'ai demandé de m'accompagner parce que ma sœur était malade. Tu ne faisais donc qu'assurer un intérim. En conséquence, tu ne peux prétendre à un salaire complet.

— Alors, pourquoi m'avoir promis un contrat ?

— Il n'y aura pas de contrat. Jarrett et Abbey s'y opposent.

— J'avais ta parole.

— Eh bien, j'ai dû la reprendre. Et puis, fiche-moi la paix ! J'ai d'autres soucis en tête.

Une telle manifestation de mauvaise foi et de mépris me laissa sans voix. Je m'accrochai à la rambarde pour lutter contre le ballant du convoi. La tête me tournait. Je me disais que j'étais en train de perdre une amie, mais rien n'aurait pu m'empêcher de vider mon sac. Je retrouvai la parole pour lui reprocher sa désinvolture et son ingratitude, qui alternaient avec de fallacieux élans de tendresse. Un mauvais sourire retroussa ses lèvres.

— La vérité, me dit-elle, c'est que tu es jalouse, Marinette, jalouse à en crever ! Je ne suis pas la seule à l'avoir constaté. Tu as tort de ne pas surveiller tes propos. Ils me sont rapportés. Alors, ne compte pas sur moi pour te combler d'attentions. Tu devrais d'ailleurs t'estimer heureuse. Alors que tu étais sans engagement en France, je t'en ai offert un, avec de plus un voyage que tu n'aurais jamais osé espérer. Ajoute que je ferme les yeux sur ta collaboration à *L'Événement*, ce qui, au retour, te fera un beau magot. De quoi viens-tu te plaindre ?

Ainsi, elle savait. Qui avait pu trahir mon secret ? Comment ne pas penser à cette petite peste de Croizette. Je répliquai avec assurance :

— Je me plains de ce que tu aies trahi ta parole et fait litière de notre amitié.

Elle secoua la tête, parut s'abîmer dans la contemplation du paysage d'épaisses forêts et de montagnes, puis soupira :

— Notre amitié... peuh... qu'est-ce qu'il en reste ? Tout passe, tout lasse, tout casse...

Elle se balança nerveusement sur son rocking-chair en me lançant d'une voix âpre, que je ne lui connaissais pas, du moins dans nos rapports :

— Et puis, zut ! Fous-moi la paix ! Tu vois bien que je me repose...

Je la quittai, ivre de colère, prête à tout briser dans mon compartiment, à prendre Croizette à la gorge pour lui faire cracher l'aveu de son parjure, à porter devant mes amis de la troupe, victimes pour la plupart des humeurs et des caprices de la star, une accusation de malhonnêteté envers une ancienne compagne. Combien m'auraient soutenue ? Combien m'auraient aidée ? D'ailleurs, qu'auraient-ils pu faire ?

Au cours de la nuit qui a suivi, l'idée me vint d'écrire un pamphlet contre Sarah. Bonnetain pourrait m'apporter son aide, encore que je sois capable de me débrouiller seule. Ce serait une sorte de *Châtiments*, mais en prose, et toutes proportions gardées.

Le titre ? Il s'en promenait plusieurs dans ma tête. Ils tournaient comme une roue de loterie. Elle s'arrêta sur celui-ci, qui me plaît : *Sarah Barnum...*

Récit de Sophie Croizette

Notre tournée s'est achevée où elle a débuté : à New York. Avec, bien sûr, cette *Dame aux camélias,* dont les Américains raffolent, et que nous avons jouée soixante-cinq fois. Nous avons donné une dernière fois, en matinée, pour les artistes new-yorkais, un autre de nos succès : *La Princesse George.* À la fin du spectacle nous avons reçu une moisson de bouquets et de cadeaux, après dix-sept rappels. Tous : acteurs, public, ont sorti leur mouchoir L'émotion coulait à plein bord, jusque dans les coulisses.

Nous avons retrouvé, pour notre retour, *L'Amérique,* ce vieux rafiot vermoulu mais qui tient encore la mer avec courage. Il avait la même apparence de vétusté, mais avait changé de capitaine. Le nouveau s'appelait Santelli, un homme de taille modeste mais blond et galant. J'avais eu quelque succès auprès du précédent, Jouclas, et, comme on dit vulgairement, je me le serais bien « mis sur l'estomac » et accompagné pour quelques escales supplémentaires, mais, en homme d'honneur, il s'est fait sauter la cervelle pour une dette de jeu qu'il ne pouvait régler.

Nous nous sommes cruellement divertis du manège de Marie Colombier, qui cherchait son quartier-maître, Constant, en interrogeant l'équipage. Le capitaine Santelli finit par lui apprendre qu'il s'était embarqué sur un autre steamer, en direction du

Sénégal. Pauvre Marie... elle bat de l'aile et broie du noir depuis une âpre dispute avec Sarah, dont je n'ai eu que des échos. Parfois je surprends son regard, lourd de reproche, posé sur moi. On a dû la remplacer pour les deux derniers spectacles car elle n'était pas en état de tenir la scène.

À peine Sarah avait-elle franchi la coupée, elle s'est mise à pousser des cris de putois. À ma grande stupéfaction, j'ai reconnu ce personnage que je croyais perdu dans les neiges de l'Illinois avec la carcasse de sa baleine : oui, Henry Smith ! Il avait troqué sa tenue de trappeur pour un habit à la mode : trois pièces gris de fer, pantalons à rayures, souliers vernis et gants en peau de chien. Il souriait de toutes ses dents en or. Je l'entendis s'écrier, les bras tendus :

— Le vieil Henry est heureux de vous revoir, m'dame !

Et Sarah de répliquer :

— Moi, je n'éprouve aucun plaisir à revoir votre sale binette. Hors de ma vue !

Tandis que Smith se tordait de rire, Jarrett dit à Sarah :

— Calmez-vous, *my dear,* Smith veut vous offrir un cadeau. Il vous le doit bien...

— Qu'il le garde !

Elle prit le coffret que lui tendait Smith. Jarrett arrêta son geste, comme elle s'apprêtait à le jeter à la mer. Il ouvrit le coffret et murmura :

— *Damned !* C'est un cadeau digne d'une reine. Regardez !

Je m'approchai hardiment, jusqu'à risquer un œil sur le présent. C'était une broche garnie de diamants. Ce bougre de marin-pêcheur ne s'était pas moqué d'elle. Sarah répliqua :

— Eh bien, s'il vous plaît, Jarrett, vous le donnerez à votre fille ou à l'une de vos maîtresses. Quant à vous, monsieur le montreur de baleine qui a fait fortune sur mon dos, foutez le camp !

Smith hocha gravement la tête avec un triste sourire, se recoiffa et disparut par l'échelle de coupée, sans se retourner. Il me faisait pitié mais je me gardai de faire part de ce sentiment à Sarah. De la broche de diamant, je n'entendis plus parler. Ni d'ailleurs de ce pauvre Smith qui a dû, tout le restant de ses jours, méditer sur le comportement étrange des Françaises.

Nous sommes à bord depuis trois jours. La mer est calme. J'ai pris mon petit déjeuner dans un rayon de soleil, avec un groupe de passagers. Le capitaine Santelli est venu me saluer discrètement. Il m'attendra dans sa cabine, la nuit prochaine.

J'ai surpris tout à l'heure, en longeant la coursive, le bruit d'une scène où la voix aiguë de Sarah se mêlait à celles de Guérard et d'Angelo, ses deux anges gardiens aux attributions différentes. Je m'arrête pile et, curieuse que je suis, je frappe à la porte. Guérard m'ouvre, le visage barbouillé de colère, me demande d'une voix peu amène ce que je veux. J'ai entendu du bruit. Si je peux être utile...

— Laisse-la entrer ! lance Sarah.

Elle ajoute en me faisant asseoir au bord de son lit défait :

— Nous étions en pleine controverse. Tu n'es pas de trop.

Ah, bon... Une controverse ? Moi, je ne déteste pas. J'en ai quelquefois avec mon Perrin, mais ça ne va pas loin, parce qu'il s'arrange toujours pour avoir raison et que je passe vite pour une gourde.

Sarah vient d'apprendre par la presse la pendaison du chef de la bande qui a tenté de lui voler ses bijoux : Albert Wirtz, un Américain d'origine belge. Peu rancunière, elle a, au lendemain de cet incident, demandé sa grâce au gouverneur. Tout ce qu'elle a pu obtenir, c'est que l'Irlandais caché sous le Pullman soit épargné. Ce qu'elle voulait, c'était que toute la bande soit libérée, après quelques semaines ou quelques mois de détention.

— Ah ! ce gouverneur, bougonne-t-elle, si je le tenais... Il n'a pas respecté sa promesse !

— Mais, ma chérie, lui dit Guérard, il n'a promis de libérer que l'Irlandais, tu le sais bien...

Je surprends un haussement d'épaules d'Angelo qui, debout devant le hublot, suit de l'œil un ballet de dauphins.

— Inutile de tenter de la convaincre, dit-il. Elle n'en démord pas.

— Oh, je sais ! s'exclame Sarah. Toi, à la place du gouverneur, tu les aurais tous pendus ! Pauvres garçons... des malheureux sûrement, des orphelins peut-être... au comble de la misère et prêts à tout pour en sortir...

— Nous nageons en plein roman-feuilleton... soupire Angelo.

— Tais-toi, salaud, tortionnaire, bourreau ! s'écrie Sarah.

Elle donne un coup de pied dans une malle, se laisse tomber près de moi, passe un bras autour de mon épaule et murmure :

— Ma Sophie... cette nouvelle m'a bouleversée. J'ai vu ce pauvre Wirtz comme je te vois. Il avait... quoi ? Vingt-cinq ans peut-être. Il paraissait accablé de remords et portait des traces de sang et de coups au visage. J'ai eu tout de suite pitié de lui. J'ai songé que tout cela était de ma faute, que je n'aurais jamais dû accepter cette exposition de bijoux, mettre pour ainsi dire sous le nez de ce malheureux cette tentation. Voler mérite un châtiment mais pas la mort. Le crime, c'est de livrer au bourreau un garçon qui n'a volé que pour vivre...

— Tant qu'à faire, ricane Angelo, tu aurais dû lui offrir ton coffret à bijoux.

Sarah se dresse, tend le poing.

— Toi, fiche le camp ! Je ne veux plus te voir. Tu n'as rien à faire dans ma cabine. Allez, ouste...

Il jette sa veste sur son épaule et, avant de se retirer, je l'entends marmonner :

— Je ne suis pas inquiet. Elle me fera rappeler ce soir...

Sarah ajoute en me pressant l'épaule par de petites crispations, comme pour faire pénétrer sa vérité en moi :

— Je déteste ce reste de barbarie qu'est la peine de mort. Honte aux gens dits civilisés que nous sommes ! Tous les hommes, même les pires criminels, portent en eux leur rédemption, et on la leur retire ! J'imagine que les juges ont dû rentrer chez eux, tranquilles comme Baptiste, avec la conscience d'avoir accompli leur devoir. Ils ont embrassé leur femme, grondé peut-être leur bébé qui a arraché la tête de sa poupée, et se sont endormis après une prière...

Elle me raconte qu'elle a assisté à des exécutions capitales à Londres et à Madrid. À Londres, le condamné lui a adressé un regard de mépris avant qu'on lui passe la cagoule. À Madrid on exécutait au garrot un garçon que l'on soupçonnait, sans preuve, d'avoir tué sa mère, et qui clamait son innocence.

— Comprends-tu, ma chérie, pourquoi cette nouvelle m'a révoltée ?

— Je te comprends, Sarah, et je t'approuve.

Approuver Sarah ? Je n'en étais pas certaine. Je me souviens de ce malandrin qui un soir, à Paris, avait tenté de me violer. Sur le coup, j'aurais aimé le voir monter à la guillotine, puis condamner au bagne à perpétuité, et enfin à quelques mois de prison. Il est vrai qu'il était beau garçon et qu'à la réflexion... C'est dire que je sens sous mes pieds, instable, le terrain de la philosophie sur lequel Sarah tente de m'entraîner. J'y piétine et je m'y noie. Mon esprit simpliste n'est pas préparé à ce genre de spéculations où excelle mon Perrin.

Durant la pathétique confession de Sarah, Guérard n'a pas bronché, mais je sais qu'elle n'en pense pas moins. Lorsque je me lève pour regagner ma cabine, elle me fait un brin de conduite dans la coursive et me dit en me prenant le bras :

— Sarah est très soupe-au-lait, tu le sais. Elle se rebelle avec trop de véhémence contre la peine de mort. Mon avis est plus circonspect. J'estime que, dans une société évoluée comme la nôtre, ne pas se défendre contre les criminels avec leurs propres armes, c'est ouvrir la porte à l'anarchie. Mais je crois aussi que la peine de mort est une infâmie, car on tue alors de sang-froid. Il faut enfermer à vie les criminels non récupérables...

Elle s'est séparée de moi en me disant :

— Navrée si je t'ai importunée avec mes théories. Ton chapeau te va à ravir. Bonne journée, ma jolie...

J'ai l'impression, de plus en plus, qu'elle me prend pour une gourde.

Logiquement, notre pauvre Colombier ne devrait pas se trouver à bord : elle n'avait pas l'argent du retour. Jarrett et Abbey ne lui ayant pas fait signer de contrat, et Sarah ne s'en étant pas préoccupée, elle aurait pu rester à quai. Nous avons dû nous cotiser pour lui offrir la traversée.

Une telle ingratitude, de la part de nos *boss* et de Sarah, m'a été sensible. Sans doute, Marie n'est pas une grande comédienne et ne le sera sans doute jamais. Son caractère irascible, ses prétentions intellectuelles, son ironie mordante l'ont tenue à l'écart de notre troupe.

Elle a pourtant de bonnes raisons d'en vouloir à son ancienne compagne. Le conflit dont Jeanne a été la cause plaide en sa faveur. En revanche, elle n'aurait pas dû cacher à Sarah la proposition de *L'Événement*. J'imagine les réactions de mon amie quand, revenue à Paris, elle lira les articles de Marie Colombier. Je doute fort qu'elle en apprécie le contenu : les quelques passages que j'ai pu lire en cachette montrent Sarah sous un jour équivoque, parfois même ridicule. J'ai senti, à travers ces pages, suinter ce fiel qui la ronge : la jalousie.

Jarrett et Abbey nous ont réunis dans le salon autour d'un *lunch*, pour le bilan général de la tournée. Ils peuvent se frotter les mains, nos managers ! Ils ont fait leur fortune et celle de Sarah.

En sept mois, nous avons joué dans une cinquantaine de villes, parfois des bourgades puant le fumier des grands élevages, et donné cent cinquante-six représentations. Abbey ne nous a pas caché le montant des bénéfices. Il se monte à plus de deux millions de francs, sans compter les cadeaux, parfois sous forme de bijoux. J'en ai moissonné quelques-uns, que je revendrai.

Jarrett a demandé à Sarah ce qui lui plairait en arrivant en France. Elle s'est levée, a fait une pirouette sur elle-même.

— Une coupe de champagne et une valse avec Maurice !

Ce voyage rejoint, dans l'histoire du théâtre, celui de la grande Rachel.

Avant notre départ, au cours d'une soirée en tête à tête, Perrin m'en a parlé. Les journalistes l'avaient accablé de sarcasmes : « *L'histoire oubliera l'artiste et ne verra en elle que la Juive errante...* » « *Il faut qu'une actrice de la Comédie-Française soit possédée par l'amour de l'or pour aller jouer devant un peuple de barbares...* » « *Approchez, Iroquois, Hurons, Mohicans, et vous aussi, fiers Apaches ! Saluez la tragédienne des Visages pâles...* »

C'est le même genre de brocards que Sarah a essuyés en quittant la France. Je connais quelques plumitifs indignes de leur métier, qui mériteraient qu'on leur fasse bouffer leur fiente !

Nous étions au large depuis trois jours lorsque nous avons croisé un navire français partant pour l'Amérique. Il nous a envoyé par canot un passager maigre et transi de peur, qui peinait à monter jusqu'à nous. Cet artiste sur bois, dont j'ai oublié le nom, voyageait clandestinement, caché dans les bagages des émigrants. Le capitaine Santelli fut chargé de le rapatrier. Affamé, habillé de hardes pouilleuses, fiévreux, il pouvait à peine tenir debout. Sarah l'a pris tout de suite en pitié et lui a remis une somme rondelette collectée parmi les autres passagers de *L'Amérique*. Pour la remercier, il lui a offert le coffret joliment sculpté dans lequel il abritait quelques objets personnels : ses papiers, sa pipe et ce qui restait de son tabac.

Alors que nous n'étions qu'à douze miles de la France et que deux heures nous séparaient du débarquement, j'ai rejoint Sarah et sa sœur Jeanne sur le pont supérieur. Il faisait un beau temps clair avec, à fleur d'horizon, la ligne grisâtre dessinée par la côte. Un vapeur s'approcha de nous, pavoisé de blanc comme pour une noce. Une chaloupe s'en détacha, chargée de passagers. L'un d'eux se tenait à l'avant, debout, agitant son chapeau.

— Maurice ! s'écria Sarah. C'est mon Maurice ! Regarde, Jeanne, il nous fait des signes. Il nous a reconnues !

Je ne saurais dire l'émotion de ma compagne lorsqu'elle se jeta dans les bras de ce bel adolescent rouge de bonheur, et qui bégayait :

— Maman ! Oh ! maman... si tu savais... je...

On avait dressé sur le quai une tente sous laquelle un orchestre jouait des airs à la mode. De partout montaient les mêmes acclamations, cent fois répétées :

— Vive Sarah Bernhardt !

Le lendemain, la troupe, oubliant les fatigues de la traversée et moi mes brèves amours avec le capitaine Santelli, a donné une représentation au bénéfice des marins sauveteurs du Havre. Cet acte de bienfaisance coupait l'herbe sous les pieds des journalistes, qui avaient affûté leur plume pour attendre Sarah.

Nous avons passé la journée du lendemain à Sainte-Adresse, à la belle villa côtière dont Sarah a héritée, dit-on, de son père. Il m'aurait plu d'y passer une semaine ou deux en compagnie de mon beau capitaine, mais c'est Perrin qui m'attendait.

DEUX PASSIONS CONJUGUÉES

Texte de Victorien Sardou

Ma rencontre avec Mlle Bernhardt est arrivée à un moment opportun. Cela m'apparaît comme un signe faste : celui de la conjonction de deux destinées parallèles dans le monde de l'art dramatique qui, après des années d'ignorance l'un de l'autre, allait nous conduire vers de nouveaux horizons.

À ce jour, je n'avais suivi que de loin, avec un intérêt qui n'avait fait que croître, la carrière chaotique mais étonnante de cette jeune comédienne. J'y sentais poindre les signes annonciateurs du génie et de la célébrité, mais jc mc méfiais d'elle, que l'on dit capricieuse. À plusieurs reprises, cependant, j'ai songé à m'en approcher afin de savoir ce qui se cachait de passion authentique pour le théâtre dans cette jolie tête, si elle n'était pas tout bonnement motivée par le goût de la réussite et de l'argent. À côté d'appréciations louangeuses, les gazettes en disaient tant de mal... J'ai préféré me fier au hasard, dans l'attente d'une rencontre.

J'ai attendu quelques semaines, après son retour d'Amérique, avant de lui proposer un rendez-vous, afin de savoir ce que cette tournée de sept mois avait fait d'elle. Je voulais être certain qu'elle en revenait bonifiée, plus riche d'argent, certes, de talent, peut-être...

Plutôt qu'un banal rendez-vous dans un restaurant, j'ai préféré lui proposer de passer une journée dans mon castelet de banlieue, proche de Marly-le-Roi : le Verduron, ancien domaine de la famille de Béthune, où je vis et travaille une partie de l'année, de préférence à mon appartement parisien du boulevard Bonne-Nouvelle.

Informé que cette jeune comédienne aime la campagne, les promenades, les animaux, je me dis qu'elle se plairait dans ce cadre agreste, à condition qu'elle acceptât mon rendez-vous, ce qui, sollicitée qu'elle est de toutes parts, n'est pas évident.

Elle accepta.

Quand elle descendit du petit-duc qu'elle conduit elle-même, notre premier contact fut, comme je l'espérais, familier et chaleureux. Elle me donna d'emblée l'impression que nous nous connaissions de longue date et que notre dernière entrevue remontait à une semaine. Comme la matinée était déjà belle et chaude, elle ouvrit son ombrelle, fit en s'extasiant quelques pas dans l'allée menant au perron.

— Quel endroit merveilleux ! Ces grands arbres... ces buissons de roses... ce bassin. Ah ! Sardou... (permettez que je vous appelle par votre nom, que je préfère à votre prénom), comme j'aimerais avoir, à proximité de Paris, une *folie* comme la vôtre ! Il est vrai qu'avec la vie trépidante que je mène je n'aurais que rarement le loisir de m'y rendre.

— Qu'à cela ne tienne, ma chère, lui ai-je répondu. Considérez cette maison comme la vôtre. Venez quand cela vous chantera, que j'y sois ou pas. De préférence si j'y suis...

— Vous êtes chou ! Si j'osais...

— Dites.

— Je vous embrasserais !

Ce qu'elle fit, avec une spontanéité qui me déconcerta mais ne me déplut pas. Nos relations s'engageaient sous les meilleurs auspices. J'allais la prier d'entrer quand elle s'écria :

— Ces ânes, là-bas, dans le pré... ils sont à vous ?

— Certes. C'est un couple. Un mâle seul s'ennuie, devient violent, dépérit. Si cela vous agrée, nous pourrons faire une promenade à dos d'âne jusqu'à la forêt de Marly. Je vous ferai visiter le château que Louis XV a fait construire pour Mme du Barry, l'église Saint-Martin et...

Elle étouffa un bâillement derrière sa main.

— De grâce, épargnez-moi les châteaux, les églises, les monuments... Ça m'ennuie vite. Je préfère la nature, la forêt, les animaux sauvages...

Là, j'ai senti passer entre nous un léger nuage. Pour l'amateur d'histoire que je suis, les vestiges ont une présence et une voix : ils me parlent, m'enveloppent d'une chaude ambiance qui me fait oublier le froid de la pierre et la rigueur de l'architecture. La réflexion désinvolte de Sarah me peina, mais je passai outre.

Elle s'écria :

— J'oubliais de vous présenter la dame qui m'accompagne : Mme Guérard. Elle veille sur moi depuis trente ans et m'a suivie en Amérique. Elle est en quelque sorte pour moi une dame de compagnie.

Sarah interpella la dame comme on siffle son chien :

— Mon Petit'dame, tu peux descendre de voiture. M. Sardou ne te mangera pas. Viens le saluer.

Je m'attendais presque à ce que Mme Guérard me donnât la patte. Elle se contenta, après une brève flexion des genoux, de prendre la main que je lui tendais. Cette femme un peu forte, de noir vêtue, aux traits sévères et au nez un peu dévié sous le bandeau, avait un regard intelligent et une voix agréable. Je m'étonnais qu'avec son âge et sa corpulence, elle ait pu résister aux fatigues de cette fameuse tournée en Amérique, dont j'ai lu les détails dans *L'Événement*.

Nous laissâmes Mme Guérard donner l'avoine aux chevaux et ranger la voiture à l'ombre du tilleul.

Sarah, au cours de ce premier entretien, ne me posa aucune question relative à ma vie familiale, ce dont je lui sus gré. Mon épouse, Laurentine, était morte depuis quatorze ans. Je me suis remarié avec Anne Soulié, dans la chapelle du château de Versailles, mais cette nouvelle épouse ne quitte guère Paris. Il ne reste de ma famille que mon père, Léandre, un vieux rabâcheur qui ne m'a guère encouragé dans la carrière de celui qu'il appelle son « Petit Sarde. »

Je sentais Mlle Bernhardt perplexe quant au motif de cette rencontre. Je ne la laissai pas languir longtemps. Installés au salon encore baigné dans la fraîche pénombre du petit matin, autour d'une coupe de champagne servie par mon majordome, je lui dis :

— Si je vous ai invitée, un peu cavalièrement je le reconnais, à venir jusqu'à moi, c'est que j'ai à vous présenter des projets qui pourraient vous concerner.

— Des projets, Sardou ? Mais, des projets...

— Je sais ce que vous allez me répondre : qu'après l'Amérique, l'Europe vous tend les bras, que vous allez partir pour l'Angleterre, traverser le continent jusqu'en Russie, mais – pardonnez-moi – je ne pouvais attendre plus longtemps que le hasard nous réunisse. J'ai compris depuis peu que, vous et moi, nous nous ressemblions sur beaucoup de points.

Elle eut, derrière sa coupe, un sourire aiguisé de surprise.

Je lui fis part de ma situation en matière de théâtre. En abordant la comédie bourgeoise, j'avais fait fausse route et ne m'y trouvais pas à mon aise. Des comédies comme *Une femme fatale*, *Nos intimes*, *Les Papillons*, allaient de demi-succès en échec. *Les Papillons* seuls m'avaient donné satisfaction, avec une trentaine de représentations à la Comédie-Française. À soixante ans, mon illustre voisine, Virginie Déjazet, avait interprété une de ces pièces...

— J'aurais pu poursuivre dans cette voie, ai-je ajouté, me créer à la longue un public fidèle, mais, voyez-vous, je me sens une vocation bien différente. C'est vers le drame historique que je me sens attiré, mais ce tournant est difficile à prendre seul.

— Je ne comprends pas. Qu'est-ce qui peut vous retenir ?

— Tout dépend de vous.

— De moi, vraiment ?

Je tentai de lui expliquer qu'elle aussi, sans qu'elle en eût conscience, aurait tort de se cantonner à la comédie ou au drame bourgeois. Ses triomphes dans *La Dame aux camélias* ne devaient pas lui faire oublier que sa véritable nature d'actrice la portait plutôt vers *Phèdre* ou *Hernani*.

Elle se laissa resservir du champagne et fit la moue. Sans me donner raison, elle ne me donnait pas tort. Je sentais que, derrière ce visage aigu, cette chevelure un peu sauvage, ces yeux sombres, les graines que je venais de répandre n'allaient pas tarder à germer.

Nous avons poursuivi cette discussion autour de la table du déjeuner. Ma cuisinière avait accompli des prodiges, en partie inutiles, car Mlle Bernhardt est végétarienne... En revanche elle apprécia le vin que mon majordome avait choisi.

— Peut-être, lui dis-je, cette détestation de la viande remonte-t-elle à votre visite aux abattoirs de Chicago. J'ai lu cela dans *L'Événement*, sous la signature de...

Elle ne me laissa pas achever.

— Ne me parlez pas de ces articles, je vous prie. Ils sont mensongers. Dites-moi plutôt sur quel sujet vous travaillez.

Là, j'étais à mon affaire. Je lui racontai que ma prochaine pièce, *Fedora*, traiterait d'un drame à la cour de Russie : une princesse préfère mourir plutôt que d'empoisonner l'agresseur, dont elle s'est violemment éprise, de son amant...

— Mouais... fit-elle. L'idée est originale et j'aime le titre. Pourrez-vous me donner à lire cette pièce ?

— Je la déposerai d'ici une semaine à votre domicile. C'est à vous que je pensais en l'écrivant. Le rôle de Fedora est fait pour vous...

— Je la lirai, me dit-elle. D'ailleurs, je lis toutes les pièces qu'on m'envoie. Même dans les plus mauvaises, il peut y avoir une idée, une étincelle de génie...

Elle avait reçu, avant son départ pour l'Amérique, un drame fantastique de l'anarchiste Louise Michel : *Prométhée.* Cette œuvre grandiose ne manquait ni de talent ni d'idées originales, mais aucun théâtre n'aurait pu envisager de la monter : il aurait fallu une scène vaste comme le jardin des Tuileries, des dizaines d'acteurs, des centaines de figurants, d'innombrables décors... Soucieuse de ne pas décourager l'auteur, elle atermoyait.

Stupeur en pénétrant dans le somptueux hôtel de Mlle Bernhardt, rue Fortuny, dans la Plaine Monceau : un guépard vint renifler mes souliers avant de repartir gambader dans une forêt tropicale en miniature où régnait une chaleur étouffante. Un singe sautait de branche en branche avec des cris aigus, un perroquet m'insultait, des caméléons somnolaient sur les branches...

Mlle Bernhardt me fit pénétrer dans son petit salon donnant sur un délicieux jardin qui sentait la pluie. Je pris place dans un fauteuil recouvert d'une peau d'ours ramenée du Canada. Plus mince que maigre, elle était resplendissante de fraîcheur dans sa robe d'intérieur à collerette et manchettes de dentelle.

— Eh bien, maître, me dit-elle avec une pointe d'impatience, je vous écoute.

Je lui lus *Fedora* mot à mot, avec des commentaires sur les décors et la mise en scène. À aucun moment je ne sentis en elle le moindre soupçon d'ennui. Lorsque j'eus lancé la dernière réplique, elle s'écria :

— Maître chéri (*sic !*), C'est une pièce superbe. Quels personnages ! Je me vois déjà dans la peau de votre Fedora. Et quelle leçon de mise en scène vous me donnez...

— Il est vrai que j'y attache une grande importance. Si je n'écrivais pas de pièces, je me spécialiserais dans cette discipline.

Elle allait nous quitter, une fois de plus, pour Londres dans un premier temps, puis pour une tournée à travers l'Europe. Le grand salon et l'entrée étaient déjà encombrés de bagages. Alors que je me levais pour me retirer, elle me dit :

— Attendez, maître ! Il faut que je vous présente un jeune acteur que je viens de découvrir et qui va me suivre. Il est grec d'origine et s'appelle Aristidès. Le nom de théâtre qu'il s'est choisi est Jacques Damala...

Quand je le vis sortir de la chambre de Mlle Bernhardt, je me dis qu'elle n'avait pas fait un bon choix et que ce personnage équivoque allait nous créer bien des ennuis...

Récit de Mme Guérard

Quand je m'interroge sur la paternité de Saryta, je me heurte au même mystère. Jeanne n'aime pas en parler, et je la comprends. Cette enfant a dû être conçue au cours d'une de ces réunions de morphinomanes et d'opiomanes où, nuit après nuit, Jeanne laisse ce qui lui reste de santé. Saryta est un beau bébé, un peu frêle mais agréable de visage, comme l'avait été sa mère, jadis.

Sarah a gardé son affection intacte, ou presque, pour celle qu'elle nomme sa « Petite Jeannot ». J'ai assisté pourtant à une scène qui frisait la tragédie.

Jeanne est rentrée au petit jour, à la suite d'une nuit passée à se droguer. Le visage blafard, en titubant, elle s'est dirigée droit vers le berceau, alors que Félicie préparait le biberon. Elle a pris sa fille dans ses bras, l'a promenée dans la pièce et soudain, se prenant les pieds dans un tapis, elle a fait une chute et entraîné le bébé avec elle.

Sarah est sortie de sa chambre en entendant crier Saryta et se plaindre sa mère. Tandis que Félicie recouchait l'enfant, Sarah a saisi la cravache du maréchal Canrobert et en a frappé Jeanne à coups redoublés, avec des injures. J'ai dû arrêter la correction. Sarah hurlait :

— Je devrais te chasser de chez moi, salope, ordure, mais, si je te lâche la bride, tu finiras comme une vieille greluche dans la rue de Crimée ou à Charenton ! Tu as failli tuer ta fille, misérable !

Pour mieux la surveiller et lui éviter le pire, Sarah a décidé d'emmener Jeanne avec elle en tournée : elle lui pourrit la vie, mais Sarah refuse de s'en séparer.

Un autre risque de voir pourrir la vie de Sarah, c'est ce diable de Jacques Damala. Sarah ne s'est guère montrée loquace quant à l'origine de leurs rapports, et moins encore sur le passé de son nouveau favori, qui a pris, au retour d'Amérique, la place toute chaude d'Angelo. J'ai froncé les sourcils en apprenant que ce garçon taillé en force, brun de cheveux et de barbe, aux yeux de princesse d'Égypte, est plus jeune qu'elle de dix-sept ans ! De quoi redouter le pire...

Jacques Damala est né au Pirée, mais a passé son enfance et sa jeunesse à Marseille où son père est négociant. Après des études à Paris, repris par sa nostalgie de la Grèce, il s'est engagé dans la cavalerie et, en dépit d'une vie de débauche, est monté en grade. Tempérament d'aventurier, peu de cervelle et moins encore de cœur. On a dit de lui qu'il a « la tenue d'un gentleman et l'esprit d'un chimpanzé ».

C'est l'élégance et la beauté de Damala plus que son intelligence et son talent qui l'ont précipité dans les bras de Sarah. Le jour où, démissionnaire de son poste à la légation de Grèce à Paris, il lui a révélé son intention de monter sur scène, elle lui a sauté au cou. Il ne souhaitait qu'un conseil ; elle lui a ouvert en grand les portes du théâtre.

Coup de foudre réciproque ? J'en doute.

Sarah m'avoua un jour les raisons de son attirance pour Damala : elle n'avait autour d'elle que des moutons ; Damala était un lion. Il avait, me dit-elle, « l'esprit de conquête ».

Tout cela me laissait perplexe. Je me doutais bien, sans m'en ouvrir à Sarah, que ce *lion superbe et généreux*, comme dirait Hugo, n'était que de passage. Quelques mois après leur rencontre, le gouvernement grec mettait un terme à son mandat parisien pour l'envoyer à Saint-Pétersbourg. Sarah n'eut de cesse de le rejoindre au plus vite : pour cela, elle fit modifier le calendrier de sa tournée, annuler des engagements, et créer une foule de mécontents.

Entre quelques spectacles en Angleterre et son départ pour la Russie, elle trouva encore le moyen de faire parler d'elle.

Pour le 14 juillet 1881, date anniversaire du retrait des troupes prussiennes, une cérémonie officielle, en présence du président Jules Grévy, était prévue à l'Opéra. Sarah décida que l'on ne pourrait se passer d'elle. Le spectacle devait se terminer par la *Marseillaise*, chantée par son amie, Agar, sa partenaire, jadis, du *Passant*.

Sarah trouva ce choix injuste. C'était encore, me dit-elle, une entourloupe de Perrin, qui la poursuivait de sa vindicte. Elle me dit d'un ton ferme :

— La *Marseillaise*, c'est moi qui dois la chanter, et c'est moi qui la chanterai.

— Agar ne te laissera pas sa place.

— Volontairement, non, mais je vais l'y obliger.

Une heure avant le spectacle, alors qu'elle se trouvait en coulisses, elle fit prévenir Agar que son amant, un capitaine de dragons en garnison à Saumur, venait d'avoir un accident grave et réclamait d'urgence sa présence. Quand celle-ci annonça que, toutes affaires cessantes, elle devait renoncer à son engagement, ce fut la panique. On chercha qui pourrait la remplacer et, comme Sarah se trouvait là *par hasard*, on la chargea de prendre sa place pour ce moment solennel. Elle ne fit aucune difficulté...

Lorsque le dernier vers du poème de circonstance de Victor Hugo eut retenti, et que Sarah, vêtue d'une tunique blanche toute simple, ceinturée de tricolore, coiffée du bonnet phrygien, s'avança jusqu'à la rampe, un murmure de surprise et d'admiration vint mourir à ses pieds. Personne n'osa protester, d'autant que nul n'était capable de chanter de mémoire les sept couplets de l'hymne national. Sarah, si : elle les avait répétés dix fois.

Comme sa voix n'était pas préparée à cette épreuve, elle prit le parti de déclamer ces couplets. Lorsqu'elle lança le dernier : celui des *Enfants*, toute la salle se leva pour reprendre le refrain d'une seule voix.

Il y avait tout à redouter du retour d'Agar de Saumur. Sarah se dit que, suite à l'humiliation qu'elle avait subie, cette pauvre fille romprait toutes relations avec sa compagne. Elle était d'une humeur radieuse ! Elle avait connu, avec son capitaine de dragons, deux jours d'ivresse, alors qu'elle le croyait perdu pour elle.

— Non seulement je te pardonne, dit-elle à Sarah, mais je te remercie. Mon capitaine m'a demandé de l'épouser. Nous allons fêter ça au Tortoni, mais c'est toi qui m'invites...

Le prince de Galles, Édouard, avait enfin réussi à faire lever l'interdiction de faire jouer *La Dame aux camélias*, pièce jugée immorale.

À la surprise du public, Sarah avait troqué les costumes Second Empire pour des modèles récents, réalisés spécialement par le couturier le plus célèbre : Laferrière. Plus de crinoline ! Son déshabillé blanc à larges manches plissées du quatrième acte fit sensation. En quelques représentations, Sarah était devenue l'idole de la société londonienne. Lorsqu'elle quittait le théâtre, elle trouvait des femmes agenouillées sur son passage.

À Saint-Pétersbourg, sous la neige, on avait déroulé le tapis rouge, du quai de la gare à la somptueuse troïka qui nous attendait.

Chaque soir, au palais d'Hiver, des membres de la famille impériale assistaient au spectacle. Je fus témoin de la rencontre de Sarah avec le tsar Alexandre. Elle lui fit une profonde révérence ; il la releva en lui disant : « Mademoiselle, c'est moi qui devrais m'incliner devant vous... »

Un autre soir, elle entra en trombe dans ma chambre en brandissant un billet du grand-duc Vladimir. Il lui avait demandé, quelques jours plus tôt, d'assister à un dîner en tête à tête, dans son palais ; elle avait répondu qu'elle s'y rendrait... avec Damala. Réponse du grand-duc : il annulait leur rendez-vous.

Ses rapports avec son amant, qu'elle avait retrouvé dès notre premier jour de présence à Saint-Pétersbourg, n'avaient pas tardé à péricliter. Il venait la rejoindre après le spectacle, restait une heure ou deux avec elle et repartait faire la noce dans des bouges avec des fils de la noblesse, ou dans des *théâtres de femmes*, pour ne rentrer qu'aux aurores ou pas du tout.

Pour se l'attacher plus étroitement, Sarah décida de le faire monter sur scène, comme il en avait exprimé le souhait à Paris. Je protestai avec vigueur : Damala n'avait aucun talent et déclamait avec un accent grec épouvantable. Elle répliqua :

— Et moi, crois-tu que j'avais du talent lorsque j'ai débuté ? Quant à son accent, ça lui donne de la personnalité. Ce qui ne gâte rien, il a une excellente mémoire. Je songe à lui faire jouer les rôles tenus par Garnier.

— Tu ne vas tout de même pas lui faire jouer Armand dans *La Dame aux camélias* ?

— Si, justement. Ce rôle lui va comme un gant. J'ai commencé à le faire répéter. Je vais le tenir par la patte, mon bel oiseau...

Savoir comment Garnier allait prendre cette humiliation et ce qu'il allait devenir était le moindre de ses soucis.

La tournée dans les provinces de l'Empire traversa quelques mauvaises passes. Dans certaines villes Sarah fut accueillie par des injures antisémites et lapidée ; on la présentait dans les églises comme l'Antéchrist. Anton Tchekhov, reprenant des critiques formulées contre la Juive Rachel, s'en fit une cible, lui reprochant son goût pour la réclame et les excentricités. En revanche, il louait son talent, qui l'avait ému aux larmes. Ivan Tourgueniev, lui, le niait : *Cette insupportable Sarah Bernhardt n'a qu'une voix merveilleuse. Tout le reste est froid, faux, affecté : le chic parisien le plus repoussant...*

Ce mélange de miel et de vinaigre, ce méchant brouet ne paraissait pas toucher Sarah. Chacun de ses spectacles, du moins dans les grandes villes, était un triomphe. À la sortie du théâtre, des étudiants s'attelaient à sa voiture ou à son traîneau pour la reconduire à son hôtel. Le moindre de ses déplacements était protégé par un escadron de cosaques. Fleurs et cadeaux tombaient comme neige dans sa loge. Au cours d'un souper officiel, un diplomate s'écria en levant sa coupe : « Madame, la France n'a qu'un ambassadeur, c'est vous ! »

Ce grand hiver russe était pour moi, qui suis frileuse, âgée, perclue de rhumatismes, une sorte de Berezina. Je ne souhaitais rien tant que rester dans ma chambre d'hôtel chauffée par un énorme poêle de faïence, mais il fallait suivre !

— Debout, mon Petit'dame ! Je vais avoir besoin de toi. Je t'attends dans ma loge...

Outre l'esclavage auquel j'étais soumise, d'autres soucis me tracassaient.

Damala se moquait de Sarah et elle ne semblait pas s'en rendre compte. Elle n'était pas parvenue, en lui donnant accès à la scène, à juguler ses vices ni même à les faire converger vers un objet précis : elle. Il voletait d'une femme à une autre, passait des nuits dans les tripots ou dans les cabarets, à se droguer. Les réprimandes sévères de sa maîtresse le laissaient indifférent. L'air de gloire qu'il respirait autour de Sarah suffisait à le griser. L'obliger à renoncer à sa liberté eût été le condamner à dépérir.

Philippe Garnier me faisait pitié. Sarah l'avait congédié purement et simplement, alors qu'il avait été pour elle un amant tendre et complaisant et jouait sans génie, mais avec application. Je l'ai vu humilié, le jour de son renvoi, en larmes, aux pieds d'une Sarah debout et impérieuse comme une Médée.

Damala ayant donné sa démission de l'ambassade était libre et semblait avoir trouvé sa voie. On le voyait partout, aux réceptions, aux bals, en promenade au bord de la Neva, « la Divine » accrochée à son bras. Le soir venu, alors qu'ils se retrouvaient dans leur chambre, c'était une autre chanson.

— Mon pauvre chéri, tu as été pitoyable dans *Froufrou*, lui disait-elle. Dans le deuxième acte, tu as bafouillé au point d'être incompréhensible, et tu as sauté trois répliques.

— N'empêche : le public m'a applaudi.

— Imbécile, c'est moi qu'il applaudissait !

L'abus de la drogue faisait des ravages chez Damala, affaiblissait sa mémoire, lui occasionnait sur scène d'étranges somnolences. Je le surprenais parfois, en compagnie de Jeanne, en train de se piquer. Il me lançait :

— Toi, la vieille, si tu parles, je te fais la peau...

La patience de Sarah, sa complaisance, avaient des limites. Elle me confia un soir, dans sa loge :

— Mon Petit'dame, j'en ai assez de Damala. Il m'épuise avec

ses infidélités à répétition. Chaque fois, je suis obligée d'intervenir, et c'est humiliant. C'est pourquoi j'ai décidé de le mettre au pied du mur.

— Tu vas le congédier ? Voilà une excellente nouvelle.

— Non : je vais l'épouser.

Sarah m'aurait annoncé qu'elle renonçait au théâtre, je n'aurais pas encaissé un choc aussi rude. Je m'écriai :

— Mais tu es folle, ma chérie. Ça ne changera rien à son comportement. Sais-tu seulement s'il sera d'accord ? Tu es catholique, il est orthodoxe. Ça ne pourra pas marcher !

— Nous irons nous marier en Angleterre. Les Anglais sont moins regardants que nous.

C'est ainsi qu'au retour de sa tournée européenne, le 4 avril 1882, en l'église Saint Andrew de Londres, Mlle Sarah Bernhardt est devenue Mme Jacques Aristidès-Damala...

Récit de Victorien Sardou

Dans le petit monde du théâtre, le mariage de Mlle Sarah Bernhardt a fait l'effet d'un séisme.

Lorsque j'ai appris cette stupéfiante nouvelle, je me suis dit, comme la plupart de ses amis et relations, qu'elle avait perdu la raison. Une femme comme elle se doit tout entière à son art, corps et âme et, si elle se marie, ce ne doit être que sur le tard, pour assurer la sécurité de sa vieillesse. Je n'ai croisé ce Damala qu'à de rares occasions, avant le départ de la tournée. J'en garde l'image d'un Apollon qui aurait traîné dans les bouges du Pirée. Quant à son talent de comédien, il est le seul à y croire. On l'appelle « Monsieur Sarah Bernhardt ». Une sorte de prince consort...

J'ai trouvé la comédienne au débotté, à son retour de Nice où elle avait passé sa lune de miel. Elle est tombée dans mes bras, radieuse.

— Mon maître chéri ! vous, enfin... Je parlais justement ce matin avec mon mari, dans le train qui nous ramenait à Paris, de cette pièce que vous avez écrite pour moi : *Fedora.* Où en êtes-vous ?

— Elle vous attend. Je n'y ai apporté que de rares modifications.

— J'ai hâte de la lire de nouveau. Faites m'en tenir une copie ou revenez me l'apporter. Cette maison est la vôtre, mais aujourd'hui, je ne puis vous retenir plus longtemps. Regardez...

Elle eut un geste de théâtre pour me montrer un déballage de costumes de ville et de fourrures rapportées de Russie, qu'il faudrait ranger.

La seconde lecture eut lieu une semaine plus tard, en présence de Damala. Vautré dans un fauteuil, indifférent, il somnolait et fumait un cigare, sachant que Sarah en détestait l'odeur. Debout derrière lui, elle faisait glisser ses mains sur sa poitrine, caressait sa chevelure brune et bouclée, sans qu'il parût le moins du monde sensible à ce mouvement de tendresse. Sarah, elle, ne perdait pas un mot de ma lecture.

— Excellente, me dit-elle, la scène où l'anarchiste Louis Ipanoff se disculpe auprès de Fedora. Je m'y sens déjà. Qu'en penses-tu, Jacques ?

Jacques n'en pensait rien. Tout cela l'ennuyait. Il se versa un verre ballon de cognac et s'enfonça dans son fauteuil.

J'eus l'occasion, à cette époque qui marquait le début de mes rapports avec Sarah, de voir Damala jouer à la Gaîté-Montparnasse la pièce de Dumas fils. Mon avis rejoignit celui de la critique : si la salle était comble, c'était pour voir le couple scandaleux dont parlait tout Paris. Je ne reconnus pas Sarah. Dans les deux premiers actes, elle joua mollement et sans conviction, semblant guetter avec inquiétude la défaillance qui aurait pu être fatale à son partenaire. Elle se rattrapa dans les actes suivants, qu'elle interpréta avec une chaleur exceptionnelle. Quant à Damala, mon Dieu, que pourrais-je en dire ? Il *boulait* sur les répliques un peu trop longues et avalait ses mots, pressé, semblait-il, d'en finir. Son inexpérience était flagrante. Sur la fin, il eut quelques beaux accents, mais comme un cheval qui approche de l'écurie. Nous faillîmes nous brouiller lorsque, quelques jours plus tard, elle vint à Marly, en compagnie de Mme Guérard, me parler plus en détail de ma pièce, certains points de la mise en scène lui ayant échappé.

— J'ai la conviction, me dit-elle, que cette pièce connaîtra un triomphe. Le rôle d'Ipanoff est fait sur mesure pour Jacques. On dirait que vous avez pensé à lui en écrivant cette pièce.

Je sentis le sang se figer dans mes veines. Je m'approchai d'elle, lui pris les mains et lui dis en m'efforçant de maîtriser ma gêne :

— Ma chérie, mieux vaut vous le dire tout de suite : Damala ne sera pas Ipanoff.

Elle me retira ses mains. Un éclair traversa son regard.

— Et pourquoi, je vous prie ?

— Parce que ce rôle, contrairement à ce que vous pensez, n'est pas pour un *apprenti*.

J'avais lâché le mot qui fâche. Frémissante d'une colère mal contenue, elle tenta de me convaincre que son mari avait un talent qu'il ne maîtrisait pas encore pleinement, mais que quelques semaines de répétition pourraient amender. Je soupirai :

— C'est non, Sarah. Définitivement non, et j'en suis désolé pour vous. Je préfère vous retirer cette pièce. D'ailleurs, ce n'est pas à Damala que j'ai pensé en l'écrivant, mais à Pierre Berton.

Je touchais de nouveau un point sensible. Berton a fait ses débuts en même temps qu'elle à l'Odéon. Ils sont devenus amis, puis amants. Elle ne s'est débarrassée de lui que pour chuter dans les bras de Mounet-Sully. Il leur était arrivé ensuite de se retrouver sur une même scène, sans que cette cohabitation pût raviver leur flamme.

— Soit, soupira-t-elle, si c'est votre idée... Mais il faudra lui trouver un autre rôle dans votre pièce.

— Il n'y aura pas d'autre rôle pour Jacques Damala. Je ne veux pas que *Fedora*, qui m'a demandé beaucoup de travail, sombre dans le ridicule par l'insuffisance d'un acteur.

Pour tenter de la consoler, je lui parlai de deux autres pièces en chantier : *Theodora* et *La Tosca*. Je les lui destinais. Cela ne parut pas la toucher. Elle me dit sèchement :

— Restons-en là, *monsieur*. Bonsoir...

Lorsqu'elle monta dans son petit-duc et disparut dans un tournant de l'allée, je me dis que je ne la reverrais pas et passai le reste de la journée dans une humeur sépulcrale. Tant de travail, d'espoir, pour en arriver à buter sur cette obstination ! Et ces deux autres pièces qui allaient rester dans les limbes... Une promenade à dos d'âne jusqu'au domicile de ma vieille amie Virginie Déjazet me rasséréna. C'était au mois de mai et la campagne était en fleurs. À la nuit tombante, j'avais retrouvé ma bonne humeur. Virginie m'avait fait comprendre qu'avec les femmes aucune décision n'est définitive ; elle était persuadée que Damala ne ferait pas long feu sur la scène. La critique allait l'éreinter, et Sarah renoncerait à fonder sur lui la moindre ambition.

Je n'eus pas à attendre longtemps la confirmation de cette prophétie. Une semaine plus tard, Sarah était de retour à Marly-le-Roi.

— J'ai bien réfléchi, me dit-elle Vous avez sans doute raison : le rôle d'Ipanoff est trop dur pour Damala. Lorsque j'ai tenté de le lui faire comprendre, il s'est mis dans une colère noire. Quand je lui ai dit que je jouerais la pièce avec Pierre Berton, il a ricané, disant que j'allais renouer avec lui. Damala jaloux ! C'est un comble. Alors, maître chéri, je serai votre Fedora, si vous voulez toujours de moi.

Si je voulais... Je crus fondre de bonheur. Elle ajouta :

— Pour le rassurer sur ses dons, j'ai lu à Damala une pièce de Catulle Mendès : *Les Mères ennemies*. C'est loin d'être un chef-d'œuvre, mais ça semble lui convenir. L'ennui, c'est qu'aucun théâtre ne consentira à monter ce spectacle, surtout avec Jacques. Alors j'ai décidé d'en louer un.

— Pardon ?

— Vous avez bien compris. Le Théâtre de l'Ambigu, boulevard Saint-Martin, est libre. Je vais donc le louer. À vrai dirc, jc n'ai pas effectué cette opération seulement pour Damala, mais aussi pour mon fils. Maurice a dix-sept ans. Il est temps qu'il songe à son avenir. Il passe son temps au Jockey-Club, dans les tripots, sur les champs de courses, ce qui me coûte cher et ne lui vaut rien. Il prendra la gérance de l'Ambigu, assisté par un homme de confiance, Auguste Simon.

J'étais encore abasourdi par cette succession de nouvelles, quand elle ajouta :

— Vous serez surpris du résultat, maître chéri... Je vais faire coup double : pousser Jacques sur les planches et mon fils dans le métier. Cette opération réussira, vous verrez.

— C'est la grâce que je vous souhaite.

Ellc mc demanda quand allaient débuter les répétitions de *Fedora*.

— Il faudra d'abord trouver un théâtre. Nous avons tout l'été pour ça. Ensuite nous choisirons une date favorable : décembre, ça vous irait ?

Elle me sauta au cou et m'embrassa fougueusement. Sur la bouche...

Sarah imposa à son mari, avec un programme de travail rigoureux, une discipline draconienne. Elle modela ce talent brut, lui apprit les ressorts et les astuces du métier. Bon élève, il les assimila vite. Lorsqu'il prenait congé d'elle, au cours de la nuit, pour courir sa chance dans les tripots et se distraire dans les bordels, ne rentrant qu'à l'aube, avachi, flottant entre deux eaux comme un poisson mort, elle l'accablait de reproches, mais, quelques heures plus tard, les répétitions des *Mères ennemies* reprenaient leur cours normal.

La première de cette pièce de Catulle Mendès eut lieu au début de décembre, deux semaines avant *Fedora*. Pièce médiocre, petit succès, critiques tiédasses... On devinait trop facilement, dans le talent médiocre de l'apprenti, Damala, la marque du maître : Sarah.

J'appris par cette mauvaise langue de Sophie Croizette, qui fréquentait l'hôtel de la Plaine Monceau, que Damala, devant ce qu'il considérait comme un échec, devenait irascible. Les scènes de ménage tournaient au drame : il la traitait de « juive au long nez », offrait à ses maîtresses des bijoux payés par sa femme, insultait pour des vétilles cette pauvre Mme Guérard, menaçait de tout planter là...

Un matin, Sarah trouva dans sa chambre un uniforme de spahi, qu'elle prit pour un costume de scène. Elle lui demanda quelle était cette fantaisie et s'il avait l'intention de jouer dans une nouvelle pièce...

— Je vais jouer, lui dit-il, le seul rôle qui me convienne et où je ne sois pas ridicule : celui de militaire. Je viens de signer un engagement dans les spahis. Je pars pour Alger dans une semaine. Eh oui, ma chère ! Fini l'Ambigu, *Les Mères ennemies* et tout le saint-frusquin ! Je te tire ma révérence...

Elle rugit :

— Tu ne feras pas ça ! Tu es un monstre, un...

Sophie m'a raconté qu'elle avait effectué, à la suite de cette révélation, un des évanouissements les plus réussis de toute sa carrière, au point que l'on eut du mal à la ranimer. Elle est restée trois jours alitée, ce qui a interrompu les répétitions de *Fedora* et m'a mis dans l'embarras et dans les transes. En grande comédienne qu'elle est, trois jours plus tard, elle était de nouveau en répétition, plus ardente et plus courageuse que jamais.

Si Damala n'était pas parti, le théâtre de l'Ambigu aurait, de toute manière, coulé lamentablement. Chaque soir, en dépit des protestations de M. Simon, Maurice demandait le montant des recettes, l'empochait et allait le jouer au poker ou à Longchamp.

Sarah essaya de renflouer ce théâtre promis à la ruine. Une seule des pièces qu'elle y présenta : *La Glu*, œuvre d'un jeune auteur et poète, Jean Richepin qui, en matière de théâtre réaliste, ne manque pas de talent, eut de bonnes critiques. Le succès qu'elle obtint n'était pas dû seulement à l'auteur, mais aussi à celui d'une jeune comédienne, Gabrielle Retu, plus connue sous le nom de Réjane. Elle n'a qu'un défaut : une haleine fétide, dont on se moque en aparté. Après l'avoir admirée, je me promis de ne pas la perdre de vue... en gardant mes distances. J'apprécie en elle l'intelligence de la scène, la simplicité, l'air de mystère qu'elle affecte à l'occasion. Je lui vois un bel avenir, et souhaite ne pas y être étranger.

La pièce de Richepin était d'un naturel trop cru, trop vulgaire, pour tenir longtemps l'affiche. On devinait ce que ce jeune auteur devait à Zola, mais ce qui se passe dans un roman a parfois du mal à franchir les frontières de l'art dramatique. Sarah a failli se ruiner avec ce théâtre, mais elle a gagné une amie : Réjane, et un amant : Richepin. Il n'allait pas tarder à lui faire oublier Damala, dont elle n'avait pas de nouvelles.

Nous avons trouvé un théâtre pour *Fedora* : celui du Vaudeville, rue Vivienne, proche de la Bourse. La première fut un triomphe. Sarah passait sans faillir du répertoire de la Comédie-Française et de l'Odéon à celui du théâtre dit populaire, parce qu'il s'adresse à un public plus large, ce que certains critiques m'ont reproché, mais ce dont je n'ai cure.

J'estime que *Fedora* est le plus réussi de mes mélodrames. Un peu sombre, soumis aux conventions du genre, mais nourri de toute ma passion pour le théâtre et la mise en scène. Il faut dire que ce succès et celui des représentations qui ont suivi sont dus pour une large part à Sarah et à Pierre Berton : un couple d'acteurs merveilleusement assorti. Dans la dernière scène, celle où Fedora, comprenant qu'elle a livré un innocent (quoique nihiliste) à la police du tsar, et que son amant n'était qu'un jean-foutre, décide de s'empoisonner, elle a réussi une mort digne des plus grandes comédiennes.

Lorsque j'ai vu, des coulisses, des vols de mouchoirs dans la salle, j'ai compris que Sarah et moi avions gagné notre pari.

LE DIABLE PAR LA QUEUE

Récit de Mme Guérard

On nous a ramené Jeanne au petit matin. Qui ? je l'ignore. Un coup de sonnette au portail. Je me lève, j'accours. Personne. Je sors sur le trottoir, et qu'est-ce que je vois ? Jeanne allongée, adossée au mur, les pieds dans le caniveau, les mains retournées de chaque côté du corps, la robe salie et déchirée. Félicie et son mari m'ont aidée à la transporter dans sa chambre, à faire sa toilette, à nettoyer les plaies qu'elle porte au cuir chevelu, à la coucher, sans qu'elle reprenne conscience. Son visage d'un blanc jaunâtre de vieil ivoire semble refléter la sérénité.

Je n'ai pas réveillé Sarah avant dix heures, comme elle me l'a recommandé. En tirant les rideaux de sa chambre, je lui ai dit :

— Ta sœur a encore découché, et elle est mal en point.

Elle a répondu en bâillant :

— Oui ? Et alors ? Comme d'habitude...

— Non. Cette fois-ci, c'est plus grave. Je crains même qu'elle ne soit dans le coma.

Elle a crié :

— Dans le coma ! Tu es sûre ? Pourquoi ne m'as-tu pas réveillée ? Le médecin ? Il faut le prévenir !

— Je l'ai fait. Il ne va plus tarder.

Le docteur Parrot est arrivé dans l'heure qui a suivi mon appel.

Il a examiné Jeanne de la tête aux pieds et a hoché la tête avant de conclure :

— Votre sœur, madame, est bel et bien dans le coma. Je crains que ses jours, et même ses heures, ne soient comptés. Son corps n'a plus de ressources. Le pouls est au plus bas. Regardez ces marques sur les bras : des piqûres de morphine. En outre, elle a été violée et battue...

— Mon Dieu, ne la condamnez pas... gémissait Sarah. Elle est trop jeune pour mourir. C'est une pauvre innocente. Tout ce qui lui arrive est de ma faute. J'aurais dû mieux veiller sur elle.

— Vous n'y êtes pour rien, madame, dit le médecin, et Dieu pas davantage. Votre sœur est intoxiquée depuis longtemps, au point qu'elle devait avoir du mal à se tenir en scène.

Jeanne en scène...

Je la revois encore, figée, absente, ne donnant la réplique que lorsque son partenaire la lui soufflait. Sarah avait compté sur le théâtre pour lui redonner le goût d'une vie normale. Elle lui tenait la bride courte mais ne pouvait l'enfermer chaque soir dans une cage, comme son guépard.

Jeanne est morte deux jours plus tard, sans avoir retrouvé ses esprits. Convaincre Sarah de ne pas faire des obsèques un spectacle funèbre comme pour Régina fut difficile, mais elle finit par se rendre à mes raisons et à enterrer sa sœur discrètement. Jeanne repose aujourd'hui près de sa mère, de sa tante Rosine et de Régina, au Père-Lachaise.

Après un long séjour dans les Pays-Bas, où elle allait rejoindre de temps à autre un industriel du textile, Rosine était revenue avant notre départ pour Saint-Pétersbourg. J'eus un haut-le-cœur en la voyant : elle était devenue énorme, ne se déplaçait qu'avec une canne et peinait pour monter le moindre escalier. Son visage avait pris la consistance et la couleur d'une pâte à pain mal levée. L'usage de l'alcool et du tabac lui avait dérangé l'esprit. Elle en abusait pour oublier sa décrépitude de vieille cocotte, vestige du Second Empire. Elle était morte quelques jours après notre retour de la tournée en Europe, comme si elle nous attendait. À la suite d'une chute sur la chaussée, le cœur avait lâché.

Hormis d'obscurs parents de banlieue, il ne reste de la famille que Maurice et Saryta, la fille de Jeanne, une adolescente délurée, de santé précaire, assez jolie malgré le visage long et un peu veule qu'elle tient de sa mère. Sarah l'adore comme une relique familiale. Quelque chose me dit qu'elle ne fera pas de vieux os.

Quant à Maurice...

La seule qualité que je reconnaisse au fils de Sarah, c'est l'amour sans réserve qu'il voue à sa mère, la « Maman-Oiseau » de son enfance, devenue la poule aux œufs d'or. Rien n'est trop beau ni trop cher pour lui. Elle ne lui refuse rien et lui pardonne tout : ses aventures à répétition, ses pertes aux courses et au jeu, ses dettes, et même son duel avec un journaliste qui a tourné sa mère en dérision, et qu'il a blessé. Le type même de l'enfant gâté... je devrais dire pourri.

Son obsession : le refus du partage dans ses sentiments pour sa mère.

Il a très mal accepté ses relations, et plus encore son mariage avec Damala. S'il l'a toléré, c'était pour ne pas susciter de querelles. Il a même songé à se débarrasser de lui en le tuant. Lorsque l'importun a disparu dans sa cape de spahi, il a sablé le champagne avec un groupe d'amis et s'est juré de veiller à ce que sa mère ne retombe pas dans la même duperie.

Nos rapports sont toujours au beau fixe. Persuadé, avec juste raison, que je veille sur l'auteur de ses jours, et que je maintiendrai cette vigilance jusqu'à ma mort, il me garde sa confiance.

Sarah n'a revu le père de Maurice qu'en de rares occasions, et entre deux portes : visite à sa loge, promenade au Bois, repas au Tortoni. Rien qui pût les inciter à renouer avec leur passé. Sarah vit dans son monde et Henri de Ligne dans le sien. Il est resté quelques années sans donner de ses nouvelles, confiné dans son hôtel particulier de la rue de la Toison-d'Or, à Bruxelles, au milieu de ses portraits d'ancêtres.

Ce qui le ramena à Paris fut le succès grandissant de Sarah. Il en était ébloui. Cette petite théâtreuse de dix-huit ans, venue à Bruxelles dans les jupes de sa mère, jouer le vaudeville le soir et se vouer, dans la journée, à la galanterie, avait partagé son lit ; il l'avait méprisée puis renvoyée après lui avoir donné un enfant.

Il lui a récemment rendu visite dans sa loge. Elle l'a invité chez elle, en compagnie de Maurice qui refusa puis accepta. Il a reconnu ses torts une nouvelle fois, proposé à son fils d'assurer sa fortune et même – ce dont je doute – de lui léguer son nom. Avec une dignité à laquelle je rends hommage, Maurice a repoussé ces alléchantes propositions. On en est resté là.

Au moment de reprendre son train pour Bruxelles, le prince, jouant de sa canne et de son autorité pour éviter de faire queue devant le guichet, s'égosillait :

— Faites place ! Je vais manquer mon train. Je suis le prince de Ligne.

Comme personne ne voulait céder sa place, même à un prince, Maurice vola à son secours en criant :

— Laissez-nous passer, s'il vous plaît ! Je suis le fils de Sarah Bernhardt...

La queue s'écarta aussitôt pour lui livrer passage.

— Vous voyez, monsieur, dit-il à son père, le nom de Sarah Bernhardt ouvre toutes les portes...

À quelque temps de là, alors qu'il se battait en duel avec un autre journaliste pour défendre l'honneur de sa mère, Maurice eut moins de chance que la première fois, et fut légèrement blessé. Une jeune fille qui passait par là en coupé mit pied à terre, s'approcha pour le réconforter et lui proposa de le raccompagner chez lui. Quelques jours plus tard, elle revint prendre de ses nouvelles. Fille d'une princesse polonaise exilée, amie de Dumas fils, elle se nommait Marie-Thérèse Jablonowska et se faisait appeler Terka. Mince, blonde, délicate de visage, elle possédait un charme slave auquel Maurice fut sensible. Ils sortirent ensemble, puis on parla mariage...

Si le trésor rapporté d'Amérique a fondu comme neige au soleil, Maurice en est en grande partie responsable. En plus des mensualités qu'elle lui alloue, Sarah cède sans protester à ses demandes d'argent, qui prennent des proportions inquiétantes. Quand je lui reproche cette générosité, elle me répond :

— C'est vrai qu'il me ruine, ce galopin, mais je m'en fous !

L'Ambigu devenait un gouffre financier. Malgré le succès de *La Glu*, les recettes baissaient, et les ponctions quotidiennes de Maurice précipitaient ce théâtre vers la faillite.

— Je vais devoir me résoudre, me dit Sarah, à vendre mes bijoux. Ça me déchire le cœur, mais c'est le seul moyen de m'en tirer. Si ça ne suffit pas... eh bien, je vendrai mon hôtel, et pas de gaieté de cœur, tu peux me croire.

Elle avait entrepris des démarches pour trouver où se reloger. On lui proposa un appartement, boulevard Pereire, moins vaste et luxueux que son hôtel de la Plaine Monceau, mais qui semblait lui convenir.

Nous avons passé une journée à faire le recensement et l'estimation de son trésor en bijoux et objets de valeur. Il y avait de quoi remplir un musée ! Nous avions le cœur serré en faisant ruisseler entre nos doigts l'or et les perles, notamment ces turquoises brûlées dont elle raffolait. Elle soupirait, au bord des larmes :

— Mon Dieu, comment est-ce possible ? Je les aimais tant... Cette broche de Lalique, cette bague de Fouquet, la larme en diamant de Hugo... Non : celui-ci, je refuse de le vendre.

Le bruit ne tarda pas à se répandre dans Paris que Sarah Bernhardt vendait ses bijoux aux enchères. On se pressa à la salle des ventes, on s'y bouscula, on s'y affronta à coups de surenchères. Le journaliste Jules Claretie écrivit : *Il y a je ne sais quoi de dédaigneux et de fier dans la prodigalité de cette artiste qui gagne par son talent de quoi faire vivre un théâtre, et dépense en étoffes superbes et en armes précieuses ce qu'elle gagne avec ses sanglots, avec ses cris, avec ses nerfs... Toutes les sympathies vont à cette vaillante qui pense à tout, excepté à elle-même et qui s'abandonne à la poésie en ce siècle de prose et d'huissiers...*

Au soir de cette vente mémorable, qui ne rapporta que de quoi faire patienter les huissiers, Maurice, tête basse, vint embrasser sa mère effondrée et lui dit :

— Eh bien, maman, nous voilà tirés d'affaire ! Le succès de cette vente tombe à pic. J'ai une dette de jeu que je dois honorer dans la semaine. Et vous le savez : dette de jeu, dette d'honneur...

Récit de Victorien Sardou

Elle est là, à quelques pas en face de moi, allongée à demi sur le canapé de vannerie, dans l'ombre de la charmille. Des papillons de soleil lui effleurent le visage. Dort-elle ou fait-elle semblant ? J'ai cru apercevoir une étincelle au coin de sa paupière, un sourire sur ses lèvres. Par intermittence, un souffle de vent tiède nous apporte l'odeur des buissons de roses épanouies dans la chaleur du bel été. A-t-elle étudié son attitude : celle qu'elle adopte en posant pour Clairin ou pour Nadar, *en spirale*, comme dit un de ses amis ? Est-ce son attitude naturelle, celle du sommeil ? Le corps souple, sous la robe légère, a pris une forme serpentine qui, partant du visage, aboutit au bas de la robe, dans une petite tempête de satin. Une forme parfaite. Le « S » de serpent, de sacré, de superbe, de sublime. Le « S » de Sarah et de Sardou...

Cette image, je souhaiterais la figer, la traduire en joyau que je porterais sur ma poitrine comme une image sainte ou à mon doigt comme un talisman. Ah ! si j'étais peintre ou photographe... Les artistes du pinceau et de la chambre noire ont des privilèges qui nous sont refusés. Nous, gens de plume, nous ne pouvons qu'égrener des mots, de pauvres mots impuissants à arrêter le temps et le mouvement, à exprimer la réalité dans son essence la plus sensible et la plus secrète.

Elle est là, à trois pas de moi, la belle endormie. Sait-elle que je la regarde, que j'imprime en moi son apparence : ce front un peu étroit qu'elle n'aime pas et cache sous une frange, cette chevelure indisciplinée, ces yeux que j'aimerais plus larges, plus égyptiens, ce nez que certains jugent fort, mais dont je trouve adorable la courbe busquée, la lèvre supérieure légèrement saillante, le menton volontaire...

Sait-elle qu'en ce moment, plus que jamais, je la désire ? Peut-on, étant l'homme que je suis, rester plus d'une heure en sa présence sans tomber sous son charme ? Voilà, le mot est lâché : je suis tombé sous le charme de Sarah...

J'ai laissé sur mes genoux, puis sur la table, le livre que je faisais semblant de lire, pour m'avancer vers elle d'un pas, puis d'un autre. J'espérais qu'elle allait ouvrir les yeux, me tendre les bras, accueillir mon visage entre ses mains, l'attirer vers le sien, qu'elle aurait au moins pitié de moi. Le dernier pas qui me menait vers elle, je ne l'ai pas franchi. J'ai renoncé à ce geste qui aurait pu changer ma vie. Et c'est ce que je redoutais.

Elle a ouvert les yeux et m'a dit, entre deux bâillements de chatte :

— Mon petit Sarde, parlez-moi encore de *Theodora*. Il y a, dans le deuxième acte, une réplique qui me semble un peu fastidieuse...

J'ai organisé ma vie à Marly-le-Roi de manière à éviter tout temps mort, toute action inutile.

Levé à sept heures, je déjeune avant de me livrer à mon majordome, virtuose du rasoir. Ensuite, au travail ! jusqu'au déjeuner où je lis la presse et le courrier que mon épouse, Anne, a trié pour moi lorsqu'elle se trouve au Verduron, à la belle saison. Elle me fait monter un moka brûlant dans le bureau où je vais travailler jusqu'à cinq heures, au milieu des milliers de volumes qui composent ma bibliothèque. J'allume un cigare, parfois deux dans la journée, et les mots s'échappent de ma plume comme d'une fontaine.

Certains de mes confrères me reprochent, sans acrimonie, de trop écrire : « Tu vas te fatiguer... Après quoi cours-tu ? » D'autres, qui n'ont plus rien à dire, brocardent ma prolificité. Comme si je pouvais faire autre chose qu'écrire...

À cinq heures, je m'accorde un moment de détente pour m'entretenir avec mon jardinier ou rendre visite à ma vieille amie Virginie Déjazet, à dos d'âne, mon moyen de locomotion favori.

Après le dîner, je retourne à mon bureau pour retrouver manuscrit et cigare. Au premier bâillement, je m'endors comme un enfant, d'un sommeil peuplé de mes personnages.

Parfois, à la veillée, nous recevons quelques amis pour des séances de spiritisme : une de mes passions. Nous pratiquons selon nos dispositions d'humeur, comme Hugo à Guernesey, l'écriture automatique, le *oui-ja*, la table tournante, avec ou sans médium... Je prends cette activité, qui est plus qu'un divertissement, très au sérieux. En revanche, elle n'intéresse pas Sarah. Dommage : elle ferait un excellent médium.

— Sarah, je suis persuadée que vous avez des dons. Vous devriez les développer.

— Fichez-moi la paix avec ces balivernes, mon petit Sarde ! J'ai des choses plus sérieuses à faire. Et puis je me méfie de ces manipulations. Elles sont dangereuses pour le mental, à ce qu'on dit...

Je lui parlai d'une pièce que j'ai l'intention d'écrire sur ce sujet. Elle m'aurait aidé à la défendre.

— Je vous vois très bien dans le rôle du fantôme...

— Par exemple ! Déjà qu'on me représente sous la forme d'un squelette...

Elle ne croit pas à la réincarnation, à la survie de l'âme, aux revenants. Elle me dit :

— Je pense comme Mérimée. Souvenez-vous de ce qu'il a écrit : *Si je voyais un fantôme, je croirais que je suis fou, mais non qu'il y a un fantôme, puisqu'il n'y en a pas...*

— Raisonnement simpliste ! Si seulement vous acceptiez d'assister à l'une de nos séances...

Elle a fini par accepter, mais le fou rire l'a prise et la soirée a tourné court. Sarah n'a d'intérêt que pour le théâtre et pour une autre passion en train de se dessiner. L'heureux élu est un poète, l'auteur de *La Glu* : Jean Richepin...

Récit de Marie Colombier

Si je m'attendais à ça : l'intrusion, à mon domicile, rue de Thann, de Sarah et d'un groupe d'énergumènes excités ! Ils ont tout brisé, enfin, presque tout, en vociférant injures et menaces... Ils doivent s'attendre à ce que cet attentat ait des suites.

Le pamphlet que j'ai intitulé *Sarah Barnum*, et que mon ami Paul Bonnetain a préfacé, méritait-il cette opération de vandalisme ? Certes, je n'ai pas ménagé Sarah, mais ne l'a-t-elle pas cherché ? Au cours de notre voyage en Amérique, ses marques d'indifférence, son ingratitude à mon égard, son attitude méprisante et narquoise m'ont poussée à bout. Elle allait jusqu'à me reprocher de ressembler à la baleine de Henry Smith !

Une telle attitude est la raison d'être de ce livre. J'ai pris soin de déformer les noms des personnages, mais sans qu'on puisse ignorer leur identité. Une astuce que je n'ai pas inventée...

Sarah avait déjà pris ombrage des articles que j'ai adressés à *L'Événement*. À la lecture de mon livre, elle s'est indignée. Je ne fais pourtant que traduire la vérité sur ses comportements. Il est vrai que *Sarah Barnum* est plus abondant en épines qu'en roses.

Je lui ai fait tenir un des premiers exemplaires de ce livre, ce qui était maladroit et imprudent. Le lendemain, visite intempestive de Maurice ! Très en colère et brandissant sa canne, ce petit monsieur... Je ne rapporterai pas ses insultes, d'une grossièreté inconcevable chez un garçon si bien élevé, du moins à ce qu'on dit. Accompagné de deux comparses, comme pour me provoquer en duel, il venait me demander raison des « ragots », des « calomnies » que ce livre répandait « comme du fumier » ! Il exigeait que je lui donne le nom de deux relations pour l'affronter en duel et venger l'honneur de sa mère.

— J'attends votre réponse, madame !

— Te battre en duel ? Tu es trop petit, mon ami !

Furieux, il a lacéré au couteau un de mes portraits. Pas celui que Manet a fait de moi dans ma jeunesse. Heureusement !

Le lendemain, nouvelle expédition, cette fois, en force, Sarah en tête, visage de Méduse, avec au poing la cravache de l'amant de Rosine, le maréchal Canrobert. Elle était assistée de Maurice, du peintre Alfred Stevens et d'un hurluberlu bâti comme un ours et orné de colifichets comme une bohémienne, le poète Jean Richepin.

Lorsque ma servante est venue m'annoncer cette intrusion, j'ai interrogé un ami que j'avais invité à prendre le thé : le journaliste Jehan Soudan, sur le comportement à adopter.

— Le mieux, me conseilla-t-il, est de vous retirer dans votre chambre et de fermer la porte à clé. Je me charge de recevoir ces voyous.

J'étais rassurée : ce reporter doublé d'un globe-trotter passe pour n'avoir pas froid aux yeux. Il devait pourtant m'avouer plus tard qu'il avait un moment craint pour sa vie en voyant surgir cette diablesse et ces brutes.

Sarah hurlait en menaçant ma servante :

— Où est cette garce de Colombier ? Où se cache-t-elle ? Réponds !

— Madame est absente..., bredouilla cette pauvre fille.

— Alors, pourquoi ces deux tasses ? Tu prenais le thé avec ce monsieur ?

Le « monsieur » crut bon d'intervenir. Il demanda, sans se démonter, ce qu'on me voulait.

— La corriger ! rugit Stevens.

— La cravacher comme une catin qu'elle est ! s'écria Sarah.

— L'égorger comme un porc ! lança Richepin en sortant un couteau de cuisine de sa veste.

Jehan commençait à prendre la mouche. Il leur a répété que j'étais absente et qu'ils reviennent un autre jour, si possible dans des dispositions moins agressives. C'est alors que, possédés par la folie, ils s'en sont pris à mon mobilier, à mes œuvres d'art, à mes bibelots. Maurice a piétiné le tableau qu'il avait lacéré la veille, Richepin brisé mon vase de Chine, Stevens arraché mes tapisseries et mes rideaux, Sarah ravagé à coups de cravache mes porcelaines de Limoges. Lorsque Jehan a tenté de s'interposer, Richepin l'a menacé de son couteau.

— Ce n'est qu'un avertissement ! s'est écrié Maurice. Cette affaire aura une suite.

Lorsque, toute tremblante, je suis sortie de ma cachette, j'ai pleuré sur l'épaule de Jehan en constatant le désastre. On marchait sur des débris de verre et de porcelaine, mes tapisseries et mes rideaux pendaient lamentablement, mes tableaux portaient des traces irréparables, à part le Manet : il est dans ma chambre.

Cette brute d'Octave Mirbeau qui, j'ignore pourquoi, s'est entiché de Sarah, a pris dans cette affaire fait et cause pour elle. Dans son journal satirique *Les Grimaces*, il a publié une critique indécente de mon livre, conclue en ces termes :

Si j'étais M. Maurice Bernhardt, je prendrais un marteau et j'irais fendre le crâne de M. Bonnetain. Puis, traînant Mlle Colombier dans un endroit public, je trousserais ses jupes et montrerais à la foule son vieux derrière ridé, flétri et souillé, sur lequel j'appliquerais une formidable et rouge fessée !

Si je rapporte ces propos ignobles, c'est pour montrer à quel degré de haine j'étais en butte, et les risques auxquels cette affaire m'exposait. J'eusse été présente dans mon salon, ces brigands m'auraient sûrement molestée, tuée peut-être. J'éprouve encore des frissons à cette idée.

Se sentant diffamé à travers moi, Paul Bonnetain a volé à mon secours et provoqué Mirbeau en duel, malgré mon interdiction, car il aurait affaire à un duelliste redoutable, lui qui n'a jamais tenu une arme. Il a passé outre. Mirbeau l'a blessé à une main : celle qui a écrit la préface de *Sarah Barnum.*

Cette affaire a fait grand bruit, jusqu'en Amérique. Le *New York Herald* et *La Gazette* l'ont montée en épingle, avec des caricatures. Sarah et Richepin n'y ont pas le beau rôle.

Le résultat ne s'est pas fait attendre dans le domaine de l'édition : les ventes de mon livre ont monté en flèche...

Récit de Jean Richepin

Fallait-il que j'aime Sarah pour me mêler, un couteau au poing, à cette absurde agression contre Marie Colombier ! Fallait-il que je sois sot pour aider ma maîtresse à poursuivre sa vengeance sous forme d'une réplique à *Sarah Barnum* : *La Vie de Marie Pigeonnier !* Ce livre, que j'ai signé Michepin, nous a ridiculisés, elle et moi. Sarah aurait dû se contenter des deux mille francs de dommages et intérêts et des trois mois de prison avec sursis que la justice a infligés à sa rivale, pour diffamation. Les autres éditions de *Sarah Barnum*, frappées par la censure, ont paru avec de nombreux passages, parfois des pages entières, censurés et remplacés par des blancs.

Je n'avais pas tardé à comprendre que Sardou ne m'aimait guère. Peut-être était-il jaloux de moi.

Je ne me suis rendu qu'une fois dans son « château » de Marly : une vieille bâtisse datant de l'Ancien Régime, d'allure prétentieuse et inconfortable, mais située dans un cadre agréable.

Sardou prétendait que, si Sarah s'était éprise de moi, c'est que je lui rappelais une de ses premières passions : Mounet-Sully. Il est vrai qu'on pourrait s'y tromper : même carrure (j'ai débuté dans le spectacle comme lutteur de foire à Neuilly), même chevelure brune et frisée, même voix bien timbrée, parfois difficile à maîtriser sur la scène comme dans la vie, mêmes pulsions sentimentales et érotiques...

C'est par l'érotisme que je suis entré en littérature. Mon premier recueil de poèmes : *La Chanson des gueux*, m'a valu un procès retentissant : un mois de prison ferme, une lourde amende... et une sacrée réclame ! À la suite de cette affaire, je suis devenu pour les journaux et le public le « Poète des gueux », un titre que je ne saurais renier. J'ai réitéré dans le même genre avec *Les Caresses*, mais, hélas ! la justice est restée indifférente, ce qui ne faisait pas mon affaire.

C'est avec *La Glu*, une pièce où transparaît mon admiration pour Émile Zola et pour ce grand révolutionnaire, Jules Vallès, que j'ai fait de brillants débuts au théâtre de l'Ambigu, avec Sarah. Il faut dire que ce succès a été éphémère : la pièce suivante : *Nana Sahib*, a été un four.

Dans ma vie quotidienne comme au théâtre, j'avais Sarah comme partenaire, à un moment où elle tentait d'oublier son aventure dérisoire et son mariage absurde avec Jacques Damala. Elle aimait ma puissance physique, ma capacité à satisfaire ses besoins sexuels, mon autorité naturelle. En revanche, au chapitre du sentiment, elle se montrait réticente en raison de nos disparités : elle avec ses allures aristocratiques, moi avec ma dégaine de fils du peuple. J'étais, disait-on, son « poète ordinaire ». Sur ce plan-là, elle était davantage en accord avec son « auteur ordinaire » : Victorien Sardou.

J'étais, j'en conviens, jaloux de leur connivence et du succès de leurs spectacles, alors que les miens périclitaient.

Sur la nature de leurs rapports, je reste perplexe. Qu'il ait été amoureux d'elle, c'est certain, mais c'était un timide. Ce brillant causeur, un peu raseur dit-on, de taille plus que modeste, agité, l'allure d'un bedeau, roulant les « r » de son enfance bourguignonne, n'avait que peu d'avantages pour conquérir Sarah. Elle ne s'est attachée à lui qu'en raison de leurs goûts communs pour ces fresques historiques que je trouve ennuyeuses à mourir, et certain talent pour la réclame, qu'il manie avec habileté : il lance ses pièces comme des marques de chocolat ou de cirage. Sarah, en revanche, n'a jamais partagé sa passion pour le spiritisme, ce qui est tout à son honneur.

Je n'ai guère de sympathie non plus pour ce bardache : Oscar Wilde, qui fait le siège de Sarah pour la convaincre de jouer sa pièce biblique interdite par les autorités anglaises : *Salomé*. Sarah hésite, encore que ce rôle soit fait pour elle, écrit pour elle peut-être. L'épisode de la décapitation de Jean-Baptiste lui irait comme un gant. Elle m'a dit en me fixant dans le blanc des yeux et en me pinçant la joue :

— Cela me vengerait des duperies et des humiliations que les hommes, et toi en particulier, me font subir.

Wilde venait fréquemment de Londres pour assister à ses nouveaux spectacles. Un bouquet d'orchidées à la main, il la retrouvait dans sa loge. Cet homme chevelu comme Absalon, lent et lourd comme un pachyderme, revers fleuri et bouche en cœur, fardé comme une putain, me fait horreur. Il s'entoure d'une cour d'éphèbes soumis à ses caprices. Sa femme s'appelle Constance : un nom prédestiné...

Un soir où j'étais d'humeur exécrable à la suite d'un nouvel insuccès de *Nana Sahib*, je me suis heurté à lui en pénétrant dans la loge de Sarah. Il a écarté les bras, comme si ma présence lui causait une surprise, et qu'il fût chez lui.

— Mais c'est M. Richepin ! Je suis heureux de vous revoir, *dear*. Vous avez été *perfect* dans votre pièce. *Really !*

Je bougonnai avec une amabilité de dogue :

— J'ai été exécrable ! Je vous dispense de vos compliments. Ils sonnent faux !

— Mais enfin, monsieur, en voilà des façons !

— Je vous conseille de sortir. Im-mé-dia-te-ment...

Avant que Sarah ait pu intervenir, et comme il hésitait à partir, j'ai pris le bouquet d'orchidées pour l'écraser sur sa figure de vieil eunuque. Il a levé sa canne comme pour m'en frapper. S'il avait osé, je l'aurais étranglé.

J'ai mis une sourdine à la colère de Sarah au cours d'une nuit généreuse en étreintes, mais elle n'a jamais oublié cet incident et m'en a gardé une rancune tenace.

— Jean, me dit-elle, tu t'es fait un ennemi du plus grand écrivain anglais de notre temps !

— Ça, je m'en fous, ma chérie.

— Eh bien, pas moi ! Tu m'as humiliée.

— Ça, je le regrette, mais reconnais que je te fais des « choses » que ton grand écrivain ne te fera jamais.

Elle éclata de rire et tambourina de ses petits poings sur ma poitrine. Ces « choses », elle les adorait et ne s'en cachait pas.

Sarah me dit un soir son projet de monter le drame de Shakespeare : *Macbeth*, et me demanda si j'étais à même de lui en faire une traduction. L'idée me parut saugrenue, mais, à la longue, je l'adoptai et m'attelai à cette tâche redoutable. Elle m'avoua que cette décision avait pour but de renflouer ses finances, suite à la faillite annoncée de l'Ambigu, plus qu'elle n'était motivée par une passion pour le théâtre élisabéthain.

Je bouclai ma traduction dans le mois qui suivit ; elle la trouva excellente.

— Ce drame, me dit-elle, devrait plaire au public de la Porte-Saint-Martin. Tu seras le héros principal et moi lady Macbeth.

L'échec fut tel que je m'interrogeai : de toute évidence, je portais la poisse à Sarah. Le « Poète des gueux » était déplacé dans l'univers shakespearien, comme dans celui de ma maîtresse. Passe encore pour ma traduction, qui ne reçut aucune critique défavorable, mais mon interprétation était peu crédible. On loua Sarah ; on parla à peine de moi, et jamais pour me faire des compliments.

Quand elle se mit en tête de jouer cette pièce en Angleterre, dans sa traduction française, et parvint à trouver un théâtre complaisant, ce fut un nouvel échec. Seule cette vieille pierreuse de Wilde, peu rancunière, trouva cette version à son goût, mais elle ne faisait pas, en Angleterre, la pluie et le beau temps.

Je ne suis jaloux ni du talent de Sardou ni de son succès, mais je suis resté ébahi, un rire comprimé dans la gorge, lorsque Sarah m'a montré les dessins et les décors de la nouvelle pièce de cet auteur : *Theodora*.

Cette tragédie raconte l'accession au trône de Byzance d'une ancienne prostituée qui a du mal à cacher son passé. Devenue impératrice, elle se voit contrainte de trucider, avec une épingle (en or, évidemment) dans le cœur, son petit ami Andréas... C'est baroque, gothique, embrouillé en diable, emmerdant au possible. Et truffé d'invraisemblances à faire hurler. Sarcey a trouvé cette mélasse savoureuse et Sarah prodigieuse. Il a de bonnes raisons de se montrer indulgent avec cette maîtresse épisodique qui a dû laisser des traces de miel dans sa barbe de satyre.

Sarah... Elle a été égale à elle-même, comme chaque fois qu'il est question, par la fiction, de régler son compte à un partenaire, mais elle était à tel point écrasée par sa carapace de mille quatre cents joyaux cousus à sa robe impériale (elle les a comptés !), et par le bric-à-brac byzantin du décor, qu'elle avait du mal à se déplacer et ressemblait davantage à un automate qu'à une comédienne.

J'ignore d'où est venu le bruit qu'elle était allée en Italie, à Ravenne notamment, pour s'informer sur le décor et les costumes de cette époque. C'est une blague ! J'aurais été le premier informé de ce voyage, et la duègne de Sarah, la mère Guérard, ne me l'aurait pas caché, bavarde qu'elle est...

À propos de ce mélo byzantin, présenté à Noël 1884 pour les quarante ans de Sarah, un critique a parlé d'un triomphe pour les deux « S » : Sarah-Sardou. De là à donner à cette parité artificielle un prolongement sentimental, j'en connais qui ont dû le faire sans hésitation. Moi, sans preuve, je n'en dirai rien.

Les nuits ardentes partagées avec Sarah ne pouvaient me faire oublier nos querelles. Cette situation instable, déprimante, s'est maintenue jusqu'au jour où j'appris le retour de Damala.

Avait-il déserté ? Sa période d'engagement était-elle venue à son terme ? Bénéficiait-il d'une permission de longue durée ? Je ne saurais trancher.

Sarah le trouva un soir allongé sur son lit, fumant un cigare en feuilletant des gazettes. La scène qu'elle lui fit et que la mère Guérard m'a racontée eut une conclusion inattendue : loin de le chasser, elle le garda au chaud. La pire des sottises que l'on puisse attendre d'elle !

Le lendemain, elle me dit, l'air faussement contrit :

— Mon Jean, il faut me comprendre et me pardonner. Damala est de retour et, comme il est toujours mon mari, je ne peux le rejeter. C'est une épave, mais je ne peux la laisser couler. Il faudra que, d'un certain temps, nous cessions nos rapports. Dis-moi que tu n'es pas trop fâché, mon chéri, et que tout n'est pas fini entre nous.

Dire que j'étais ravi de cet événement serait exagéré, mais je n'en reçus pas la commotion qu'elle redoutait, persuadée que j'allais rompre, ce que je me gardai de faire pour le moment. La vérité est que je commençais à me lasser de ses exigences, de ses caprices, de ses airs supérieurs, de son mépris parfois, et que j'avais besoin de prendre quelque distance.

Je lui répondis crûment :

— Ma pauvre chérie, tu n'as pas fini d'en baver avec ton greluchon ! Tu fais la plus lourde connerie de ton existence.

Mauvais prophète, j'avais vu juste. L'armée n'avait pas guéri Damala de son vice majeur : la drogue. Il se faisait chaque jour plusieurs injections de morphine, à travers son pantalon lorsque ça pressait. Lorsque Sarah prit conscience que l'« épave » dont elle m'avait parlé n'était pas une image gratuite et que Damala était condamné, elle le fit admettre dans une clinique.

Peu après, elle me dit :

— Comprends-moi : je dois tout faire pour le sauver, mais c'est toi que j'aime. Si tu savais comme tu me manques... Reviens ce soir, si tu veux.

Et tout reprit comme avant ! J'avoue que Sarah me manquait aussi, non seulement pour nos nuits mais pour tout le reste. Elle est de ces femmes insupportables, mais auxquelles il est difficile de renoncer.

Après six mois d'un traitement rigoureux, Damala sortit de la clinique. Guéri ? Allons donc ! Quand il était en manque, son esprit battait la campagne ; il devenait violent sans motif, hurlait, brisait les meubles, maltraitait les animaux, injuriait la mère Guérard. Sarah s'arma de courage et d'un parapluie qu'elle brisa sur la tête du pharmacien du voisinage, pourvoyeur de drogue. Peine perdue ! Avec l'argent qu'il puisait sans scrupule dans la cassette de Sarah, il s'en procurait aisément.

— Sois patient, mon adoré, me dit-elle. Je viens de demander une séparation de corps et je serai bientôt libre. Mme Aristidès redeviendra Mlle Sarah Bernhardt...

Damala devenait insupportable. Il suivait Sarah au théâtre, se tenait dans les coulisses, critiquait à tort et à travers, donnait des conseils et des ordres abracadabrants, si bien qu'à plusieurs reprises elle dut le jeter à la rue. Il revenait, s'installait dans la salle et, entouré de garces, la narguait, l'interpellait, s'esclaffait dans les scènes pathétiques...

C'en était trop. Le jour où Sarah tomba sur une caricature intitulée *La Damala aux camélias*, elle se jura d'en finir au plus vite avec ce forcené qui menaçait de ruiner sa carrière. Un soir où, elle et moi étions sur scène, il se montra particulièrement odieux et agressif. À la sortie, je lui administrai une telle raclée qu'il en resta inconscient.

À la suite de cette scène, Sarah décida de le faire interner à Charenton. Il y est encore.

Après le retour de Damala, la sagesse aurait dû me dicter d'en finir aussi avec Sarah. Je ne pouvais m'y résoudre. J'avais beau lui dire et lui écrire, avec ménagement, que notre idylle ne débouchait sur rien, que nous devions espacer nos rencontres, ne nous revoir que pour les besoins du métier, elle ne me prenait pas au sérieux, alors qu'elle était aussi soucieuse que moi de recouvrer sa liberté.

C'est d'ailleurs ce à quoi elle finit par se résoudre.

Un soir où j'avais du vague à l'âme, suite à une navrante beuverie au Chat noir, en compagnie de mon ami le poète Raoul Ponchon, le plus magnifique ivrogne de Paris, j'allai chercher auprès d'elle une consolation qui me fut refusée.

— Ma maîtresse ne veut pas qu'on la dérange, me dit Félicie. Elle est très fatiguée, et elle dort.

— Eh bien, réveille-la !

— Ce n'est pas possible, monsieur Richepin. Je me ferais attraper...

Son embarras me mit la puce à l'oreille. D'ordinaire, qu'elle dorme ou non, sa porte m'est toujours ouverte et Félicie ne fait pas tant de cérémonies. Je l'écartai, traversai en trombe le salon, ouvris la porte de la chambre et me trouvai nez à nez avec Philippe Garnier, son ancien partenaire de Saint-Pétersbourg, ce jeune acteur avec lequel elle avait eu jadis une aventure brève mais intense. Sa liberté recouvrée, c'est avec lui qu'elle fêtait l'événement.

Je n'en fis pas une histoire. Simplement, le lendemain, je lui écrivis une lettre de huit pages, qui ne la ménageait pas. La réponse ne se fit pas attendre : Son *adoré*, son *idole*, son *affolant maître*, s'était mépris. Elle ajoutait : *Je suis plus tienne que jamais. Il me te faut* (sic !). *Reviens, je t'en supplie. J'aime tromper, mais je suis incapable de trahir* (tu parles !)... *Aime-moi pour l'amour de l'amour... Je baise tout doucement tes petits pieds de femme* (je chausse du 44 !) *et je m'abandonne à tes caresses... Mes lèvres demandent à tes lèvres cent mille pardons...*

Quel diable m'inspira pour que je revienne vers elle ? Elle me reçut en alternance avec le petit Garnier. Ces scènes de vaudeville ont duré quelques mois. Le jour où j'en eus assez, je lui écrivis une lettre de rupture définitive, sans préjudice, ajoutais-je, de nos relations amicales et professionnelles.

À cette époque, je me détachais des planches pour me consacrer davantage à la poésie. Je venais de publier un autre recueil : *Les Blasphèmes*, qui fut mieux accueilli par la presse que mes apparitions sur la scène.

Exit Philippe Garnier, le nouveau favori fut un jeune diplomate : Édouard de Lagrenée. Elle se fit un plaisir de déniaiser cet Éliacin d'une timidité maladive. Elle le promena partout dans Paris, en fit, outre son amant, son sigisbée. On le surnommait le « Petit chien de Sarah », et la presse s'en donna à cœur joie. Il était épris d'elle au point de défendre son honneur par l'épée avec un journaliste de *La Vie parisienne*, Richard O'Monroy, qui avait osé écrire qu'un quart d'heure était suffisant pour conquérir sa maîtresse. Le pauvre benêt s'en tira avec une blessure légère.

Pauvre Édouard... Cet exploit malheureux lui valut une sévère admonestation de sa famille. Il dut faire ses valises pour Saint-Pétersbourg, où Sarah n'alla pas le rejoindre comme elle l'avait fait pour Damala. Il doit s'y trouver encore...

LA « JUIVE ERRANTE »

Récit de Mme Guérard

La vente aux enchères des bijoux de Sarah fut à peine suffisante pour lui permettre d'honorer ses dettes les plus criantes. Elle dut se séparer d'une partie de sa domesticité, qui était pléthorique. Si je suis restée, c'est que mon service ne lui coûte rien. Elle a dû revenir à son projet de revendre l'hôtel de la Plaine Monceau pour se retirer boulevard Péreire, près de la place Wagram : un bel immeuble, mais mal situé, le long de la voie ferrée.

Ce fut l'occasion d'opérer des coupes claires dans la ménagerie. Elle garda ses deux chiens mais se débarrassa du guépard, devenu dangereux, et d'un lionceau nouveau venu qui, en grandissant, empuantissait l'atmosphère. Le reste : le perroquet, le singe, les caméléons, nous accompagna dans notre migration.

Elle s'efforça de reconstituer dans ce nouveau logis le décor et l'ambiance de la Plaine Monceau : la jungle, l'étalage des bibelots qui lui restaient, quelques tableaux et une collection disparate de meubles... Un véritable capharnaüm d'antiquaire.

Sarah n'était pas au bout de ses déboires.

Les spectacles montés avec Dumas fils, Richepin, Sardou, ne lui avaient pas procuré les subsides sur lesquels elle comptait pour entretenir un train de vie digne de sa renommée et conforme à ses goûts. Elle tirait, comme on dit, le diable par la queue. Pour comble, Maurice et Saryta étaient toujours à sa charge ; ils grattaient les fonds de tiroir et réclamaient de l'argent à cor et à cri. Si elle avait pu s'arracher les entrailles, comme le pélican, pour les leur donner en pâture, elle l'aurait fait.

La fille de Jeanne tourne mal. Elle semble avoir adopté comme modèle Missy, la fille du duc de Morny. Elle se coiffe et s'habille en homme, fume le cigare, boit des alcools raides dans des bars à femmes, sans que Sarah y trouve à redire, et Maurice moins encore. Avec Louise Abéma, cette fille dévoyée est à bonne école. J'ai trouvé dans sa table de nuit un ouvrage sulfureux dont Louise lui a fait cadeau : *Les Sept Baisers lesbiens*, une tribaderie dont je n'ai pu lire qu'une ou deux pages. Elle ramène dans sa chambre des filles à la nuque rasée, pêchées au petit matin dans les *théâtres de femmes* de Montparnasse ou de Montmartre. Lorsque je lui demande ce qu'elle compte faire pour gagner sa vie, elle m'éclate de rire au nez : une autre la gagne pour elle. Ses études ? Elle s'en moque, et d'ailleurs elle a été renvoyée de partout. Se marier ? Oh là là ! elle n'y songe même pas.

Nous avons vu reparaître Edward Jarrett, plus gentleman et plus volubile que jamais malgré son âge, le mien à quelques mois près. Enveloppé de ce parfum mystérieux que Sarah aime tant et qu'il se procure je ne sais où, il arrivait porteur de projets. Sarah l'écouta avec intérêt.

— L'Amérique du Sud, dit-il, est-ce que ça vous tente ? Je peux vous organiser une tournée. Il y a une fortune à faire là-bas, pour vous et pour moi.

— Mon petit Jarrett ! s'exclama Sarah, vous êtes ma Providence. Vous arrivez toujours au moment opportun. L'Amérique du Sud, dites-vous ? J'en ai rêvé et vous me l'apportez sur un plateau...

Elle lui sauta au cou, se mit à danser sur place comme une échappée de Charenton, en chantonnant :

— Rio... Bahia... L'Amazone... Les Indiens...

Elle ajouta en reprenant son sérieux :

— Restez avec nous ce soir, mon ami. Nous fêterons cet événement. Je vous invite au Grand Hôtel !

Je supputai sans peine, sinon sans crainte, le danger qui me guettait. Il s'abattit sur moi le lendemain.

— Mon Petit'dame, me dit Sarah en me prenant dans ses bras, je vais t'offrir un autre voyage. Tu ne peux pas te dérober. J'ai besoin de toi.

— Et moi, ma chérie, j'ai de moins en moins le goût des grands voyages ! Tu me vois traînant la patte chez les sauvages d'Amazonie ou chez les gauchos de la Pampa ? Tu oublies mes rhumatismes, mes vertiges, mes maux d'estomac, cette menace de phlébite, et mon âge surtout ! Qu'est-ce qu'ils vont te faire bouffer, ces sauvages ? Du serpent, de l'alligator, des noix de coco ? Ma petite, pars avec qui tu voudras, mais ne compte pas sur moi. Je garderai la maison. Je ne suis plus bonne qu'à ça, d'ailleurs, et à promener tes chiens...

Ce refus lui a été sensible. Elle a posé sa tête dans le creux de mon épaule et s'est mise à sangloter, disant que je ne pouvais l'abandonner, que sans moi elle était perdue, que j'étais une ingrate, après tout ce qu'elle avait fait pour moi... Quel toupet !

Il y avait, je l'avoue, quelque perversité dans mon refus. Il n'était qu'une parade, l'envie de lui montrer que je lui suis indispensable. Je finis par céder, évidemment. J'aurais trop mal vécu cette absence de plusieurs mois de mon enfant chérie, dans ces terres lointaines, exposée aux pires dangers. En les partageant avec moi ils lui paraîtraient moins redoutables.

Nous avons bien ri, avant le repas du soir, lorsqu'elle est apparue à demi nue, une ceinture en peau de serpent autour de la taille, maquillée de traits charbonneux, des plumes d'ara piquées dans les cheveux, Bizibouzou sur une épaule et Darwin sur l'autre. Maurice s'esclaffait. Saryta eut un sourire indulgent pour cette mascarade.

Sarah adore faire des farces. C'est un des bons côtés de sa nature, son versant radieux. Je me souviens de ce matin, à la Plaine Monceau, où, déguisée et grimée en mendiante, elle sonna pour demander Mlle Bernhardt. Félicie eut le plus grand mal à la refouler. Une autre fois, dans *Fedora*, elle installa son ami, le prince de Galles, Édouard, dans une malle censée contenir le cadavre du prince Romanov...

Elle me disait :

— Mon Petit'dame, si je suis gaie, si j'aime faire des *niches*, ce n'est pas par hygiène, comme on le recommande aux filles du beau monde, mais parce que c'est dans ma nature. Je ne suis pas du genre globe à pendule...

Affectée par l'insuccès de la tragédie de Victor Hugo : *Marion de Lorme*, que Philippe Garnier avait pris le risque de monter après la mort du poète, elle était de plus affligée par une suite de déboires d'ordres divers. Un beau jour, elle m'annonça son intention de prendre quelques jours de repos à Sainte-Adresse, et me demanda de l'accompagner. Elle passa son temps en promenades entre Le Havre et La Hève, à pied ou à dos de mulet, par des chemins escarpés, s'arrêtant pour déjeuner dans des auberges, buvant la bolée avec des marins, se gavant de fromage et de poissons grillés. Je la voyais avec plaisir, jour après jour, reprendre des couleurs.

Nous avons pris le bateau pour le Brésil, à Bordeaux, à la fin du mois d'avril de l'année 1887.

Convaincre Maurice et Saryta de nous accompagner n'avait pas été trop difficile. Sarah avait décidé de donner à sa nièce une chance de prendre goût au théâtre et d'y faire carrière. La petite n'y répugnait pas et manifestait même certains dons. Quant à Maurice, il voyait dans cette expédition un remède à la vie dissolue qui rongeait sa santé.

Sarah avait adjoint à sa troupe deux de ses anciens amants : Philippe Garnier et Jean Angelo, ainsi que le peintre Stevens, ami de Maurice et de Saryta.

La brève relation que je vais donner de ce périple souffre de la confusion qui règne dans mes souvenirs, notamment en ce qui concerne l'itinéraire. Je vais donner tout cela en vrac.

D'emblée, à Rio de Janeiro, ce fut du délire. À l'issue de la première représentation, l'empereur du Brésil, don Pedro, vint saluer Sarah dans sa loge et lui offrir un bracelet d'or orné de diamants. Elle le remercia par un évanouissement très réussi.

Le lendemain, un événement moins réjouissant nous attendait. Des malfrats pénétrèrent de nuit dans la chambre de Sarah et lui dérobèrent ses bijoux.

L'accueil de la population nous fit oublier cet incident. Dans une grande ville de l'intérieur, des spectateurs déployèrent leur mouchoir sous les pas des acteurs. Dans une autre cité, des fanatiques se couchèrent sur le passage de Sarah pour qu'elle les foulât de ses pieds nus. Alors que la troupe se produisait à Lima, le gouverneur offrit à Sarah un collier fait d'yeux humains naturalisés par un procédé mystérieux, hérité des Incas. À Buenos Aires, un ministre lui fit cadeau de treize mille acres de terre dans la Pampa, sans en préciser l'endroit, mais en lui promettant un train de guano pour les fertiliser. Sarah, reine de la Pampa : un titre qui manquait à sa gloire...

De passage en Uruguay, alors que ce petit pays jouissait d'une paix chèrement acquise, l'idée lui vint de demander au Caudillo de fomenter en son honneur, le temps de son séjour, une petite révolution identique à celle qui menaçait l'empereur du Brésil. On ne donna pas suite à cette requête. Au Chili, elle apprit avec une joie enfantine qu'on allait organiser en son honneur une grande chasse. Elle qui adore les animaux, elle en fit, sans remords, une hécatombe.

En Bolivie, à La Paz, elle reçut d'une spectatrice une belle leçon de réclame. Une femme, qui l'attendait au sortir du théâtre, la gifla. Le lendemain, l'événement parut en première page du journal.

La troupe se produisait la plupart du temps dans des théâtres sordides. Les loges étaient de véritables taudis, des rats couraient sur la scène, des araignées géantes s'accrochaient au décor, les planches vermoulues cédaient sous les pas, le mobilier de scène brillait par son absence. Et la chaleur... Lourde, oppressante, chargée d'humidité et de puanteur, elle nous accablait de jour et de nuit.

Une fois ou deux par semaine, Sarah écrivait au poète Raoul Ponchon, auteur de *La Muse au cabaret*, que Richepin lui avait fait connaître et dont elle appréciait la simplicité et l'esprit. À travers ce bel ivrogne, c'est à son ancien amant qu'elle s'adressait. Elle l'appelait « Mon Ponchinot », lui décrivait les merveilles et les misères de notre randonnée, les méfaits du climat qui nous épuisait, la nourriture infecte, les nuits à lutter contre les moustiques... Elle lui disait : *Mon Ponchinot chéri, je vous embrasse de toute mon âme, avec mes deux bras autour de votre cou. Je vous aime plein mon cœur...* Je me demande ce que cet aimable ivrogne devait penser de ces effusions, et à quel genre de réception il devait s'attendre pour le retour.

Maurice tomba malade à Lima : il crachait le sang, si bien qu'on dut le rapatrier. Saryta affrontait toutes ces misères avec abnégation et se passionnait pour les petits rôles que sa tante lui confiait. Quant à Sarah, elle ne prenait pas au tragique les épreuves qui nous accablaient, et s'en amusait parfois. Elle écrivait à Ponchon que son bas de laine s'arrondissait : *J'ai amassé deux cent mille francs. Je compte bien rapporter un petit million. Ce ne sera pas la richesse mais la sécurité et le droit au repos.*

Notre convoi nous promenait à travers déserts et montagnes qui semblaient remonter à l'origine du monde. Aux étapes, nous étions assaillis par des bandes d'indigènes pouilleux réclamant des pesos, des couronnes ou de la nourriture, que Sarah me laissait leur distribuer. Le spectacle de cette misère totale nous poignait le cœur.

Le soir, à l'arrivée dans les villes, nous lisions les rares journaux français qui traversaient l'Atlantique. Ils n'étaient pas plus tendres pour Sarah qu'ils ne l'avaient été quand Jarrett nous avait emmenées aux États-Unis.

Lettre à Ponchon : *Je suis abrutie par ces infâmes journaux français. Je n'ai jamais vu autant de lâchetés, de mensonges et une aussi plate joie à me croire ruinée, malade, désolée. Les misérables, les sales drôles ! Il n'y a rien de vrai dans tout ça...*

Un patron d'hôtel, à São Paulo, crut lui faire plaisir en lui montrant une photo découpée dans un journal français, où elle figurait à côté de Jean Richepin. Elle la déchira et la lui jeta à la figure.

J'ai gardé le plus sombre souvenir d'une étrange croisière autour de la Terre de Feu, pour contourner le continent, des tempêtes épouvantables qui secouaient le navire, des terres désolées où vit le reliquat d'une population proche de l'animalité.

Passé le détroit de Magellan, nous avons trouvé, en pénétrant dans le Pacifique, des côtes chiliennes plus hospitalières.

Lettre de Sarah à Ponchon, quelques semaines plus tard : *Je me suis bien amusée à Guayaquil, ville de l'Équateur, où j'ai chassé le crocodile et le caïman. J'en ai tué plusieurs. Je vous en rapporte un.* Elle avait décidément, ce qui ne me plaisait guère, prit goût à ce jeu ignoble qu'est la chasse.

Elle semblait de même avoir contracté une passion pour les grands voyages. Elle me dit en arrivant à Panamá :

— J'ai bien envie de prolonger cette randonnée par l'Australie, l'Égypte et, pourquoi pas ? les Indes. Je reviendrais à Paris riche à millions...

— ... mais, entre-temps, Paris t'aura oubliée.

— Oh, Paris... Il y a d'autres scènes par le monde qu'à Paris, et des journalistes moins malveillants.

Jarrett a mal supporté ce voyage. Terrassé par la fièvre jaune qui fait des ravages dans notre troupe, alors que nous nous trouvions en Équateur, il a été admis dans une clinique, de même que Garnier et Angelo. Ils s'en sont tirés, lui non. Il est mort quelques jours plus tard d'une crise cardiaque.

Lorsqu'on a prévenu Sarah de cette mort brutale, elle a sombré dans un chagrin sincère. Plus que la fin de relations professionnelles amicales et fructueuses, c'est le souvenir de leurs amours fugitives qui l'affligeait. Il était discret, efficace et, ce qui ne laissait pas de me surprendre, indulgent pour les caprices de Sarah. Les années avaient pesé sur lui : ses épaules s'étaient voûtées, sa barbe et ses cheveux étaient devenus rares, suite à des abus de tabac et de whisky.

Je me suis opposée à ce que Sarah vienne lui faire une dernière visite. Je m'y suis rendue seule, non sans appréhension. Il n'était pas mort d'une journée que, déjà, la putréfaction faisait son œuvre. Dans la cellule transformée en étuve où il reposait, la puanteur était telle que je renonçai à m'approcher de ce visage verdâtre où butinaient de grosses mouches bleues.

— Comment était-il ? me demanda Sarah à mon retour. Raconte...

J'inventai un mensonge : son visage avait retrouvé sa sérénité et ses belles couleurs ; il devait songer à elle en agonisant, car il souriait ; j'avais déposé entre ses mains un crucifix et une rose... Elle a éclaté en sanglots, m'a secoué les épaules.

— Pourquoi as-tu refusé que je te suive ? Je veux le voir une dernière fois, tu m'entends ? Tu vas m'accompagner !

Je lui ai raconté un nouveau mensonge : ç'aurait été inutile car il était déjà dans son cercueil. Il faudrait se contenter de le conduire au cimetière. Ses larmes ont redoublé. Elle gémissait :

— Jamais je ne l'oublierai. Il a été pour moi un soutien, un ami, un frère, un amant merveilleux. S'il m'avait demandé de l'épouser, je crois que j'aurais accepté. Et son parfum... Jamais je n'ai respiré le même. Quand il arrivait de Londres et me prenait dans ses bras, je sentais sur lui cette fragrance indéfinissable et délicieuse : un mélange de brouillard, de pluie, de tabac blond et de cette *Fleur de Java* qu'il se procurait dans je ne sais quelle boutique...

Nous avons suivi le cortège funèbre sous une de ces pluies équatoriales auprès desquelles nos pires orages ne sont que d'innocentes ondées, avec en plus des odeurs puissantes de verdure pourrie, de terre gorgée d'eau, de gardénia. La troupe a suivi au grand complet, sans Garnier, Angelo et quelques autres qui gardaient la chambre. Sarah avait exigé que les comédiens parussent à cette cérémonie revêtus des costumes de *Fedora*, la pièce préférée de Jarrett. Ils avaient, sous la pluie battante, une allure pitoyable. Des musiciens indigènes jouèrent des airs de leur pays, avec de pathétiques roulements de tambour et d'aigres sonorités de flûte indienne.

Perdus dans ces solitudes tropicales, sans notre mentor, nous étions comme des enfants égarés dans une forêt sans commencement ni fin. La présence du secrétaire de Jarrett, M. Grau, qui allait prendre la suite de l'affaire, nous était un mince réconfort : il n'était pas à la hauteur de ses nouvelles responsabilités. Dominant son chagrin et sa fatigue, Sarah décida de prendre les choses en main avec l'aide des vétérans de la troupe et de Saryta, qui tenait la situation pour très sérieuse. Moi qui souffrais de mille maux et m'occupais presque exclusivement du confort et de la santé de Sarah, je ne pouvais pas être très utile.

Je l'ai soignée, ma petite fille, le jour où, à la suite d'une chute, son genou, ayant heurté violemment une marche, est devenu énorme et violacé. Elle ne se plaignait pas mais, à sa démarche hésitante, aux grimaces de douleur que je surprenais sur son visage, il était évident qu'elle souffrait. Il en eût fallu bien davantage pour qu'elle renonçât à monter sur la scène, comme certains le lui conseillaient.

Elle a confié à Stevens, au cours d'une promenade sur le pont du navire qui nous ramenait en France, que cette aventure l'avait *emballée*, qu'elle adorait *les mille et une surprises que recèlent les longs périples*. Le sang d'Israël qui coule dans les veines de celle qu'on appelle la « Juive errante » la pousse impérativement à entreprendre des voyages au long cours.

Elle a ajouté en prenant Stevens par le bras :

— Moi qui n'aime pas savoir ce qu'on me servira aux repas auxquels je suis invitée, je déteste de même connaître ce qui va m'arriver, en bien ou en mal. L'imprévu est mon compagnon le plus fidèle...

La tournée s'est achevée en mai de l'année 1887, par l'Angleterre, l'Écosse et l'Irlande, après une interminable remontée vers New York à travers le Mexique et le Texas.

En arrivant à Londres, Sarah eut connaissance d'un article de son ami, Jules Lemaître, qui la combla de bonheur. On ne l'avait pas oubliée ; on attendait son retour avec impatience. Lemaître écrivait : *Plus que tout autre, elle a connu une gloire énorme, concrète, enivrante, affolante ; la gloire des conquérants et des Césars. On lui a fait, dans tous les pays du monde, des réceptions qu'on ne fait point aux rois. Elle a eu ce que n'auront jamais les princes de la pensée...*

Dès son retour, Sarah allait, à sa manière, récompenser les louanges dithyrambiques de cet aimable Tourangeau qui, renonçant à une carrière universitaire, s'est consacré au journalisme et à la littérature. Il avait été pour elle, naguère, un amant de tout repos, attentif, efficace, peu porté à la jalousie.

Elle se fit une joie de retomber dans ses bras ou, du moins, de faire en sorte qu'il y retombât.

Nous n'avons pas eu, pour donner une relation détaillée de ce long périple, une Marie Colombier. Il ne s'est présenté aucun directeur de journal pour effectuer la même démarche auprès de l'un ou de l'une d'entre nous. Ce que j'ai relaté de ce voyage n'est qu'un brouillon sommaire des mille et une aventures qui nous sont advenues, et que Sarah racontera peut-être un jour, si elle se décide à écrire ses mémoires.

Quant à Marie Colombier, elle a disparu de notre vie, sinon des affiches de théâtre dont elle n'a jamais occupé que le bas. Son livre : *Sarah Barnum,* connaît toujours, à ce qu'on dit, de bonnes ventes en librairie. Grand bien lui fasse...

Récit de Victorien Sardou

Durant la longue absence de Sarah, j'ai vécu dans l'inquiétude. Chaque matin je me précipitais sur mon quotidien, m'attendant à y découvrir la nouvelle d'un incident, d'un accident, d'un scandale, ou pire encore, où elle serait impliquée. Je répugne aux grands voyages, mais je crois que je me serais précipité vers le premier train, puis vers le premier bateau en partance pour les Amériques. Enfin, peut-être... Si ma santé me l'avait permis...

Paris sans Sarah n'est plus Paris. Il est comme un orchestre auquel manquerait le premier violon. Les panneaux d'affichage sont veufs, les crieurs de journaux ne parlent plus que de politique, avec les exploits du général Boulanger et les scandales de la République. Le public, dépossédé de son idole, boude les théâtres. Chaque jour, au téléphone, dans la rue, au restaurant, on me pose les mêmes questions : « Savez-vous où elle se trouve ? », « Pour quand est prévu son retour ? », « Préparez-vous une nouvelle pièce pour elle ? »

Travailler pour elle, à Marly ou à Paris, est mon souci permanent.

J'ai entrepris la rédaction d'un drame qui nous changera des fastes de Byzance et de l'ambiance délétère de la cour du tsar. L'action de *La Tosca* se déroule à Rome, au début des années 80. L'amant de cette cantatrice célèbre, le peintre Cavaradossi, est arrêté pour avoir caché un condamné à mort. Le préfet de police, Scarpia, personnage exécrable, promet à la Tosca d'oublier cette affaire si elle se donne à lui. Elle fait semblant de céder mais le poignarde. Le peintre sera fusillé et, de désespoir, la cantatrice se jettera dans le Tibre.

Fedora... Theodora... Tosca... Les noms de femmes terminés en « a » plaisent au public. Ils illuminent l'affiche, s'accrochent à la mémoire par des liens subtils, deviennent plus aisément des symboles ou des mythes... Sarah aimera cette dernière pièce qui sera mon cadeau propre à célébrer son retour. Je l'ai d'ailleurs écrite pour elle, en pensant à elle, comme Pétrarque composait ses sonnets pour Laure de Nove.

Une autre bonne nouvelle l'attend à Paris : Jules Claretie, le talentueux écrivain, chroniqueur du *Temps*, vient de remplacer Émile Perrin à la direction de la Comédie-Française. Il m'a révélé son intention de la solliciter pour qu'elle réintègre la Maison de Molière et m'a demandé mon avis.

— Tentez donc cette démarche, lui ai-je répondu, mais je doute que vous obteniez satisfaction. Sarah, au cours de son voyage, a dû gagner en un mois ce que vous allez lui proposer pour un an. Et puis, mon cher, elle n'aime rien tant que sa liberté.

— Mais le prestige, maître, le prestige de notre maison, inégalé dans le monde entier...

— Je crains qu'elle ne lui préfère le vagabondage d'une salle à une autre, selon son bon plaisir ou son intérêt. Il faut reconnaître que cela ne lui a pas trop mal réussi à ce jour.

Claretie a mâchouillé son cigare en marmonnant :

— À ce jour... à ce jour... Mais cela, mon cher maître, pourrait bien changer...

La réponse de Sarah à Claretie a été ce que je pensais : une fin de non-recevoir. Il est à prévoir qu'elle ne remettra jamais les pieds sur la scène de la Comédie-Française, qu'elle n'acceptera plus de se soumettre à une discipline contraire à sa nature indépendante. M'aurait-elle demandé mon avis, je le lui aurais déconseillé : elle aurait été, dans cette maison, malheureuse comme une lionne en cage.

Malgré la précaution que j'ai prise de me tenir au courant du retour de Sarah, je l'ai raté. J'étais alors à Marly, avec Anne, lorsque je l'ai appris. À quelques jours de là, je me suis présenté à son domicile, avec mon manuscrit sous le bras. L'oiseau s'était déjà envolé.

— Madame est partie pour la Bretagne, me dit Félicie et elle ne m'a pas dit quand elle reviendrait. Que monsieur repasse dans une semaine...

Une semaine... Le temps ne m'a jamais paru aussi long. Une semaine à ne rien faire de sérieux, à me promener, à jardiner, à lire les derniers poèmes de ce sacripant de Richepin, bon poète au demeurant.

Je n'ai pas attendu la fin de ce délai pour me rendre boulevard Péreire, où je n'avais pas encore été reçu. Mme Guérard m'a demandé de patienter dans le salon. Sa maîtresse était entre les mains du docteur Parrot, qui soignait son genou.

Mme Guérard m'apprit qu'elle avait souffert, durant la tournée en Amérique du Sud, d'une chute dans un escalier, qui lui avait endolori un genou. Une nouvelle chute, cette fois-ci à bord du steamer qui la ramenait en Europe, avait aggravé son mal. Elle avait été soignée par le médecin du bord, un vieil ivrogne sale et maladroit, qui lui avait appliqué des pointes de feu à la faire hurler. Elle l'avait congédié, mais le docteur Parrot devait reconnaître que c'était le seul traitement efficace connu à ce jour.

— C'est douloureux, mais elle est courageuse, ajouta Mme Guérard.

— Pourra-t-elle marcher, comme vous et moi ?

Elle s'est mise à rire.

— Bien sûr, monsieur Sardou ! Il faudrait qu'on lui coupe la jambe pour qu'elle ne remonte pas sur scène. Et encore...

Elle me parla du séjour à Belle-Île, dont elles revenaient, et qui avait été profitable à la comédienne. Elle avait parcouru l'île en tous sens, à pied, à dos de mulet, en carriole et en avait ramené, avec un regain de santé, un projet un peu fou : acheter le fort situé à l'extrémité occidentale de l'île, face à l'océan. Il était à vendre.

— Ma foi, monsieur Sardou, ce n'est pas une mauvaise idée. Elle pourrait venir s'y reposer entre deux tournées. Ça va lui coûter cher, surtout en restauration et en aménagement, mais, que voulez-vous, quand Sarah a un projet en tête, rien ne peut l'en faire démordre. Vous la connaissez...

J'ai dû attendre près d'une heure la fin des manipulations du docteur Perrot, sans ressentir ni impatience ni ennui. J'étais stupéfait, ébloui, en parcourant le salon de vastes dimensions, étagé sur deux niveaux, éclairé par une verrière et meublé avec une incohérence merveilleuse. Une véritable salle de musée, un domaine placé sous le double règne de Leurs Majestés le Bibelot et la Verdure.

Sarah avait ramené de sa récente tournée des objets insolites : armes primitives, masques, statuettes incas, vases précieux du Mexique. Elle y avait ajouté les tableaux et objets d'art du précédent domicile. Les plantes exotiques s'épanouissaient en fusée, chargées de fleurs et de fruits, hantées par des perroquets et des singes. L'ancienne cage du guépard, puis du lion, avait été transformée en volière pour canaris, colibris et perruches. Des chiens se prélassaient sur des fourrures d'ours et des peaux de lion.

Il régnait dans cette annexe du Jardin des Plantes une chaleur tropicale. Mme Guérard me la rendit supportable en me faisant servir une citronnade glacée que je savourai en dégustant un cigare.

Vêtue d'une robe d'intérieur en satin blanc qui ondulait sur elle avec des mouvements de vagues, Sarah surgit hors de sa chambre Elle prit congé du médecin et revint vers moi en me tendant les bras. J'y restai le temps de m'imprégner de son parfum et de la fraîcheur de sa peau, à la base du cou, sous la collerette de dentelle. Elle s'assit sur un divan, dans la pose que Clairin a rendue célèbre, et me fit asseoir près d'elle.

— Maître chéri, me dit-elle, vous m'avez manqué.

— Vous de même, Sarah. Ces sept mois m'ont paru interminables.

— Moins qu'à moi, je vous assure. Avez-vous bien travaillé en mon absence ? Vous m'avez parlé, peu avant mon départ, de cette pièce : *La Tosca*, je crois. Ne me dites pas...

Elle pointa le doigt vers le dossier que je tenais sur mes genoux.

— Mais oui, ma chère, c'est le manuscrit de cette pièce. Il vous attendait...

Toutes affaires cessantes, elle et moi nous sommes attelés à la tâche.

Le temps que je ne consacrais pas à l'écriture d'une autre pièce : *Gismonda*, je le destinais, avec la rigueur que j'attache à cette discipline, à la mise en scène de *La Tosca* qui serait présentée au Théâtre de la Porte-Saint-Martin. Sarah s'amusait à me voir me démener, cigare aux lèvres, vêtu de mon manteau et coiffé de mon chapeau haute-forme, bousculant les uns, gourmandant les autres, réglant le moindre détail, tandis que Louise Abéma prenait des croquis en coulisses. Nous observions quelque répit au cours du lunch que je faisais servir sur la scène, au milieu des meubles et des accessoires.

Alors qu'ils s'en étaient donné à cœur joie pour la brocarder au cours de son absence, les journalistes firent patte de velours dès les premières représentations de *La Tosca.* Je passe sur les éloges adressés à ma pièce ; ceux destinés à Sarah les éclipsaient.

Une scène en particulier a frappé le public et la critique : celle où, après le repas que la cantatrice partage avec Scarpia, elle saisit sur la table l'arme du crime. J'ai entendu des gémissements et des cris monter de la salle. De même quand, après avoir posé un crucifix sur le cadavre et placé des chandeliers autour du corps, elle recule à pas lents dans la pénombre, le bas du visage dans ses mains, le regard intensément attaché au cadavre, avant de plonger dans les eaux du Tibre...

J'étais moi-même ému aux larmes, comme lorsque j'écrivais cette scène finale.

Un jeune étudiant l'attendait à la sortie, au milieu de la foule. Il s'est approché jusqu'au premier rang et, lorsqu'elle est apparue, il lui a crié :

— Sarah, je t'aime !

Il devait lui rappeler plus tard, chez Mme de Greffulhe, cette anecdote que Sarah n'avait pas oubliée. Il venait de terminer *Les Chansons de Bilitis* et se nomme Pierre Louÿs.

LES PRINCES DE SODOME

Récit de Mme Guérard

Je m'en souviens comme si cela datait d'hier : c'est en décembre de l'année 1887, peu après notre retour d'Amérique du Sud, que Maurice a épousé Marie-Thérèse Jablonowska – nous l'appelons tous Terka – qui l'a soigné et raccompagné jadis chez lui à l'issue malheureuse d'un duel.

La cérémonie religieuse eut lieu en l'église Saint-Honoré-d'Eylau. Je n'oublierai jamais l'entrée de Sarah dans la nef. Elle était vêtue d'une cape de velours gris sur une robe de faille rose, le visage à moitié dissimulé par le marabout, peut-être pour cacher ses larmes. On ne voyait qu'elle. Pour les amis présents : la comtesse de Béthune, Dumas fils, Sardou, le prince de Sagan, Montesquiou, comme pour les journalistes, l'héroïne du jour, c'était elle.

Elle souriait, mais je sais que la tristesse l'accablait. Dans le fiacre qui nous conduisait à l'église, elle me dit :

— Mon Petit'dame, il va falloir que je fasse bonne figure, mais j'ai plutôt envie de pleurer.

— Et pourquoi donc ? Maurice fait un beau mariage, cette demoiselle est charmante et il semble heureux. Que demander de plus ?

— J'ai de mauvais pressentiments. Je crains que Maurice ne se détache de moi. S'il est vraiment épris de Terka et qu'il n'ait plus de soucis d'argent, il m'oubliera. Tu le connais...

Je n'ai pu retenir mon rire. Elle m'a heurté les côtes avec son coude.

— Qu'est-ce qui te fait rire, bécasse ?

— Que vas-tu imaginer ? Tu sais que Maurice a plus que jamais besoin de toi et n'ira pas sacrifier la poule aux œufs d'or ! Pardonne la comparaison... Au lieu d'un, ils seront deux à vivre à tes crochets. C'est pourquoi il ne te lâchera pas de sitôt. S'il compte sur la dot de la petite, il ne tardera pas à déchanter. Sans sa maman, ton petit chéri sombrerait dans la dèche.

— Tu es trop sévère avec lui ! a-t-elle protesté. Maurice m'aime sincèrement. Il me l'a montré. Dès qu'on m'insulte, il tire son épée, comme un chevalier du Moyen Âge...

Je ne pouvais la contredire. Maurice a deux amours : sa mère et l'argent. Savoir lequel il préfère, l'avenir nous le dira peut-être...

Le ménage s'est installé rue de la Néva, non loin de chez nous. Sarah avait eu tort de s'inquiéter : aussi épris fût-il de sa jeune Polonaise, Maurice venait fréquemment boulevard Péreire, mais en quémandeur. Décavé, suite à sa malchance aux courses ou au jeu, il venait se refaire à la source. Comme elle était généreuse, il continuait à en profiter sans scrupule.

Parmi les proches de Sarah, nous sommes plusieurs à la mettre en garde contre l'indulgence sans réserve qu'elle témoigne à son fils. Louise Abéma lui a conseillé de mettre un terme à ses libéralités, ou du moins à les modérer, jusqu'à ce qu'il se trouve une situation. Georges Clairin lui a suggéré de refuser le règlement de ses dettes. Et moi, qu'elle n'écoute plus, je lui ai recommandé de ne consentir qu'à lui verser, comme par le passé, ses mensualités.

Elle écarte dédaigneusement toutes ces suggestions. Et la source continue de couler...

Passé le mariage, Sarah n'a eu qu'une hâte : renouer avec le théâtre.

Sardou s'impatientait et le public la réclamait. Elle a travaillé avec acharnement sur la nouvelle pièce de Sardou : *La Tosca.* La première, au Théâtre de la Porte-Saint-Martin, a été un succès. Lorsqu'elle est allée la présenter à Londres, ce fut un triomphe. Elle a insisté pour que je l'accompagne, et j'ai cédé, bien que je peine à monter un étage et que la promenade quotidienne des chiens sur le boulevard m'essouffle. Elle-même, avec son genou meurtri, a du mal à se déplacer. Elle avait besoin de mon aide. Je ne pouvais la lui refuser.

Son ami Oscar Wilde avait organisé à son intention des soirées rémunérées. Elle en a tiré un double avantage : des livres sterling propices à honorer ses dettes, et des rencontres avec des personnages prestigieux.

L'écrivain et artiste Graham Robertson, un inverti comme Wilde, lui causa, par son esprit et sa culture, une forte impression. Elle avait elle-même fasciné ce garçon, au point qu'il lui rendit visite à Paris à plusieurs reprises. Il se plaisait à la regarder travailler dans son atelier du boulevard de Clichy, l'invitait dans les meilleurs restaurants, assistait à ses représentations. Je les surpris un jour, dans notre salon, assis l'un en face de l'autre, un carton à dessins sur les genoux, en train de se croquer mutuellement, dans une ambiance qui tenait de l'office religieux et de la célébration érotique.

Sarah me confia qu'il aurait aimé la dessiner nue, mais qu'elle s'y était opposée, par un mouvement de pudeur qui me laisse perplexe. Elle a accepté une seule fois de poser dans le plus simple appareil, pour un photographe : on la voit à mi-corps, le visage dissimulé par un éventail. Elle n'est pas très fière de cette photo et ne la montre jamais.

Graham Robertson a beaucoup écrit sur Sarah, et pas avec l'ironie de Jules Renard ou le mépris de Goncourt. C'est grâce à lui qu'elle a rencontré, en Angleterre, le célèbre peintre Burnes-Jones, ce *préraphaélite attardé,* à ce qu'on dit. Elle aurait aimé qu'il fît son portrait. Il a refusé sèchement.

C'est au cours d'une tournée au Moyen-Orient, dans laquelle je ne l'ai pas suivie, que Sarah a reçu des nouvelles alarmantes de celui qu'on croyait disparu à jamais : Jacques Damala.

Il n'était sorti de l'asile de Charenton, apparemment guéri, que pour se terrer dans une mansarde, où il vivait comme un chien abandonné, au milieu d'un bric-à-brac de souvenirs : de vieux drapeaux ramenés de sa Grèce natale, son sabre et sa cape de spahi qu'il a récupérés je ne sais comment, des costumes de scène et de vieilles affiches où son nom est associé à celui de sa femme...

Au bord des larmes, après lui avoir rendu visite, elle me dit :

— Je ne peux l'abandonner une fois de plus. Il a besoin de moi, dans l'extrême dénuement où il se trouve. Après tout, il est encore mon mari, tant que la séparation de corps et le divorce ne sont pas prononcés. J'ai deviné qu'il lui reste quelque énergie, qu'il a envie de remonter sur les planches. Je vais l'y aider.

— Allons donc ! ai-je protesté. C'est une épave, tu l'as reconnu toi-même. Tes efforts pour le remettre à flot seront inutiles.

— Je vais tout de même essayer...

Elle mit, dans cette entreprise désespérée, tout son cœur et toute sa générosité. Dans un premier temps, après l'avoir extrait de sa coquille de misère, elle lui conféra une apparence de respectabilité. Dans un deuxième temps, elle tenta de lui redonner du goût pour l'art dramatique. Doux et obéissant comme un agneau, il accepta sans réticence.

Lorsqu'elle annonça à Sardou qu'elle comptait en faire son partenaire dans *La Dame aux camélias*, il se prit la tête à deux mains et s'écria :

— Mais, ma chérie, êtes-vous devenue sourde et aveugle ? Votre Damala n'a jamais été qu'un acteur raté, qui n'aurait même pas un engagement dans une troupe de province ! Aujourd'hui, il ne tiendrait pas une heure en scène...

— Nous verrons bien, dit-elle. Moi, je lui fais confiance. Il est comme une balle dans l'eau. Plus elle est plongée profond et plus elle rebondit haut...

Poussé par la curiosité, le public se pressa aux premières séances de *La Dame aux camélias*, puis, peu à peu, se raréfia. On joua enfin devant des fauteuils vides. Les premières critiques étaient dubitatives ; elles devinrent exécrables pour ce pauvre Armand Duval qui n'était même plus l'ombre de ce qu'il avait été. L'indulgence dont on pouvait faire preuve à son égard, c'est à sa partenaire qu'il la devait. On ne retrouvait même plus en lui la beauté et le charme qui, à défaut de talent, avaient retenu l'intérêt du public.

Il a dû renoncer une fois de plus à la scène et, cette fois-ci, sans le moindre espoir d'y reparaître. Il s'est retiré dans sa mansarde où il est mort peu de temps après, jeune encore : il n'avait que trente-deux ans. Sarah a fait rapatrier ses restes en Grèce et fait édifier un tombeau sur lequel on a placé le buste qu'elle a réalisé au début de leurs amours.

Mon opinion pourra surprendre quand je prétends que Sarah n'est pas faite pour les grandes passions, même si certaines de ses lettres semblent témoigner du contraire. Pour être plus précise et plus indulgente : elle y est mal préparée. Chacune des toquades dont elle m'informe semble dériver vers la passion ; elle rebondit à travers des orages où elle s'épanouit et s'exalte comme une fusée de feu d'artifice avant de retomber en cendres. Ses véritables passions, celles qui ont failli l'engloutir comme dans un torrent, sont aussi rares qu'elles ont été dévastatrices. Je songe à Mounet-Sully, à Jean Richepin, à Jacques Damala...

Avec Jules Lemaître, je suis rassurée. Ce n'est pas lui qui va l'emporter dans les tourments et les incertitudes. Ils se sont connus il y a quelques années, se sont quittés puis retrouvés après la chute de Damala. Il lui apportait ce dont elle avait besoin : la tendresse. Il est doux, timide et, plus jeune qu'elle de dix ans, respectueux de sa maîtresse. Dans son métier de critique, il peut être féroce ; avec Sarah il est doux comme un gros chat et ronronne son amour.

Il arrive souvent boulevard Péreire à bicyclette, comme Richepin, parfois à pied, avec sa chienne en laisse. Il n'est pas de ces goujats qui me saluent à peine, traversent le salon et prennent la direction de la chambre.

Sarah apprécie en lui l'amant et le poète. Il lui a offert une édition de luxe de ses deux recueils : *Médaillons* et *Petites Orientales*, et lui en récite quelques vers en rougissant, avec une diction hésitante et maladroite. Elle l'écoute religieusement, avec un bâillement discret. Parfois elle l'interrompt, le prend par la main et l'entraîne vers sa chambre.

Il lui a parlé d'un sujet de pièce qui lui trotte dans la tête et dont il n'a trouvé que le titre : *Les Rois,* qu'il a promis de lui dédier. Elle trouve qu'il met du temps à l'écrire. Elle le bouscule.

— Au travail, fainéant ! Je l'attends, cette pièce. Qu'est-ce qu'elle va raconter ?

— Ben... euh... j'en sais trop rien. Et puis... le temps me manque, tu comprends. Tous ces articles à écrire pour la *Revue des Deux Mondes,* le *Journal des débats,* la *Revue bleue...* Et les spectacles, et les réceptions... J'en sors plus !

Il oublie d'ajouter les heures qu'il passe avec Sarah. Elle perd patience.

— Si je comprends bien, cette pièce, tu ne l'écriras jamais !

— Si... si... elle est en germe, je t'assure.

— En germe ! quelle idée. Eh bien, nous allons l'arroser pour accélérer sa germination. Félicie va nous porter du champagne. Après, tu me feras l'amour. Ça t'inspirera peut-être...

Leurs relations me plaisent : il lui apporte un répit salutaire dans la vie trépidante qu'elle mène. Il enrichit sa culture littéraire, lui apprend à chercher, dans les œuvres classiques, la vérité profonde des personnages et des situations. Lorsqu'il la sent inquiète, fiévreuse, angoissée, il la calme avec des pastilles de laudanum en forme d'alexandrins.

Elle ne se faisait guère d'illusion sur la pérennité de cet amour.

— Je l'aime bien, ce petit Lemaître, mais je sens que ça ne durera guère. Une saison, deux tout au plus...

On est sur la fin de la deuxième : deux saisons sans le moindre conflit, ce qui me laisse ébahie. C'est de relations amoureuses que Sarah avait besoin, mais un peu comme d'une médecine. Elle avait envie de liqueurs fortes pour se sentir exister en temps que femme, et Lemaître ne lui proposait que du sirop.

Ce que Chateaubriand appelait des *orages désirés,* ce n'est pas Julien Viaud, plus connu sous le pseudonyme de Pierre Loti, qui allait les lui apporter.

J'ignore d'où est née la légende selon laquelle il se serait présenté à elle, Plaine Monceau, enroulé dans un tapis d'Orient, porté par deux solides matelots, comme Cléopâtre devant César, à Alexandrie. *Si non è vero*... Ce que je puis affirmer, c'est que, dès leur première rencontre, ils ont éprouvé une attirance mutuelle, proches qu'ils sont par leurs goûts pour la fantaisie, le travesti, la provocation. J'ai tout de suite eu de la sympathie pour ce petit lieutenant de vaisseau aux poches bourrées de loukoums, au verbe à la fois volubile et sirupeux, chaussé d'escarpins à talons hauts pour faire illusion sur sa taille, maquillé au khôl et au vermillon, ce qui fait un contraste singulier avec sa moustache. Il ne laisse rien ignorer de sa nature d'inverti, de son goût pour les femmes autant que pour les jeunes matelots et les petits Arabes.

Dans ses relations de voyage, dont il n'est pas chiche, il mêle l'humour à l'émotion, la poésie au sordide. Ce talent de conteur enchante Sarah. Il lui a fait un grand bonheur en lui dédiant un de ses meilleurs livres : *Aziyadé*, qui se déroule dans les palais de Salonique et raconte ses amours avec une femme de sérail.

Loti a invité Sarah dans sa maison natale de Rochefort, meublée et décorée à la turque, ce qui a dû lui coûter une fortune. Il a fait en sorte que sa mère soit absente, car il lui déplaît de voir son rejeton fréquenter les comédiennes.

Elle lui a rendu la politesse en l'invitant à un de ses spectacles. Il l'a rejointe dans sa loge. Elle l'a remercié du portrait qu'il venait de faire d'elle en lui offrant une rose et lui a fixé rendez-vous pour le lendemain : il a répondu qu'il ne ferait que passer ; il est resté quatre heures. Qu'ont-ils pu se dire ? Je l'ignore, mais, dans les semaines qui ont suivi, il lui a adressé une gerbe de roses et une photo qui le représente nu, au temps de l'École navale, avant son départ pour les Mers du Sud. Ils ont échangé, elle à Paris, lui au bout du monde, des lettres qui laisseraient supposer la naissance d'une passion. Sarah m'a donné à lire l'une d'elles, qu'il lui avait adressée du Japon :

Il me semble qu'un changement s'est fait dans ma vie, que j'ai atteint quelque chose d'inespéré et d'impossible, depuis que vous m'avez admis auprès de vous... Je suis terriblement seul dans la vie... Vous êtes pour moi un idéal placé très haut, quelque chose d'exquis et de délicieux... Vous avez pour moi l'attrait d'une énigme. Certain côté sombre de votre nature m'attire, autant peut-être que ces côtés charmants...

Sarah me parle encore, après bien des années d'absence, avec une pointe de regret et de nostalgie dans la voix, de ce « vagabond des mers ».

— Où est-il ? que fait-il ? quel livre est-il en train d'écrire ? J'aimerais qu'il parle de moi dans l'un d'eux, comme il l'a fait de Rarahu dans *Le Mariage de Loti*, mais je crains qu'il ne m'ait oubliée.

Les fleurs séchées jointes à son courrier, le parfum qui imprègne ses lettres, quelques menus cadeaux ramenés de ses croisières, une photo... c'est tout ce qui lui reste de ce personnage à éclipses. Loti apparaissait et disparaissait au gré de ses permissions, comme les petits personnages des pendules suisses. Il semblait toujours faire escale. S'attacher à lui eût été folie. On ne s'attache pas au vent, on ne met pas un albatros en cage. Il ne donne plus signe de vie. Et c'est très bien ainsi...

Sarah choisit la plupart de ses relations dans les marges de la normalité sexuelle, un domaine qu'elle n'a fait que survoler, du moins je veux le croire. Elle trouve en eux ou en elles la fantaisie, l'excentricité, la tendance à la provocation, la gentillesse et le bon goût que beaucoup de ses proches ne possèdent pas ou qu'ils réprouvent. Elle se nourrit de leur présence en prenant garde à ne pas se laisser elle-même dévorer.

« Ce coquin de Montesquiou », comme disent les gens « normaux », est connu du Tout-Paris comme l'inverti le plus *flamboyant*. Le premier contact révèle sa véritable nature de dandy : costume étriqué orné à la boutonnière d'une fleur d'hortensia, bagues voyantes, canne, monocle et perle de cravate... Sa façon de s'exprimer ne laisse aucun doute sur sa double nature : il représente le type accompli du gentleman sodomite à la Wilde.

Sarah, qui l'appelle Quiouquiou, l'a rencontré dans le salon de la comtesse Greffulhe, égérie de la *gentry* intellectuelle de Paris, au début des années quatre-vingt. Ce n'est pas autour de lui que papillonnait l'assistance : elle n'en avait que pour le jeune romancier Marcel Proust, lui-même adepte de l'homosexualité mondaine.

Jamais encore elle n'avait pénétré dans ce huis-clos où l'on n'est admis qu'on montrant patte blanche, à condition qu'elle soit baguée de diamant. Elle en est revenue éblouie : en une seule soirée, elle avait fait l'apprentissage des mondanités les plus raffinées, rencontré le gratin de la littérature, des arts et de l'aristocratie. Au temps de ses amours avec Charles Haas, le comte de Kératry et le prince de Ligne, elle n'avait effectué dans cette société que de brèves incursions. Ce soir-là, elle avait autour d'elle un gotha prestigieux sur lequel semblait régner le comte Robert de Montesquiou-Fezensac.

Leurs relations se sont déroulées sous le signe de la folie poétique et amoureuse. Il aime déclamer, de sa voix de fausset, des poèmes que je trouve saumâtres. Parfois Sarah prend le relais et leur donne du goût, du relief et une sorte de tonalité crépusculaire.

Elle aurait pu, comme elle le fit avec Pierre Loti, tenter d'explorer chez son nouvel ami les arcanes d'une sexualité équivoque. Loti était ambivalent ; pas Montesquiou. Leur première expérience ne fut pas concluante, c'est le moins qu'on puisse dire, et j'en ris encore. Déception pour elle ; écœurement pour lui. Sarah m'a raconté en s'esclaffant qu'à la première tentative il avait eu un malaise : des sueurs froides lui étaient montées au visage, et il s'était précipité dans le cabinet de toilette pour vomir. L'intérêt que vouait aux femmes Palamède de Guermantes, baron de Charlus, personnage clé du roman de Proust : *À la recherche du temps perdu,* inspiré par Montesquiou, s'arrête au niveau de la ceinture.

Curieusement, leur intimité n'a pas souffert de cette déroute. Ils ont continué à s'échanger des bijoux en se caressant comme des tourtereaux, à papoter durant des heures, à dîner en ville en tête à tête, à se réciter des poèmes traversés par des parfums de cattleya et des vols de chauve-souris, leur fleur préférée, avec l'hortensia, et leur animal fétiche.

Elle lui écrivait : *Je vous aime d'un amour maternel et divin. Ma vie est suspendue à la vôtre...* Il lui répondait par un poème faisant allusion au cercueil dont elle ne s'est pas séparée, et où, parfois, elle dort encore : des vers médiocres, comme ceux du « Coucher de la morte » : *Un jour qu'elle sentit que son cœur était las / Voyant qu'il lui faudrait mourir à cette peine / Elle fit travailler une bière d'ébène / Et disposer au fond de riches matelas...*

Ils se retrouvaient le plus souvent dans la *folie* que Quiouquiou possédait à Neuilly : le Pavillon des Merles, à la Maison rose de Boni de Castellane, située au bois de Boulogne, ou encore dans les salons mondains. C'est pourtant, me dit Sarah, dans son appartement de la rue Franklin qu'elle était le plus à l'aise : un intérieur feutré, avec un parterre d'hortensias et des collections de kakemonos et de figurines représentant des chauves-souris...

Dans ses rapports avec le romancier Jean Lorrain (de son vrai nom Paul Duval), Sarah n'a pas ressenti le même sentiment « maternel et divin ». Leur amitié n'a pas été exempte de querelles : il a parfois la dent dure pour elle dans ses articles, et elle est susceptible ; il ne s'est pas privé de l'égratigner dans *L'Écho de Paris* et le *Journal*, mais il en a fait un personnage de roman. Elle l'a invité à sa table, mais sans se priver de vilipender en lui le « Prince de Sodome » et de lui reprocher de tenir son agressivité d'un abus de drogues. C'est peut-être cette alternance de sentiments contrastés qui a fait perdurer leur amitié.

C'est la même franchise qui a régné entre Sarah et Octave Mirbeau, cet écrivain polémiste de six ans son aîné. Il tient à sa réputation de « prolétaire de la plume », qui lui va comme un gant. Comme Jean Lorrain, il est sévère dans ses jugements, mais il y met moins de formes : Lorrain use du poignard et du poison ; Mirbeau du sabre et de la mitraille, avec pour cible favorite la société bourgeoise. La liste de ses duels ferait pâlir de jalousie le plus irascible des officiers de hussards.

Sarah ne me tient pas au courant des détails de ses aventures, mais je puis affirmer que ces deux-là ne figurent pas au nombre de ses amants : Lorrain du fait de ses mœurs sodomites, Mirbeau en raison d'un caractère exécrable, qui peut l'entraîner aux pires violences verbales, ce que Sarah supporte mal.

Récit de Sophie Croizette

Si j'ai épousé le banquier Jacques Stern, c'est qu'il fallait bien, à mon âge (la quarantaine passée), faire, comme on dit, une fin. Celle-ci, sans me hisser au niveau d'une *marquise de haut territoire*, est des plus honorables, et je n'ai pas eu à regretter d'avoir accepté cette union.

Jacques, grand seigneur de la Banque, est avec moi généreux, tendre et complaisant. Beau ? non... Sa calvitie précoce, son embonpoint naissant, son allure pataude de jars, n'ont rien pour l'avantager. J'aurais mauvaise grâce, pourtant, à lui reprocher ces défauts car, avec mes rotondités généreuses, je suis en passe de ressembler à ces réclames de corsets pour matrones qu'on voit dans les gazettes.

Je lui ai su gré, dès le début de nos relations, de n'avoir pas parlé de ses amours tarifées avec Sarah, au temps où elle habitait chez sa mère. En a-t-il seulement gardé le souvenir, coureur qu'il était à cette époque ? Il a dû, pour faire accepter cette union avec une petite théâtreuse, se bagarrer contre sa famille. Les Stern, ma chère, c'est pas de la roupie de sansonnet...

Il ne s'opposait pas à ce que je poursuive ma carrière, mais j'y ai renoncé de mon propre chef. Bien que devenue sociétaire de la Comédie-Française, grâce à Sarah, j'ai compris que je ne tiendrais jamais le haut de l'affiche. D'ailleurs, je m'en moque comme de ma première chemise. Même sans gloire, la vie vaut d'être vécue.

Je me suis fait du mouron le jour où, après des hésitations, j'ai annoncé à Jules Claretie mon intention de démissionner. Il n'a pas fait autant de tintouin que Perrin pour Sarah, mais tout de même, cette décision le peinait. Il m'a dit qu'il regretterait « mon talent, ma gentillesse et ma disponibilité ». C'est les mots qu'il a employés. Je n'invente rien. Pour un peu, j'en aurais chialé.

Il a ajouté :

— Puisque vous êtes proche de Mlle Bernhardt, tâchez de la convaincre de revenir parmi nous. Je vous en saurais un gré éternel.

Pauvre Claretie ! il se fourre le doigt dans l'œil. J'ai pourtant transmis cette proposition à Sarah. Elle m'a répondu avec une grimace de mépris :

— Revenir dans ce *musée ?* jamais ! Je ne vais pas sacrifier ma liberté et mon bien-être pour une illusion de célébrité...

Elle y va un peu fort, ma copine, avec cette « illusion de célébrité ». J'en connais qui se donneraient au diable pour entrer dans la Maison de Molière et figurer parmi les interprètes du grand répertoire !

J'ai pleuré, oui, je l'avoue, lorsque j'ai dû quitter ma loge, meublée à ma convenance, grâce à Jacques. J'avais l'impression de m'arracher la peau. Tant de souvenirs restent accrochés aux murs, comme des tableaux.

Mes collègues tiennent, comme moi, à un certain confort, voire parfois au luxe.

Beaucoup que je connais ont débuté dans un cagibi, sous les combles, avant de se voir attribuer, à titre de sociétaires, des loges dignes de leur renommée, où elles peuvent recevoir sans honte les hommages de leurs admirateurs. Elles ont toutes un caractère différent, conforme à celui de leur occupante. Celle de Mary Lloyd se présente comme un boudoir de cocotte, doté d'une cheminée aux chenets dorés, d'un plafond peint d'amours, de cloisons décorées de porcelaines chinoises, d'un cabinet de toilette tapissé de glaces. J'aime moins la loge de Madeleine Brohan : avec son décor bourgeois, elle semble héritée de ses ancêtres. Il règne dans celle de Mlle Samary un tel désordre qu'une chatte n'y retrouverait pas ses petits. Le linge traîne partout dans le cabinet de toilette qui sent le pipi.

J'ai versé d'autres larmes en traversant les coulisses. On n'y respire plus l'odeur du gaz et des lampes à huile venant de la rampe, depuis que tout est électrique, mais il reste encore de vieilles odeurs que rien ne pourra chasser : peinture, colle, poussière. Je n'oublierai pas l'ambiance fiévreuse des soirs de première, le tohubohu quand une comédienne a ses vapeurs, que l'acteur principal pique sa crise de nerfs ou que le régisseur se met à hurler pour un retard de cinq minutes... Et cette rumeur profonde qui monte de la salle... Et le silence angoissant qui succède aux trois coups... Et l'impression de soulagement quand le rideau se baisse et qu'éclatent les applaudissements.

C'est un monde qui bouge encore en moi, après un départ remontant à des années, et qui me hantera jusqu'à la fin de mes jours.

J'ai renoncé au théâtre mais pas à mon amitié pour Sarah.

Comment aurais-je pu oublier nos années de débutantes, quand, les répétitions achevées, nous allions provoquer les petits messieurs du Brébant ou du Tivoli, en jouant de nos prunelles et de nos ombrelles. Elle non plus n'a pas oublié. Nous en parlons au cours des repas auxquels Jacques se fait un plaisir et un honneur de la recevoir.

Je suis allée la voir récemment, au Gymnase, où elle tenait le rôle titre d'une comédie de son ancien ami de cœur, Pierre Berton : *Léna*. Elle se souvient qu'il l'a aidée, jadis, à entrer à l'Odéon, qu'elle a été sa maîtresse et qu'il en était amoureux au point de la demander en mariage. Quand il lui a proposé de monter cette pièce inspirée par le drame de Mayerling, elle n'a pas su refuser. Ce fut un échec que, malgré son talent, Sarah n'a pu éviter. La dernière scène, à elle seule, aurait suffi à la condamner. Sarah y meurt avec une telle conviction, les yeux chavirés, se roulant sur les planches avec des cris démentiels, que des spectatrices se sont évanouies et que d'autres se sont retirées pour vomir.

Elle a envoyé promener Berton et sa *Léna*, pour se rabattre sur une fresque historique d'Auguste Barbier, piètre poète et mauvais auteur dramatique : *Jeanne d'Arc*. Elle tombait dans l'excès contraire. Le public n'était plus terrifié : il dormait...

— Je ne sais plus où j'en suis, me dit-elle. Toutes les pièces que je monte me claquent entre les doigts. Après *La Tosca*, je n'arrive plus à retrouver mon public.

— Sardou va t'écrire une nouvelle pièce, et ça repartira !

Sardou venait de terminer un drame historique qui lui avait demandé un long travail de recherche : *Cléopâtre*.

— Encore une femme fatale... a soupiré Sarah. Je vais de nouveau devoir mourir sur la scène, mais, puisque le public aime ça... C'est peut-être chez moi une vocation. Dans mon enfance, je disais à Guérard que je voulais devenir reine. Elle protestait, rétorquant qu'on risquait de me couper la tête. Je lui répondais qu'avant d'en passer par là j'en aurais fait tomber beaucoup.

En attendant la *Cléopâtre* de Sardou, Sarah a monté et joué plusieurs pièces au Théâtre de la Renaissance, qu'elle a acheté après avoir revendu celui de la Porte-Saint-Martin, qui est contigu. Du bon, du moins bon, du médiocre, du n'importe quoi... Excepté *Phèdre*, où elle a triomphé une fois de plus. Avec Racine, elle joue sur du velours...

Il était temps de réveiller le public. Elle me parla de *Cléopâtre* avec enthousiasme.

— Tu verras ! Ça va marcher. C'est le genre de personnage qui fait courir les foules. Ça n'est pas la meilleure pièce de Sardou, mais je suis persuadée que le public aura pour Cléopâtre les yeux de Marc Antoine...

Elle a tenu à soigner particulièrement la scène finale : celle du suicide de la reine, tuée par un aspic. Sardou avait prévu un serpent en caoutchouc ; Sarah ayant exigé qu'il soit vivant, il s'est incliné. On a trouvé dans un vivarium deux couleuvrettes, l'une pour doubler l'autre en cas d'indisposition. Sarah s'amusait à les faire glisser sur ses bras et ses épaules, dormait avec elles, les ramenait au théâtre dans un coffret, riait de la peur que ces reptiles inspiraient autour d'elle et jusque dans la salle.

Elle a toujours éprouvé une sorte de fascination pour les animaux exotiques. Elle a ramené d'Amérique du Sud d'étranges bestioles qui n'ont pu survivre au climat européen, ainsi qu'un crocodile qui, lui non plus, n'a pas fait long feu boulevard Péreire, mais pour d'autres raisons : mis en appétit par les gambades du chien, il l'a dévoré. On a dû l'abattre d'un coup de feu. La dépouille empaillée de la victime trône dans le salon. Elle dit en la montrant : « C'est le tombeau de Minuccio... »

Cléopâtre m'a laissée sur ma faim. La pièce est bien écrite, habilement construite, car Sardou n'est pas un écrivaillon, mais dans certaines scènes Sarah a un peu forcé sur l'émotion. Celle, par exemple, où la reine, apprenant le mariage de son cher Marc Antoine, brise la vaisselle et le mobilier, celle, encore, où le serpent fait mine de la piquer... En revanche, la reconstitution des palais a plu à Jacques : il a beaucoup voyagé et visité l'Égypte. Sarah a poussé le souci de la vérité jusqu'à teindre ses mains et ses pieds au henné : ce scrupule, qui a échappé aux spectateurs, lui a semblé essentiel.

— Comprends-moi, m'a-t-elle dit : que le public voie ou ne voie pas ce détail importe peu. J'avais besoin, moi, de me sentir reine d'Égypte jusqu'au bout des ongles...

Récit de Mme Guérard

Elle est entrée dans ma chambre, ce matin, alors que, ma toilette à peine achevée, je dressais mon chignon. Je m'étonnai de cette visite matinale qui n'était pas dans ses habitudes, et j'attendis qu'elle m'en donnât les raisons. Elle me dit simplement :

— Attends, mon Petit'dame, je vais t'aider. Tu es de plus en plus maladroite !

Elle a raison : j'éprouve chaque jour davantage de difficulté à garder mes bras levés. Petit à petit, les rhumatismes, les varices, tous les maux liés à la mauvaise circulation, mon cœur qui bat la breloque, font leur œuvre dans ma vieille carcasse. « Trop de bons repas, de vins fins, de friandises, et pas assez de mouvement », me dit le docteur Parrot. Mais, que voulez-vous ? Je n'ai pu échapper à la gourmandise propre à la vieillesse. Oh ! après tout, ça durera ce que ça durera. Mourir pour mourir...

Sarah a picoré un chocolat sur ma table de nuit, en me disant que ça lui calme les nerfs. Elle a laissé en chantonnant courir sa main, longue et pâle, sur les étagères occupées par les livres hérités de mon époux, comme pour faire des gammes sur un clavier.

— Coppée... Zola... Daudet... Tu as de bonnes lectures, mon Petit'dame...

Elle s'est assise sur le bord du lit, mains croisées entre ses genoux, se balançant d'avant en arrière, et elle m'a dit d'un ton moqueur :

— Bizarre... Bizarre...

— Qu'est-ce que tu trouves bizarre, ma chérie ?

— Je sais que tu me caches quelque chose.

— En voilà une idée ! Qu'est-ce que je pourrais bien te cacher ? Tu sais tout de ma modeste personne.

— Je sais que tu écris sur moi, comme cette peste de Marie Colombier.

J'ai senti mon sang se figer dans mes veines mais lui ai tenu tête avec aplomb.

— Allons donc ! Qu'est-ce qui a bien pu te donner cette idée ?

Elle a sorti un papier de sa ceinture et l'a brandi au-dessus de sa tête.

— Ça ! Ce feuillet que tu as laissé traîner et que Félicie vient de m'apporter. C'est la fin d'un chapitre, à ce qu'il semble : ... *Mirbeau, en raison d'un caractère exécrable, qui peut l'entraîner aux pires violences verbales, ce que Sarah supporte mal...* Ne nie pas : c'est ton écriture.

Nier eût été ridicule. Je me souvenais fort bien avoir écrit ce texte quelques jours avant, et avoir égaré ce feuillet. Bouleversée, je me suis accoudée, en larmes, à ma table de toilette. Il ne me restait plus qu'à reconnaître mon forfait, tenter d'en minimiser l'importance, me chercher les motifs propres à justifier cet écart de conduite. Je me disais qu'elle allait changer de ton, m'injurier, me renvoyer peut-être... Elle s'est agenouillée près de moi, a délié mes bras, séché mes larmes avec son mouchoir, et m'a dit d'une voix douce :

— Mais, mon Petit'dame, je n'en fais pas une affaire d'État ! Je sais que tu m'aimes et que tu n'oserais pas dire du mal de moi, comme cette salope de Colombier. Il y a longtemps que tu...

J'ai bredouillé à travers mes larmes :

— Cela fait des années, ma chérie. Rassure-toi : l'idée de dire du mal de toi ne m'est jamais venue. Je te dois tant. Je t'aime tant. Je voulais laisser une trace de notre vie commune.

— Au moins me feras-tu lire ce manuscrit ?

Là, j'ai regimbé.

— C'est non, ma chérie. C'est trop... trop personnel. Plus tard, quand je serai morte...

— C'est tout de suite que je veux le lire.

Elle a tant insisté, sans le moindre mouvement de colère, que j'ai fini par céder, en espérant que cette lecture l'ennuierait et qu'elle l'interromprait vite. De toute manière, ce texte ne lui apprendrait rien sur elle ni sur moi. Je lui ai confié le coffret où je range ces écrits : quelques centaines de pages. Elle m'a dit :

— Aide-moi à me relever. Mon genou me fait atrocement souffrir ce matin. Cet âne de Parrot ne peut rien y faire. D'ici qu'il faille m'opérer... Tu me vois boiter comme un pauvre petit canard ? Ce serait la fin de ma carrière...

En l'aidant à se mettre debout contre le lit, je suis moi-même tombée. Nous sommes restées accrochées l'une à l'autre, allongées sur le tapis avec des gémissements et des rires. Je dus faire appel à Félicie pour nous tirer de cette position ridicule.

Je garde un souvenir bouleversant de la première de *Jeanne d'Arc*, la pièce d'Auguste Barbier, jouée par Sarah, et qui n'a pas obtenu le succès espéré. Deux scènes en particulier m'ont touchée : celle où la Pucelle annonce à ses tortionnaires qu'elle a dix-neuf ans, alors que la comédienne approche de la cinquantaine. Celle, surtout, où agenouillée, son étendard au poing, elle a grimacé au moment de se relever. Je n'ose imaginer qu'il faille un jour l'opérer. Plutôt la savoir morte qu'amputée d'une jambe...

Elle me dit, au retour du théâtre, alors que je préparais des compresses pour son genou :

— Nous allons partir bientôt pour Belle-Île. Toi et moi, nous avons besoin de repos. Au retour, nous irons mieux, tu verras...

LE « SARAHTORIUM »

Récit de Suzanne Saylor,
dame de compagnie de Sarah Bernhardt

J'étais depuis peu au service de Mlle Bernhardt lorsque, un matin, je fus réveillée par les cris de Félicie et les lamentations de ma maîtresse. Ma première idée, en sautant du lit, fut qu'il y avait le feu quelque part ou que la maison avait été cambriolée. C'était bien pire : Mme Guérard venait de mourir.

Toute la maisonnée était rassemblée dans la chambre de la vieille dame, autour du lit où elle reposait, avant qu'on eût fait sa dernière toilette. Elle s'était éteinte au cours de la nuit, sans une plainte, peut-être sans souffrir. Son visage avait pris la couleur de la cire et ses traits s'étaient figés dans une expression de sérénité qui lui était peu commune, agitée qu'elle était en permanence par des querelles avec sa maîtresse qui l'appelait « mon Petit'dame » et qui la vénérait. À travers ses paupières mi-closes, son regard à la fois malicieux et tendre était encore vif.

Assise au bord du lit, Sarah tenait la main de la morte et pleurait dans son mouchoir en murmurant :

— Pourquoi m'as-tu quittée ? Qu'est-ce que je t'ai fait pour que tu m'abandonnes, alors que j'ai plus que jamais besoin de toi ? Pourquoi ? Pourquoi ? Qu'est-ce que je vais devenir, mon Dieu ? Qu'est-ce que je vais devenir ?

Je savais que Mme Guérard était malade. Outre ses rhumatismes et ses varices, elle avait le cœur fatigué mais avait refusé d'en parler à Sarah, pour ne pas l'importuner. Elle me disait :

— Tu comprends, Suzanne, notre Sarah a assez de soucis sans que j'en ajoute. Ne lui dis rien, surtout, ce serait inutile pour moi et fâcheux pour elle. Parrot prétend que j'ai une solide carcasse et que je pourrais devenir centenaire, à condition de me ménager. Me ménager, avec Sarah... Tu sais ce qu'il en est !

Mlle Bernhardt continuait ses lamentations.

— Pourquoi ne m'as-tu pas appelée ? Je serais venue, j'aurais envoyé Félicie chercher le docteur Parrot. Nous t'aurions sauvée... Et maintenant... Pourquoi, Seigneur ? Pourquoi ?

Les obsèques furent simples mais émouvantes. Tous, dans cette maison et parmi ses proches, appréciaient sa vivacité, sa belle humeur, ses traits d'esprit pertinents, sa gentillesse et son abnégation.

Quelques jours plus tard, alors que nous préparions les bagages pour un séjour à Belle-Île, Mlle Bernhardt m'a fait appeler dans son cabinet et m'a tendu une grosse liasse de feuillets en me disant :

— C'est une sorte de journal que tenait Mme Guérard. Il n'y est question pratiquement que de moi, depuis que nous nous connaissons, alors que je n'étais qu'une enfant et elle une belle jeune femme que nous appelions la « dame du dessus ». Tu vas mettre ce texte au propre avec mon secrétaire. C'est un gros travail. Prenez le temps qu'il faudra. Il n'y a aucune urgence.

Elle a ajouté avec un triste sourire :

— Ça pourra me servir pour le jour où je déciderai d'écrire mes mémoires...

Cette gamine sage, qui, bouche bée, au théâtre de Brest, boit des yeux, enregistre de ses deux oreilles, les gestes et les répliques de Mlle Sarah Bernhardt dans la pièce de Racine : *Phèdre*, c'est moi.

J'ai dix-sept ans et je viens de quitter le pensionnat avec quelques bonnes notes, d'autres qui le sont moins, et une promesse de mes parents : m'emmener au spectacle. Je n'avais à ce jour que de vagues notions du théâtre : les saynètes de Labiche jouées sur la scène du pensionnat n'avaient fait qu'entrebâiller une porte sur un domaine qui n'avait rien pour me séduire. Ce soir-là, en revanche, cette porte s'était ouverte en grand, comme dans une bourrasque de vent de mer.

À peine le rideau levé, lorsque Hippolyte lance à son gouverneur : *Le dessein en est pris, je pars, cher Théramène/Et quitte le séjour de l'aimable Trézène*, je me suis sentie plongée dans un univers détaché du quotidien, transplantée comme par magie dans une galaxie dont les étoiles porteraient des noms de mythologie. Tout, dans le décor, les costumes, la tenue et la voix des comédiens, contribuait à m'arracher à mon fauteuil, à me faire voguer sur un nuage, dans une lumière irréelle.

Alors que le public, autour de moi, s'impatientait, j'ai attendu en toute sérénité le troisième acte : celui où, enfin, apparaît Mlle Sarah Bernhardt. La plupart des spectateurs étaient venus pour elle plus que pour Racine.

Lorsque le rideau s'est levé sur ce fameux troisième acte, et que la comédienne incarnant la « fille de Minos et de Pasiphaé » a lancé : *Ah ! que l'on porte ailleurs les honneurs qu'on m'envoie*, je me suis sentie comme ensorcelée, incapable d'éprouver d'autre intérêt que pour cette femme aux yeux de lionne, souple comme un serpent, vêtue d'une tunique grecque et drapée dans des voiles transparents. Elle accompagnait sa voix chaude et capiteuse de gestes et d'attitudes qui faisaient de la moindre de ses évolutions une danse païenne. Sa présence annulait tout ce qui bougeait et parlait autour d'elle. Le décor lui-même disparaissait. Phèdre était devenue pour moi le portrait multiple d'un seul personnage.

J'ai gémi et pleuré bruyamment lorsque, dans le cinquième et dernier acte, Phèdre murmure : *Et la mort, à mes yeux dérobant sa clarté/Rend au jour qu'ils souillaient toute sa pureté.* Ma mère m'a poussée du coude pour me rappeler à plus de discrétion.

Lorsque le rideau est tombé, dans un tumulte d'applaudissements et d'acclamations, auxquelles j'ai mêlé ma voix, j'ai fait ce que, quelques heures avant, je me serais crue incapable d'oser : j'échappai à mes parents et leur criai qu'ils me précèdent, que je rentrerais seule et qu'ils ne s'inquiètent pas. Lorsque j'ai entendu les protestations de ma mère, j'étais déjà loin, au milieu de la foule, courant vers la sortie des artistes.

Il fallait que je revoie Mlle Sarah Bernhardt, que je constate, de visu, qu'elle était bien une créature de chair et de sang, que je n'avais pas rêvé. Sous une pluie fine d'octobre, dont, pour me protéger, je n'avais que la capeline à rubans du pensionnat, j'ai joué des coudes pour me propulser au premier rang de la foule, qui réclamait l'actrice à grands cris. Des gens autour de moi se bousculaient, s'insultaient, se battaient à coups de parapluie pour s'approcher au plus près. Moi, je tenais ferme ma position et rien n'aurait pu m'en déloger.

Lorsque, après une heure d'attente, elle est apparue dans la lumière du lampadaire public, des agents de police ont dû intervenir pour lui ménager un passage jusqu'au fiacre qui l'attendait avec, sur la banquette, une grosse dame qui écartait à coups de canne les gamins qui s'accrochaient à la voiture. À l'abri d'un vaste parapluie, la comédienne adressait des sourires et des baisers du bout des doigts à ses admirateurs. En la voyant reparaître sous une forme humaine, et somme toute banale, j'étais sidérée, mais je retrouvai mon audace. Quand elle fut à quelques pas de la voiture, j'échappai au cordon de policiers en criant :

— Mademoiselle ! Mademoiselle ! Parlez-moi, je vous prie. Dites-moi quelque chose !

J'entendis la voix de Phèdre, transformée, un peu vulgaire, s'écrier d'un ton agacé :

— Mais qu'est-ce qu'elle me veut, cette gamine ? C'est insupportable, à la fin !

D'autres que moi auraient renoncé. Alors que la voiture démarrait dans un cinglon de fouet, au milieu des vociférations et des insultes adressées aux policiers, j'ai poursuivi ma litanie, accrochée à l'accoudoir du fiacre, un soulier sur le marchepied, l'autre battant le vide, au risque de me rompre les os. Mlle Bernhardt s'est tournée vers moi en riant et m'a dit :

— Que veux-tu que je te dise, petite curieuse ? Un vers, tiens : *Pourquoi détournais-tu mon funeste destin ?* Tu es contente ? Maintenant, fiche-moi la paix !

La vieille dame aux allures de duègne protesta avec vigueur :

— Tu ne vas pas la faire descendre, maintenant que le fiacre a pris le trot ! Cette petite sotte risquerait de se blesser, et nous serions dans de beaux draps ! Aide-la plutôt à monter. Nous la déposerons à l'hôtel. Il n'est pas loin.

La vieille dame, Mme Guérard, devait m'avouer plus tard que mon insistance avait rappelé à Sarah un épisode de son enfance : elle avait couru de même après la voiture de sa tante Rosine, s'y était accrochée et s'était blessée en tombant.

C'est ainsi que, suivies par la foule et les policiers, nous avons traversé le centre de la ville. Mlle Bernhardt m'avait fait asseoir entre elle et sa duègne. Elle m'offrit un chocolat que je mis dans ma poche pour le garder comme souvenir, et me demanda qui j'étais.

— Je m'appelle Suzanne Saylor, ai-je répondu, et j'ai dix-sept ans. Je sors du pensionnat et j'ai eu des récompenses...

— C'est bien, mon enfant. Je suppose que tu as assisté au spectacle. Ça t'a plu ? Tu es bien jeune, pourtant. Cette pièce a dû te paraître difficile. Moi-même, à ton âge...

Je ne sais pourquoi – peut-être l'émotion, le vacarme, le froid qui me saisissait sous mes vêtements mouillés ? –, j'éclatai en sanglots. Elles se mirent à rire, et je fis de même à travers mes larmes, incapable que j'étais de me contrôler, de prendre la conscience exacte de l'immense fierté de rouler en fiacre auprès de la plus célèbre comédienne de Paris. Un peu honteuse aussi de me sentir accucillic commc un chicn pcrdu ramassc sous la pluic.

Comme nous entrions dans le hall de l'hôtel, Mlle Bernhardt demanda à la duègne de commander une tisane pour moi et du champagne pour elles. Des messieurs qui l'avaient précédée l'attendaient en se dépouillant de leur paletot. Mlle Bernhardt s'écria joyeusement :

— Mes amis, je vous présente la plus jeune et la plus ardente de mes admiratrices. Cette demoiselle a dix-sept ans et s'intéresse déjà au répertoire classique. Suzanne, faites une révérence à ces messieurs, je vous prie...

Je m'exécutai maladroitement.

On se désintéressa bientôt de moi pour accaparer la comédienne. Réconfortée par un tilleul bouillant, je me levai pour partir. Il était près de minuit et mes parents allaient s'inquiéter ; ils devaient être partis à ma recherche. Mlle Bernhardt posa ses mains sur mes épaules et m'embrassa.

— Il est temps que tu rentres, me dit-elle, mais tu ne vas pas repartir à pied. Le fiacre te ramènera. Dis au cocher que je réglerai la course au retour. Et puis, tiens... Quand tu seras de passage à Paris, fais-moi une petite visite.

Elle me tendit sa carte que je glissai dans ma poche, et s'éloigna dans un parfum de violette et une odeur de pluie.

Je sautai de joie lorsque, un an plus tard, au début de l'année 1888, mes parents m'annoncèrent notre départ pour Paris, où mon père allait s'installer pour ses affaires. Une semaine après notre arrivée, je suppliai ma mère de m'accompagner au domicile de la comédienne, dont j'avais gardé la carte de visite maculée de chocolat.

Nous n'avions pas pris rendez-vous mais, par chance, Mlle Bernhardt était présente, en train de répéter, avec quelques acteurs de sa troupe et en présence de l'écrivain Pierre Loti, une pièce de sa composition : *L'Aveu*. À ce que j'appris par la suite elle allait être jouée à l'Odéon, mais sans succès.

Je restai jusqu'à la fin et fus invitée, ainsi que ma mère, au lunch qui mettait un terme à la séance. Mlle Bernhardt s'avança vers moi pour me demander si cette répétition m'avait intéressée et si la pièce m'avait plu.

— La répétition, beaucoup, lui ai-je répondu, mais, pour ce qui est de la pièce, je l'aime moins que *Phèdre*.

Loin de se fâcher, elle éclata de rire et lança à ses amis :

— Voyez la petite effrontée ! Elle préfère Racine à Sarah Bernhardt.

Je rougis violemment, persuadée d'avoir commis une bévue : j'ignorais alors qu'elle était l'auteur de la pièce qu'elle répétait. Consciente de mon émotion, elle me tapota la joue et me demanda de lui dire ce qui m'avait plu et déplu.

— La scène qui ouvre l'acte deux, par exemple, qu'est-ce que tu en penses, sincèrement ?

Je la trouvais un peu longue, ennuyeuse, inutile, et le lui dis.

— Elle ne manque pas de jugeote, cette petite ! s'écria Loti. Je vous l'avais bien dit, qu'il fallait modifier cette scène...

Elle me proposa de la répéter avec elle. Je me tirai sans trop de difficulté de cette épreuve, le plus rude étant de contenir le tremblement qui m'agitait. Tous me donnèrent raison : il fallait faire sauter des répliques fastidieuses. Alors que je tremblais encore, Mlle Bernhardt me félicita pour ma diction, ma voix, et me demanda si j'étais intéressée par une carrière théâtrale. Elle pourrait m'aider, si ma famille était consentante. Ma mère n'y voyait aucune objection. Quant à mon père, il en passait toujours par où elle voulait.

C'est ainsi qu'à moins de vingt ans je fis mes débuts, pour de petits rôles, dans la troupe de Mlle Bernhardt, sans qu'à aucun moment de cet apprentissage la fierté me montât à la tête. Plus sensible à ma présence, à l'aide que je lui apportais et à mes observations qu'à mes qualités de comédienne, elle parut renoncer à me pousser sur la scène. J'avais bien conscience, d'ailleurs, d'avoir atteint mes limites : elles ne m'autorisaient aucune ambition.

Je me rendais souvent, quand l'envie m'en prenait, boulevard Péreire. Je faisais bon ménage avec Mme Guérard et avec un nouveau secrétaire qu'on appelait Pitou, le personnage le plus drôle quc j'aic jamais connu.

Après une tournée en Égypte et en Turquie, destinée à sauver son théâtre de la faillite, Mlle Bernhardt me parla de Mme Guérard, avec qui elle venait d'avoir une discussion orageuse. Elle soupira :

— Je sens bien que je ne peux plus compter sur elle. Je ne lui en veux pas, remarque : avec son âge et ses maladies, il faudrait qu'elle se repose, et moi je lui en demande toujours plus ! Veux-tu la remplacer ? Discrètement, pour ne pas lui faire de peine.

— Mais, mademoiselle, le théâtre... Vous oubliez que...

Elle me répondit avec une pointe d'énervement :

— Je n'oublie rien, Suzanne. Si tu renonces au théâtre, il n'y perdra pas grand-chose. Tu n'es pas appelée à un brillant avenir, et tu le sais. En revanche, tu es une femme de tête et tu peux me rendre service. Alors, c'est oui ou c'est non ?

Le temps d'un éclair, je me vis rejetée de cette maison qui était un peu la mienne, condamnée à ne plus vénérer mon idole que depuis la salle. J'ai soupiré :

— Je suis d'accord, mademoiselle.

C'est ainsi que la petite Suzanne Saylor, cette gamine qui, moins de trois ans auparavant, jouait dans les rues de Brest, est devenue... comment dire ? la gouvernante (si jeune !), la suivante, la camériste, la dame de compagnie, la conseillère, la confidente, la duègne de Mlle Bernhardt. En un mot qui résume tous ces états : son *factotum*. Ces rôles me sont dévolus en alternance, dans ce spectacle permanent qu'est la vie de Mlle Bernhardt.

Nos rapports sont faits de franchise. Lorsqu'elle entreprend de monter un nouveau spectacle, je ne lui ménage pas mes critiques, sinon mes conseils, ce qui serait prétentieux. Elle se moque gentiment de ma toilette négligée qui constitue un défi à la mode, de mes vieux escarpins, du bandeau qui retient mes cheveux, de ma répugnance pour le maquillage, de mon dédain pour les bijoux... Je sais que je suis laide, mais je m'en fiche et refuse de tricher avec mon physique. Il est ce qu'il est, et je me moque de plaire.

J'ai vite compris que Mme Guérard n'aimait guère M. Maurice : un sentiment que j'ai tout de suite partagé.

Sans contester l'amour qu'il voue à sa mère, force est de reconnaître qu'il vit à ses crochets. Il a élevé à la dimension d'un art la manière de taper dans la caisse du théâtre et de faire régler ses dettes par sa maman. Ce fruit sec, il faut en convenir, est un beau fruit : il est d'une élégance raffinée, passe avec aisance des salons du Jockey-Club aux arrière-salles des tripots, des repas mondains aux bordels, fait la navette entre Paris et Deauville... Ce fils adultérin d'une grande comédienne et d'un prince a de qui tenir.

Son mariage avec Terka et la naissance d'une fille, Simone, ne l'ont pas incité à renoncer aux relations marginales avec de jeunes théâtreuses dont il assure les mensualités avec d'autant plus de générosité que ces largesses ne lui coûtent rien.

J'ai craint un moment qu'il ne tente de me séduire, mais j'y ai mis le holà. S'il plaisantait avec moi, c'était pour se moquer de mes « allures de bonniche », comme il m'a dit avec élégance le jour où je l'ai rembarré. Depuis, il n'a plus un regard pour moi et je le méprise.

Plus souvent chez sa mère que chez son épouse auprès de laquelle il s'ennuie, M. Maurice a pris le parti de divorcer et de se remarier. Il a eu avec sa nouvelle femme une autre fille, Lysiane, une charmante enfant, à laquelle Mlle Bernhardt voue la même affection qu'à la première.

La tournée de Mlle Bernhardt au Moyen-Orient a été fructueuse. Elle lui a permis d'amasser l'argent nécessaire à la réalisation d'un vieux projet : l'achat du Théâtre de la Renaissance, proche de celui de la Porte-Saint-Martin, qui était déjà en sa possession. Oublieuse de ses précédents déboires, elle en a confié la direction à M. Maurice. C'était pour lui une somptueuse étable pour une nouvelle vache à lait...

À plusieurs reprises, je fus témoin de scènes révoltantes. Alors que je l'aidais à se démaquiller et à se rhabiller dans sa loge, elle recevait la visite du régisseur qui, penaud, l'informait que M. Maurice exigeait le montant des recettes de la soirée. Elle soupirait :

— Eh bien, laissez-le faire. Qu'il prenne...

Mme Guérard me raconta que, lors de sa tournée en Amérique du Sud, elle avait reçu un télégramme de son fils lui annonçant qu'une dette de jeu risquait de le mettre sur la paille. Elle demanda une avance que Mr. Abbey lui refusa, car ce n'était pas la première fois. Pour amasser les fonds nécessaires elle dut vendre des bijoux...

Dans la maison du boulevard Péreire, Pitou est devenu très vite un personnage important.

Que l'on ne me demande pas son prénom et son nom de famille, ni même ses origines. Tout le monde l'appelle Pitou. Tantôt il se prétend le fruit des amours entre un prince sicilien et une actrice moscovite, tantôt né des copulations sordides entre un troll et une sphinge. Je crois me souvenir qu'il a été recommandé à Mlle Bernhardt par M. Damala, peu avant sa mort.

Son physique ne dément pas la deuxième hypothèse, celle qui

est relative à ses origines : de taille inférieure à la moyenne, il porte des vêtements étriqués qui le font paraître plus minuscule encore. Il est vrai que, sur ce plan, il n'a rien à m'envier ! Il entretient avec un soin jaloux des moustaches destinées à donner de la virilité à son visage de gugusse. Il ne marche pas, il sautille comme une marionnette. Il se montre peu loquace, mais laisse traîner ses oreilles partout. Il sème ses propos comme des messages en morse, avec des rires et des exclamations de vieille sorcière.

Plus encore que le mien, son rôle est celui d'un factotum, mais dans un domaine différent : la gestion des affaires de celle qu'il appelle la « patronne ». Mlle Bernhardt dit de lui :

— Figurez-vous que je l'ai découvert dans mon jardin. Il avait poussé en une nuit, comme un champignon. Je l'ai trouvé si drôle que je comptais le placer sur une console, avec d'autres bibelots bizarres, quand je me suis aperçue qu'il pouvait bouger et parler. J'en ai fait mon bouffon et mon souffre-douleur. Je peux tout lui demander. Quand il a fallu tuer le crocodile qui avait dévoré Minuccio, il n'a pas eu une hésitation : pan ! un coup de pistolet dans l'œil... Si je lui demandais d'aller me décrocher la lune, il chercherait une échelle assez longue. Si j'exigeais qu'il se batte en duel pour moi ou qu'il saute du haut de la tour Eiffel, il le ferait sans se poser de question.

Pitou est dévoué à mort à son idole. Il est, comme dit Victor Hugo, *le ver de terre amoureux d'une étoile*. Cette passion n'est pas toute platonique : je l'ai surpris à diverses reprises occupé à observer par le trou de la serrure la toilette de sa « patronne ».

Il a tenté auprès de moi des approches que je me suis hâtée de décourager par des sarcasmes et, parfois, des gifles. Il ne s'offusque pas de ces réactions. Je n'ai rien d'un prix de beauté, mais la perspective de me trouver entre deux draps avec cette grosse grenouille ne me tente guère. Dieu merci, il se trouve dans l'entourage de Mlle Bernhardt de vieux messieurs dont je pourrais prendre au sérieux les invitations, si la conscience que j'ai de devoir protéger ma vertu ne s'opposait à leurs avances.

Je dois ajouter que les conflits entre Pitou et moi n'interfèrent jamais dans nos fonctions. Il est même né entre nous une certaine connivence qui ressemble à de l'amitié.

C'est à Pitou que Mlle Bernhardt a confié le soin de mener à bien l'acquisition du fortin de Belle-Île, dernier caprice de ma maîtresse, mais le moins contestable. Elle a dû vendre sa villa de Sainte-Adresse, proche du Havre, où elle se plaisait, à ce que m'a dit Mme Guérard, mais où elle se rendait rarement. Avec Belle-Île, il semble qu'elle ait trouvé son véritable havre de grâce.

— Je souhaite, m'a-t-elle révélé, faire du fortin mon second domicile. Le boulevard Péreire pour le travail et les relations, le fortin pour le repos et la fête. Je vais prendre un congé de trois mois.

Comme elle me sentait perplexe, elle a ajouté :

— Eh, quoi ? Ça te paraît excessif, trois mois ? J'ai besoin de longues vacances. L'air marin me refera une santé et calmera peut-être les douleurs de mon genou. Je compte sur toi et sur Pitou pour m'aider. L'aménagement du fortin ne sera pas une sinécure. C'est quasiment une ruine. Je veux en faire une résidence agréable. Au travail, ma chérie !

Récit de Pitou

Figaro-ci ! Figaro là ! J'ai l'impression, avec la patronne, d'être ce personnage du *Barbier de Séville*, à qui l'on peut demander n'importe quel service. Toutes les embrouilles sont pour Bibi, toutes ! Heureusement, j'ai la tête solide et bien pleine, une santé à toute épreuve, le don de renifler les magouilles et de dénouer les nœuds gordiens les plus embrouillés. On ne se méfie pas de Pitou, mais Pitou veille. On se moque de ses allures de gugusse, comme dit Suzanne, mais on rend hommage à ses talents de négociateur et (révérence parler) de fouille-merde. Employé comme secrétaire, je suis devenu, sans la moindre réserve de ma part, l'homme à tout faire de la boutique, le *factotum*, comme dit la patronne. Elle ajoute : ir-rem-pla-çable...

L'achat de la bicoque de Belle-Île n'a pas été une petite affaire. Si j'avais écouté la patronne, il aurait fallu, en deux temps trois mouvements, en faire la réplique de son appartement du boulevard Péreire ? Moi, j'ai beaucoup de qualités, mais je ne suis pas un magicien. Il aurait fallu des mois pour la rendre habitable, des années pour qu'elle soit confortable, une vie pour la transformer en palais. Et Sarah était pressée, comme toujours !

Elle a dû se contenter, pour son premier séjour, d'un confort rudimentaire. Pour le superflu, on verrait plus tard. Tout cela coûte très cher. Moins que le Théâtre de la Renaissance, mais tout de même... Je crains que la restauration de cette ruine ne soit très vite... ruineuse.

Il faut reconnaître pourtant qu'elle a fait le bon choix : le prix que j'ai négocié était raisonnable et, si cette grande baraque est difficilement aménageable, la vue sur l'océan est superbe. Elle pourra, du haut des remparts, jouer les Hugo à Guernesey...

Son coup de foudre pour cette antique demeure remonte à l'excursion qu'elle fit dans l'île avec son petit copain Jojotte (Georges Clairain). Alors qu'ils avaient poussé jusqu'au nord de l'île à dos de mulet, et atteint la pointe des Poulains, elle est tombée en arrêt devant ce tas de moellons : une forteresse abandonnée au sommet des falaises, face à l'océan. Le vent faisait battre, à l'entrée du pont-levis, une pancarte : *À vendre.* Elle a dit : « J'achète ! »

De retour à Paris, elle m'a donné une semaine pour négocier cet achat, en précisant :

— Quel que soit le prix qu'on en demande, marchande !

Là, elle pouvait compter sur moi. Une semaine plus tard, l'affaire était dans le sac, et à un prix avantageux : celui de la pierre. Pitou n'est pas tombé de la dernière pluie ! Elle m'a donné une autre semaine pour organiser au mieux son premier séjour. J'ai protesté. Elle a haussé les épaules :

— Débrouille-toi !

J'ignorais, et elle de même, où nous allions mettre les pieds.

Le fortin était prévu pour une garnison, pas pour des estivants. Il a fallu pratiquer des ouvertures dans des murs d'un mètre d'épaisseur, paver la cour, refaire le dallage des locaux d'habitation, abattre des murs, en remonter d'autres ! Des mois de travail à effectuer en une semaine ? Impossible !

Pour son premier séjour, qui devait être de trois mois, mais qui dura moins longtemps, elle dut se contenter d'un confort rudimentaire, ce qui ne parut pas la contrarier outre mesure.

Il fallut, alors que les ouvriers étaient à l'ouvrage, courir les boutiques du continent, antiquaires et brocanteurs, pour en ramener, à travers la lande, de pleines charretées de meubles, sous le regard ébahi et narquois des Îliens. Et qui s'est occupé de tout ?

Toujours Bibi ! Sarah se contentait de dire : « Je veux ça et ça ! » À moi de marchander et d'assurer le transport.

Si j'avais compté pour m'aider sur cette pécore de Suzanne, j'aurais été déçu. Alors que nous livrions au pillage les magasins et les entrepôts de Lorient et de Quiberon, elle se contentait de soutenir sa maîtresse qui peine à marcher trop longtemps.

Je n'ai connu quelque repos que lorsque, les premiers aménagements terminés, les visiteurs ont commencé à affluer : un groupe d'éclaireurs ; le gros de la troupe attendrait la prochaine saison.

Cette avant-garde était composée des proches de Sarah : Maurice, accompagné de sa nouvelle épouse et de ses deux fillettes, ainsi que quelques familiers. Loin des courses de Longchamp et des jolies baigneuses de Deauville, Maurice ne semblait pas s'ennuyer, mais il ne resta qu'une semaine en nous laissant sa petite famille.

D'autres visites peu souhaitées se produisirent durant ce même été : des touristes venus pour voir Sarah Bernhardt en vacances. Ils avaient lu les journaux... Je montais la garde devant le pont-levis pour les écarter, mais ils ne se décourageaient pas, escaladaient une butte et sortaient leurs jumelles.

Elle me chargea d'une nouvelle opération : négocier l'achat de quelques hectares de lande autour du fortin, afin de ne pas être importunée par les touristes et les chasseurs. Elle me chargea de même d'aménager deux salles à usage d'atelier pour Louise Abéma et Georges Clairin, qu'elle tenait à avoir près d'elle durant ses vacances.

— La note va être salée, madame. Déjà que les créanciers font la queue boulevard Péreire ! Et puis... les fonds sont en baisse. Il va falloir que je mette de l'ordre dans vos finances et que vous fassiez rentrer de l'argent.

Elle est montée sur ses grands chevaux.

— L'argent ! toujours l'argent ! Tu es un misérable et un incapable, Pitou ! Je devrais te renvoyer ou te tuer, mais je ne le ferai pas. Alors débrouille-toi pour en faire rentrer, *de l'argent !*

Du coup, j'ai failli rendre mon tablier. Gérer ses finances, je veux bien, puisqu'elle me paie pour ça, mais mon rôle ne va pas plus loin. Où trouver de l'argent ? Et pour satisfaire en priorité les exigences de M. Maurice, sans doute ?

— Qu'est-ce que tu as à ronchonner ? Allez, file et ramène-moi des sous ! Mais avant, tu pourrais au moins m'embrasser...

Comme il lui est de plus en plus difficile de marcher, la patronne m'a demandé de lui faire amener ses chevaux : Vermouth et Cassis. S'ils s'imaginaient, les pauvres, qu'ils partaient en vacances... Chaque jour elle les fait seller par Bibi pour d'interminables promenades le long de la côte, vers des villages du bout du monde, jusqu'au Palais, la petite capitale de cette île bienheureuse. Certains jours, pour varier les plaisirs, elle se livre à la pêche ou au tennis, avec cette cruche de Suzanne qui croyait que ce jeu consiste à envoyer la balle dans le filet ! Oui, au tennis, mais attention : elle reste immobile et ne rattrape que les balles qui tombent sur sa raquette. Elle respecte une sacro-sainte sieste sur sa chaise longue, dans l'enclos ouvert sur le large où croisent des barques de pêcheurs. De temps à autre elle soulève le voile qui couvre son visage pour nous annoncer qu'elle dort...

Le moment le plus agréable de la journée est le dîner aux chandelles, toute la colonie regroupée autour de la Grande Sarah. On y parle théâtre, littérature, relations mondaines, rarement politique, car Sarah avoue qu'elle n'y entend rien et que ça l'ennuie. La soirée se termine par des parties de domino ou de cartes.

Ainsi ont passé des jours et des semaines, dans ce que la patronne appelle son *Sarahtorium.* Elle a pris des couleurs, avec ses promenades, ses baignades, ses longues nuits de sommeil, fenêtre ouverte sur le grand large. Paris ne semble pas lui manquer, mais je sais que, dans son for intérieur, elle aimerait entendre de nouveau les planches craquer sous les pas de Phèdre.

Parfois, accompagnée de Suzanne, elle descend jusqu'à une crique abritée du vent et des embruns, dénude sa jambe malade pour laisser le soleil la pénétrer. Lorsque le temps est chaud et la mer tiède, elle se met nue et, lentement, avec de petits cris, elle s'avance vers une vasque naturelle tapissée d'algues et grouillante de crabes minuscules qui lui courent sur la peau.

Un jour, Suzanne m'a surpris, alors que je veillais, caché derrière un buisson de genêts, à ce que personne ne vienne déranger la patronne. Elle m'a dit au retour :

— Sacripant ! tu t'es bien rincé l'œil, hein ? Si mademoiselle apprenait que tu la reluques, tu pourrais faire tes valises !

J'ai réagi avec d'autant plus de virulence qu'elle n'avait pas tout à fait tort : je m'en tenais à mon rôle de vigile...

La cinquantaine proche, elle est belle encore, notre Sarah. L'âge semble glisser sur elle sans l'atteindre même si sa démarche est hésitante et déhanchée, du fait de son genou malade. Elle a raison de dire que les médecins sont des ânes ! Malgré les progrès de la science, dont on nous rebat les oreilles, ils en sont restés aux pointes de feu qui la mettent au supplice, sans résultat.

Un matin de la mi-septembre, alors que les premières pluies d'automne montaient du large, elle m'a dit, le regard perdu dans la brume :

— Mon Pitou, il va falloir songer au retour. Ce n'est pas de gaieté de cœur, crois-moi, mais ces vacances ont été un luxe. Elles ne doivent pas me faire oublier le théâtre. Sardou me relance pour une nouvelle pièce qu'il vient de terminer. Et puis... il y a ce drame de Musset, *Lorenzaccio*, qui va me demander une longue préparation et beaucoup de moyens. Personne n'a osé la monter à ce jour. C'est une opération que Sardou juge suicidaire, mais elle vaut d'être tentée.

Et d'ajouter dans un soupir :

— Mon Pitou, il va falloir te débrouiller pour me trouver des sous...

Récit de Victorien Sardou

Cette longue absence de Sarah m'a causé bien du souci. Trois mois à Belle-Île ! Comme si une comédienne de sa valeur pouvait se permettre ce genre de caprice... Une sourde inquiétude me venait en songeant qu'elle pourrait décider brusquement de renoncer à la scène, se laisser tomber en plein vol, comme un oiseau mort. Comment pourrais-je trouver une actrice aussi douée, aussi conforme à mon théâtre ? Je n'en vois aucune... La Duse, peut-être, mais elle est subjuguée par son amant, ce Gabriele D'Annunzio, qui n'écrit que pour elle, elle ne jouant que lui, ou presque. Réjane s'est orientée vers le théâtre naturaliste à la Goncourt. Mary Lloyd ne quittera pas la Comédie-Française pour mes beaux yeux...

J'ai écrit maintes fois à Sarah pour lui dire que Paris l'attend et que j'ai des idées de pièces plein la tête. Elle me répond qu'il y a un temps pour tout, que ces vacances lui sont nécessaires. Elle me parle dans ses lettres de l'océan qu'elle contemple des heures, du vol des goélands et du parfum des ajoncs. Pas un mot sur le théâtre. Celui de la Renaissance ne fait que reprendre de vieux succès, pour des salles quasi désertes, sous la direction de Maurice qui ne s'intéresse à ses fonctions que pour taper dans le tiroir-caisse.

Lorsque j'ai reçu le télégramme m'annonçant son retour, je me suis senti revivre. Restait à savoir dans quelles dispositions elle allait reparaître. Je la connais trop bien pour savoir qu'en amour comme en amitié, ses sentiments sont soumis à des mouvements imprévisibles. Je n'ai pas attendu deux jours pour me présenter. Son accueil m'a réconforté.

— Mon petit Sarde, vous, enfin ! J'ai attendu votre visite à Belle-Île. Pourquoi n'êtes-vous pas venu ?

— Mais, ma chère, vous ne m'avez pas invité !

— Vraiment ? Suis-je étourdie... Vous ne m'en voulez pas trop, j'espère ? Il faudra venir l'été prochain, avec votre famille. Vous verrez comme c'est beau et comme on s'y amuse. Vous pourriez aussi y travailler...

— Mais, ma chérie, j'ai travaillé en votre absence. Je vous ai apporté une pièce et des idées pour d'autres.

Elle était en train de lire un ouvrage de Jules Claretie sur la vie parisienne de ces dernières années. Elle m'a lancé joyeusement :

— Écoutez, mon petit Sarde, ce qu'il écrit sur le retour de vacances : *En retrouvant son appartement parisien, en octobre, elle voyait ce mois sous les traits d'un domestique un peu chauve qui époussette sur les meubles la poussière de l'été...* C'est bien vu, hein ? Il a du talent, votre ami Jules...

Elle m'a fait asseoir près d'elle, sur le divan surmonté (j'allais dire ombragé) par un énorme ficus, et m'a prié de lui confier mon manuscrit et de lui raconter mes projets. Je lui ai parlé de la pièce que j'étais en train de terminer : *Spiritisme*. Elle a sursauté et a fait la moue.

— Encore vos lubies ! D'une part, le titre est mauvais. D'autre part, cela n'intéresse personne. Avez-vous autre chose à me proposer ?

Je lui parlai du manuscrit que je venais de lui remettre : *Gismonda*. Toujours un nom de femme, et toujours terminé par la lettre « a ». J'ai senti son intérêt s'éveiller, au fur et à mesure que je la faisais pénétrer dans l'univers fabuleux de la Grèce du temps de Byzance, où *Theodora* nous avait déjà entraînés. Elle trouva le sujet passionnant et s'emballa : il faudrait une mise en scène à la hauteur de l'ambiance, qui dépasse, en ampleur et en richesse, celle de *Theodora*. Elle murmurait :

— Je vois... je vois...

Ce qu'elle voyait déjà dépassait, avant même qu'elle eût lu mon texte, tout ce que j'avais imaginé... Nous avions joué *Theodora* plus de trois cents fois. *Gismonda* dépasserait ce chiffre... Je ne pus que lui répondre :

— Ma chérie, Dieu vous entende...

À propos de *Spiritisme*, qu'elle a consenti à monter malgré ses réserves, Sarah a vu juste : cette pièce n'a pas tenu longtemps l'affiche, peut-être parce que le sujet fait peur. Tout en préparant *Gismonda*, elle a repris nos vieux succès, avec de nouveaux comédiens qu'elle m'a présentés : Lucien Guitry et De Max. Elle a eu la main heureuse.

Excellent acteur, Guitry est un personnage étrange. Plus jeune que Sarah de six ou sept ans, il a conjugué, dans une vie agitée, l'amour, le voyage et le spectacle : le Conservatoire à dix-sept ans, de petits rôles au Théâtre du Gymnase, une incursion sur les scènes londoniennes, une enjambée par-dessus l'Europe, avec son épouse, pour se produire au Théâtre Mikhaïlovski, de Moscou, où il est resté neuf ans, séduisant de grandes dames et de petites princesses, provoquant des scandales qui entraînèrent son divorce et le départ de sa femme, accompagnée de leurs enfants, dont le petit Sacha.

Lui-même, de retour à Paris, a pris contact avec Sarah. Elle adorait et adore encore ce personnage qui, par sa puissance physique et son verbe coruscant, lui rappelle Mounet-Sully, avec en plus la fascination du séducteur-né.

Je ne partage pas l'avis de Léon Daudet qui l'a dépeint comme paresseux, nonchalant, dédaigneux pour tout effort suivi, somnolent sur la scène... et le public avec lui. Daudet a la dent dure, personne ne l'ignore. Ce jugement est trop sévère. Le jour où il a écrit ces lignes, il devait avoir envie de se faire les griffes.

Édouard De Max a eu un parcours moins tourmenté. Originaire de Roumanie, il a interprété quelques rôles du répertoire classique, à la Comédie-Française, avant de reprendre sa liberté. Cet homosexuel notoire, maître en matière d'extravagance, aime s'habiller en femme, parler chiffons, bijoux et parfums. Il a pris Sarah comme modèle de féminité, l'imite sur scène et dans la vie courante. Dans l'intimité, elle l'appelle « ma cocotte » et le brocarde allégrement, ce qui entraîne des scènes réjouissantes, suivies de réconciliations pathétiques. Ils s'aiment comme chien et chat.

Un soir, dans sa loge, alors qu'il avait le cœur en berne et se consolait de je ne sais quelle déception amoureuse en choisissant des parfums, il me dit :

— Je suis prisonnier de Sarah, mon cher Sardou. J'ai tenté maintes fois de me déprendre d'elle, mais, chaque fois, elle m'emporte dans la folie de ses folies. Je sens qu'elle ne m'aime pas, qu'elle me méprise même, alors que moi...

Il est vrai qu'elle ne manque aucune occasion de le malmener. Alors qu'ils jouaient *Phèdre,* elle lui a reproché de se tenir trop près d'elle.

— Il faut garder tes distances, ma cocotte. Nous ressemblons à deux concierges en train d'échanger des ragots. Et cesse d'imiter mon jeu et ma voix !

— Dites que je vous répugne tant que vous y êtes ! La distance que j'observe est la bonne, et je m'y tiendrai, que ça vous plaise ou non ! Quant à vous imiter, ma chère, je suppose que vous plaisantez ?

Quand elle a menacé de le renvoyer de sa troupe, il est tombé à genoux, lui a baisé les mains, lui a avoué la passion et le respect qu'elle lui inspire. Puis, se relevant, il lui a jeté au visage :

— En revanche, *veuve Damala,* la directrice de théâtre que vous êtes me répugne !

Après avoir redouté le pire, je suis parvenu à les réconcilier en les invitant au Grand Hôtel.

— Il y a des moments, m'a-t-il avoué, où j'ai envie de lui sauter au cou, d'autres où je résiste à la tentation de l'étrangler. Ah ! mon cher, je suis à la fois le plus heureux et le plus malheureux des hommes. J'aurais pu trouver mon équilibre entre passion et haine en faisant d'elle ma maîtresse ou en l'épousant, mais ma nature me l'interdit.

J'ai dû, par faiblesse, abandonner à Sarah la direction des répétitions et de la mise en scène de *Gismonda.*

Dans cette tragédie, Lucien Guitry et De Max donnent la

réplique à Sarah qui joue le rôle-titre : le premier sous l'apparence d'un homme du peuple qui devient son amant et l'épouse ; le second dans le rôle d'un prêtre diabolique qui leur tend des embûches. Je n'ai pas lésiné sur les scènes dramatiques dont le public raffole, ni sur la mise en scène, plus impressionnante que celle de *Theodora*, avec des mouvements de foule, des processions, une grandiose messe de mariage avec musique d'orgues...

Ce spectacle a été pour Sarah l'occasion de révéler au public parisien Alfons Mucha, un jeune artiste récemment arrivé de Prague et installé à Montparnasse. C'est à lui qu'elle a confié la réalisation des affiches de *Gismonda*. Il l'a représentée en pied, vêtue d'une tunique byzantine brodée d'or et de perles, coiffée d'une crinière fauve et tenant à la main une longue palme. Trois lignes de texte seulement : *Gismonda... Sarah Bernhardt... Théâtre de la Renaissance...* Ce jeune artiste a parfaitement rendu la nature, les goûts et le comportement de la comédienne. Elle lui a fait signer un contrat de cinq ans pour ses affiches et ses programmes.

Un critique a écrit : *Sarah est une illustration de Mucha, douée de vie...* Lorsqu'on demande à l'artiste par quelle expression il pourrait traduire la quintessence de son art, il répond en toute simplicité :

— S'il ne tenait qu'à moi je l'appellerais l'*Art nouveau.*

Le succès des affiches de Mucha nous consola de celui, en demiteinte, de *Gismonda.*

Nous avons réfléchi, mais un peu tard, à cette évidence : une mise en scène toute simple peut être plus efficace qu'un déploiement ostentatoire d'effets qui écrasent les acteurs et le texte. Sarah ne partage pas mon avis. Renoncer aux tenues de scène somptueuses, aux bijoux, aux décors destinés avant tout à mettre son physique et son talent en valeur ? Jamais ! Les documents réalisés par Mucha, en faisant ressortir sa personnalité avec une belle intensité émotionnelle, l'incitent à camper dans ce style. Elle s'accroche au clinquant, au tape-à-l'œil, comme si l'on avait l'intention de l'écorcher vive. Dieu sait qu'au début de notre collaboration, j'abondais dans ce sens. Faisais-je fausse route ? Le théâtre ne doit-il pas s'ouvrir à des expressions plus simplifiées de la réalité historique ?

J'ai suivi avec intérêt le travail de laborantin effectué par un jeune metteur en scène venu de Limoges : André Antoine. Cet ancien employé de la Compagnie du Gaz est venu au théâtre par vocation. Grâce à son talent et à sa patience, il a remis en question les fondements de la mise en scène, annoncé que le temps des mystères moyenâgeux est révolu, qu'il fallait épurer le théâtre de ses poussières dorées. Il pénètre à grandes enjambées dans le domaine de Zola. Dans son Théâtre-Libre, il accueille ce que refusent la Comédie-Française, l'Odéon et la Renaissance. Mais, à part quelques esprits novateurs, le public se montre réticent.

Ce personnage me gêne, mais je le salue. Pour moi, il représente l'avenir qui va me condamner.

Je suis entré en coup de vent chez Sarah, un journal à la main. Elle était en pleine discussion avec Maurice. Il arpentait le salon en brandissant sa canne comme une épée. L'objet de leur querelle portait sur l'événement qui bouleverse Paris et la France entière : l'affaire Dreyfus. Maurice croit à sa culpabilité ; Sarah à son innocence.

— Bonjour, Sardou ! me lança-t-elle froidement. Qu'est-ce qui vous amène ?

— Je pourrais repasser si ma présence vous dérange, mais je tenais à vous entretenir d'une grande nouvelle qui vous a peut-être échappé : Eleonora Duse est à Paris. Avec D'Annunzio, bien entendu...

Oublié Dreyfus, Sarah se dressa tel un geyser de soie blanche.

— Que me dites-vous là ? La Duse à Paris ? En êtes-vous certain ?

Je lui tendis le journal. Elle ne lut que le titre, avant de s'écrier :

— Cette garce ! Qu'est-ce qu'elle vient foutre ici, nom de Dieu ! Pouvait pas rester en Italie ? Sûr qu'elle est venue me piquer mes rôles et mon public...

Cette vulgarité ne faisait guère illusion. Je connais trop bien ma vieille amie pour ne pas prendre cette réaction violente au sérieux et savoir que la Duse, cette comédienne, l'une des plus douées de sa génération, aussi célèbre en Italie qu'elle en France, ne risquait pas de lui porter ombrage.

Elle lança à son fils, d'une voix aigre :

— Toi, fiche le camp ! Nous reprendrons cette discussion plus tard.

Digne comme un paon auquel on aurait arraché une plume, Maurice se retira sans me saluer. Elle se laissa tomber sur un divan, me fit signe de m'asseoir près d'elle. Elle respirait lourdement, comme à bout de nerfs. Je sentais, à des frissons magnétiques, les tourments qui l'agitaient.

— Tous les emmerdements arrivent en même temps, soupira-t-elle. Je sors de la clinique où l'on m'a opérée d'un kyste aux ovaires, mais je suis rétablie, merci... Mon fils m'annonce qu'il est entré dans une sorte de ligue pour condamner ce pauvre Dreyfus, alors qu'il a lui-même du sang juif dans les veines. Et vous arrivez avec cette fâcheuse nouvelle : la Duse à Paris. Qu'est-ce qu'elle vient y foutre ? Y jouer quoi ? Oh ! puis, après tout, je m'en tape. Je suis bien allée jouer en Italie, moi !

— Vous auriez tort de vous inquiéter. Elle jouera, c'est certain. Vous avez le même répertoire, mais avec un style différent, ce qui, au lieu de vous opposer, devrait vous rapprocher.

— Nous rapprocher ? Vous en avez de bonnes, mon petit Sarde ! Mais, après tout, vous avez peut-être raison...

Elle devait se souvenir que la Duse, informée de son opération, lui avait adressé un télégramme d'Italie pour la réconforter. Elle s'était écriée : « Ce chameau ! quel toupet... » Puis elle avait ajouté : «Je voudrais lui dire que je l'aime. »

Le journal annonçait qu'elle serait à Paris dans la semaine.

— Une de ses premières visites sera pour vous, ma chérie. Tâchez de lui faire bon visage.

— Pour qui me prenez-vous ? Qu'elle vienne ! Je lui offrirai une coupe de champagne...

Je me renseignai sur le nom de l'hôtel où était descendue celle qu'en Italie on appelait la « Divine », et demandai à la rencontrer.

Je me trouvai en présence d'une petite créature aux cheveux prématurément gris, à la voix calme, un peu acide, d'une élégance surannée, sans fard ni bijoux. Elle était flanquée d'une sorte de condottiere au crâne rasé, à la mine avantageuse et arrogante, qui me salua d'un simple hochement de tête : son poète, Gabriele D'Annunzio, prince de Monte Nevoso.

J'avais appris que ce personnage singulier avait été condamné en Italie à quelques mois de prison pour l'enlèvement d'une dame de la haute société romaine. Il avait rencontré la Duse peu après sa libération. Ç'avait été le début de relations intenses mais difficiles, traversées de conflits, de séparations, de retrouvailles théâtrales. Les maîtresses de ce poète de talent ne se comptent plus. Eleonora proteste puis finit par oublier, prise qu'elle est par sa véritable passion : le théâtre.

Au cours de cette rencontre, c'est de théâtre que nous avons surtout parlé. Je la poussai à m'avouer le désir qu'elle avait de rencontrer sa concurrente, pour laquelle, à ce qu'elle me dit, elle avait le plus grand respect. Je l'incitai à se rendre boulevard Péreire. Elle me le promit.

À mon grand regret, je ne pus assister à la rencontre de ces deux comédiennes. Suzanne Saylor, qui était présente, m'en fit le récit. Elle avait assisté à une entrevue comparable à celle de deux lutteuses de fête foraine qui vont s'affronter à mains plates. Il y avait trop de violence dans leur embrassade pour qu'on ne puisse deviner ce que cela cachait de crainte et de méfiance réciproques.

— Ma maîtresse, me dit Suzanne, avait revêtu la tenue d'intérieur qu'elle porte dans le tableau de Georges Clairin : sa longue robe de soie blanche, avec les poignets et le col de dentelle, alors que cette pauvre Leonora avait piètre allure dans sa robe qui semblait taillée et cousue par sa mère. Leur entretien a été chaleureux, mais elles ont surtout parlé de l'Italie... et de l'affaire Dreyfus ! Lorsqu'il a été question de théâtre, la Duse lui a avoué qu'elle ne savait où se produire. Tenez-vous bien, monsieur Sardou ! ma maîtresse lui a proposé son propre théâtre ! On ne peut être plus généreux. À moins...

— À moins ?

— J'ose à peine le suggérer, ajouta-t-elle en rougissant. À moins que Sarah ne souhaite assister, sur son propre terrain, à la déroute de sa rivale.

Cette petite Saylor... Elle n'a pas fini de m'étonner par la subtilité de ses raisonnements. Moi qui connais Sarah, mieux que quiconque peut-être, j'hésite à croire à une telle perversité. Peut-être avait-elle compris que leurs talents, loin de s'affronter, pouvaient cohabiter sereinement. Eleonora Duse est la modestie et la gentillesse incarnées : elle déteste la réclame, trouve les interviews fastidieuses, et a refusé de donner son nom à sa troupe. Elle impose à ses rôles une subtilité dont Sarah, qui joue davantage sur l'émotion, est éloignée.

Je suis satisfait de ce que Sarah, à la suite de cette entrevue, m'a dit de sa collègue :

— Elle est plus comédienne qu'artiste. Elle marche sur des chemins tracés par d'autres, mais, je le reconnais, sans chercher à les imiter. Elle plante des fleurs où il y avait des arbres, et vice versa. L'ennui, mon petit Sarde, c'est qu'elle ne fait pas naître de son art un personnage qui s'identifie à son nom. Elle n'a pas créé un être, une vision qui puissent évoquer son souvenir. Non, mon maître chéri, cette grande comédienne n'est pas vraiment une artiste.

J'allais lui demander de préciser ou d'approfondir sa pensée, mais elle avait déjà rebondi sur un autre sujet.

— Ce d'Annunzio, je ne l'aime guère : aussi comédien que peut l'être sa maîtresse, alors qu'il a assez de talent sans avoir à se travestir en condottiere. Savez-vous qu'il m'a demandé de monter une de ses pièces : *La Ville morte* ? En acceptant, je risque de froisser Eleonora. Ça m'ennuierait.

Jc rcvois Sarah à la prcmièrc dc *La Damc aux camélias*, montéc pour son Théâtre de la Renaissance. Elle se tenait debout à l'orchestre au baisser du rideau, applaudissant avec frénésie, souvent à contre-temps, peut-être intentionnellement. Pour résumer mon impression : Sarah fait de Marguerite Gautier une créature égoïste, et la Duse une victime expiatoire des mœurs dépravées de l'époque.

Lorsque Sarah m'a annoncé son intention d'entreprendre une nouvelle tournée mondiale, j'ai pensé que nous ne la reverrions plus et qu'elle allait se faire oublier du public parisien. Quand je lui en ai fait l'observation, elle m'a répondu :

— Le public ? Qu'il m'oublie ! Je saurai bien, à mon retour, lui rafraîchir la mémoire. Il a besoin de moi comme j'ai besoin de lui. Demandez à Pitou ce qu'il pense de ma situation financière ! Le Théâtre de la Renaissance me coûte les yeux de la tête, et ce n'est pas la Duse qui va le sauver de la faillite. Si je ne pars pas et si je ne reviens pas avec un million, je suis foutue, mon petit Sarde. Fou-tue...

Argument incontournable. Elle a raison, Sarah : le public et la presse ont besoin d'elle. Quelle actrice pourrait la remplacer ? Julia Bertet ? Madeleine Brohan ? Dussane ? Réjane ? Ces excellentes comédiennes sont loin d'être des idoles vivantes, comparées à elle. D'autres, plus jeunes, comme Cécile Sorel ou Marguerite Moreno, n'ont pas atteint leur maturité. Sarah, elle, est l'incarnation du théâtre, un personnage mythique engendré par une puissance mystérieuse.

Plus jeune de quelques années, je lui aurais proposé de la suivre dans son nouveau périple à la Phileas Fogg. J'aurais veillé sur elle comme naguère la bonne Mme Guérard, je lui aurais évité les maladresses et les scandales qui altèrent son image, les accidents déplorables, comme cette contusion au genou qui la fait atrocement souffrir. Nous aurions, entre deux villes et deux spectacles, réfléchi aux idées de pièces qui fourmillent dans ma tête.

Dans mon nouvel appartement du 64, boulevard de Courcelles, comme dans mon château de Marly, je vais travailler sur des projets dont j'attends beaucoup : *Thermidor*, qui provoquera des réactions hostiles de la part des républicains, et *Mme Sans -Gêne* qui fera de même pour les bonapartistes. Je mettrai la dernière main à un roman : *La Maison de Robespierre.*

Et je ne puis négliger les séances de l'Académie française qui m'a fait, récemment, l'honneur de me rendre immortel...

LA PRÊTRESSE DE LA POÉSIE

Récit de Suzanne Saylor

Veiller en permanence sur ma maîtresse, lui éviter les importuns, interrompre sur un signe les raseurs du genre de M. Sardou, l'accompagner dans les boutiques à la mode ou dans les taudis de chiffonniers du passage Trouillet pour faire la charité aux enfants, lui faire la conversation, préparer son thé, telle était une partie de ma mission lorsque je suis entrée à son service. Et je ne fais que résumer... J'ai conscience d'avoir accompli ma tâche sans trahir sa confiance. Madame ne s'est d'ailleurs jamais plainte de mon service et même me récompense par de menus cadeaux. Pourtant, lorsqu'elle m'a annoncé, comme la chose la plus naturelle qui soit, que je l'accompagnerais dans son voyage autour du monde, j'ai réagi avec vivacité.

— Vous êtes bien aimable, madame, d'avoir pensé à moi, mais je ne puis accepter.

— Vraiment ? Et pourquoi ça, ma chérie ?

— Parce que j'ai le mal de mer, que les longs voyages m'épuisent, que je ne parle pas l'anglais, que je ne tiens pas à servir de nourriture aux requins, à me faire assassiner par des gangsters ou dévorer par des cannibales...

Sarah a éclaté de rire puis, reprenant son sérieux :

— Trêve de balivernes ! Ainsi, tu ne veux pas m'accompagner ?

Je lui confirmai mon refus. Sa réponse me figea sur place :

— Alors je te donne ton congé ! Tu peux, d'ores et déjà, faire ta valise.

J'ai fait semblant de la prendre au mot. Sans me soucier de lui donner un préavis, je suis montée préparer mon bagage, comme si je la quittais vraiment. Une heure plus tard, alors qu'elle s'apprêtait à partir pour le théâtre, elle a eu un sursaut en me voyant en tenue de ville dans l'entrée, avec mes valises. Elle s'est écriée :

— Es-tu folle ? Qu'est-ce que cette comédie ? Remonte dans ta chambre en vitesse, reprends ton service et réfléchis encore à ma proposition.

C'était tout réfléchi. Nous avons discuté de nouveau, âprement, de ce voyage. Elle a fini par baisser pavillon. Elle devra se contenter des services de la nouvelle servante, qui a remplacé Félicie.

Ce voyage, je suis bien placée pour le savoir, était une nécessité pour ma maîtresse. Lorsque son coffre est vide, elle n'a d'autre ressource que d'aller puiser l'argent à la source, dans des pays lointains où il lui suffit de se montrer pour que dollars, livres, couronnes et autres pesos s'amoncellent. Je me demandais ce qu'elle allait nous ramener de ce périple : un éléphant, un hippopotame, une girafe, des serpents à sonnettes, des nègres, des Indiens ?

Il lui fallait à tout prix renflouer un théâtre qui prenait l'eau de toutes parts, malgré les représentations données par la Duse. Elle devait surtout réunir les subsides qui lui permettraient de monter le spectacle le plus coûteux de sa carrière : ce *Lorenzaccio* dont elle attend un succès comparable à la *Theodora* de M. Sardou.

Avant d'embarquer, elle a répondu aux questions des journalistes. Quand on lui a demandé si elle regrettait de partir, si elle ne redoutait pas les fatigues et l'ennui, elle a répondu :

— Regretter ? Jamais de la vie ! Je ne me fatiguerai pas plus que pour une promenade au bois de Boulogne, et sachez que je ne m'ennuie jamais, quelles que soient les circonstances. Je me récite du Racine...

Son itinéraire la conduira en Amérique, aux îles Sandwich et Hawaii, en Nouvelle-Zélande, en Australie, avec retour par le Moyen-Orient et Londres, où l'attend un public fidèle. Le tour du monde en quatre-vingts spectacles et même davantage...

Au cours de cette tournée, ma maîtresse nous a adressé assez régulièrement de ses nouvelles ; Pitou et moi lui avons donné des nôtres. Je présume que la plupart de ces messages se sont égarés à travers océans et continents. Nous avons dû attendre son retour pour connaître les détails de cette tournée d'où elle revenait cousue d'or et de projets. Elle pense plus que jamais à *Lorenzaccio*, mais, avant d'entreprendre la tâche colossale que représente la mise en scène, elle s'est contentée, pour maintenir son théâtre en état de survie, de représenter des œuvres moins ambitieuses.

Peu de temps après son retour, une nouvelle rassurante lui est parvenue, lui montrant que Paris ne l'avait pas oubliée. Elle a balayé d'un revers de main articles et caricatures d'humoristes saluant à leur manière le retour de la *muse ferroviaire* ou de la *Juive errante*. L'événement qui l'attendait effaçait tout ce qu'elle avait pu amasser en elle de rancœur pour toutes ces inepties.

Un groupe d'écrivains, d'artistes et de comédiens avait décidé, à l'occasion de ses trente années de théâtre, de lui rendre un hommage public. À cette occasion, un banquet avait été organisé dans l'établissement le plus prestigieux de la capitale : le Grand Hôtel, qui donne sur la rue de la Paix et le boulevard des Capucines.

Lorsqu'un journaliste du *Figaro* lui a demandé de tirer les leçons de sa carrière passée, elle a répondu :

— Voilà plus de trente ans que je livre au public les vibrations de mon âme, les battements de mon cœur, les larmes de mes yeux. J'ai interprété plus de cent rôles et créé une quarantaine de personnages. J'ai voulu ardemment arriver au sommet de mon art. Je n'y suis pas encore. Il me reste bien moins à vivre que je n'ai vécu, mais chaque pas me rapproche de mon rêve... J'ai planté le verbe français au cœur des terres étrangères. C'est ce dont je suis la plus fière. Je me considère comme la doyenne d'un art passionnant, grandiose, moralisateur ! Je suis la prêtresse de la Poésie...

Les organisateurs de cette cérémonie ont vu grand : cinq cents personnes – le gratin du Tout-Paris – étaient présentes dans la salle dite du Zodiaque. Sarah s'est fait attendre, mais juste le temps nécessaire pour susciter un discret mouvement d'impatience qui rendrait son apparition plus désirée.

J'étais là lorsqu'elle est apparue, venant non des salons attenants d'où elle eût, d'emblée, été absorbée par la foule, mais de l'étage supérieur.

Dès qu'elle a surgi, seule, au sommet de l'escalier, le brouhaha des conversations s'est arrêté. Un cri d'admiration est monté vers elle pour venir mourir en murmure à ses pieds, précédant un silence à peine troublé par les rumeurs du boulevard. Le souffle suspendu, la main sur la boule de la rampe, j'ai assisté, sans en perdre le moindre geste, la moindre attitude, à sa descente, marche après marche, appliquée, étudiée mais légère comme dans un rêve. Sarah donnait d'elle l'image d'une sublime élégance. Elle semblait exprimer tantôt une modestie traquée, tantôt de la gratitude, tantôt une joie profonde. Elle faisait de son personnage une mosaïque vivante, recomposait, touche après touche, le portrait de la grande Sarah que nous aimons.

Je n'étais pas peu fière de l'avoir aidée à revêtir sa robe blanche, ornée de petits nuages de chinchilla, dont la traîne brodée de fils d'or flottait dans son sillage comme l'écume abandonnée par une vague.

En posant le pied sur les dernières marches, elle m'a fait un sourire et un signe du bout de son éventail, puis, dans un tonnerre d'applaudissements et de vivats contenus durant sa descente, elle s'est avancée vers le groupe de ses fidèles : Robert de Montesquiou, Victorien Sardou, Georges Clairin, Reynaldo Hahn...

Je garde dans l'oreille la voix enrouée d'émotion de M. Sardou qui, à la fin des agapes, a tenu à rendre hommage à celle qu'il nomma « la souveraine incontestée de l'art dramatique, saluée comme telle dans le monde entier ». Son discours achevé, il a essuyé ses yeux et laissé tomber ses lorgnons dans la crème Chantilly de son dessert.

Sarah n'a jamais eu de goût pour les discours. C'est pourquoi sa réponse fut un modèle de brièveté. Un simple mot, encadré de silence et lourd d'émotion : *merci.*

On n'avait pas lésiné sur le faste de cette cérémonie : la grande salle ruisselait de plantes et de fleurs ; sur une grande estrade étaient installés la chorale et l'orchestre des concerts Colonne qui chantèrent et jouèrent l'*Hymne à Sarah Bernhardt*, de Gabriel Pierné, précédant un sonnet écrit et lu par un poète limousin : Armand Sylvestre.

Au terme de cette célébration, je me sentais lasse, et Sarah devait l'être plus encore, mais la fête n'était pas achevée et nous réservait d'autres émotions.

L'assistance se porta vers le Théâtre de la Renaissance. Il fallut l'intervention de la police pour écarter la foule venue faire cortège à son idole sur le trajet entre le Grand Hôtel et le théâtre où Sarah allait interpréter un acte de *Phèdre* et de *La Rome vaincue*, de Parodi. Nous eûmes droit, à la fin de cette soirée, à un récital donné par cinq poètes. Parmi eux, le jeune Edmond Rostand qui, depuis peu, entretenait des rapports suivis avec Sarah. Du pathos insipide de son sonnet, seul le dernier vers du premier quatrain demeure dans ma mémoire : *Reine de l'attitude et princesse des gestes...*

Le spectacle se terminait par une sorte de tableau vivant : Sarah trônant sous une pluie de pétales tombée des cintres, entourée des comédiens et des comédiennes de sa troupe. Quel peintre aurait pu rendre la splendeur de cette vision, et quel écrivain en extraire la quintessence ?

Récit de Victorien Sardou

De retour de la mémorable cérémonie en l'honneur de Sarah, bouleversé comme je ne le fus jamais, je suis resté trois jours sans quitter mon appartement, sans pouvoir écrire une ligne cohérente, rêvassant, passant d'une fenêtre à une autre pour regarder la pluie d'automne noyer le boulevard et arracher leurs dernières feuilles aux platanes.

D'avoir participé au plus près à cette consécration que certains ont qualifiée abusivement de *canonisation*, je me sens inondé de plaisir et de fierté. Ce n'est certes pas la première fois que mon nom est mêlé à celui de cette comédienne, mais l'homme modeste que je suis n'aurait jamais osé imaginer que nous serions ainsi, pour ainsi dire la main dans la main, portés aux nues. Même lors de ma réception sous la Coupole, je n'ai pas ressenti une telle émotion. Elle me poignait tant que j'ai bien cru ne pas venir à bout de mon allocution et que ma main tremblante a laissé mes lorgnons tomber dans mon assiette à dessert. Une maladresse qui n'est pas passée inaperçue et qui, sans doute, trouvera des échos dans la presse.

La roche Tarpéienne est, dit-on, proche du Capitole. Ce qui signifie qu'après avoir atteint les sommets de la gloire on ne peut qu'en redescendre, avec des risques de chute.

Sarah en est bien d'accord : l'ère des grandes reconstitutions byzantines et médiévales est révolue, ce qui me condamne au drame contemporain ou à la comédie bourgeoise, sinon au vaudeville, ce qu'à Dieu ne plaise !

Elle s'est pourtant attachée, peut-être pour en faire son chant du cygne, du moins dans le genre, au projet dont elle me rebat les oreilles depuis des mois : monter le *Lorenzaccio* d'Alfred de Musset. Je lui ai déconseillé ce que je considère comme une folie. Cette pièce semble porter malheur : Musset n'a pu la faire jouer de son vivant, son frère, Paul, en a fait, sous l'Empire, il y a trente ans, une adaptation destinée à l'Odéon, mais un diktat impérial l'a interdite, du fait qu'on y assassinait un tyran, comme si l'empereur se reconnaissait en lui... Sarah a repris le flambeau. Grand bien lui fasse...

Elle ne me tient pas à l'écart de ce projet et m'en parle volontiers, mais c'est quelqu'un d'autre qu'elle a choisi pour l'aider. Un soir de fin d'automne, à Marly, devant une première flambée, en présence de quelques amis, elle nous a éberlués en déclarant :

— J'ai lu et relu cette pièce. Certains passages sont d'un ennui affligeant, d'autres d'un romantisme hors de saison. L'adaptateur, Armand d'Artois, et moi avons décidé de pratiquer des coupures. Cinq actes, c'était trop. Nous nous en tiendrons à quatre, et c'est déjà très long...

Je n'ai pu m'empêcher de protester : pratiquer des coupures dans ce drame concocté par Musset et George Sand en Italie, au temps de leurs amours, relevait du vandalisme. Ce que les censeurs de l'Empire n'avaient osé proposer, elle l'avait fait ! Elle a répliqué sèchement :

— Musset avait ses idées, j'ai les miennes ! Les temps ont changé, les goûts du public aussi. Présenter ce drame en l'état, ce serait aller droit à la catastrophe. Alors j'avais le choix : ou le laisser dormir, sans doute à jamais, ou le monter en l'élaguant. J'ignore si, même avec ces coupures, cette pièce passera la rampe, mais l'aventure vaut d'être tentée, et c'est ce que je vais faire. Je jouerai le rôle de Lorenzo. Il est parfaitement dans mes cordes...

J'ai frémi à l'idée de voir notre grande Sarah incarner ce jeune prince lâche, débauché, piètre réplique de Hamlet, dans une pièce où quelques éclairs de génie ne suffisent pas à dissiper des amas de nuages.

Ingénuité ? Inconscience ? Sarah m'a convié à assister aux répétitions. Adversaire déclaré de ce projet, j'ai néanmoins accepté et, je le confesse, mes conseils n'avaient pour but que de le faire échouer. Elle n'en tenait d'ailleurs aucun compte, et moins encore son adaptateur.

Musset a gâché par des lourdeurs et un lyrisme exacerbé une histoire fascinante et toute simple : celle d'un patriote de Florence au temps de Charles Quint, qui tente de faire reprendre le pouvoir au parti national contre l'Empire. Tout reposait sur les épaules de Sarah : elle devrait donner une apparence de crédibilité et de sympathie à ce fantôme de la rébellion, âpre, tourmenté, déchiré par ses débats entre sa conscience et l'intérêt de la nation.

Jamais je n'ai vu Sarah dans un état tel que durant les répétitions : elle passait de l'exaltation à l'abattement, des doutes aux certitudes, en proie à un débat qui la minait. Déjà, somme toute, dans la peau de son personnage...

Je restai confondu par le succès de cette pièce. Durant une dizaine de représentations, la salle était comble, mais sans manifester d'enthousiasme comme au temps de *Theodora*. Le reflux s'est amorcé insensiblement, puis s'est précipité, si bien que la pièce a été retirée de l'affiche moins d'un mois après sa création. Sarah y avait engagé une fortune ; elle se trouvait de nouveau au bord de la ruine.

Elle avait pourtant, dans le personnage de Lorenzo, donné tout son talent – je devrais dire son génie ! Je l'ai admirée, en pourpoint noir cousu d'or et chausses collantes, le visage exsangue, comme plâtré. Elle faisait naître les prémices du drame rien qu'en caressant la garde de son poignard.

Après ce qu'elle considérait comme un échec financier mais comme une réussite théâtrale, j'eus l'amère consolation de voir Sarah revenir vers moi, comme cherchant à s'accrocher à une bouée de sauvetage. Elle me trouva à Marly, un jour de neige, triste comme la mort, pour me dire :

— Maître chéri, je viens de me souvenir de cette pièce que vous m'avez confiée avant mon voyage : *Spiritisme.* Nous l'avons montée, vous souvenez-vous, et jouée sans grand succès. Peut-être pourrions-nous la reprendre ?

Peu convaincu, au demeurant, qu'un revirement du public pût en faire un triomphe, je lui donnai mon accord. Sans renoncer aux séances de tables tournantes auxquelles je me livrais encore fréquemment, je m'étais peu à peu détaché de cette sombre histoire d'une femme qui, après avoir orchestré sa propre mort, se présente à son époux sous l'apparence d'un spectre, au cours d'une séance de spiritisme. Si la table effectuait ses tours convenablement, le spectacle, lui, a mal tourné, si je puis dire : il n'a tenu l'affiche que quelques jours, après une critique déplorable.

— Décidément, soupira Sarah, nous jouons de malchance... Ce Théâtre de la Renaissance porte mal son nom, vous en conviendrez, comme s'il était l'objet d'une malédiction. C'est pourquoi l'idée m'est venue de m'en débarrasser pour en louer ou acheter un autre. J'ai pensé à l'ancien Théâtre impérial de la place du Châtelet. Qu'en pensez-vous, mon petit Sarde ?

Ce que le « petit Sarde » pensait de cette nouvelle, je n'en savais fichtre rien et, sans la décourager, lui avouai ma perplexité.

Construit quelque trente ans auparavant, ce théâtre baignait dans une douce somnolence, sous le nom prétentieux de Théâtre des Nations, avant d'être à l'abandon. Situé en face du Châtelet, dans un beau quartier, il présente une façade toute en arcades, du rez-de-chaussée à la terrasse ornée de statues allégoriques. D'autres arcades entourent la salle. On y donnait naguère des mélodrames militaires, des vaudevilles, des féeries. Un panneau indiquait le prix des places du dernier spectacle : de 6 francs pour une loge de balcon à 75 centimes pour une troisième d'amphithéâtre...

— Après ma première visite, me dit Sarah, j'ai failli renoncer. Cette salle est le domaine de la poussière, des toiles d'araignées, des chats et des rats, mais sa structure me convient. J'imagine déjà ce que je peux en faire : le plus beau théâtre du monde ! Ne souriez pas. Et d'abord...

Radieuse, elle posa ses mains sur mes épaules et, se balançant comme pour m'entraîner dans un tour de valse, se mit à chantonner :

— Maître chéri, vous êtes le premier à qui j'en parle. Je viens de le louer pour vingt-cinq ans, et je lui donnerai mon nom : ce sera le Théâtre Sarah-Bernhardt !

Je m'écartai d'elle, la fixai dans le blanc des yeux.

— Mais, ma chérie, dans vingt-cinq ans, vous aurez...

— ... quatre-vingts ans ! Oui ! et alors ? Qui vous dit que je ne serai pas encore sur scène à cet âge, et même au-delà ?

J'en restai pantois. Sarah se croyait donc immortelle ? On le lui avait tant répété, il est vrai...

Elle me parla avec feu de l'aménagement de sa nouvelle salle, grâce à la vente de la Renaissance. Elle serait tendue de brocart jaune, avec des boiseries peintes en blanc. Elle avait prévu de faire de sa loge un vaste appartement « Second Empire retouché par Lalique », comme le lui avait conseillé Edmond Rostand.

— Et devinez, me dit-elle, qui en sera le directeur ?

— Monsieur votre fils, je suppose...

— Mon petit Maurice, oui ! Il va pouvoir donner la mesure de sa valeur.

C'était la pire nouvelle qu'elle pût m'annoncer. Cette *mesure*, Maurice l'avait donnée avec la Renaissance, et il n'y avait pas de quoi pavoiser.

Mais peut-être, avec l'âge...

« UN THÉÂTRE SELON MON CŒUR »

Récit de Suzanne Saylor

Je ne puis comparer ma maîtresse qu'à une tornade qui emporterait tout sur son passage. L'épicentre de ce cataclysme se situe aujourd'hui place du Châtelet, dans la salle qu'elle vient de louer et de baptiser Théâtre Sarah-Bernhardt. On en ressent les secousses jusqu'au boulevard Péreire, et tout Paris en frémit.

Elle passe l'essentiel de son temps en ce lieu dont il semble qu'elle veuille faire un musée à sa gloire.

Le nettoyage à lui seul n'a pas été une petite affaire. Pitou, le nouveau majordome Émile et moi avons été chargés de le prendre en main. Nous y avons passé des jours. Pitou devait chasser les rats qui pullulaient et avaient grignoté une partie des décors. Il s'en est diverti une journée ou deux puis a décidé de simplifier cette mission en leur distribuant des rations de raticide. Pour ma part, il m'incombait d'éliminer une colonie de chats : ils avaient proliféré, se prélassaient sur les fauteuils, faisaient leurs besoins n'importe où. Pas faciles à capturer, ces satanées bestioles ! Je les appâtais avec des boulettes de viande ; ils venaient en ronronnant, la queue dressée, mais, à la moindre tentative pour les attraper, ils me filaient entre les mains. Je parvins pourtant à en capturer une douzaine que j'allai libérer de nuit dans le jardin des Tuileries où ils pourraient se sustenter de pigeons et de moineaux, à défaut de rats. Je baptisai une portée de chatons à l'eau de la Seine.

Au gré de ma maîtresse, nous n'allions pas assez vite en besogne, et pourtant nous y mettions du cœur, Émile surtout qui, assisté d'une escouade de femmes de ménage louées à la journée, fut chargé du dépoussiérage. Elle procédait chaque jour à une revue de détail et rouspétait : ça sentait le pipi de chat et le rat crevé ; elle avait trouvé des crottes sous des fauteuils d'orchestre... Je protestais :

— Mais, madame, il n'y a plus un seul chat, je vous l'affirme !

— Alors, qui ? Émile, Pitou ou toi ? Nettoyez-moi ces saloperies, et en vitesse.

Elle se souvenait à ce propos d'une représentation de je ne sais plus quelle pièce, en Australie. Un gros matou avait traversé la scène et sauté sur le canapé où, au sommet de l'intensité dramatique, l'héroïne devait s'abattre...

Les travaux d'aménagement de sa loge durèrent des semaines. L'élimination des chats menée tambour battant, j'y participai. Ma maîtresse tenait à ce que ce local de deux étages fût chauffé jour et nuit, à la cheminée, avant même d'être occupé, « pour chasser les mauvaises odeurs... » Elle comportait une salle d'habillage, un placard pour une cinquantaine de costumes de scène ou de ville, une salle de bains dotée d'une baignoire et ornée de plantes vertes. Elle était meublée d'une large table de maquillage, dotée d'un miroir à huit faces, qui aurait pu servir pour quatre ou cinq comédiens. On accédait à la salle à manger et à la cuisine par un escalier à vis. Arums et clématites ornaient les encoignures. De subtils parfums d'Orient dissipaient les mauvaises odeurs.

Pour inaugurer sa nouvelle salle, ma maîtresse, plutôt que de hasarder un coup de dés sur une nouvelle pièce, choisit de présenter l'un des succès de M. Sardou : *La Tosca.* À la surprise générale, ce fut un triomphe sans précédent, avec plus de trois cents représentations. Un soir, alors que je venais d'entasser dans la baignoire gerbes et bouquets, Madame me dit :

— Tu ne peux savoir comme ce succès me fait du bien. Me voir de nouveau associée à Sardou est le comble du bonheur. Et ce théâtre, ma chérie... C'est celui dont j'ai toujours rêvé. Quand je pense... quand je pense que j'ai joué pendant trois ans dans cette cage à poules de la Renaissance... Dans ma loge, tu te souviens, je ne pouvais écarter les bras sans toucher les murs ! Et maintenant, tu vois : je suis comme un coq en pâte...

Dès que Madame et son fils abordent le problème qui agite l'opinion : l'affaire Dreyfus, ce sont des scènes épouvantables. Soutenue par M. Sardou, elle tient tête à son fils, qui s'est inscrit à une ligue antidreyfusarde. Elle lui jette d'un ton âpre :

— Je t'ai pardonné beaucoup de choses, mon petit : ta mauvaise conduite envers ton épouse, tes dettes de jeu à répétition, tes duels, ton incompétence en matière de gestion, mais il m'est pénible que tu t'obstines à accabler ce petit capitaine, sous prétexte qu'il est juif, alors que tu l'es toi-même !

— Je m'en tiens à l'enquête et à l'avis de ses juges. Tout l'accable !

Leurs éclats de voix retentissaient dans toute la maison, parfois dans la loge, et nous savions alors qu'il était préférable de ne pas nous montrer.

Lorsque Émile Zola a publié dans *L'Aurore* sa fameuse lettre : « J'accuse », qui allait inspirer la révision du procès, Madame a pris fait et cause pour le romancier. Elle me fit lire, avant de la lui expédier, sa lettre de soutien :

Laissez-moi vous dire, cher grand maître, l'émotion indicible que m'a fait éprouver votre cri de justice... Je ne suis qu'une femme, mais je suis angoissée, hantée par cette affaire, et votre belle page a été pour ma souffrance un soulagement... À vous que j'aime depuis si longtemps, je dis merci...

Elle lui rendit visite pour lui confirmer sa solidarité contre les vagues de haine qui battaient sa porte. Une foule s'était agglutinée devant son domicile de la rue de Bruxelles, réclamant sa mort et celle du défenseur de Dreyfus. Elle ouvrit la fenêtre, de telle sorte que ces énergumènes pussent la voir. Elle leur cria qui elle était et leur demanda de se disperser, ce qu'ils firent en grommelant, comme une meute sous la menace du fouet.

LE RENARD
DANS LA MÉNAGERIE

Récit de Victorien Sardou

Sarah et moi ne sommes pas liés pour la vie, par un contrat ou par le sentiment. Pourtant, chaque fois qu'elle m'annonce l'apparition d'un nouvel auteur, je ne puis me défendre, je le confesse, d'un sursaut de jalousie, comme lorsqu'elle a monté *Lorenzaccio* sans faire appel à mes conseils.

J'avais quelque raison d'éprouver ce sentiment lorsque j'ai vu surgir dans sa vie le poète Edmond Rostand, qui avait décidé de s'essayer au théâtre. Il vint lui rendre visite, accompagné de sa jeune et ravissante épouse, Rosemonde Gérard, elle-même poétesse et couronnée par l'Académie française.

Sarah avait tenu à me faire lire le manuscrit d'une pièce de Rostand : *La Princesse lointaine*, banale histoire de troubadours et de gentes dames, que je trouvai appliquée, conventionnelle, comme *Le Passant*, de François Coppée, qui est de la même veine. Je lui cachai si bien ma déception qu'elle décida de la monter. Ce fut un succès timide mais encourageant. Rostand n'en était pas à son coup d'essai : quelques années auparavant, la Comédie-Française avait joué, sans soulever d'enthousiasme – c'est le moins qu'on puisse dire ! –, *Les Romanesques*.

J'étais présent lors de leur première rencontre, au domicile de Rostand, rue de Fortuny, non loin de chez Sarah. C'est le couple le plus harmonieux que l'on pût trouver : deux pigeons qui se picorent le bec, se caressent, se tiennent la main en échangeant des regards énamourés. Lui, déjà presque chauve, mais lisse de visage comme une dragée, vêtu d'un costume gris au gilet de style anglais, portant lavallière, monocle et œillet à la boutonnière ; elle, gracile, blonde et souple, souriante et diserte.

Accoudé à son piano, il nous lut, d'une voix qui rappelait étrangement celle de Sarah, sa nouvelle pièce, dont j'avais eu déjà connaissance. Je ne pouvais manquer d'observer certaines réminiscences de ma *Gismonda* mais me gardai d'en faire la remarque. Sarah était aux anges. Elle décida de présenter cette pièce à la Renaissance, qui était encore son théâtre. Dans le fiacre qui nous ramenait à son domicile, elle me dit :

— Nous tenons un bon auteur, mon petit Sarde. Certes, ses alexandrins ronronnent un peu, l'ensemble manque de vigueur et d'originalité, mais Rostand est jeune et peut s'améliorer. J'ai l'impression que nous allons faire de grandes choses, lui et moi...

Pour cette bluette, elle mobilisa le meilleur de sa troupe : Édouard De Max, Lucien Guitry, le jeune Jean Coquelin. Beaucoup de remue-ménage pour un piètre résultat : *La Princesse lointaine* disparut à l'horizon après une trentaine de représentations.

Rostand eut davantage de chance avec *La Samaritaine*, que Sarah monta deux ans plus tard, avec une musique de scène de Gabriel Pierné.

Cette pièce, qui raconte la passion d'une fille de Samarie pour le Christ, risquait de susciter une levée de boucliers des ligues pieuses et de la hiérarchie catholique. Il n'en fut rien. Suzanne me raconta qu'à la fin d'une représentation un prêtre s'était précipité dans sa loge, et, tombant à ses pieds, avait bredouillé : « Vous avez été... divine, madame ! Je vous en remercie au nom de ma religion... »

Parmi les amis de Sarah, ce fut du délire lors de la première. Le gros poète Catulle Mendès s'écria, debout dans la salle, à la fin du premier acte : « Sarah, tu es le génie de la scène ! » Le jeune compositeur Reynaldo Hahn, ami et amant de Marcel Proust, déclara à qui voulait l'entendre : « De quelle voix elle parle des montagnes sacrées ! » Ce vieux vachard de Jean Lorrain s'exclama : « Mademoiselle, vous êtes la reine des tragédiennes. »

J'ai surpris Louise Abéma, Georges Clairin et Suzanne Saylor versant des larmes de joie dans un coin de la loge. Quand j'ai baisé la main de Sarah, elle s'est accrochée à moi en me disant :

— Vous le constatez, maître chéri : j'avais raison de faire confiance à Rostand...

Je dois en convenir : outre l'émotion qui s'en dégage, *La Samaritaine* comporte quelques belles envolées poétiques. Je cite de mémoire : *Je suis toujours un peu dans tous les mots d'amour...* Ou encore : *Le vallon a des fleurs qui font oublier Dieu...* Le contraste qu'elle suggère entre les drapés de sa tunique aux couleurs chatoyantes, ses bijoux orientaux et ses pieds nus, est saisissant. Elle évolue avec une aisance suprême dans le marché de Sichem, autour de la fontaine de Garidzim.

J'observais l'auteur au soir de cette première, dans la loge de la comédienne. Il se tenait à l'écart, sa canne entre ses genoux, monocle à l'œil, comme étranger aux hommages qui tombaient sur lui comme une pluie de roses. À quelques jours de ce triomphe, au cours d'une soirée mondaine, j'appris qu'il écrivait une pièce qui mettrait en scène le fils de Napoléon Ier et de Joséphine, exilé à Vienne : *L'Aiglon.* J'ai senti mon cœur se serrer lorsqu'il annonça qu'il confierait le rôle-titre à Sarah. J'y vis le signe annonciateur de la fin de notre collaboration et peut-être de notre amitié.

En attendant l'envol de *L'Aiglon,* Sarah présenta, dans son nouveau théâtre, quelques pièces de ses amis : Catulle Mendès, Octave Mirbeau, Tristan Bernard. Celle de D'Annunzio : *La Ville morte,* connut un échec retentissant. À la première, le condottiere lui avait dit en lui baisant la main : « Madame, je vous trouve *d'annunzienne* ! »

C'est de cette époque que datent les relations amicales entre Sarah et l'écrivain Jules Renard. Il lui a été présenté par Rostand qui a pris soin de la prévenir qu'il distille, dans ses écrits comme dans ses propos, plus de vinaigre que d'ambroisie...

Renard ne s'est élevé qu'à petits coups d'ailes dans l'empyrée de l'intelligentsia parisienne. Son enfance solitaire et malheureuse (celle que raconte sa pièce : *Poil de carotte)* a baigné dans le silence et la rigueur morale d'une famille provinciale enfermée dans un morne quotidien. Ses débuts laborieux en poésie, sa première passion littéraire ne le prédisposaient guère à l'ambition. Ce n'est pas, comme Rimbaud, un coup de vent amical qui l'a fait entrer dans la bonne société parisienne, mais une progression lente, marche à marche, et une réputation à double tranchant : il pouvait être un ami fidèle comme un adversaire méprisant, mais sans être aussi sarcastique que Goncourt.

J'étais présent, en compagnie de Sarah, rue de Fortuny, lorsque Rostand nous a présenté ce personnage singulier. Il fumait cigarette sur cigarette en feuilletant une édition populaire illustrée des *Misérables,* de Victor Hugo, son idole. Il m'a donné l'impression d'un provincial récemment débarqué dans la capitale. Je me disais qu'on aurait pu trouver du foin dans ses cheveux et de la boue à ses souliers.

Il nous a salués avec une courtoisie un peu affectée, avant de retourner à son livre, comme s'il n'était venu que pour lui. Au cours du dîner, il n'est intervenu dans la conversation que par foucades mais avec toujours l'esprit acide qui a fait sa réputation. Peut-être ce comportement insolite est-il la conséquence d'une enfance bridée.

À la fin du repas, alors qu'enfoncé dans un fauteuil, il roulait une nouvelle cigarette, il s'est montré plus loquace. Comme je lui demandais ce qu'il pensait de Sarah, il m'a répondu avec un sourire en coin, en balayant des bribes de tabac sur son genou : « Je la trouve gentille. »

Il a léché son papier Job avec une lenteur voluptueuse, avant d'ajouter, comme pour compléter cette appréciation sommaire :

— Je puis bien vous l'avouer, mon cher Sardou, je n'avais aucune envie de la rencontrer. Et puis, après *La Samaritaine,* j'ai compris que je faisais fausse route et qu'elle gagne à être connue. Je la croyais maigre et elle est grasse. Je la croyais laide et elle est jolie... comme un sourire d'enfant.

Une coupe de champagne à la main, Sarah s'est approchée de nous et, sans façon, s'est assise sur le bras du fauteuil occupé par Renard.

— Je suis heureuse de cette soirée qui m'a permis de vous rencontrer, lui dit-elle. Vous êtes tel que je vous imaginais à travers vos œuvres, que j'admire sincèrement.

Là, un frisson d'inquiétude m'a parcouru : à ma connaissance, elle n'a jamais lu une ligne de lui... Il a répondu avec un sourire ironique :

— Madame, vous me surprenez ! Ainsi, vous connaissez mes œuvres, vraiment ?

Elle s'est dressée et lui a lancé avec un ton d'indignation excessif :

— Monsieur Renard, me prenez-vous pour une imbécile ?

Il eut un petit rire avant d'ajouter :

— Loin de moi cette idée, madame ! Pardonnez la maladresse de mon propos. Je vous tiens pour une femme de génie... avec tous les inconvénients que cela comporte.

Elle m'a jeté un regard interrogateur, comme si cette réserve lui posait un problème.

— Soit, dit-elle, n'en parlons plus.

Elle m'a confié sa coupe, a sorti de son réticule un miroir à main pour se remettre du rouge aux lèvres, à petits gestes nerveux, avant d'ajouter sur un ton désinvolte :

— Parlez-moi plutôt de vous. Que faites-vous en ce moment ?

— Madame, je suis en train de faire quelque chose de beau : je vous écoute.

— Vous êtes un amour. Je voulais dire : qu'écrivez-vous ?

— Des petits riens, des histoires naturelles sur les bêtes. Des bêtes qui le sont moins que le chien de la maison, ce Djem qui n'arrête pas de renifler mon pantalon.

La conversation s'est poursuivie sur le même ton badin et insignifiant, en présence d'un petit cercle, certains se demandant les raisons de l'intérêt que Sarah pouvait bien éprouver pour ce petit homme qui ne ressemblait à rien, roulait ses cigarettes au lieu de fumer les excellents cigares de Rostand et qui semblait n'avoir pas grand-chose à raconter.

Sur le pas de la porte, elle lui a dit :

— Venez donc dîner un de ces soirs chez moi, boulevard Péreire. Je vous enverrai un bristol.

Il s'est incliné et lui a baisé la main.

J'ai fait un bout de chemin avec lui jusqu'à la station de fiacres.

Il chantonnait, son chapeau sur l'œil, son mégot aux lèvres, les mains dans les poches : l'allure d'un petit bourgeois qui s'est habillé après le jardinage.

— Ce soir, me dit-il, j'ai dû passer inaperçu, comme cela m'arrive souvent d'ailleurs. Les gens connaissent mon nom et ma pièce, *Poil de carotte*, mais ils font semblant de m'ignorer, comme si je n'étais pas de leur monde, ce qui est d'ailleurs exact. Voyez-vous, mon cher maître, je ne suis pas vacciné à la *parisine*. Je me sens provincial jusqu'au bout des ongles, et ça se remarque...

— Contrairement à ce que vous m'en avez dit, vous ne semblez pas avoir beaucoup de sympathie pour Sarah.

— Détrompez-vous ! J'avais de la défiance envers elle. Finalement, je la trouve, comme je vous l'ai dit, gentille, oui, vraiment. J'ai pour elle – comment dire ? – une grosse gratitude de cœur, l'envie de l'admirer, de l'aimer, et, en même temps, la peur de me laisser aller aux compliments. Vous savez combien j'en suis avare...

— Va pour la femme, mais la comédienne ?

— Oui, la comédienne... Elle m'a ému, je le reconnais, mais, diable, pourquoi dit-elle *cruel-le* et *soleil-le ?* J'ai du mal à me faire à cette diction. Je m'y ferai peut-être...

Jules Renard avare de compliments, c'est une évidence.

J'aimerais lire des passages de ce journal dans lequel il accommode événements et personnages avec des assaisonnements variés, plutôt dans le salé que le sucré, ce qui, à ce qu'on dit, l'apparente à Goncourt.

Au cours de la soirée chez Sarah, je redoutais le pire pour elle et le lui dis. Elle tint compte de cette mise en garde, au point de faire implicitement de Renard son invité d'honneur.

Elle nous reçut, allongée sur une peau d'ours polaire, devant la cheminée, entourée par les premiers invités, eux-mêmes vautrés sur les divans ou à même les tapis. Renard me pinça le coude et me glissa à l'oreille :

— Décidément, chez notre hôtesse, on ne s'assied pas, on se couche...

Dès qu'elle le vit surgir dans le hall, elle se leva et lui lança :

— Ah ! monsieur Renard, quelle joie de vous accueillir. Tenez, installez-vous là...

— Mais, madame, je ne vois pas de siège !

Elle leva les yeux au ciel d'un air de commisération, lui désigna un coussin entre elle et celui qu'occupait Rosemonde, l'épouse d'Edmond Rostand qui, lui, était adossé au piano. On devait être treize à table, ce qui gênait certains convives, mais, comme la femme de Maurice était enceinte, le mauvais sort devenait inopérant.

Lorsque la bonne eut annoncé que Madame était servie, Sarah prit le bras de son invité d'honneur pour le conduire à la salle à manger et le faire asseoir à sa droite.

Je me disais : ce pauvre Renard, ces honneurs vont le dépasser et l'importuner. Déjà, lorsqu'il *coussinait* devant la cheminée, sans oser griller une cigarette après avoir refusé un cigare à Maurice, il paraissait embarrassé de ses jambes qu'il ne savait comment placer, de ses chaussures mal cirées, dont un lacet était dénoué.

À table, ce fut pire : il portait des regards ébahis sur la maîtresse de maison qui trônait dans une cathèdre byzantine et buvait dans une coupe d'or. Il balayait d'un œil perplexe le couvert qui semblait lui poser des problèmes. Il mangea la viande avec la fourchette à fruit, déposa les asperges sucrées sur son porte-couteau, demanda au maître d'hôtel pourquoi on mettait la salade sur un plateau... Je me dis qu'il jouait peut-être la comédie du rustre invité dans le monde, qu'il cherchait, par esprit de provocation, ce qui était bien dans sa manière, à singer le provincial non piqué à la *parisine.* Ce n'était pas son premier repas mondain, et ce ne serait pas le dernier. Ce que je redoutais avant tout, c'est qu'il ne réédität les propos maladroits qui avaient agacé Sarah, lors du repas chez les Rostand. Elle eût été capable de l'insulter et de lui montrer la porte. J'en avais des sueurs froides.

À défaut d'être brillante, la conversation fut animée, mais Renard s'abstint d'y prendre part, ce qui me rassura.

Au moment du café, des liqueurs et des cigares, on passa aux jeux de société. Sarah lut dans les lignes de la main de ses invités, un médecin célèbre interpréta les douze coups de minuit qui avaient suscité le hurlement d'un chien de la maison, Maurice fit quelques tours de cartes et Rostand lut un de ses poèmes de jeunesse.

Je commençais à trouver le temps long quand Sarah nous invita à parler spectacle.

Elle avait envisagé de jouer une pièce de l'écrivain norvégien Henrik Ibsen : *Maison de poupée,* mais, à la réflexion, elle trouvait cette œuvre « trop polémiste et féministe ». Elle aurait aimé y trouver « de la clarté dans l'idéal. » D'ailleurs, ajouta-t-elle, elle aimait trop Sardou pour lui préférer ces *norderies.* Je me rengorgeai...

Renard, qui semblait s'ennuyer autant que moi, me dit en roulant sa dixième cigarette :

— Je connais un jeu plus subtil que toutes ces fadaises : celui des ressemblances. Selon vous, quel animal évoque Sarah ?

— Je donne ma langue au chat.

— Une antilope. C'est gentil, non ? Rostand, lui, me rappelle un rongeur qui aurait mal aux dents. Sa femme une brebis. Maurice, un chien de chasse sur la piste d'un lièvre. Sa femme une chouette...

— Et moi ?

— Je vous épargnerai toute comparaison pour ne pas risquer de perdre votre amitié. Moi-même, je n'arrive pas à trouver l'animal qui me ressemble. Trop de front, vous comprenez ? Cela dit, j'adore les animaux plus que les humains. J'en parle souvent dans mes livres.

Sarah, qui venait de quitter sa peau d'ours et avait assisté à la fin de cet entretien édifiant, lança à Suzanne Saylor :

— Ma chérie, fais entrer les fauves dans l'arène, je te prie.

Habitué à ce genre de facétie, je ne fus ni surpris ni apeuré de voir Suzanne, accompagnée d'une meute, tenir en laisse un puma et un lionceau. En revanche, le visage de Renard se contracta. Lorsque le puma vint renifler le bas de son pantalon en remontant vers la braguette, et qu'un molosse vint lui lécher la figure, il recula sur son coussin. Des femmes glapirent. Rostand s'abrita derrière le piano.

— Rassurez-vous ! proclamait Sarah, ils ne sont pas méchants.

— Mais vos chiens sont énormes ! s'exclama Renard. Je suppose que vous leur donnez un enfant à dévorer chaque matin...

La fête se termina joyeusement : en débouchant la dernière bouteille de champagne, Pitou arrosa copieusement la maîtresse de maison qui fit mine de se mettre en colère. Renard était persuadé que cet incident « faisait partie du programme ». Lorsque nous nous retirâmes, il avait son chapeau sur la tête et en tenait un autre à la main.

— Pardonnez-moi, dit le médecin célèbre. Je crois que le chapeau que vous tenez est le mien.

Cela aussi, peut-être, pour Renard, « faisait partie du programme ». Il est doué pour la facétie...

DERNIÈRES VACANCES

Récit de Pitou

Les meilleurs moments de l'existence de taupe que je mène chez Sarah, c'est à Belle-Île que je les passe, seul avec Suzanne, avant la migration des invités. Le fortin désert a un charme d'autant plus subtil qu'il est provisoire.

Consignes de ma maîtresse : faire le ménage, dépoussiérer, ouvrir portes et fenêtres pour permettre aux odeurs de salpêtre de laisser place à celles de l'océan et des ajoncs, sortir le mobilier de jardin, ramener *at home* les chevaux qui ont passé l'hiver dans une ferme des environs, remettre de l'ordre dans le jardin bousculé par les bourrasques de l'hiver, planter des tamaris et semer des fleurs...

Ce qui ne figure pas dans ces consignes, et pour cause, ce sont les visites que je rends à Maria Guégan, la fille de l'aubergiste. Une sacrée belle fille, par saint Guénolé ! Pas bégueule comme cette nitouche de Suzanne qui glapit quand je lui pince les fesses.

Notre relation, que je n'ose qualifier d'amoureuse, remonte à la première année d'occupation du fortin. Je revenais du Palais avec la voiture des postes et, comme il faisait soif, je me suis arrêté à l'Auberge du Grand Large pour boire un verre de *gwin ru*, de vin rouge. Comme ça sentait bon la friture de poisson, j'ai dit à Maria :

— Qu'est-ce que tu prépares dans ta cuisine ?

— Des aiguillettes, monsieur. Mon père les a pêchées ce matin. Ça vous ferait plaisir d'y goûter ?

Elle posa, à côté de ma chopine, une assiettée fumante, dorée, croustillante, dont je me régalai. L'aiguillette est un poisson rare, que les marins-pêcheurs réservent aux rupins. Elle refusa d'être payée. Je l'embrassai.

— Puisque tu me traites bien, je reviendrai, lui dis-je, mais à titre de client.

— Quand vous voudrez, monsieur. Lorsqu'il y aura d'autres aiguillettes, je viendrai vous en prévenir au fortin. Mon nom est Maria. Je suis la fille du patron. À bientôt, monsieur.

— Pas *monsieur.* Tout le monde m'appelle Pitou.

Un nom qui me convient, au point que j'ai presque fini par oublier le vrai...

Le lit de Maria est aussi accueillant et généreux que sa table. Il ne m'a fallu que trois visites pour la convaincre que, dans cette grande solitude battue par les vents, un peu d'amour nous réconcilie avec l'existence. Elle est ronde, rose, souple, séduisante, avec une carrure de harponneur. Son visage monolithique est saupoudré de taches de rousseur qui lui donnent un charme agreste.

L'attitude de Suzanne apprenant ce qu'elle appelle mes *frasques,* je vous la donne en mille : elle est jalouse, oui ! Cette nonnette est jalouse de Maria. Je lui ai fait comprendre qu'elle avait manqué son train.

Nous nous retrouvons à la nuit tombée, quand le père Guégan a mis à la porte le dernier soiffard et s'est enfermé dans son lit-cage. Il me suffit de faire le tour de la masure pour trouver entrebâillée la fenêtre de Maria. J'y arrive au lever de la Croix du Sud et j'en repars au petit jour. Parfois je me lève au milieu de la nuit pour griller une cigarette et aller arroser les ajoncs. Assis sur le bord de la fenêtre, je contemple le jeu de la lune et du vent sur l'immensité. Mêlées à celles qui montent du large, les odeurs de la lande embaument la chambre d'amour.

L'avant-garde est arrivée au début de juillet, Sarah accompagnée des fidèles parmi les fidèles : Maurice et ses filles, Louise Abéma, Georges Clairain, l'intendance et les chiens. Les fauves gardent la maison du boulevard Péreire.

Cette avant-garde précédait de peu le compositeur Reynaldo Hahn, dont Sarah s'est entichée depuis peu, sans que l'on puisse supposer une relation amoureuse, familier qu'il est de la chambre de Marcel Proust. Il est mignon tout plein, serviable et spirituel. Sarah l'appelle son « Petit Mozart » ou son « Chérubin barbu. » Né à Caracas, capitale du Venezuela, il a fait ses études au Conservatoire de musique de Paris, avec Jules Massenet. Proust l'a introduit dans les salons où il a brillé davantage par son esprit que par sa musique légère, qui ne lui a pas encore attiré la notoriété qu'il mérite. Ce n'est pas faute de travailler : il ne peut voir un piano sans s'installer au clavier pour composer ou improviser. Il ne se déplace jamais sans une serviette bourrée de partitions. Lorsqu'il se rend chez Sarah où il a toujours porte et table ouvertes, la maison résonne de musique pendant des heures.

Nous avons fêté dans la joie cette première soirée intime.

Reynaldo s'est mis au piano et a entamé un air de fandango. Lorsque Sarah m'a demandé de danser, je ne me suis pas fait prier. Engoncé dans mon *norfolk jacket*, les mollets pris dans mes *knickerbockers*, je me suis lancé dans une improvisation endiablée, bombant le torse, bondissant, trépignant, effectuant moulinets et jetés-battus, renversant les chaises et faisant trembler les lampes. Le champagne me montait à la tête et me rendait fou.

Ce numéro de danse andalouse m'a valu un succès qui m'est allé droit au cœur. Tous pleuraient de rire. Reynaldo se roulait sur la carpette en hurlant. Mon plaisir a été de courte durée : je suis allé vomir et me coucher avec une aspirine.

Pas question, cette nuit-là, d'aller retrouver ma Bretonne.

Nous avons eu droit, Suzanne et moi, aux compliments de la patronne. Il est vrai que nous n'avons pas épargné notre peine pour améliorer le confort du fortin. J'ai flanqué le pont-levis de deux pélicans de faïence achetés chez un brocanteur de Quiberon, complété l'aménagement de l'ancienne salle des gardes, devenue un salon, par des canapés, des divans, des fauteuils de vannerie, dans la perspective de la prochaine invasion, et orné les murs de marines bretonnantes. Autour du figuier auquel tient Sarah, et qui ombrage une courette ouverte sur le large, j'ai planté quelques tamaris.

En plus des chevaux, Vermouth et Cassis, Sarah s'est mis en tête de me faire acheter un bourricot. J'en ai trouvé un à Sauzun et l'ai payé d'une caisse de tord-boyaux.

Maria m'a dit, après une nuit ardente :

— Mon Pitou, j'aimerais que tu me fasses visiter le fortin et voir ta patronne. Tout le monde en parle, et moi je la connais pas.

Voilà qui me posait problème. Comment inviter cette créature qui sentait sa fille d'auberge à une lieue, dans ce milieu d'intellectuels et d'artistes ? J'ai dû inventer une fable : elle serait la fille d'un sous-préfet du Morbihan, en vacances chez son oncle, le père Guégan ; elle passerait ses loisirs à peindre ; comme elle était peu loquace, je pourrais toujours dire qu'elle était introvertie. C'est ce que je tentai de lui faire comprendre.

— Ça veut dire quoi, peu loquace ?

— Que tu devras te contenter de répondre par oui ou par non, et pas en breton, s'il te plaît !

— Tu me méprises, Pitou, a-t-elle pleurniché. Alors, je préfère pas venir.

Que ne l'ai-je prise au mot... Le lendemain, elle avait changé d'avis.

Au bout d'une heure de présence au fortin, la roturière avait percé sous la fille (fictive) du notable. J'avais pris soin de lui recommander la réserve, en raison du caractère *un peu sauvage* que je lui attribuais, mais cette gourde ne put s'empêcher de parler. Son baragouin mi-français, mi-breton amusa Sarah. Clairin ne pouvait se laisser berner quant à ses talents artistiques. Reynaldo fut vexé qu'elle osât le tutoyer. Quant à Saryta et à Simone, nièce et fille de M. Maurice, elles lui tournèrent le dos. Lorsqu'elle tenta de s'imposer au dîner, je m'insurgeai et la raccompagnai de force jusqu'au pont-levis.

Le lendemain, quand je suis retourné à l'Auberge du Grand Large, c'est le père Guégan qui m'accueillit, fusil au poing. De ce qu'il me dit, je n'ai rien retenu, car j'entends mal le breton, mais je compris qu'il ne tenait pas à m'avoir pour gendre.

Exit donc, Maria. *Kenavo !* comme on dit ici.

J'avais trop à faire pour me lamenter sur la triste fin de cette aventure.

La patronne tenait à son idée d'expansion. Elle avait prévu de faire construire, à l'intention de ses amis de passage, quelques *bungalows*. J'ai dû, une fois de plus, courir les entrepreneurs entre Lorient et Saint-Nazaire, en me disant que ces malheureux auraient du mal à se faire payer.

Sarah règne comme une reine sur sa petite cour, qui s'agrandit de jour en jour sans qu'elle paraisse se soucier de l'intendance. Combien de fois l'ai-je entendue, à Paris, minauder : « Chers amis, comme j'aurais plaisir à vous recevoir à Belle-Île... Vous verrez comme on s'y amuse... »

Beaucoup ont pris cette invitation à la légère, d'autres non. Nous les voyons arriver, parfois en famille, avec l'intention de s'installer à demeure pour une semaine ou deux, aux frais de la princesse. Il faut, à chaque arrivage, improviser, ajouter des tables et des lits, organiser des réjouissances comme la pêche à la crevette, le tir à la mouette, des parties de tennis ou des excursions.

— J'en ai marre des Machin ! me dit Sarah. Tu vas leur préparer une excursion pour la journée. Et les Chose, qu'est-ce qu'on va pouvoir en faire ? Emmène-les acheter des souvenirs et des cartes postales au Palais. Avec leurs gosses, bien entendu. Ils commencent à me courir, ces mômes ! Ils sont insupportables...

Et le brave Pitou de se transformer en guide touristique...

Suzanne, à qui revient la charge de l'intendance, est débordée et s'en prend à moi, comme si j'y étais pour quelque chose.

— Je n'y arrive plus, je suis vannée ! Et toi tu te promènes !

La patronne m'a chargé de lui trouver de l'aide, mais les Bretonnes que j'ai recrutées dans les parages sentent le poisson plus que la rose, et, pour la plupart, ne parlent pas un mot de français, ce qui ne facilite pas le service.

Ces femmes ou filles de pêcheurs ne sont pas des prix de beauté, mais l'une d'elles m'a tapé dans l'œil : une adolescente qui porte le joli nom de Janik. Comme pour Maria, je n'ai guère eu de mal à lui faire comprendre qu'après une matinée de dur labeur, la meilleure détente est une sieste à deux sur un des matelas de goémon que j'ai entassés dans la réserve pour des arrivages inattendus. Avantage majeur : je n'ai pas à me déplacer, en pleine nuit, pour la retrouver : il me suffit de monter un étage. On en pensera ce qu'on voudra : je ne fais qu'exercer ma liberté sexuelle, comme les coloniaux dans les îles des Mers du Sud. Et nous sommes dans une île...

Il semble que la patronne ne puisse vivre sans des animaux autour d'elle. Jadis, elle appelait une « ménagerie » les habitués de sa mère et de la tante Rosine. Aujourd'hui c'est d'une véritable ménagerie qu'elle s'entoure, au gré de ses caprices.

Nous avons vu débarquer cet été, à Belle-Île, quelques rescapés d'une arche de Noé : un aigle, cadeau d'un proche parent du tsar, un lynx originaire d'Amérique du Sud, et enfin un boa venu je ne sais d'où, auquel on a dû donner un porcelet pour qu'il se tienne tranquille durant la traversée. Sarah s'en sert comme d'un pouf pour reposer sa jambe malade. L'inconvénient, c'est qu'il adore les coussins et les dévore comme de la salade. Le jour où elle a envisagé l'acquisition d'un rhinocéros, nous avons, Suzanne et moi, ourdi un complot pour l'y faire renoncer.

Au début de l'été, lorsque la patronne est arrivée en traînant la jambe, à la tête de l'avant-garde, je me suis dit : « Pitou, tu vas l'avoir toute la journée sur le dos, et tu devras être aux petits soins. Elle va passer des heures à te dicter ses mémoires... » Tu parles, Charles ! C'est bien mal la connaître...

Levée avec le soleil, elle réveille son petit monde d'une voix claironnante, lui impose, après le petit déjeuner, une promenade sur les falaises, une partie de pêche à la crevette ou la cueillette des coquillages pour le repas de midi. Après sa sieste à l'ombre du figuier, la voilà reprise, malgré son genou malade, d'une frénésie de mouvement. Juchée sur son âne, elle prospecte l'intérieur de l'île avec une minutie de géographe, s'arrête dans des fermes couvertes en chaume et qui puent le fumier, distribue à des enfants sales et morveux des friandises dont ils se méfient. Elle rapporte de ces incursions menées d'un train d'enfer des crêpes de paysan et des mottes de beurre salé, dont elle se gave, en se souvenant peut-être, comme Proust avec sa madeleine, de son enfance en nourrice, près de Quimperlé.

Quelle énergie ! Personne n'oserait lui dire qu'elle en fait trop, lui démontrer que ces excès sont néfastes à sa santé et à sa jambe dont je sais qu'elle souffre sans se plaindre, sauf devant ses intimes. Seul, son ancien amant, le chirurgien Samuel Pozzi, venu passer un week-end à Belle-Île, a eu cette audace.

— Votre genou est de plus en plus enflé. Vous devriez vous reposer et vous êtes toujours à galoper ! Ça vous jouera un mauvais tour...

— Eh bien, mon chéri, coupez-moi la jambe !

— Vous avez tort de plaisanter. Ça pourrait bien vous arriver, et plus tôt que vous ne croyez.

Elle réutilise le vocabulaire de barrière dont elle use dans ses colères :

— Je n'en serais pas là si vous m'aviez mieux soignée. Alors, cessez de m'emmerder. Je préfère crever que renoncer à mes plaisirs !

Parmi les invités oubliés et indésirables, la palme revient à cette vieille rombière britannique : Miss Cadogan. Elle avait gardé en mémoire l'invitation que Sarah lui avait faite au cours d'une récente tournée à Londres. Toutes affaires cessantes, elle a franchi le *Channel* pour se retrouver parmi nous. Lorsqu'elle a débarqué avec sa gouvernante et ses petits chiens, nous avons échangé des regards consternés.

— Soyez la bienvenue, lui a dit la patronne, mais je dois vous prévenir : il faudra vous passer du confort moderne. Vous aurez un lit de goémon, une cellule sans eau courante et une bougie pour tout éclairage...

— *Wonderful !* s'est écriée la vieille perruche. J'adore ! Je vous demanderai seulement de mettre vos chiens en cage. Ils pourraient dévorer mes bichons.

La patronne a réuni un conseil de guerre à la veillée, avec un seul article à l'ordre du jour : comment s'en débarrasser ? Le projet que j'ai exposé a été adopté. L'idée m'en est venue en voyant

Clairin, retour de la pêche, farouche dans sa défroque de terre-neuvas, avec une barbe de huit jours et la pipe au bec.

— Clairin, lui ai-je dit, vous êtes devenu fou.

Il m'a regardé d'un air intrigué, sans comprendre où je voulais en venir. J'ai justifié mon assertion :

— Vous avez, je m'en suis rendu compte ce matin, une allure... suspecte. Vous pourriez en user, en l'accentuant, pour effrayer cette vieille lady et l'inciter à vider les lieux. Nous la préviendrons que vos crises de démence vous rendent dangereux pour les étrangers.

Miss Catogan était depuis trois jours au fortin et ravie de s'y trouver, quand, un matin, elle fut témoin d'une crise de folie furieuse de Clairin : il courait à quatre pattes dans la cour, à la poursuite de ses bichons, comme s'il voulait les dévorer. Elle s'en plaignit à Sarah qui lui expliqua qu'elle était contrainte de garder, le temps des vacances, ce dément qui lui rendait la vie impossible : la semaine passée, il avait tenté de mettre le feu à la bicoque et avait tué un chien de la maison avec un couteau de cuisine.

Le lendemain, alors que la miss était à sa toilette, Clairin surgit dans sa cellule en hurlant. Elle poussa un cri, tenta de se défendre avec son fer à friser et tomba dans les pommes. Le soir même, je la reconduisais au bateau.

Des jours de grande sérénité succédèrent à cette alerte.

Lorsque le soleil se couche sur le continent, le ciel garde longtemps, au-dessus de l'océan, une luminosité paradisiaque. Nous restons jusqu'à la tombée de la nuit et de la première fraîcheur, allongés sur les chaises longues, dans la courette dominant le chaos des roches sombres ourlées de vagues. Parfois, dans un reste de lumière, Sarah nous lit quelques poèmes de Hugo ou de Coppée. Louise Abéma et Clairin crayonnent sur leurs genoux. Reynaldo, terré dans la nuit du figuier, pianote en chantonnant sur l'accoudoir de son fauteuil de vannerie. Saryta fume sa dernière cigarette et fait les yeux doux à Louise Abéma.

Lorsque Janik vient débarrasser la petite table encombrée de bols, de cruches de cidre, et annoncer que Madame est servie, je prends sa main au passage pour la baiser.

Cet été-là a vu défiler au fortin des dizaines de visiteurs plus ou moins acceptés. Le dernier à nous rendre visite, alors que nous profitions des ultimes beaux jours avant l'équinoxe, était un colonel à la retraite, que Sarah, étourdiment, avait invité. Il arrivait accompagné de sa smala : sa femme et ses cinq enfants. Quand on le lui a annoncé, Sarah a gémi :

— Mon Dieu, le colon ! Je l'avais oublié, celui-là. Pitou, il faut que tu m'en débarrasses.

J'inventai un subterfuge : Sarah venait de se casser une jambe en pêchant le crabe dans les rochers ; on l'avait transférée dans une clinique de Quiberon.

— Excellent ! s'écria-t-elle. Tu es ma Providence, Pitou. Je te charge d'aller annoncer la nouvelle à ce vieil ami.

Le colonel et les siens ne restèrent au fortin que le temps d'en faire le tour et d'admirer le paysage. Une heure plus tard, je les faisais reconduire au bateau.

Avant de regagner Paris, Sarah m'a confié une ultime mission : évincer le riche notable qui venait d'acheter une villa abandonnée dominant le fortin. Il en menait la restauration tambour battant, afin qu'elle soit prête pour les prochaines vacances.

— Mais, Madame, ai-je protesté, cette maison n'est pas à vendre.

— Sans doute, mais je la veux. Débrouille-toi. Ce voisinage m'indispose, et cette villa me sera utile pour loger mes amis. Nous pourrons y installer le prince Édouard. Il nous a promis sa visite pour l'été prochain.

A priori, mission impossible. Je m'y suis pourtant consacré. À force de diplomatie et d'insistance, en jouant sur la notoriété de Sarah, je suis parvenu à négocier cet achat. Comment fera-t-elle pour régler la facture ? Je n'en sais fichtre rien. Peut-être en allant *faire la manche* aux antipodes...

Nous avons attendu la fin de la première tempête d'automne pour repasser sur le continent. Trois heures de traversée, douze heures de train... J'étais rompu et Sarah pétulante en arrivant à Paris : elle avait dormi durant tout le voyage ! En descendant sur le quai de la gare, elle a fermé les yeux et posé sa main sur mon épaule en me disant :

— Respire bien, mon Pitou. Comme Paris sent bon...

Moi, je songeais, le cœur en berne, au corps de Janik, souple, frais comme la rosée, odorant de toute sa jeunesse, sur le matelas de goémon où elle m'attendait, à l'heure de la sieste, dans la grande chaleur de l'été...

Récit de Victorien Sardou

J'observai Sarah, alors qu'elle s'entretenait avec Eugène Morand, cet auteur qui ne se déplace que rarement sans son gamin, le petit Paul. Elle paraissait énervée. Comme leur discussion portait sur la dernière représentation de ma pièce : *Madame Sans-Gêne*, je me suis éclipsé discrètement.

À ce que je crus comprendre, ils n'étaient pas d'accord sur le succès de ce spectacle. Morand était enthousiaste ; Sarah irritée. Elle tolère mal que j'aie renoncé aux fresques historiques de jadis, où nous étions unis comme les doigts de la main. Elle sent que je m'éloigne d'elle, oubliant qu'elle avait fait de même dans le sillage de Rostand.

Depuis *La Tosca*, je n'ai pas connu un tel accueil de la critique et du public. Un accueil auquel Sarah n'avait aucune part. Elle devrait comprendre que le rôle de la maréchale Lefebvre n'était pas écrit pour elle, que, dans cette comédie, elle n'aurait pas été dans son élément. Ce n'est pas la première de mes pièces dont elle est absente, mais celle-ci connaît un succès qui lui fait ombrage. La logique la plus élémentaire est souvent étrangère aux femmes. À elle en particulier.

Cette comédie a failli me brouiller avec ma vieille amie, la princesse Mathilde, fille de Jérôme Bonaparte et cousine du grand empereur. Je lui rendais souvent visite à son somptueux hôtel particulier, où elle tient salon. Nos relations étaient à ce point intimes qu'elle avait envisagé de faire construire une villa proche de mon château de Marly-le-Roi.

Je n'ai pu faire moins que l'inviter, ainsi que ses proches, à la première de *Madame Sans-Gêne*, au Théâtre du Vaudeville que dirige Paul Porel, l'ancien amant de Sarah.

Après la scène qu'on a appelée la « dispute corse », entre les sœurs de l'Empereur, que j'ai traitée avec un humour un peu désinvolte, Mathilde s'est levée, a quitté sa loge avec des protestations indignées, entraînant sa suite avec elle. On pouvait l'entendre dans le couloir, m'a-t-on rapporté, vitupérer ces auteurs qui se permettent de tourner en ridicule le culte impérial.

Elle m'écrivit le lendemain pour protester contre mon texte iconoclaste. Je me suis justifié dans l'heure : les personnages historiques, lui disais-je, n'appartiennent pas à une famille mais à l'histoire ; il n'y aurait ni drame ni roman traitant du passé, si l'on déguisait la vérité. La façon dont je faisais parler les sœurs de Napoléon était compatible en tous points avec la réalité. Quant au portrait que je faisais de son oncle, il n'attentait nullement à sa mémoire. Je concluais ma lettre en affirmant que je ne comptais pas me désavouer : *La vénération, je la laisse aux courtisans, dont je n'étais pas sous l'Empire, et dont je ne serais pas si, moi vivant, il renaissait de ses cendres...*

Ce ton vif et catégorique a tellement déplu à la princesse, à ce qu'on m'a dit, qu'elle a décidé de rompre les ponts avec moi. Je ne l'aurais jamais comme voisine à Marly, à moins qu'elle ne revienne sur sa décision, ce genre de volte-face étant une des caractéristiques de la nature féminine...

Sarah n'aurait pas été à l'aise dans le rôle de la maréchale ; Réjane y fut éblouissante. Intelligente, simple, sans ces mystères dont s'enveloppe volontiers sa compagne, elle est aussi plus malléable. De l'avis de la critique, elle manie avec maestria la vulgarité propre aux harengères des halles. Elle est, comme on dit aujourd'hui, *nature*. Elle a su rendre son personnage sympathique au milieu des perruches impériales.

Quoi qu'on puisse en penser, je ne puis renoncer à écrire pour Sarah. Nous faisons, elle et moi, avec des identités différentes, un seul et même créateur.

Lorsque, il y a quelques années, j'eus l'idée d'une pièce sur l'Inquisition, intitulée *La Sorcière*, c'est à elle que j'ai pensé pour le rôle de Zoraya, pauvre créature jetée aux pieds du féroce cardinal Ximénès, que j'envisageais de faire incarner par De Max. Lorsque j'en parlai à Sarah, alors directrice du Théâtre de la Renaissance, elle adhéra pleinement à ce projet mais le mit sous le boisseau, au prétexte que la scène de ce théâtre était impropre à accueillir cette grande fresque médiévale. Elle préférait attendre d'avoir une scène plus propice.

J'ai attendu et j'attends encore, avec la certitude qu'elle n'abandonnera pas ce projet qui me tient au cœur.

Je me suis montré sceptique lorsqu'elle m'a annoncé son intention de jouer *Hamlet*, dans une adaptation d'Eugène Morand. Encore un rôle de travesti, comme si quelque attirance pour l'homosexualité l'y poussait.

— Votre public, lui dis-je, risque de se lasser. Depuis *Le Passant*, de François Coppée, et *Les Enfants d'Édouard*, de Delavigne, jusqu'au *Pierrot assassin*, de Richepin, et *Lorenzaccio*, de Musset, et j'en passe ! vous semblez répondre à une impulsion secrète de votre nature.

Elle me répondit sans acrimonie :

— Vous n'êtes pas le premier à me faire cette observation. Ce ne sont pas les rôles d'hommes que je préfère, mais leur *cerveau*. Celui de Hamlet entre tous, parce qu'il est original, subtil, torturé. Que voulez-vous, j'aime ce genre de personnages. La nature de mes mœurs n'entre pas en ligne de compte.

Il faut dire que le jeu théâtral en travesti est à la mode, comme si notre époque, s'interrogeant sur la nature exacte des créatures de Dieu, tendait à une unificité des sexes. Que n'a-t-on pas dit à propos de Sarah : *Génie bisexué... Alcibiade féminin... beauté androgyne...*

Lorsque je m'interroge, je butte sur une incertitude. Mais qu'importe ? S'il y a une Sapho en Sarah, cette particularité ne regarde qu'elle. De toute manière, elle n'en laisse rien paraître dans la vie courante ni sur la scène : nulle n'est plus féminine...

Aucune rupture n'a affecté nos rapports. Il semble que nous soyions en attente de la pièce qui nous réunira de nouveau, dans l'intensité de la création.

Au cours des répétitions des œuvres qu'elle porte à la scène pour Mirbeau ou Catulle Mendès, au retour de Belle-Île, je ne cesse de l'observer. Sa réputation de directrice de théâtre irascible se confirme. Ceux qui l'approchent quotidiennement, comme cette pauvre Suzanne Saylor, le malheureux Pitou, son bouffon, auteurs, acteurs, personnel, tremblent devant ses colères et s'inquiètent de ses caprices.

J'ai assisté un soir à une scène navrante dont fut victime une aimable comédienne, Thérèse Berton. Sous prétexte qu'ils lui déplaisaient ou qu'ils étaient humides, Sarah a jeté ses escarpins dans la cheminée. Au cours d'une autre répétition, furieuse de voir une jeune comédienne se présenter mal attifée, elle a mis ses vêtements en lambeaux. Costumières, décorateurs, machinistes, régisseurs sont en butte à sa tyrannie, alors que, contre toute attente, elle peut soudain se montrer affable et généreuse, sans s'excuser de ses écarts de langage.

J'ai récemment été témoin d'une colère violente contre un régisseur. Elle criait :

— Qu'est-ce que j'apprends ? Il s'en passe de belles dans les derniers rangs ! Des filles proposent pour cinq sous des gentillesses aux spectateurs, à ce qu'on dit ! Je ne veux plus de ça. Veillez-y, nom de Dieu ! C'est votre boulot.

Après je ne sais quel spectacle, elle a congédié une débutante qui s'était avancée jusqu'à la rampe pour saluer son ami :

— Bonsoir, mon petit Jules ! C'est gentil d'être venu applaudir ton Ernestine...

Puis-je lui reprocher une telle rigueur ? Le temps semble révolu où les jeunes comédiennes ne vivaient que des maigres ressources de leur profession et des générosités de leur protecteur, où les grandes dames de la scène devaient leur train de vie à des amants fortunés. Une vague de pruderie serait-elle en train de balayer ce reliquat des mœurs du Second Empire ?

Pour l'heure, Sarah répète la pièce de Rostand : *L'Aiglon*, dont elle attend un miracle. Avec un pincement au cœur, je retrouve en eux la bonne entente qui régnait naguère entre nous : elle faisait alors confiance à l'auteur et au metteur en scène que je suis, et moi à son talent de comédienne.

LES AILES DE L'AIGLON

Récit d'Edmond Rostand

Sarah veille sur moi comme sur une poule aux œufs d'or. Elle me rend visite chaque jour, fouille d'une main nerveuse dans les brouillons et les copies au propre de *L'Aiglon*, lit et marmonne les derniers vers sortis de ma plume, trouve que ça ne va pas assez vite et fait copier des scènes par Pitou pour les étudier chez elle. Le succès récent de *Cyrano de Bergerac* m'impose des contraintes, auprès des journalistes notamment, mais Sarah n'en a cure.

— Mon chéri, combien de pages depuis hier ?

— Trois ou quatre.

— C'est peu ! Vous devriez vous occuper un peu moins de Rosamonde et un peu plus de notre *Aiglon*.

Elle en a de bonnes ! Comment lui faire comprendre que mon inspiration a des sautes d'humeur, que je ne peux la convoquer à mon bureau comme je le fais de la bonne, que *Cyrano* m'a coûté beaucoup d'effort et de fatigue, au point que je suis parfois au bord de la syncope ? Comprendrait-elle ce que recèle de mystère la création poétique ?

— Sarah, ne me bousculez pas, je vous prie. C'est par amitié, pour honorer ma promesse, que je continue à travailler sur cette pièce, malgré l'état d'épuisement où je me trouve.

Elle impose à mon front le sceau de ses lèvres.

— Pardonnez-moi, mon poète chéri, mais je suis impatiente de voir cette œuvre achevée. Ce sera un triomphe, vous verrez. Alors, du courage, nom de Dieu !

Contrairement à elle, je suis d'un tempérament inquiet, porté au doute et à la neurasthénie. Cette différence de nos natures crée parfois des frottements dont naissent des étincelles, mais jamais de menaces d'incendie.

Sarah a décidé que nous devrions nous rendre, elle et moi, en pèlerinage à Vienne pour rendre hommage à l'Aiglon. Eh bien, nous irons à Vienne. Je ne puis rien lui refuser.

Nous devrons donc interrompre les premières répétitions pour les reprendre... je ne sais quand. Lorsque j'ai annoncé la nouvelle au vieux Sardou, que je trouve toujours en train de fouiner sur le plateau, il a hoché la tête, persuadé que ce caprice risquait de compromettre le succès de la pièce. Il est vrai que la jalousie qu'il éprouve de mes bons rapports avec Sarah le rend amer.

Il nous reste quelques jours avant le départ du train pour l'Autriche. J'en profite pour relire quelques notes, assis dans un coin de la scène, près de Louise Abéma, cette femme étrange, costumée en amiral japonais, qui ne quitte guère Sarah, comme si, dans l'intimité...

J'écrivais, hier :

Sarah envahit sa loge fleurie et surchauffée ; elle lance d'un côté le petit sac enrubanné, dans lequel il y a tout, et de l'autre son chapeau d'ailes d'oiseaux. Elle mincit brusquement de la disparition de ses zibelines et n'est plus qu'un fourreau de soie blanche...

Un autre de ces feuillets la montre déboulant sur la scène :

Elle anime de son arrivée tout un peuple pâle qui bâillait dans l'ombre ; elle va, vient, enfièvre tout ce qu'elle frôle, met en scène, indique des gestes, des intonations, se dresse, veut qu'on reprenne, rugit de rage, se rassied, sourit, boit du thé et commence à répéter elle-même. Elle fait pleurer les vieux comédiens dont les têtes charmées sortent de derrière les portants. De retour dans sa loge où l'attendent les décorateurs, elle démolit à coups de ciseaux leurs maquettes pour les reconstruire.

Elle n'en peut plus, s'essuie le front d'une dentelle, va s'évanouir. Elle apparaît au costumier effaré, fouille dans les coffres d'étoffes, compose les costumes, drape, chiffonne et redescend dans sa loge pour apprendre aux femmes de la figuration comment il faut se coiffer. Elle donne une audition en faisant des bouquets, se fait lire cent lettres, confère avec un perruquier anglais, retourne sur la scène pour régler l'éclairage d'un décor, injurie les appareils, met l'électricien sur les dents et se souvient, en voyant passer un accessoiriste, d'une faute qu'il a commise la veille et le foudroie de son indignation.

Elle rentre dans sa loge pour dîner, mange avec des rires bohémiens en faisant des projets, prend des décisions jusqu'à trois heures du matin, ne se résigne à partir qu'en voyant tout le personnel dormir debout, respectueusement.

Elle monte dans son cab et pouffe de rire en se rappelant qu'on l'attend chez elle pour lui lire une pièce en cinq actes...

Alors qu'elle se démène sur les planches, Sarah semble m'ignorer. J'en arrive à me persuader que je ne suis pour ainsi dire rien pour elle, que, ma tâche achevée, je n'ai plus voix au chapitre. C'est dire que je n'étais qu'à demi surpris de sa décision de se rendre à Vienne :

— Oui, ne faites pas l'étonné et tâchez de me comprendre. Je ne serai pas à mon aise dans le costume du roi de Rome si je n'ai pas, auparavant, vu ce qu'il voyait de sa fenêtre avant de mourir et les endroits où il a passé la fin de ses jours : le palais de Schönbrunn, le parc, les tableaux qui ornaient son appartement, ses derniers vêtements. C'est très important pour moi, mon chéri. Me comprenez-vous ?

— Bien sûr, je vous comprends ! N'empêche : c'est un long voyage. Et vous, avec votre jambe malade...

— C'est vrai, mais nous ferons d'une pierre deux coups, puisque j'ai un engagement pour Brün, qui n'est pas très éloignée de Vienne. Quant à ma santé, mon vieil ami, le chirurgien Samuel Pozzi, ne cesse de me dire qu'à cinquante ans, avec cette guibole enflée, je devrais renoncer aux longs voyages. Pardonnez ma grossièreté, mon chérubin, mais j'emmerde Pozzi. Si je l'écoutais, je serais déjà sur un lit de sa clinique. Autant mourir tout de suite.

Il m'aurait été agréable d'emmener Rosemonde avec nous. Sarah s'y est opposée, au prétexte qu'on n'allait pas faire du tourisme, mais travailler. Pour le coup, des doutes me sont venus : Sarah n'avait-elle pas imaginé une escapade amoureuse ? Fidèle que je suis à mon épouse, j'en conçus une sourde appréhension.

L'idée de ce voyage n'était pas mauvaise, dans la mesure où Sarah s'en tiendrait à son intention initiale : il me permettrait de mieux ressentir l'ambiance de ce drame et d'apporter d'éventuelles retouches à mon texte.

Au départ de Brün, après les représentations données par la troupe de Sarah, les organisateurs ont mis à notre disposition le train spécial chargé de conduire à Vienne la troupe et les bagages. Dans la soirée, alors que nous approchions de la ville, Sarah a sursauté :

— Edmond, regardez cet écriteau : *Wagram !* C'est l'endroit où l'Empereur a triomphé des armées autrichiennes. Vous en parlez dans le cinquième acte de *L'Aiglon.* Nous devrons visiter ces lieux, ab-so-lu-ment ! Pitou va consulter notre impresario et nous arranger une excursion pour le retour, à la lumière des torches si possible. Tu entends, Pitou ?

Le surlendemain, le maire de Wagram nous attendait dans le hall de notre hôtel viennois, tout proche de Schönbrunn. Il était au courant de l'idée saugrenue de la comédienne et s'en montrait surpris.

— Madame, Wagram n'est qu'un village comme un autre. Il n'y a rien à voir, que des champs de betteraves. Quant à organiser un pèlerinage aux flambeaux, ça me paraît difficilement réalisable en si peu de temps...

— Cher monsieur, riposta Sarah, c'est votre affaire, débrouillez-vous !

Durant une semaine, nous avons erré dans le parc qui s'étend entre le palais et la gloriette. L'automne est superbe, doré, cuivré comme une cathédrale byzantine, peuplé de corneilles, de pigeons et d'écureuils auxquels Sarah distribue des miettes. Nous avons parcouru pas à pas les immenses pièces, passé des heures à nous interroger et à méditer devant des portraits, à dessiner des costumes, à prendre des notes. Le moindre détail lui était sensible jusqu'à l'exalter.

Certain soir, après une soirée copieusement arrosée de vin blanc des coteaux du Danube, alors que nous regagnions notre appartement, elle m'a glissé à l'oreille :

— Mon poète chéri, ne fermez pas votre porte ce soir. Il se peut que je vienne vous rendre visite. Nous bavarderons...

Je me doutais de ce que serait la véritable nature de ce bavardage. Drapée dans sa toilette nocturne de soie blanche, ondulant *en spirale*, comme dit Reynaldo, elle a poussé ma porte, discrète comme une souris. Assise sur le bord du lit, elle a tapoté sur la courtepointe pour m'inviter à m'asseoir à côté d'elle. Tout en bavardant et en riant, elle s'allongeait, se redressait, me mordillait l'oreille, caressait mes moustaches et y posait ses lèvres.

Il faisait très froid dans cette chambre. Elle me fit comprendre qu'en nous couchant nous pourrions nous réchauffer...

Une dizaine de jours plus tard, le train qui nous ramenait en France s'arrêta en pleine nuit en gare de Wagram. Nous nous jetâmes aux portières, ébahis par le spectacle qui nous attendait : une gare illuminée comme en plein jour de lampes électriques multicolores, des guirlandes de fleurs de papier et, sur le quai, une haie de grenadiers du temps de l'Empire, porteurs de flambeaux, au garde-à-vous dans les flonflons d'un orchestre militaire massacrant un hymne napoléonien. Une bouche à feu fit éclater une bombe pour annoncer l'arrivée des autorités. Le maire s'avança jusqu'à notre compartiment, s'inclina, annonça que « Mme Sarah Bernhardt, ambassadrice du peuple français », allait pouvoir, selon son désir, visiter le champ de bataille. Il ajouta en bon français :

— Lorsque vous aurez foulé de vos pieds cette terre encore marquée par des traces des aigles impériales, elle sera plus sacrée encore.

Sarah se serra contre ma poitrine en gémissant :

— Mon Dieu, Edmond, j'avais complètement oublié. Que faire ?

— Ce que vous avez souhaité : nous rendre en procession jusqu'au champ de bataille.

— Mais c'est impossible ! Cela nous retarderait trop. Nous devons être à Paris demain...

Alors que le maire achevait son allocution en évoquant les bons rapports entre les deux nations, elle hurla au mécanicien descendu sur le quai :

— En route ! Nous avons perdu trop de temps.

Il était deux heures du matin, et les autorités avaient attendu plus d'une heure dans le froid. J'ai trouvé convenable d'aller m'excuser auprès d'elles de ce contretemps : Mme Sarah Bernhard était souffrante et notre convoi avait du retard. Je tendis quelques billets au maire, pour récompenser les figurants.

Lorsque je remontai dans notre compartiment, Sarah, allongée sur la banquette, s'était endormie...

Récit de Sacha Guitry

Entendre mon père répéter en toutes circonstances : *Flambeau flambé !* avec des intonations diverses, comme la servante de Molière : *Le petit chat est mort*, est fort divertissant. Il me demande mon avis :

— Qu'en penses-tu, petit ? Est-ce que je dois mettre l'accent sur *Flambeau* ou sur *flambé ?* En faire un soupir ou une constatation banale ? Avec quel silence entre les deux ?

Ce rôle de Flambeau, ange gardien du jeune duc de Reichstadt, fils de l'Empereur déchu, vieux grognard tendre, bourru, lyrique, hanté par le souvenir des campagnes napoléoniennes, lui va comme un gant. Quand il évoque ces heures glorieuses, entre deux visites du geôlier : le chancelier Metternich, c'est la nostalgie qui s'exprime par sa voix.

Malgré mes quinze ans, j'aurais aimé provoquer en duel le gros Léon Daudet. Dans un article, concernant je ne sais plus quel spectacle, tout en reconnaissant à mon père certaines qualités d'acteur, ce que nul ne saurait lui contester, il l'a trouvé *paresseux, nonchalant, agile comme un ours qui s'endort...*

Mme Sarah Bernhardt et mon père entretiennent une solide amitié depuis le soir où ils ont joué *La Dame aux camélias* au Théâtre du Gymnase, après le retour de papa de Moscou, où je suis né. C'était déjà un grand acteur. Le rôle du grenadier Flambeau, dans

L'Aiglon, va le hisser au premier rang des comédiens de son temps. Malgré ses écarts sentimentaux qui perturbent notre vie familiale, je l'aime et je l'admire.

Chaque jour, on répète *L'Aiglon* pendant plus d'une heure. Les acteurs arrivent les uns après les autres, sans se hâter. Mon père ne vient les rejoindre qu'un peu plus tard, car il n'intervient qu'au deuxième acte. Sarah arrive la dernière et reste jusqu'à l'heure du thé.

Cette année-là, dernière de ce siècle, un grand bonheur me fut donné : celui d'assister pour la dernière fois, en raison de mon âge, à l'arbre de Noël de Mme Bernhardt.

Pendant dix ans, pour cette fête, mon père me conduisait chez elle avec un bouquet à la main, comme d'autres vont à la messe. Déjà grand-mère, elle paraissait, dans sa tenue de réception, maquillée comme pour le spectacle, toujours aussi jeune et alerte, avec une peau délicate et qui sentait délicieusement bon.

Cette dernière fête de Noël, je ne pourrai l'oublier, alors que les précédentes s'estompent dans mon souvenir.

Elle avait installé dans son atelier d'artiste, boulevard de Clichy, un arbre de vastes dimensions, éclairé de bougies, avec, autour de lui, pour une cinquantaine d'enfants, un monceau de cadeaux qu'elle faisait tirer au sort, dans un grand sac de velours, en trichant un peu : la fille de M. Maurice, Simone, cadette de Lysiane, était toujours avantagée. Je n'en éprouvais aucune jalousie : cela me semblait naturel, vêtue qu'elle était comme une princesse.

Les répétitions de *L'Aiglon* ont duré plusieurs mois, interrompues par une escapade de l'auteur et de sa comédienne en Autriche, ce qui a occasionné des remous et des ragots dans la troupe.

La première a eu lieu le 15 mars 1900, alors que l'Exposition universelle battait son plein. La critique a été unanime dans ses louanges et le public dans sa ferveur. La vague de patriotisme suscitée par l'affaire Dreyfus y est sûrement pour quelque chose. Chacun a retrouvé des reliquats de nostalgie napoléonienne dans les tirades de Flambeau, et la salle entière a pleuré l'agonie et la mort du duc de Reichstadt.

La popularité de ce drame a frisé le délire. On a mis en vente des cartes postales représentant Sarah dans son uniforme blanc d'officier. Dans le rôle d'un garçon de vingt ans, cette femme qui en a cinquante-cinq n'a pas paru ridicule. On a pu trouver dans les boutiques des médailles et des boutons à son image. On a déguisé les enfants en Aiglon. Le grand cuisinier Escoffier a lancé une spécialité : les pêches Aiglon, à la crème Chantilly...

Rostand ne put qu'assister aux débuts de ce triomphe, une pneumonie l'ayant terrassé. Chaque jour, Mme Bernhardt allait lui rendre visite, parfois en compagnie de papa, dans sa villa de Montmorency. Elle lui offrait des violettes et lui rapportait les derniers potins. Je l'accompagnai un jour, avec mon père, dans un cab qui semblait venir tout droit de la cour du tsar. Rostand l'assaillait de questions sur les dernières représentations : Blanche Dufrène, qui tenait le rôle de la princesse Camerata, était-elle guérie de ses maux de gorge ? Calmette avait-il pris davantage d'autorité dans celui de Metternich ? Avait-on fait de nouveau salle comble ? Anatole France, Jules Renard, Léon Daudet, étaient-ils présents ? Que disait-on de cette pièce dans les cafés, les restaurants, les salons de coiffure ?

Sarah annonça un jour à Rostand qu'elle venait de recevoir une proposition pour une nouvelle tournée en Amérique. Elle jouerait sa pièce au Metropolitan Opera de New York. Jean Coquelin serait de la partie, ainsi que mon père.

Tendus au début, les rapports de la comédienne avec Coquelin s'étaient améliorés, le succès venu, mais ils ne s'épargnaient pas les piques et se jouaient des farces. Ainsi, dans *La Tosca*. Au moment où Sarah doit enlever le crucifix accroché au portant pour le déposer sur le cadavre de Scarpia, ses efforts sont demeurés vains : Coquelin l'avait cloué. Avec un remarquable à-propos, elle s'est écriée : « Eh bien, il ne mérite même pas cela ! »

Je ne la quittais pas de l'œil, alors qu'assise au chevet du malade elle faisait bourdonner à ses oreilles les rumeurs de Paris. En quelques mois, elle avait changé, et pas à son avantage : sans avoir rien perdu de sa vitalité et de sa gaieté, qui faisaient dire à Reynaldo Hahn qu'elle était « l'incarnation du mouvement perpétuel », elle s'était empâtée de corps et de visage. Curieusement, dès qu'elle apparaissait sur scène, ces disgrâces s'estompaient : elle aurait pu incarner de nouveau Jeanne d'Arc ou Thérèse d'Ávila...

Un incident marqua cette première année du siècle qui vit le triomphe de Mme Bernhardt et de mon père : la Comédie-Française fut ravagée par un incendie. On aurait pu croire que la comédienne, qui avait gardé quelque rancune à la Maison de Molière, verrait dans cet événement une revanche du destin. On se serait trompé. Alors qu'elle préparait sa tournée en Amérique, elle offrit sa propre salle à la Compagnie.

À Sardou que cette générosité surprenait, elle répondit :

— Comprenez-moi, mon petit Sarde : quoi que j'aie pu en dire, la Comédie-Française est et restera le Temple de l'Art dramatique. J'ai renoncé à la servir sans qu'on puisse parler, comme certains l'ont fait, de désertion, alors que je voulais simplement faire connaître nos auteurs et nos artistes à d'autres nations.

Alors qu'elle assistait à un spectacle de l'Illustre Compagnie, elle pénétra dans la loge occupée par un souverain étranger qui était resté coiffé, et lui dit d'un ton sévère :

— Sire, la Comédie-Française est un temple. On peut garder sa couronne mais on doit ôter son chapeau...

ADIEUX À L'AMÉRIQUE

Récit de Victorien Sardou

Nous n'avons que peu de nouvelles de la tournée américaine de Sarah, sinon par quelques dépêches de correspondants étrangers et les articles du *New York Herald Tribune.* Ses deux anges gardiens : Suzanne Saylor et Pitou, veillent sur elle pour lui éviter les fatigues inutiles et les aventures picaresques des premières tournées.

Aujourd'hui, quelle que soit la pièce qu'elle présente, elle ne pourra se dépasser. J'en éprouve quelque tristesse : la grande comédienne, arrivée au sommet de son talent et de son succès, deviendra bientôt un symbole, un mythe, sa propre statue...

Avant son embarquement, nous avons parlé de ma pièce écrite pour elle et qu'elle a gardée des années sous le coude : *La Sorcière.* Au temps où elle dirigeait le Théâtre de la Renaissance, elle avait prétendu que cette scène, de modestes dimensions, ne convenait pas à cette fresque médiévale. Avec le Théâtre Sarah-Bernhardt, cela devenait réalisable. Elle me l'a confirmé :

— Nous en reparlerons à mon retour, si les Indiens ne m'ont pas scalpée ou les gangsters enlevée contre une demande de rançon.

Les triomphes de Rostand n'ont pas suscité en moi la crispation de jalousie que je redoutais. J'ai d'ailleurs quelques motifs de consolation : mes pièces sont jouées à travers le monde, avec un succès flatteur. On parle de moi comme de l'un des meilleurs et des plus féconds auteurs dramatiques de ce temps. Tandis que Rostand reste cloîtré dans sa villa de Montmorency, sans le moindre projet à court terme, j'accumule de nouvelles œuvres : *Robespierre, La Fille de Tabarin, Le Dante, Les Barbares,* et quelques autres... J'ai mon public bien en main ; il m'aime et me reste fidèle. N'en déplaise à la Princesse Mathilde, *Madame Sans-Gêne* poursuit une carrière triomphale.

À son retour d'Amérique, j'ai trouvé Sarah vieillie, lasse, souffrant plus que jamais de sa jambe, mais toujours animée de la même alacrité.

Elle m'a raconté l'un des épisodes de sa tournée. Un soir, un cow-boy est venu, pistolet au poing, faire un scandale à la caisse. Le premier acte venait de se terminer et il n'avait pas vu paraître la comédienne. Il fut difficile de lui faire admettre qu'il devait patienter.

Elle me parla de *La Sorcière,* qu'elle n'avait pas oubliée. Elle pensait, pour le rôle du cardinal Ximénès, à De Max, comme je l'avais prévu. Il était libre. Je lui fis lire la pièce. Il accepta de la jouer.

Alors que l'affaire Dreyfus agite toujours l'opinion, la signification de cette pièce n'est pas innocente. À travers les personnages principaux : la sorcière Zoraya et le cardinal Ximénès, il faut voir une attaque contre l'intolérance politique et religieuse. La même démarche qui m'animait en écrivant *Robespierre.*

En l'absence de Sarah, j'ai invité à Marly quelques amis parmi les plus chers et les plus attentifs pour une lecture de *La Sorcière.* L'homme de soixante-douze ans que je suis a senti son cœur serré d'une émotion heureuse, en voyant les voitures s'engager dans l'allée bordée de sphinx ramenés par mon épouse, Evelina, de l'Exposition universelle : les compagnons muets de ma solitude.

J'ai eu la joie de constater l'unanimité de mes amis dans leurs louanges comme dans certaines critiques, toujours courtoises et constructives.

— Sardou, m'a dit Dumas fils, vous êtes le génie du théâtre. Durant tout le siècle qui vient de s'achever, il n'y a pas eu de plus grand dramaturge.

Que voulez-vous : on a beau être blasé, un tel compliment, venu d'un auteur de sa qualité, fait chaud au cœur.

Les répétitions de *La Sorcière,* quelques mois plus tard, se sont déroulées dans une ambiance de fièvre et d'enthousiasme.

Une fois de plus, je me dis que Sarah et moi étions faits pour nous rencontrer et nous entendre. Il y a entre nous plus que de la camaraderie et de l'amitié : une sorte de respect mutuel propice à l'élaboration de spectacles grandioses. Mon accent bourguignon, dont Paris n'a pu me débarrasser, répond au martèlement des mots par Sarah. Je me suis surpris, durant les répétitions, à me livrer à des comportements qui ne sont plus de mon âge : debout sur une table, j'ai déclamé le monologue du bûcher, en béret basque et foulard banc, bras tendus vers les cintres, sans que personne osât en rire. Entre deux séances, nous nous gavons de sandwiches et de bière, parfois jusqu'à l'aube. Sarah n'a que quelques pas à faire pour aller dormir dans sa loge. Moi, dans la bruyante noria des voitures de laitiers, je regagne, à moitié endormi, mes pénates parisiennes.

Certaines petites chicanes sont restées dans ma mémoire.

Sarah : Maître adoré, voyons... Si je reste assise dans cette scène, j'aurai l'air d'une huître sur son rocher.

Moi : Je ne suis pas tout à fait idiot, ma chérie ! Si vous bougez le petit doigt, la scène tombe à plat !

Sarah : Eh bien, que ça vous plaise ou non, je bougerai !

Moi : Mon Dieu, Sarah, ce que vous êtes embêtante. On verra plus tard. Enchaînons...

À la fin des répétitions, il fallait réveiller les acteurs et les figurants qui dormaient en coulisses, à même le sol, le dos contre les portants.

Les premières critiques furent nuancées : c'était un *triomphe* pour la comédienne et un *succès* pour l'auteur. Peu importe ! L'essentiel est dans la ferveur du public, qui ne nous a pas été ménagée. Nous avons parfois dû donner deux représentations le même jour. C'était, je le sentais bien, le sommet de ma carrière, comme cette pièce et surtout *L'Aiglon* l'ont été pour Sarah. J'allais, comme elle, devenir une sorte de mythe vivant. Nous sommes condamnés à cheminer, main dans la main, vers le socle de nos statues.

Les quelques pièces d'autres auteurs que Sarah a montées et jouées après *La Sorcière* n'ont été que les derniers éclairs de cet orage de génie.

Le dernier rôle masculin de Sarah, c'est dans la pièce de Maurice Maeterlinck, *Pelléas et Mélisande,* qu'elle l'a trouvé. L'idée lui est venue de reprendre cette pièce à Londres, en français, avec effets de lune et suave musique de Gabriel Pierné. Elle était Pelléas et Mrs. Campbell Mélisande. Les deux comédiennes ont tenu leur rôle avec une telle conviction que certains journalistes perfides y ont vu des tendances saphiques, et que les ligues de vertu s'en sont inquiétées, fulminant leurs anathèmes, comme elles l'avaient fait pour le malheureux Oscar Wilde qui n'a pu faire jouer sa *Salomé* qu'au Théâtre de l'Œuvre, le laboratoire de Lugné-Poe.

Le succès de ce spectacle venait à point nommé pour sauver Sarah de la faillite. Les subsides ramenés d'Amérique avaient fondu entre les mains de Maurice. La chance, au jeu comme aux courses, semblait le fuir, et ses maîtresses achevaient de le ruiner. Comme l'a écrit mon ami, l'écrivain Francis de Croisset : *C'est l'époque qui veut ça : des petites femmes qui coûtent cher à de vieux messieurs, et de grandes courtisanes qui ne coûtent rien à de petits jeunes gens...*

Sarah n'était pas ce qu'on peut appeler une « grande courtisane », mais elle allait rencontrer un de ces « petits jeunes gens » qui allaient lui coûter une partie de sa réputation et une large part de ses ressources...

Récit de Suzanne Saylor

Nous avons été nombreux à déconseiller à ma maîtresse ce nouveau voyage aux Amériques, cette année 1905, alors que sa jambe la met au supplice. Elle s'est obstinée, envers et contre tous. *Quand même !*

— J'aurai, m'a-t-elle dit, un ange gardien : mon jeune ami Reynaldo Hahn. Originaire de ces contrées, il parle couramment l'espagnol, et ce voyage l'enchante. Tu en seras aussi, ma Suzanne. Cette fois-ci, tu ne peux pas te défiler. J'ai besoin de toi plus que jamais.

C'était un ordre ; il m'a fallu obtempérer ou risquer mon congé. Ce n'était pas de gaieté de cœur, car j'ai les grands voyages en horreur, mais il me répugnait de laisser ma maîtresse entre les mains d'une bonniche acariâtre et incompétente et, d'autre part, je concevais sans peine l'urgence de cette tournée qui allait sauver une nouvelle fois la maison Bernhardt de la ruine.

Moi qui ne suis en rien portée aux aventures, j'en ai eu mon lot au cours de ce périple, qui, de l'avis de ma maîtresse, a été le plus harassant de tous ceux qu'elle a assumés outre-Atlantique et qui n'étaient pas des parties de plaisir.

Nous avons effectué la traversée dans un méchant rafiot. Une fois sur le continent, nous avons voyagé dans des trains poussifs, assaillis non par des Indiens mais par des vagabonds. La troupe s'est produite dans des théâtres qui ne méritent pas ce nom, sous des chapiteaux géants plantés dans des champs de maïs, exposés aux tornades, aux pluies, aux agressions des cow-boys qui, pistolet au poing, menaçaient d'enlever la « Divine » pour la conduire dans un ranch. Nous avons fait halte dans de véritables coupe-gorge, parfois sous la tente, au risque de se faire mordre par les serpents à sonnettes...

Cette tournée calamiteuse a bien failli prendre fin à Rio de Janeiro. Dans le dernier acte, la Tosca doit faire mine de se précipiter dans le Tibre, en l'occurrence sur d'épais matelas. Le régisseur ayant oublié cette précaution, c'est sur les planches nues qu'elle a chuté. Je l'ai relevée plus morte que vive. Une heure plus tard, son genou malade avait pris la dimension de sa tête.

Une surprise de nature différente l'attendait au Québec.

Alertés par les ligues catholiques, des énergumènes firent pleuvoir sur la scène de *La Sorcière* une salve d'œufs pourris. De Max en reçut un en pleine figure et, à sa sortie, sur le point d'être lynché par la foule hystérique, il fut sauvé par des spectateurs anglais qui l'abritèrent dans un café. Dans les rues qui nous conduisaient à notre hôtel, notre traîneau fut assailli par des femmes qui nous jetaient des pierres et criaient : « Mort aux impies ! Pendons la Juive ! » Des cris nous poursuivirent jusqu'à la porte de notre hôtel : « À mort ! À mort ! »

À Ottawa, les Canadiens anglais nous réservèrent un meilleur accueil. Les autorités blâmèrent l'attitude des Québécois poussés au meurtre par le sinistre archevêque Brush.

En dépit de cette suite d'incidents, cette tournée eut un côté favorable. Elle allait consoler ma maîtresse de ses déceptions : des recettes fabuleuses allaient lui permettre de repartir du bon pied et de régler les dettes de Maurice. Elle chantonnait en faisant ses comptes, s'éventait avec des liasses de billets, les embrassait, les dispersait en pluie au-dessus de sa tête. Les spectateurs traversaient des provinces, par le train, la diligence ou à cheval pour voir et applaudir cette messagère de la vieille Europe.

Un soir, alors que je tenais la caisse, je me trouvai en présence d'une espèce d'homme des bois couvert de poussière, qui venait de laisser son cheval à l'entrée du chapiteau. Comme la salle était comble et que je lui refusais l'entrée, il me menaça de son colt en bredouillant dans une haleine qui puait le bourbon : « *Damned !* J'ai parcouru trois cents miles pour la voir et je la verrai ! » Force me fut de lui délivrer un billet. Il ajouta : « À propos : elle danse ou elle chante ? »

En gravissant les marches qui menaient à sa loge du Lyric Theatre de New York, ma maîtresse paraissait émue. Elle posa sa main sur mon épaule et me dit d'une voix qui tremblait un peu :

— Ma chérie, je me souviens du spectacle que j'ai donné dans cette salle, il y a vingt-six ans. C'était *La Dame aux camélias,* que les Américains avaient baptisée *Camille*, Dieu sait pourquoi ! Peut-être parce que les camélias ne poussent pas en Amérique du Nord... Ce fut un des plus gros succès de toute ma carrière. Qu'en sera-t-il ce soir ? C'est un nouveau public que je vais affronter. Comment sera-t-il disposé à mon égard ? Je crains le pire.

— Vous auriez tort de vous inquiéter, madame. Le public a fait queue pendant deux heures et la police a du mal à le faire patienter. Si ça peut vous rassurer, il n'y aura pas un seul cow-boy dans la salle. J'ai fait passer la consigne...

Et ce fut un nouveau triomphe pour *Camille.*

Au départ de Paris, ma maîtresse avait annoncé aux journalistes qu'elle allait accomplir sur le Nouveau Continent une « tournée d'adieux ». Je la connais trop bien pour savoir qu'il ne s'agit que d'un au-revoir.

Récit de Victorien Sardou

Elle a bien trompé son monde, Sarah !

En débarquant au Havre, encadrée par Reynaldo Hahn et par Suzanne Saylor qui portait des gerbes dans ses bras, elle a lancé aux journalistes :

— Mes amis, merci d'être venus m'attendre si nombreux ! Je n'ai jamais été en si bonne santé. Vous me voyez prête pour une nouvelle carrière...

Elle ment, comme toujours, et avec un aplomb déconcertant. Cette tournée l'a profondément perturbée, encore quelle s'en défende. À la suite de sa chute dans un théâtre de Rio, son genou a pris une dimension impressionnante, au point que je me demande comment elle peut encore marcher sans s'aider d'une canne. Lorsque je la regarde vaquer dans son logis ou dans sa loge, c'est une autre chanson : elle claudique, s'appuie aux meubles, traînasse plus qu'elle ne marche et ne supporte pas la moindre allusion à son état.

Elle m'a dit pourtant, pas plus tard qu'hier :

— Mon petit Sarde, je crains qu'il ne faille avoir recours au bistouri. Un chirurgien de Berlin m'a confié qu'il faudrait sans doute en venir là. Ce n'est pas une opération qui me fait peur, mais ses conséquences. Vous me voyez avec une jambe de bois ?

— Vous aurez au moins une consolation, ma chérie : avoir connu une carrière hors du commun.

— Vous êtes bien pressé de m'enterrer ! Qui vous dit que, même avec une seule jambe valide, je renoncerais aux planches ? Il faudrait pour ça qu'on me coupe le cou, comme à ce pauvre anarchiste de Vaillant, que j'ai vu guillotiner, il y a quelques années. Et puis, tiens, pourquoi n'écririez-vous pas une pièce pour unijambiste, quelque chose dans le genre de Zola ?

Avant de quitter Paris, Sarah s'est rendue à Londres où réside la première épouse de Maurice, Terka. Les comédiens anglais avaient organisé en son honneur, à l'hôtel Cecil, une réception digne de celle que ses amis parisiens lui ont offerte au Grand Hôtel, sept ans auparavant, et dont je garde un souvenir ébloui. Aux allocutions qui l'ont saluée, elle a répondu : « De ces deux mains tremblantes, je vous offre les fleurs de la reconnaissance. » Ses admirateurs lui ont fait présent d'une couronne portant gravés les titres de ses principaux succès...

À peine de retour, elle a filé sur Belle-Île, accompagnée de sa smala, pour y travailler, à tête reposée, à ses mémoires qu'elle a prévu d'intituler : *Ma double vie*, et qu'un éditeur lui réclame avec insistance. Elle a emporté dans son bagage ce qu'elle appelle des *norderies* : des pièces d'Ibsen, de Tchekhov, de Strindberg. Elle aurait plaisir à les monter mais, m'a-t-elle avoué, elle n'arrive pas à comprendre et à pénétrer ces âmes complexes et torturées. Seul Tchekhov lui semble proche d'elle, mais il la déteste.

Au cours de cet été dans son île, elle m'a adressé quelques billets pour me parler des pièces françaises qu'elle étudie : *La Vierge d'Ávila*, de ce mauvais poète : Catulle Mendès, *Les Bouffons*, de Miguel Zamacoïs, dont elle se réserve le rôle-titre, *Le Vert-Galant*, d'Émile Moreau, où elle revêtira la robe de la reine Margot...

Elle me dit qu'elle aime cette île plus que tous ses lieux de résidence passés et présents : elle y retrouve le décor grandiose de son enfance chez cette nourrice qui l'appelait *Fleur de lait*. Contrainte à la retraite, me dit-elle, c'est peut-être là qu'elle finira ses jours.

Sarah à la retraite ?

Elle m'entretient aussi dans ces billets de sa « dame de compagnie », Suzanne Saylor, qu'elle trouve dévouée mais simplette, ennuyeuse et un peu sotte : *Je supporte de plus en plus mal sa présence. Elle se mêle de tout, critique mes relations, prend des initiatives absurdes, s'érige en nounou ou en directeur de conscience. Je finirai sans tarder par lui donner congé... Je n'ai jamais autant regretté mon Petit'dame...*

Ses promenades ne se font plus à dos d'âne ni, a fortiori, à pied. *Je me suis offert une automobile Panhard-Levassor, puissante et souple, que conduit Reynaldo. Lysiane aimerait prendre le volant, mais elle est trop impulsive, téméraire et étourdie. Cette chère enfant me sert de doublure. Lorsque des visiteurs se présentent, c'est elle qui se met à la fenêtre pour les saluer...*

Durant des mois et des années, *L'Aiglon* a entraîné dans son sillage des pièces médiocres qui n'ajoutent rien à la gloire de Sarah et à la prospérité de son théâtre.

La Vierge d'Ávila, qui porte comme sous-titre *La Courtisane de Dieu*, n'est qu'une longue psalmodie ennuyeuse. Les conséquences furent inattendues : une procession conjuratoire organisée par l'évêque d'Ávila, autour des célèbres murailles de la ville, avec une foule de pénitents.

Les autres pièces ne valent guère mieux. Sarah nage désespérément à contre-courant, pour ne pas se laisser emporter vers des horizons d'indifférence. Ses efforts me tourmentent et m'émeuvent. Elle fait mine de se satisfaire de quelques succès tiédasses, des critiques complaisantes du petit ami de Lysiane, Louis Verneuil, dont il se murmure qu'il est plus épris de Sarah que de sa compagne.

Elle a de nouveau joué *Le Procès de Jeanne d'Arc*, d'Émile Moreau. Elle a osé... J'avais le cœur serré, malgré les applaudissements, en entendant cette vierge sexagénaire déclarer, imperturbable, à ses bourreaux : « J'ai dix-neuf ans... » On conduit les enfants des pensionnats à ce spectacle édifiant.

Je me fais vieux, moi aussi. Je pourrais prendre à mon compte l'image de Sarah nageant à contre-courant pour éviter de sombrer dans l'oubli.

Les séances de l'Académie française et de la Société des auteurs, dont j'assume la présidence, quelques spectacles dans la semaine, les dimanches consacrés à mes amis, l'écriture chaque jour, voilà le tissu de mon existence. Je ne quitte qu'en de rares occasions ma thébaïde de Marly, ma bibliothèque, mon jardin, mes sphinx figés dans la pierre, auxquels je ressemble de plus en plus.

Dieu merci, le public m'est toujours fidèle. Mon œuvre ne m'attire plus les succès qu'ont connus *La Tosca* ou *Madame Sans-Gêne*, mais quel bonheur d'entendre, certain soir, un spectateur se dresser et crier : « Cet homme est un miracle ! »

Malgré une longue absence, je n'ai pas oublié ma Provence natale. En compagnie de mon fils Jean et de mon gendre, Robert de Flers, je vais parfois me reposer dans la villa Graziella, que nous avons louée sur la Côte. J'envisage de faire construire, sur une éminence dominant la mer, une bâtisse qui, toutes proportions gardées, rappellera le palais des princes de Monaco, mais c'est un vaste projet et je suis bien vieux...

LES DERNIERS FEUX
DE L'AMOUR

Récit de Lysiane, fille de Maurice

J'ai senti venir le danger depuis... voyons... depuis le retour de ma grand-mère, *Great*, de sa fausse tournée d'adieux aux Amériques.

Une évidence pour le moins averti : c'est le scénario Damala qui allait se renouveler, en pire peut-être. Ce gigolo de Lou Telegen joue parfaitement son rôle : il est aux petits soins pour elle, la bichonne, comme elle aime l'être, par les hommes surtout, ce qui lui donne l'impression, à soixante ans, d'être encore une jeunesse capable de jouer Jeanne d'Arc.

Lou Telegen avait vingt-sept ans quand ils se sont rencontrés. Il avait été l'amant de De Max qui, usant de sa renommée, avait pu l'extraire de la prison où il stagnait à la suite d'une affaire d'extorsion de fonds. Ma grand-mère l'a remarqué et, comme il lui semblait avoir quelque talent, lui a confié le rôle du bel Hippolyte, dans *Phèdre*. Choix malheureux ! Avec son accent hollandais à couper au couteau il faisait s'esclaffer le public, si bien qu'elle l'a retiré de l'affiche.

Il faut reconnaître qu'il est beau, cet éphèbe que le sculpteur Rodin a pris comme modèle pour *L'Éternel Printemps*. Avec son teint lumineux, ses yeux d'un bleu de mer en été, sa chevelure d'un brun profond et son visage toujours parfaitement rasé, il n'a pas dû avoir beaucoup de mal à faire la conquête d'Édouard De Max. C'est le genre de garçons auxquels nul ne résiste.

J'ignore si *Great* a résisté longtemps. Ce Casanova de barrière, ce ruffian, cette petite frappe, est à ranger au rang de ses caprices séniles. Ce qu'elle aime chez Lou, outre son physique d'étoile de ballet et sa docilité de grand chien tendre, c'est un passé trouble d'aventurier, sa nature d'inverti, et, peut-être, ses idées anarchistes. Elle doit trouver en lui à la fois un fils et un amant. Elle le dorlote, lui achète les meilleurs parfums, l'habille chez les tailleurs les plus connus, l'emmène dans les restaurants les plus chics et exige sa présence à tous les événements mondains. Autant de dépenses qui excitent la colère de papa.

Que grand-mère entretienne un gigolo, grand bien lui fasse, du moment qu'il n'a pas sur elle une influence néfaste et qu'il la protège. Mais qu'elle ait voulu faire de Lou Telegen un acteur, je dis non ! Elle se ridiculise : il n'a pas l'ombre d'un talent ; il récite, ânonne, oublie ses répliques ou les mélange. « Ce qu'il est drôle ! » s'exclame *Great.* Pour elle, sans doute. Pour le public, sûrement pas !

Décidé à débarrasser la famille de cet imposteur, papa ne sait comment s'y prendre. Le provoquer en duel ? On imagine le scandale... D'ailleurs, à quarante ans passés, il a perdu sa vivacité, bien qu'il continue à pratiquer les armes.

Mon père a poussé un hurlement de rage en lisant dans un journal londonien l'annonce du mariage de sa mère avec Lou Telegen. Il s'est précipité chez *Great* qui lui a déclaré être étrangère à cette affaire, et Lou de même. Elle envoya aussitôt un télégramme à Londres pour réclamer un démenti. Quoi qu'il en soit, je ne serais pas surprise que cette fausse nouvelle vienne de son gigolo, en quelque sorte pour la mettre au pied du mur : qu'elle le lâche et il replongerait dans ses turpitudes et sa misère.

J'éprouverais quant à moi, malgré l'antipathie qu'il m'inspire, quelque scrupule à détruire l'harmonie qui règne entre eux. Sarah se prélasse comme une vieille chatte dans les derniers feux de la passion, à un âge où presque toutes les femmes y ont renoncé. Elle a bien mérité cette ultime flambée, mais je dois veiller à ce qu'elle ne s'y consume pas. Elle semble sereine, heureuse même, sans les soucis que lui occasionnait l'ignoble Damala.

Je parle avec d'autant plus d'aisance de cette liaison que j'en suis le témoin quotidien.

Des changements importants sont intervenus dans notre famille. Ma sœur, Simone, a épousé un homme d'affaires de Londres, Edgard Gross, et vient d'accoucher. Le décès de ma mère, Terka, qui vivait depuis des années en Angleterre, m'a bouleversée.

Ma grand-mère vient de traverser une mauvaise passe. Elle a fini par se séparer de Suzanne Saylor. Leurs rapports étaient devenus difficiles, au point que leurs affrontements se faisaient quotidiens, la « bonniche », comme elle l'appelait, ne supportant pas la présence de Telegen. Personne ne remplacera auprès d'elle la bonne Mme Guérard. Suzanne, en larmes, m'a confié qu'elle ne survivrait pas à cette séparation. Chanson...

Victorien Sardou lui aussi a disparu. Alors qu'il revenait de Versailles, il a été terrassé par une pneumonie. Il avait en train plusieurs pièces dont certaines écrites pour sa compagne de travail et de gloire. Sa mort est survenue dans sa résidence du boulevard de Courcelles. Une foule énorme l'a suivi au cimetière de Marly où il a reçu les « honneurs dus à une gloire nationale ».

Quelques jours avant de mourir, il a écrit dans ses carnets : *Selon Goethe, la vie exemplaire, c'est le rêve de la jeunesse réalisé par l'âge mûr. J'ai fait mieux : la réalité a dépassé mon rêve...*

Sarah n'a pas été trop affectée par la mort de ce vieil ami : ils se voyaient peu depuis quelque temps, elle à ses amours, lui à ses écrits. Il était d'ailleurs devenu un vieux rabâcheur, toujours à geindre sur quelque ingratitude à son égard. Elle m'a parlé sans émotion de leurs longues promenades en forêt, de leurs répétitions, des querelles anodines qui les opposaient. Je garde le vague souvenir d'un homme un peu lourd, coiffé d'un large béret basque, le cou entortillé dans une écharpe blanche, solennel et ennuyeux.

Sarah a joué avec conviction la comédie de Tristan Bernard : *Jeanne Doré*, qui ne laissera pas son nom sur les tablettes des gloires théâtrales. Elle raconte l'histoire d'une libraire dont le fils a été guillotiné à la suite d'un crime passionnel. Elle s'est sans doute souvenue, en acceptant ce rôle, de l'exécution de Vaillant, à laquelle elle a assisté et qui l'a bouleversée.

Je me souviens d'un bref dialogue dans la boutique du charcutier :

Le Charcutier : Alors, m'me Jeanne, qu'est-ce qu'il vous faut aujourd'hui ?

Jeanne : Monsieur le charcutier, je voudrais des œufs frais pour mon déjeuner. Oui, des œufs bien frais...

Nous sommes loin des dialogues de *Theodora* ou de *L'Aiglon*, mais le succès obtenu par cette pièce confirme une évidence : Sarah peut jouer tous les rôles, avec le même talent. Quelle actrice pourrait en dire autant ?

À voir *Great* se traîner d'un meuble à l'autre, je souffre presque autant qu'elle. Sauf quand son genou la torture, elle se plaint rarement. Il faudra bien qu'un jour ou l'autre elle se fasse opérer. Hier, après une chute entre le salon et sa chambre, elle s'est accrochée à moi en pleurant et m'a dit d'une voix brisée :

— Ma petite fille, le sort en est jeté : je vais me faire couper la jambe...

Récit de Lou Telegen

Inutile de finasser avec moi ! Je sais ce que la famille Bernhardt, les amis, les journalistes pensent de mes rapports avec Sarah : je ne suis qu'un gigolo que seule la fortune de sa vieille maîtresse intéresse et qui la laissera choir à la moindre occasion... Croire cela, c'est ignorer que le cœur humain n'est pas un bloc monolithique et que l'amour n'a pas d'âge. Ma rencontre avec Sarah a été plus qu'une chance : un miracle.

La vie ne m'a pas gâté. Une mère, danseuse d'origine grecque, un père général hollandais, qui la trompe. Ma première fugue, je la fais avec une maîtresse de papa. Amour sans amour, suivi de cent métiers, *cent misères*, comme on dit : champion de boxe dans les fêtes foraines, artiste de cirque, escrimeur, tueur à gages...

J'ai connu bien des prisons : en Russie pour « propagande malthusienne » selon les juges, et en France pour de menus larcins et des affaires plus graves. Je suis tenté de considérer comme une incarcération mon séjour chez Rodin qui se montrait avec moi exigeant et odieux.

C'est de cette époque que date mon goût pour le théâtre, qui allait m'engager dans le sillage de Sarah. Après le Conservatoire et de petits rôles à l'Odéon, j'ai rencontré De Max qui m'a ouvert la porte d'un cercle d'acteurs invertis, et de ces mœurs auxquelles il m'a initié. Il m'a donné ma chance en me proposant de le remplacer pour une tournée en Amérique qui ne le tentait pas. C'était en l'année 1910.

Jamais, de mon propre chef, je n'aurais tenté d'attirer l'attention, moi, inconnu et sans talent particulier, de cette grande dame de la scène. C'est le hasard qui a joué en ma faveur.

Je me trouvais dans le hall du Carlton, à Londres, dans l'attente des consignes relatives à notre départ pour l'Amérique et de la signature de notre contrat. Lorsqu'elle est entrée, j'ai cru voir surgir une créature céleste. Elle s'est avancée vers moi, m'a tendu sa main à baiser en me disant de cette voix inimitable : « Enchantée de faire votre connaissance, jeune homme... » Ces mots banals résonnèrent en moi comme une symphonie de Beethoven. Je sentais mes jambes fléchir et ne pouvais la quitter des yeux. Elle m'avoua plus tard avoir éprouvé le même trouble, au même moment.

Elle a ajouté :

— Soyez présent à une heure pour la signature du contrat et le déjeuner.

Que d'émotions en une seule journée ! Je lus et relus le contrat : j'allais être, pour quatre ans, son partenaire, à des conditions que je n'aurais jamais osé espérer. Quatre ans en sa présence ! Quatre ans à côtoyer le génie de l'art dramatique !

En me donnant congé, elle m'a dit :

— Revenez à Paris et allez voir mon fils, Maurice Bernhardt. Il vous remettra les textes que vous aurez à interpréter. Prenez un billet pour New York, mais sans urgence : il nous reste dix jours avant l'embarquement. Tâchez d'apprendre le plus de rôles possible. Nous répéterons durant la traversée.

Elle me versa une avance de cent guinées et y ajouta son plus beau sourire.

Savait-elle, dès cette première rencontre, dans quelle voie nous nous engagions ? Peut-être, se souvenant de sa passion néfaste pour Damala, préférait-elle rester dans l'expectative et garder ses distances. C'était le même scénario qu'avec lui qui s'amorçait, mais elle avait la soixantaine passée et moi moins de trente ans...

Je ne tardai pas à comprendre que, si elle avait fait de moi son partenaire, c'était moins pour me pousser sur la scène que dans sa vie sentimentale, avec cet alibi pour éviter que l'on crie au scandale. J'ai accepté sans réserve : j'allais vivre dans la lumière de cette créature divine, connaître une existence dorée et donner peut-être à cette vieille dame les derniers bonheurs de sa vie.

Assez guindés au début, nos rapports allaient se resserrer au cours de la traversée et de la tournée. J'étais comblé au point que, lorsqu'elle me proposa une augmentation de mes émoluments, je refusai. En revanche, j'acceptai de partager son wagon particulier au cours de ce long voyage à travers l'Amérique. Cela me valait, de la part de mes confrères, des jalousies, des brocards et des coups bas. Je redoutais que Suzanne Saylor, qui me détestait, ne mette de la mort-aux-rats dans mon potage...

Dans les lettres qu'elle écrivait à son fils, Sarah évitait de parler de moi, alors que partout où nous allions : réceptions, interviews, banquets ou soirées mondaines, elle me présentait comme son « fiancé » ! Elle montrait à ses proches une photo dont elle raffolait : mon portrait en Hippolyte, nu, orné seulement de bijoux. Sous des apparences de mère chatte, elle se montrait d'une jalousie implacable. Lorsqu'elle me prenait en défaut d'infidélité, ce qui était rare, c'était, avec ou sans témoin, des scènes terribles et des menaces de rupture.

En dépit de son âge, elle manifeste une belle ardeur amoureuse. L'un de ses intimes m'a révélé que, jusqu'à l'âge de quarante ans, elle était accusée de frigidité par ses amants et n'a ressenti de véritables jouissances qu'à la suite d'une opération.

Si l'opinion, en Amérique, se montrait indifférente à la nature insolite de nos rapports, il n'en était pas de même en France, où ils étaient jugés scandaleux par la presse et la bonne société. À notre retour, les humoristes se vengèrent bassement du mépris que nous leur témoignions. Lorsque Sarah décida de me faire tenir le rôle d'Alexandre dans *Lorenzaccio*, un critique me trouva « au-dessous du médiocre ». Un autre osa écrire que mes éclats de rire dans cette pièce étaient « aussi insupportables qu'antinaturels ». Quant à mon accent, je laisse à penser les propos qu'il a pu inspirer. Lorsque Sarah venait saluer le public, les ovations éclataient ; lorsque mon tour venait, on aurait entendu voler une mouche.

Sarah me consolait de son mieux :

— Il faut laisser dire et laisser faire. Si tu savais ce que j'ai dû entendre d'insanités, au début de ma carrière surtout ! Et tu vois, je suis encore là, et heureuse d'y être.

Elle persista, envers et contre tous, dans son idée de m'imposer. Je fus ridicule dans presque tous les rôles qu'elle me proposait. Puis vint le temps du cinématographe...

Sarah apparut dans un film adapté de *La Reine Élisabeth*, un drame historique d'Eugène Moreau. Invitée à la première projection, elle se mit en colère : elle ne se reconnaissait pas au milieu de ce ballet de spectres muets qui gesticulaient à tort et à travers sur un drap de lit tendu contre un mur. Cette pantomime n'eut de succès qu'en Amérique.

Ce fut pire avec *La Dame aux camélias*. Au cours de la présentation à la presse, Sarah poussa un rugissement et s'évanouit. Elle devait néanmoins se produire dans quelques autres productions cinématographiques. Elle aurait dû renoncer à cette forme d'art à laquelle elle n'était pas préparée et qui ne lui convenait pas. Elle n'en fit rien pour ne pas sacrifier la poule aux œufs d'or : un or dont, je dois en convenir, je profitais.

Mal accueillie en France, *La Reine Élisabeth* triompha dans les salles américaines, et notamment au Lyceum Theatre de New York, loué par le producteur Adolf Zukor. Une pluie de dollars tomba sur Sarah et la réconcilia avec ce qu'on allait appeler le Septième Art.

La presse américaine s'est fait un devoir de relater l'un des épisodes les plus émouvants de notre tournée : la visite de Sarah aux prisonniers du pénitencier de Saint-Quentin, le plus vaste de la Californie, pudiquement appelé « établissement de relèvement social ». Deux mille prisonniers et une douzaine de condamnés à mort y sont enfermés, ainsi que des femmes et une colonie de détenus français.

Les prisonniers nous reçurent en fanfare dans la vaste cour surveillée par des miradors : des Blancs, des Noirs, des Chinois, des Mexicains... Une Babel du crime. On avait placé les condamnés à mort au premier rang. Un hydro-aéroplane surveillait la scène du haut du ciel.

Le directeur avait remis à chaque prisonnier une copie de la pièce que la troupe allait interpréter : *Une nuit de Noël sous la Terreur,* œuvre de Maurice Cain et de Maurice Bernhardt.

Lorsque Sarah apparut, costumée en vivandière, une énorme ovation souleva l'assemblée. Les détenus français criaient : « Vive la France ! » à pleine gorge. Près de moi, un prisonnier belge sanglotait. Bravos et sifflets saluèrent la fin du spectacle. Un détenu d'origine française remit à Sarah une mélodie qu'il avait composée : *Par-delà le sommet des collines,* qui rappelle le célèbre poème de Paul Verlaine : *D'une prison.* Je n'ai retenu que les derniers mots de son allocution : *Vous avez rendu cette multitude de malheureux plus heureux, adouci les lignes de leur vie, rendu leur cœur plus léger...*

Sur le trajet de retour à notre hôtel, Sarah m'a confié :

— J'ai vécu aujourd'hui l'aventure la plus singulière de ma vie de comédienne. Si tu savais comme c'est bon d'avoir donné un peu d'illusion à ces gens... Il faudra que je note cet événement dans mes mémoires...

C'est au Palace Theatre de New York que j'eus, pour la dernière fois de ma brève carrière théâtrale, le plaisir et l'honneur de jouer avec la Grande Sarah. Un plaisir entaché de tristesse : elle avait du mal à tenir debout, sa voix n'était que l'écho déformé de celle qui avait séduit le monde, la souffrance que lui occasionnait son genou crispait ses traits et la faisait grimacer. Les ovations n'en furent pas moins délirantes lorsque, au moment des rappels, nous nous sommes avancés en nous tenant par la main. Lorsque je la raccompagnai dans sa loge, son visage était baigné de larmes.

— Mon petit Lou, mon chérubin, me dit-elle, nous allons devoir nous séparer.

— Nous séparer, madame, mais...

— Laisse-moi finir ! Tu n'as aucun avenir de comédien en France. En revanche, l'Amérique est prête à t'adopter. Tu pourras y faire rapidement ta place, mais seulement au cinéma. Pour un film muet, que l'on ait l'accent hollandais ou grec importe peu. Il faudra tout de même que tu apprennes l'anglais...

Ce furent les meilleurs conseils que cette grande dame puisse me donner. Je les ai suivis et n'ai pas eu à le regretter. Dans les jours et les semaines qui ont succédé à notre séparation, son absence m'a été douloureuse, au point que j'ai failli retourner en France. J'errais comme une âme en peine dans les couloirs des hôtels, à sa recherche, je lui parlais dans mon sommeil, je me hâtais dans les rues de New York, comme pour aller retrouver cette présence illusoire. Je me sentais de nouveau orphelin.

Le succès me consola. Les producteurs me sollicitaient pour des rôles de jeune premier, mais j'étais sans illusion : c'est mon physique plus que mon talent qui retenait leur attention et plaisait au public féminin.

Il m'a semblé retrouver un peu de Sarah dans la belle actrice Geraldine Farrar qui se produisit avec moi dans quelques films. J'ai adopté auprès d'elle l'image d'un prince consort, car elle était plus célèbre que moi. Je finis pourtant par l'épouser, mais c'était le mariage de la carpe et du lapin. Notre ménage se maintint, cahin-caha, pendant deux ans, jusqu'au jour où, incapable de supporter plus longtemps l'aliénation de ma liberté et mon rôle de chevalier servant, je lui tirai ma révérence pour voler de mes propres ailes.

Quelques années après mon divorce, j'ai vécu dans un état proche de la misère, malade de ces drogues qui m'aident à supporter mes nostalgies. De temps à autre la presse m'apprend que Sarah poursuit sa carrière sans faiblir, avec cette conviction, cette ténacité, ce courage qui m'ont toujours manqué.

C'est ainsi que j'appris, peu après ma rupture d'avec Geraldine, que Sarah venait de subir l'amputation de sa jambe. Cette nouvelle m'a plongé dans la plus grande affliction. Si j'avais eu l'argent nécessaire j'aurais repris le bateau pour la France...

L'UNIJAMBISTE

Récit du docteur Samuel Pozzi
chirurgien, ami de Sarah

La lettre de mon amie Sarah Bernhardt, datée du 4 février 1915, m'a rempli de confusion :

Je vous supplie de me couper la jambe, un peu au-dessus du genou... Elle a été plâtrée il y a six mois et j'en souffre de plus en plus... Docteur Dieu (sic), *ne vous récriez pas. J'ai encore dix ou quinze ans à vivre. Pourquoi me condamner à souffrir et à être inactive ?... Si vous refusez, je me flanque une balle dans le genou, et il faudra bien alors m'amputer... Je me bats l'œil de ma jambe : qu'elle courre où elle voudra ! Je veux vivre le temps qui me reste ou mourir tout de suite. Je ferai une tournée de conférences, je donnerai des leçons et je serai gaie. On coupe des jambes agiles à des gosses de vingt ans, et vous me refuseriez cela à moi ?... Ne m'abandonnez pas dans cette douloureuse et dernière étape...*

En proie à la consternation, je me suis laissé tomber dans mon fauteuil. Je ne puis abandonner Sarah à son sort, à une mort à petit feu, elle qui fut pour moi une maîtresse passionnée, puis une amie fidèle, mais lui couper la jambe me serait impossible. La charcuter, la voir mourir peut-être entre mes mains est une idée insupportable. Quelqu'un d'autre s'en chargera.

Sarah n'est pas à Belle-Île, comme je le supposais, mais dans une station balnéaire du bassin d'Arcachon, Andernos, villa Euréka. À l'annonce de la déclaration de guerre, il a fallu toute l'insistance de Georges Clemenceau pour qu'elle accepte de quitter Paris et se mette à l'abri en province, « comme un trésor national ». Elle a tergiversé jusqu'au jour où on lui a révélé qu'elle se trouvait sur une liste d'otages à fusiller si les Allemands gagnaient la guerre. Elle ne pouvait oublier qu'elle avait toujours refusé de jouer en Allemagne et qu'elle avait humilié, à Copenhague, l'ambassadeur de Prusse. Si son médecin lui a recommandé cette contrée, c'est que le climat y est moins rude que dans son île.

Son état est gravissime. Le docteur Parrot, qui la suit de près, lui faisait des infiltrations avant ses spectacles et des massages quotidiens. Lorsqu'on cassa son plâtre, on constata une blessure qui faisait craindre la gangrène. Le diagnostic du médecin berlinois, consulté il y a treize ans, concluait à « une atteinte de l'articulation fémuro-tibiale, probablement d'origine tuberculeuse ». Il lui prescrivit, ce qu'elle ne pouvait accepter, une immobilité complète de six mois, et une possible intervention chirurgicale, ce à quoi elle dut se résigner... en la remettant aux calendes.

Ce qui complique son état, c'est la phlébite contractée à San Francisco, au cours de sa deuxième « tournée d'adieux » : la dernière des imprudences qu'elle puisse commettre. Ce qui complique encore sa santé, c'est son opposition à la morphine qui la soulagerait. Cette sacrée tête de mule ! elle ne supporte que les emplâtres qui lui apportent un soulagement éphémère.

Sa petite-fille Lysiane, qui l'accompagnait à Belle-Île avant de se rendre à Andernos, pour y assister à la célébration du *Pain d'hiver des marins-pêcheurs,* m'a dit combien l'ambiance de ces vacances a changé. Sarah y a vécu au ralenti, passant des heures sur sa chaise longue, à lire ou à somnoler, évitant même les promenades et toujours en conflit avec Pitou et les servantes.

Elle avait tenté de se remettre à la sculpture et commencé à travailler sur un groupe de pleureuses bretonnes destiné, disait-elle, à figurer sur sa tombe.

Bref, me voilà perplexe... Par chance, j'entretiens d'excellents rapports avec un éminent chirurgien bordelais, le professeur Denucé. C'est avec lui que j'ai pris contact pour envisager une amputation. Il a très bien admis mes réserves et accepté ma proposition, avec une crainte : que la gangrène ne se généralise. Cette opération est d'autant plus délicate que Sarah, à soixante et onze ans, risque, malgré sa gaieté, son entrain, sa volonté de vivre, de mal supporter cette amputation.

J'ai tenu à assister Sarah dans cette épreuve, et me suis rendu à Bordeaux. Elle était de bonne humeur, plaisantait avec le chirurgien, les internes, les infirmières et ses visiteurs, comme De Max, qui pleurait dans son mouchoir, et auquel elle lança :

— Pleure pas, ma cocotte ! Tu auras encore à me supporter pendant des années...

Elle me raconta son odyssée au départ de Paris pour Andernos. Sa Panhard-Levassor devait la conduire à la gare, alors que la capitale était menacée par l'avance des Allemands sur la Marne. Pour satisfaire à un caprice, le chauffeur dut longer les Champs-Élysées, « une dernière fois », et se trouva pris, près de l'Étoile, dans le convoi des taxis qui emmenaient au front les effectifs destinés à la Ve armée. Un officier fit descendre les passagers et réquisitionna le véhicule. Lorsqu'il aperçut Sarah, il rectifia la position et revint sur son ordre en lui disant :

— Rassurez-vous, madame, les Allemands ne passeront pas...

De nous tous, c'est elle la plus gaie. Elle s'esclaffe en lisant des lettres d'Allemands émigrés en Amérique, qui la menacent de mort pour ses prises de position germanophobes. Je n'ai pu rester longtemps à son chevet, des cas graves et urgents me rappelant à Paris. Je demandai à Maurice, qui venait d'arriver, de me tenir au courant, au jour le jour, de son état.

Le matin où elle fut menée à la salle d'opération, elle agita ses mains comme pour un adieu, chantonna la *Marseillaise* et lança à Maurice et à Lysiane qui faisaient grise mine :

— Allons, mes petits, un peu de courage ! Tout se passera bien, allez. À tout à l'heure...

Elle dit au chirurgien :

— Dénucé, mon chéri, embrassez-moi.

Lorsqu'on lui posa sur le visage le masque destiné à l'anesthésier, elle s'écria qu'elle étouffait sous cet affreux appareil et insista pour qu'on utilisât le chloroforme plutôt que l'éther. D'ailleurs, ajouta-t-elle, quoi qu'on fasse, on ne pourrait l'endormir. Et soudain elle murmura :

— Ça vient... ça vient... comme c'est bon... Je m'en vais... je ne suis plus là... je...

Il n'a pas fallu cinq minutes, m'a dit Maurice, pour détacher du corps le membre malade. Un quart d'heure plus tard, les ligatures terminées, lorsqu'elle se retrouva dans sa chambre, ses premiers mots furent pour demander à Maurice comment s'était déroulée l'opération : elle apprit avec joie qu'elle avait parfaitement réussi, mais elle souffrait bizarrement du genou dont on l'avait amputée. Elle dit à la jeune anesthésiste :

— Chérie, je vous trouve gentille. Restez un peu avec moi.

Maurice m'a raconté au téléphone qu'elle s'adressait aux gens qui l'entouraient, personnel et visiteurs, sur le même ton qu'au théâtre, et qu'elle se faisait refaire son maquillage chaque matin.

Sa première lettre fut pour moi. Elle me déclarait sa tendresse et sa reconnaissance infinies et ajoutait : *Nul être ne m'est plus cher que vous, ami chéri... Je vous aime de toutes les forces vitales et intellectuelles de mon être. Rien ne peut altérer ce sentiment plus grand que l'amitié, plus divin que l'amour...*

Récit de Lysiane

En quelques semaines, après l'opération de *Great*, mon père semble avoir vieilli de dix ans. Ses joues qu'il néglige souvent de raser se sont creusées, une ride est apparue au coin des yeux et les tempes ont grisonné. On dira ce qu'on voudra de lui, mais l'amour qu'il témoigne à sa mère est sincère et profond.

Les suites de l'opération ont failli être fatales à notre chère *Great* : une crise d'urémie s'est déclarée quelques jours après l'intervention et nous a plongés dans l'angoisse. Elle en a réchappé. À la sortie de la clinique, elle a voulu regagner la villa Euréka, à Andernos.

Nous sommes là depuis une semaine et, déjà, ce qui est bon signe, elle souhaite faire une promenade le long du bassin qui miroite entre les pins, dans l'odeur chaude des verdures réveillées par le printemps. Je passe une partie de mes journées à dépouiller les messages qui nous parviennent des quatre coins du monde : une marée de sympathie et d'amour qui, chaque matin, envahit ma table. Je ne lis à ma grand-mère que les plus émouvantes, pour ne pas la fatiguer : elle écoute, les yeux clos, et s'endort dans ce concert d'amitié. L'une de ces lettres l'a amusée : elle venait d'un Américain qui, ayant appris qu'on allait l'amputer, lui offrait dix mille dollars pour obtenir sa jambe...

Mon père est reparti sitôt l'opération terminée. Paris lui manquait. Je reste seule avec Pitou et une servante. Il veille sur les visites avec une sévérité de cerbère, car, si nous n'y prenions garde, Sarah recevrait autant de monde que la Joconde. Les professeurs Pozzi et Denucé prennent des nouvelles chaque jour par téléphone.

La dernière visite de Denucé a failli mal tourner. Il est arrivé en compagnie d'un orthopédiste pour présenter quelques modèles de prothèses en bois et en métal, aussi inquiétantes les unes que les autres. Sarah a sursauté et s'est écriée :

— Jamais je ne porterai une jambe artificielle, vous m'entendez, Denucé ? Ja-mais ! Vous me voyez sur scène avec ce machin ? Au feu, la jambe de bois, au feu !

— Mais enfin, madame, protestait le professeur, comment ferez-vous pour vous déplacer ?

— J'y ai pensé, figurez-vous ! Un ébéniste va me confectionner une sorte de chaise à porteurs cannée, assez étroite pour se glisser dans un train, une voiture ou un ascenseur. Elle sera, mon chéri, de style Louis XV et laquée en blanc. Je ressemblerai, en entrant dans ma loge, à une impératrice de Byzance portée par des esclaves nubiens...

— Votre loge, dites-vous. Vous comptez...

— ... remonter sur la scène ? Et comment donc ! Dès la fin de ma convalescence, c'est-à-dire sans tarder.

Jamais à court d'humour au vitriol, les journalistes n'allaient pas tarder à la brocarder en l'appelant la « Mère La Chaise ». J'ai pris soin de cacher ce bon mot à ma *Great.*

Afin de ne pas l'importuner et la fatiguer avec des demandes d'interviews, nous avons fait en sorte de revenir à Paris le plus discrètement possible.

Elle ne quittait pas la villa Euréka sans projets. Morand lui avait fait part de son intention d'écrire pour elle une sorte de long poème allégorique sur les monuments religieux bombardés et mutilés par les Allemands, avec comme titre : *Les Cathédrales.* Sarah symboliserait celle de Strasbourg, et la jeune actrice Mary Marquet celle de Notre-Dame de Paris qui, elle, avait été épargnée par la guerre. Pour ma grand-mère, l'avantage de ce spectacle résidait dans le fait qu'elle n'avait pas à se déplacer sur la scène.

Cette pièce a été présentée à Paris en novembre 1915, et plus tard à Londres, suscitant partout un bel enthousiasme patriotique.

Je la surpris un soir, dans les coulisses, seule dans sa chaise, alors que la représentation était terminée depuis un bon moment et que le théâtre était désert. Elle bougonnait :

— Merde et remerde ! Ces salauds de porteurs m'ont plantée là pour aller boire un coup.

Un machiniste et moi l'avons ramenée à sa loge.

Ce nouveau triomphe ne suffisait pas à *Great*. Un soir, dans un théâtre anglais, elle me dit :

— Ma chérie, j'ai décidé de prendre ma part de cette guerre. C'est mon devoir, tu comprends ?

— Vous comptez vous engager, peut-être ?

— Je ne plaisante pas, ma chérie. Tu connais Béatrix Dussane, l'actrice de la Comédie-Française ? Je lui ai parlé d'un projet qui me tient au cœur : faire la tournée des cantonnements, histoire de remonter le moral de la troupe, qui en a bien besoin... Ça s'appellera le Théâtre aux Armées. Dussane est d'accord.

— Mais, *Great*...

— Surtout, ne me dis pas que c'est une imprudence ! Je me porte comme un charme. D'ailleurs, dans ma chaise, je serai comme un coq en pâte.

Elle mourait d'impatience de partir, maudissait l'Administration qui retardait ce projet, malgré les protestations de Sarah :

— Je pousse les semaines, je bouscule les jours, je raccourcis les heures, je souffle sur les minutes... Mais qu'est-ce qu'ils foutent, ces ronds-de-cuir ? Qu'est-ce qu'ils attendent ? Que la guerre soit finie ?

Elles partirent, Dussane et elle, comme soulevées par un souffle de patriotisme à la Déroulède. Sarah avait veillé avec soin sur ce qu'elle appelait sa « tenue de campagne », qui n'avait rien de militaire : un manteau de panthère avec quelques fanfreluches de dentelle, un bonnet de velours et un manchon qui lui servait de sac.

Je ne l'ai pas suivie dans cette aventure, tant elle me paraissait absurde et ostentatoire. J'en ai des regrets. Des milliers de poilus ont écouté, avec surprise d'abord, puis avec intérêt, enfin avec émotion, cette jeune actrice et cette vieille dame mutilée, engoncée dans sa fourrure, déclamer *Les Cathédrales* et autres poèmes patriotiques qu'elles concluaient en chantant la *Marseillaise* et *La Madelon*, reprises en chœur par la troupe.

Un soir, Sarah eut la visite d'un officier qui lui dit :

— Madame, vous m'avez sans doute oublié. Moi non. Vous m'avez soigné dans votre ambulance de l'Odéon, pendant la guerre de soixante-dix, et je n'eus qu'à me féliciter de vos soins. Je suis le maréchal Foch...

Les deux comédiennes se trouvèrent de nouveau à Londres pour jouer au Colisée une pièce d'un jeune soldat : *Au champ d'honneur*. Sarah y apparaissait dans l'uniforme d'un poilu couvert de sang et de boue qui rampait pour arracher à l'ennemi le drapeau de son régiment.

Le ministre de la Guerre, Horatio Kitchener, s'opposa à ce qu'elle revînt sur le continent à bord d'un navire de guerre, la Manche étant parcourue par des sous-marins ennemis. Elle protesta :

— *My lord*, ce serait un honneur pour nous que de mourir au milieu de vos soldats !

Sarah souffre de nouveau d'une maladie que je croyais vaincue et qui était loin de l'être : la bougeotte.

Je ne sais qui lui a inspiré l'idée insensée d'un nouveau voyage en Amérique pour une tournée de propagande destinée à déclencher un mouvement interventionniste, à un moment difficile de la guerre, et à collecter des fonds pour l'armée française.

Elle a suscité un tel mouvement d'enthousiasme durant cette tournée que le gouvernement américain a décrété l'envoi de troupes en Europe et décidé ainsi du sort victorieux du conflit. Sarah agissait en véritable ambassadrice des Alliés.

Elle télégraphia l'annonce de cette victoire à mon père qui, par retour, la félicita et lui réclama de l'argent. À la suite d'un pari malheureux à Longchamp, il était complètement décavé...

À San Francisco, au cours d'une conférence pour la Croix-

Rouge, la municipalité, ayant appris ses liens avec une vedette de cinéma d'origine grecque, Lou Telegen, organisa un défilé d'evzones. À la suite d'une fâcheuse méprise, ils apparurent déguisés en soldats turcs, ennemis des Alliés !

C'est dans un costume d'aviatrice – une nouvelle lubie contractée en Amérique – qu'elle reprit le bateau vers l'Angleterre pour une tournée dans les music-halls, en compagnie de la divette Yvette Guilbert, qui l'avait brocardée jadis dans une chanson sur le serpent de Cléopâtre. En la voyant affublée d'un cache-poussière de soie blanche orné de mousseline, d'un vaste chapeau et de grosses lunettes qui lui donnaient l'allure d'un lémurien, je n'ai pu retenir un fou rire.

Cette tournée en Angleterre l'a fatiguée. On le serait à moins. Elle n'était plus que l'ombre d'elle-même : une pauvre vieillarde maigre de partout, sauf du ventre et de l'estomac. Cela me fit souvenir de la phrase cruelle de Goncourt, que j'ai lue dans son *Journal : Cette créature que rien ne fatigue a une carrure hommasse, pas de gorge, mais un estomac rebondi*... Lorsque, par un sursaut d'énergie, elle tente de se déplacer seule, de sa chambre au cabinet de toilette, elle sautille comme un oiseau blessé, en me disant qu'elle « fait la pintade ». Elle me rappelle parfois sa nièce, la fille de Jeanne, la pauvre Saryta, morte de tuberculose et d'un excès de drogue dans l'établissement de soins où Sarah l'avait installée à ses frais.

Il suffit pourtant qu'un regard étranger se pose sur elle, fût-ce celui du garçon d'étage ou du groom, pour qu'elle retrouve sa dignité. Si, dans l'intimité, elle n'est, comme dit son amie Dussane, qu'un « petit tas de cendres », la moindre visite en fait jaillir une étincelle, puis une flambée qui la transfigure, fait tomber autour d'elle les années comme des écailles, ranime à la fois son allure et sa voix.

J'ai constaté cette métamorphose à plusieurs reprises, et notamment lors de la réception organisée en son honneur par les auteurs et acteurs anglais, où elle brilla de ses derniers feux, et à l'occasion de la cérémonie donnée pour la remise de la Légion d'honneur, une distinction qu'elle attendait, sans l'avouer, avec impatience.

Plusieurs événements tragiques l'ont marquée, alors que la guerre s'achevait : la mort du vieux prince de Ligne, ce grand-père que je n'ai pas connu, du professeur Samuel Pozzi et d'Edmond Rostand.

Charles Joseph Eugène de Lamoral, prince de Ligne, est décédé d'une mort naturelle, dans son somptueux hôtel de Bruxelles. *Great* m'a rarement parlé de lui, et toujours avec retenue. S'il s'est refusé à adopter Maurice, il se serait montré généreux pour peu que son fils lui eût montré quelque affection.

Samuel Pozzi a connu une fin tragique. Un des malades auxquels il donnait ses soins l'a tué. Sarah ne m'a pas caché qu'il avait été son amant, du temps où, dans son atelier, elle recevait la bonne société parisienne. Il était mondain et ennuyeux mais délicat et attentif. *Great* l'a pleuré sincèrement.

Plus sensible encore lui a été la mort prématurée (il n'avait pas cinquante ans) d'Edmond Rostand. L'échec retentissant de sa pièce *Chanteclerc* et une sévère pneumonie ont entraîné une retraite désabusée dans sa villa de Cambo, au Pays basque.

Je n'aime pas le portrait qu'a fait de ma grand-mère une journaliste anglaise. Pitou a déposé cette coupure de presse sur mon bureau, ce matin, en me disant :

— Quand une femme parle d'une autre femme, surtout si elle la dépasse en notoriété, il ne faut pas s'attendre à un envoi de fleurs sans épines. En matière de vacherie, c'est gratiné. Lisez plutôt...

Une très vieille femme étendue sur un énorme lit, la chevelure ébouriffée, teinte en blond, avec des mèches blanches. Le fameux sourire tirait deux violentes lignes rouges au-dessus de grandes dents jaunes. Les mains crochues, mal soignées, jouaient avec les dentelles effrangées du peignoir. Mais l'enthousiasme avec lequel elle se mit à parler de son rôle dissipa vite cette affreuse impression.

En quelque sorte, le portrait d'une vieille sorcière... Il est vrai que nous ne roulons pas sur l'or, que Sarah a ajouté le mot *économie* à son vocabulaire quotidien, qu'elle a mis un frein aux exigences dispendieuses de mon père, mais montrer Sarah Bernhardt comme une pauvresse mal soignée est un mensonge. Lorsqu'elle reçoit, et notamment les journalistes, elle se soucie au plus haut point de son apparence.

Marcel Proust lui-même, avec qui elle n'a eu que des rapports de courtoisie, parle d'elle sans complaisance dans la *Recherche du temps perdu*, sous les traits de la Berma, une grande tragédienne. Il écrit qu'après une représentation de *Phèdre,* la pièce préférée de Sarah, *elle entrait dans d'horribles souffrances, mais heureuse d'apporter à sa fille les billets bleus que, par une gaminerie de vieille enfant de la balle, elle avait l'habitude de serrer dans ses bas, d'où elle les sortait avec fierté, espérant un sourire, un baiser...*

Avec sa férocité de fauve lâché dans la jungle parisienne, Jules Renard n'a pas manqué de l'épingler dans son *Journal.* Dans le sien, Edmond de Goncourt a écrit certaines pages qui sont de nature sordide. Il est vrai que peu de personnages trouvaient grâce à ses yeux, à commencer par son égérie, la Princesse Mathilde, qu'il remerciait de son hospitalité par des piques acerbes. Il ne pardonnait pas à ma grand-mère d'avoir longtemps hésité à monter sa pièce *La Faustin* qui n'a rien ajouté à sa célébrité.

J'ai apprécié à sa juste valeur, en revanche, la relation faite par Mme Colette d'une visite à *Great,* il y a peu. Elle évoque avec talent son regard, *qui change selon ses mouvements, si vifs encore, sa tête impérieuse, petite... sa main délicate et fanée offrant la tasse pleine, l'azur floral de ses yeux, si jeunes dans un lacis de rides... avec le souci de plaire jusqu'aux portes de la mort...*

Tout cela n'est que vanité, et je me garderai bien d'en faire part à ma *Great.* Les *portes de la mort,* que Colette vient de lui ouvrir, la feraient hurler, pleurer, rire peut-être, qui sait, et je tiens à lui éviter toute émotion. Je me dis que, contrairement à ce qui se passe pour une partie de chasse, plus on s'élève au-dessus du commun, plus on s'expose aux coups de feu...

LA VOYANTE

Récit de Suzanne Rueff,
dernière amie et confidente de Sarah

C'est à Bruxelles, au Théâtre de la Monnaie, où elle jouait *Phèdre,* que j'ai vu pour la première fois Mme Sarah Bernhardt. C'était, si ma mémoire est bonne, en 1896, et elle était au sommet de sa gloire : elle avait monté *La Samaritaine,* d'Edmond Rostand, *Lorenzaccio,* d'Alfred de Musset, et, cette même année, ses amis lui avaient réservé une réception fastueuse au Grand Hôtel pour ses trente ans de théâtre.

J'ai gardé de la *Phèdre* interprétée par Mme Bernhardt le souvenir d'une émotion intense : ses hoquets d'agonie, d'un réalisme hallucinant, m'ont troublée plus que je ne saurais le dire. J'en fus bouleversée au point de me précipiter dans sa loge à la fin du spectacle. Je dus attendre que la foule des admirateurs eût reflué, pour lui dire le sentiment de joie que je lui devais. Elle prêta une oreille attentive à mes propos, si bien que notre entretien se poursuivit dans sa loge, durant près d'une heure, autour d'une coupe de champagne.

Comme j'étais un peu ivre, à la fois de champagne et de fierté, elle me fit monter dans son fiacre, en compagnie d'une jeune femme qui portait le même prénom que moi : Suzanne, et le nom de Saylor, pour me déposer à mon domicile, avant de regagner son hôtel.

— S'il vous arrive de passer par Paris, me dit-elle, faites-moi une petite visite. J'ai bien aimé vos observations et même vos critiques, qui sont pertinentes. Voici ma carte...

Curieusement, c'est, en moins romanesque, le même parcours que celui de Mlle Saylor, pour m'introduire dans l'intimité de cette célèbre comédienne. Quelques années plus tard seulement je lui donnai signe de vie. Je craignais qu'elle ne m'eût oubliée : il n'en était rien. Elle a, pour les personnes, une mémoire fabuleuse.

Nous sommes restées ensemble un long moment dans son salon du boulevard Péreire. C'était durant la première année du siècle. J'étais venue à Paris pour assister à une représentation de *L'Aiglon.* Nous en avons parlé. Elle s'est montrée attentive et sensible à mes impressions, un peu irritée de mes critiques, mais a fini par m'avouer quelles étaient justifiées.

— J'aimerais vous avoir quelque temps près de moi, me dit-elle. Je vous attends à Belle-Île où mes amis me retrouvent tous les ans. Vous y resterez le temps que vous voudrez. Vous pourrez, si ça vous convient, m'aider à répéter, car vous avez une belle diction. Mais cet accent, dites-moi...

— Je suis d'origine hollandaise, madame, et je n'ai pu me défaire tout à fait de ce maudit accent.

Je faillis ajouter qu'il devait lui rappeler celui de Lou Telegen, qui amusait tant la critique parisienne. Je m'en abstins...

J'ai attendu quelques années, trop prise que j'étais à Bruxelles par mes occupations et ma vie sentimentale, pour me rendre à Belle-Île, non sans prendre la précaution d'annoncer ma venue, et persuadée que je n'aurais pas de réponse. Je me trompais.

J'arrivai au fortin alors que Mme Bernhardt venait, grâce aux négociations menées par son fidèle factotum, Pitou, de se rendre propriétaire de la villa achetée et restaurée par le baron Meunier de La Houssaye, et qui dominait le fortin. Il avait l'intention de transformer cette vaste bâtisse en hôtel.

Avec la verdeur de langage qui lui est propre, elle me dit :

— Vous rendez-vous compte, ma petite Suze : un hôtel ! Des dizaines de pékins m'observant chaque jour de leur fenêtre pour me voir pisser... Non, mais ! Je voulais cette villa. Je l'ai. Merci, mon Pitou !

Je suis revenue à Belle-Île quelques années de suite, sans jamais imposer ma présence. Mme Bernhardt semblait me préférer à celle qu'elle appelait « la Saylor » et qu'elle avait fini par détester, au point qu'elle l'a renvoyée tambour battant, pour me demander, quelque temps après, de la remplacer. Toutes affaires cessantes, j'ai accepté.

La guerre déclarée, elle n'est venue que rarement au fortin et a abandonné ses rêves d'expansion de la petite colonie d'amitié. Amputée de sa jambe gangrenée, elle y a renoncé définitivement.

J'ai cru qu'elle plaisantait lorsqu'elle m'a annoncé qu'elle allait monter et jouer l'*Athalie,* de Racine, dans son théâtre.

— Eh quoi ! me dit-elle, ça te choque ? Tu me crois incapable de jouer avec une guibolle en moins ? Rassure-toi : je me débrouillerai ! C'est une des rares pièces où je puisse encore me produire sans paraître ridicule. Mon infirmité m'oblige à garder une immobilité relative, mais ne m'interdit pas certains mouvements, à condition de rester sur place...

Elle a ajouté en me tendant une copie :

— Tiens, ma petite Suze, tu vas me donner la réplique...

J'ai assisté à la première d'*Athalie.* Surprise ! Mme Bernhardt avait modifié son style, en mieux, de l'avis général : diction moins emphatique, plus épurée, attitudes et gestes moins ostentatoires...

Dans la scène du songe (*C'était pendant l'horreur d'une profonde nuit...),* où elle évoque le souvenir de sa mère, Jézabel, il semblait qu'elle parlât d'elle et des *irréparables outrages* dont le temps l'avait affligée. Cette scène m'a tiré des larmes...

Le succès de ce spectacle dépassa ce qu'on avait prévu : au lieu des trois représentations annoncées, il tint l'affiche durant plusieurs semaines, grâce à une critique élogieuse, mais qui se dispensait des superlatifs consacrés à *La Tosca* et à *L'Aiglon.*

En revanche, les pièces qu'elle monta et interpréta par la suite n'ont pas connu la même carrière : *Daniel,* de Louis Verneuil, l'ami de cœur de Lysiane Bernhardt, et *La Gloire,* d'Edmond Rostand qui, en fait de gloire ne suscita, à juste titre, qu'indifférence.

Mme Bernhardt défendit, avec toute l'énergie dont elle était encore capable, la première de ces pièces, qui raconte les déboires et la déchéance d'une morphinomane. Elle alla la jouer à Turin et faillit en mourir. Prise d'un malaise au cours d'une représentation, elle fut ramenée d'urgence à Paris.

Un acte de sa petite-fille, la charmante Lysiane, intitulé *L'Une d'elles*, n'eut pas plus de succès. C'était l'une de ces œuvrettes écrites pour elle. Cela se voyait trop...

J'assistai, peu de temps après cet incident, boulevard Péreire, à une scène qui faillit tourner au tragique. M. Maurice et Mlle Lysiane s'en étaient pris à Mme Bernhardt, lui reprochant ses imprudences, lui disant qu'à son âge et avec son infirmité, il eût été sage de dételer et d'aller finir ses jours à Andernos.

Elle glapit en se jetant hors de son fauteuil :

— En finir ? Vous en avez de bonnes, mes enfants ! Toi, Maurice, si je t'écoutais, comment réglerais-tu tes dettes ? Et toi, Lysiane, qui monterait tes pièces et celles de *ton Verneuil,* si je n'étais plus là ? Vous me poussez vers la retraite ? Eh bien non ! Tant qu'il me restera un souffle de vie, c'est au théâtre que je le réserverai. Au théâtre et à vous...

Mlle Lysiane lui reprocha d'avoir donné son accord à Sacha Guitry, le fils de Lucien, pour interpréter l'une de ses comédies.

— *Great,* c'est insensé ! Vous courez au suicide. Souvenez-vous de ce qui vous est arrivé à Turin...

M. Maurice renchérit :

— Et ces films qu'on vous propose de tourner ! C'est un trop gros effort pour vous. Passez la main, je vous en conjure !

Elle éclata de rire :

— Tu parles comme le joueur de poker invétéré que tu es ! Fichez-moi la paix tous les deux ! Toi, Maurice, retourne au Jockey-Club, et toi, Lysiane, va retrouver *ton Verneuil.* Ah, mais...

Je les ai regardés se retirer, penauds, comme sur la fin d'une comédie, Lysiane accrochée au bras de son père qui tâtonnait avec sa canne pour descendre le perron.

— Toi, Suze, s'écria Mme Bernhardt, reste, je te prie. Dis-moi si j'ai bien fait de les remettre à leur place !

— Je trouve, madame, que vous avez été sévère. Oubliez cette algarade et ils l'oublieront aussi.

— Ils n'y penseront plus demain. Ces pauvres chéris ont trop besoin de moi. Au moins, es-tu de mon avis ?

Mise au pied du mur, je lui dis le fond de ma pensée : elle en faisait trop et ça risquait de lui jouer un mauvais tour. Elle soupira, comme César au moment de sa mort :

— Toi aussi, ma fille... Décidément, dans cette maison, tout le monde est contre moi...

Mme Bernhardt s'est prise de sympathie pour le jeune Sacha Guitry, dont les démêlés sentimentaux la divertissent : son père et lui se volent leurs maîtresses, se brouillent, se rabibochent. Un véritable chassé-croisé en forme de vaudeville. Parfois, à la sortie d'un spectacle, il la prend dans ses bras pour la déposer dans sa limousine. Il lui a présenté sa nouvelle comédie : *Un sujet de roman*, histoire d'un écrivain pris entre les exigences de son œuvre et celles de son couple. Mme Bernhardt y aurait comme partenaires Lucien Guitry (le romancier), et Yvonne Printemps (sa jeune femme). Cette comédie lui plaisait. Au cours d'une des répétitions auxquelles elle donnait toute son énergie et toute sa conviction, Lucien Guitry s'excusa au moment de lui donner la réplique : il était trop ému pour aligner une phrase.

Un soir, elle a été prise d'une telle crise d'étouffement qu'il a fallu la ramener en urgence chez elle.

— Ma pauvre Suzanne, m'a dit Lysiane, je crois que c'est la fin de ses illusions. Ma *Great* ne remontera plus jamais sur une scène. Et nous devons nous préparer au pire...

La comédie a été jouée, mais avec une autre artiste. À notre grande surprise, Mme Bernhardt s'est consolée facilement de ce qu'elle appelait un « contre-temps », comme si elle comptait revenir à la charge à la première occasion. Elle chevauchait déjà d'autres chimères.

Elle me confia, sans le moindre regret, ce qui me surprit, qu'elle avait *bazardé* ses immeubles de Belle-Île : le fortin, la villa, tout !

— Cette contrée était trop humide, trop venteuse, et surtout trop éloignée de Paris, me dit-elle. Je vais me faire construire une villa à Garches : c'est à une quinzaine de minutes d'ici. Si tu savais comme ça m'amuse ! C'est Maurice qui va en faire une tête ! Tout cet argent qui n'ira pas dans sa poche...

Un imprésario venu de la nouvelle capitale du cinéma, Hollywood, s'est présenté boulevard Péreire avec un projet de film dont il comptait confier la vedette à Mme Bernhardt.

— Décidément, me dit-elle en riant, la chance me poursuit. À croire, ma petite Suze, que je suis pour le cinéma une actrice d'avenir...

Avec tous les ménagements nécessaires, je l'ai mise en garde contre ce projet insensé. Le cinéma n'est pas le théâtre. Cette machine complexe et redoutable risquait de la broyer. Une grande part de son talent, lui dis-je, réside dans la qualité de sa voix et, à ce jour, le cinéma est encore un art muet. Je lui ai parlé étourdiment de Lou Telegen, dont les Américains ont fait une vedette et qui est mort dans la misère. Elle s'est écriée :

— Ne me parle pas de ce garçon ! Il n'avait aucun talent, je le sais bien. Il s'est nourri du mien comme un parasite, et il en est mort.

Elle a fait bouger son dentier et a secoué la tête en gémissant :

— Si tu savais, Suzanne... Si tu savais comme je l'ai aimé, ce pauvre garçon ! Dieu, quand j'y pense... S'il revenait, je crois... je crois que je lui ouvrirais les bras. Sais-tu où il est enterré ? Si ce n'est pas trop loin, je pourrais peut-être me rendre sur sa tombe...

J'ai retrouvé sur la commode une photo de ce garçon. Il est pris de profil et il est très beau : visage lisse comme du marbre, cheveux plats, air viril. Je l'imagine, ressuscité, débarquant entre deux films boulevard Péreire et, devant ce spectre mâchouillant son dentier et lui tendant les bras, repartir aussitôt, sans un mot...

Mlle Lysiane a accompli un nouveau pas dans sa vie sentimentale : elle a fini par épouser Louis Collin Barié du Bocage, mieux connu sous le nom de Louis Verneuil. Ce jeune auteur (il a moins de trente ans) a longtemps campé dans l'entourage de

Mme Bernhardt pour qu'elle consente à monter une de ses pièces. Il y est parvenu avec *Daniel*, mais l'expérience n'a pas été concluante, ce qui ne l'a pas découragé. Il a fait des progrès avec *L'Amant de cœur*, qu'il a fait jouer l'année de son mariage, en 1921. Il prépare une autre comédie : *Ma cousine de Varsovie*, et tourne des regards langoureux vers le cinéma.

Je me demandais avec inquiétude, car j'aime bien Mlle Lysiane, ce qu'il allait advenir de ce couple : les amours et les unions qui se nouent dans les coulisses du théâtre et du cinéma sont souvent éphémères. On se prend, on se quitte, on divorce au gré des circonstances ou de nouvelles rencontres. Celle-ci aura duré moins de trois ans. Pour Mme Bernhardt, elle a été à la fois un bonheur et un déchirement : elle aimait que sa petite-fille fût heureuse mais regrettait de devoir se priver de sa présence.

Récit de Lysiane Verneuil

Cette fois-ci, je me suis fâchée. *Great* venait de m'annoncer son intention de tourner dans un film, alors qu'elle a du mal à se lever et à marcher. Elle a pleurniché comme un gosse à qui l'on enlève son jouet.

— Comprends-moi, ma chérie, me dit-elle, il était si gentil, cet homme, ce... comment s'appelait-il déjà ? Mr. Leon Abrams. Sais-tu qu'il est venu spécialement de Hollywood pour me faire cette proposition ? Te rends-tu compte ? Il m'a même offert des chocolats de Californie ! Tiens, prends-en un...

J'ai refusé cette friandise.

— *Great,* ce n'est pas sérieux ! Vous savez pourtant comment se déroulent les séances de tournage. Louis vous l'a expliqué : c'est l'enfer ! Et vous...

— Tu as tort, ma chérie. Ils sont délicieux, ces chocolats. Meilleurs que ceux de Chez Marquis.

Elle a ajouté qu'elle avait longuement réfléchi à cette proposition et qu'elle avait renoncé, mais Abrams était revenu à la charge en lui affirmant qu'elle n'aurait pas à bouger d'un pouce, ni même à faire de gestes... ou si peu ! Elle tiendrait le rôle d'une extra-lucide assise dans son fauteuil, avec la guenon Marguerite sur son épaule. Elle a ajouté :

— J'aurai des partenaires de choix : Lili Damita (tiens, ça me rappelle un certain Damala !), Harry Baur et ma chère Mary Marquet qui ne se console pas de la mort de Rostand, son amant, tu le savais ? Je ne pouvais pas souhaiter mieux. Ah ! j'oubliais... Le film s'intitulera *La Voyante*. C'est Sacha qui va le réaliser. Quel talent et quel esprit il a, ce petit ! Il ira loin, tu verras... Et puis il est beau. Si j'étais plus jeune de seulement vingt ans...

Devant tant d'enthousiasme, je n'ai pas eu le cœur de la contrarier. Elle venait d'aborder un autre univers et nous regardait comme si nous étions des étrangers ignorants et bornés.

Suzanne Rueff, cette Batave dont elle s'est entichée et qui remplace avantageusement « la Saylor », mais pour une présence à éclipses, m'a raconté qu'elle avait assisté à l'entretien avec Leon Abrams. Il avait sursauté en la voyant alitée, en train de prendre sa tisane. Elle avait négligé de mettre son dentier, ce qui lui faisait une drôle de frimousse. Il avait balbutié :

— Pardonnez-moi, madame, j'ignorais que vous étiez souffrante, sinon...

— Ne vous excusez pas ! s'était-elle exclamée. Ce n'est qu'une mauvaise grippe. Dans trois ou quatre jours je serai guérie.

Lorsqu'il lui eut expliqué les motifs de sa démarche, qu'elle eut refusé, puis donné son accord, elle avait ajouté :

— Si cela ne doit pas vous causer trop de soucis, j'aimerais que le tournage ait lieu non pas dans un studio mais ici-même.

Il n'y voyait aucune objection, bien au contraire : le décor du salon était conforme à l'ambiance de la pièce.

Je vivais depuis peu au domicile de Louis Verneuil, que je venais d'épouser, mais je revenais chaque jour ou presque prendre des nouvelles de ma Grande. Elle n'avait gardé de son train domestique qu'une servante, Pitou et Émile Geoffroy, son majordome. Plusieurs jours par semaine, elle recevait la visite de Suzanne Rueff, une amie et une confidente plus qu'une employée de maison, qui, d'ailleurs, allait la quitter pour je ne sais quelles raisons. *Great* en est navrée : elle avait retrouvé en elle les qualités de la regrettée Mme Guérard. Elle avait de même opéré des coupes claires dans sa ménagerie, ne gardant que sa petite guenon Marguerite et un vieux chien qui perd ses poils sur les fauteuils et les divans.

Elle n'avait pas fini de nous surprendre et de nous donner du souci, au cours de cette année 1922, où elle présenta quarante-huit spectacles.

Son ultime tournée à l'étranger la conduisit non aux Amériques, mais en Espagne et en Italie. À soixante-dix-huit ans, c'était la pire des folies, même en compagnie de mon mari, qui lui servit d'imprésario ! Elle s'en tira à son avantage. À Madrid, elle fut présentée au roi Alphonse XIII, mais, en Italie, elle tenta en vain de rencontrer le Duce, Mussolini. Une jeune actrice aurait baissé les bras. Elle revint de ce périple radieuse, comme rajeunie, animée de ce que Reynaldo appelait son « mouvement perpétuel ».

Elle me dit en descendant du train :

— Ma chérie, malgré un peu de fatigue et quelques ennuis de santé, je me sens au mieux de ma forme. Ton mari a été adorable. Tu sais, je suis plus optimiste et plus gaie que jamais.

Elle avait ajouté dans la voiture :

— Vois-tu, ma chérie, la gaieté n'est pas pour moi une hygiène, comme pour les dames de la *haute*. Elle est dans ma nature.

Je sentais, à de menus détails, que cet optimisme était de façade, ce que Louis me confirma : ses ennuis de santé avaient failli lui être fatals.

J'ai frémi d'inquiétude en voyant les machinistes envahir le salon, y installer leurs sunlights, leurs échafaudages, leurs caméras, au milieu des plantes vertes et des meubles précieux. La guenon Marguerite, affolée, poussait des cris perçants, sautait de branche en branche, de fauteuil en divan. Ma Grande, elle, demeurait imperturbable, grave, comme pour les préparatifs d'un suicide. Chaque fois qu'un éclairage un peu violent la surprenait, elle portait les mains à ses yeux, si bien que Jean Cocteau, devenu un de ses familiers, lui conseilla le port de lunettes bleues.

C'est le 15 mars 1923 que débuta le tournage de *La Voyante*. *Great* gardait la même immobilité de statue qu'on lui avait imposée, mais ses mains trahissaient sa nervosité. Elle caressait Marguerite juchée sur son épaule, toute tremblante du tohu-bohu de ce cirque, et tripotait sans raison les cartes disposées devant elle.

Mon cœur s'est serré lorsque j'ai entendu Leon Abrams lancer dans son porte-voix :

— Êtes-vous prête, madame ? On va tourner !

Le bruit qu'a fait le clapman m'a donné l'impression d'un couperet de guillotine. Le souffle suspendu, le cœur affolé, abasourdie, j'ai assisté au tournage de la première scène. Derrière moi, le petit Cocteau murmurait :

— Elle va être parfaite, notre Sarah, vous verrez...

Mon père s'était levé et s'appuyait à l'épaule de ma sœur, Simone, récemment revenue de Londres. Il était pâle et sa main tremblait sur le pommeau de sa canne. Lili Damita et Harry Baur, en costume de scène, restaient tapis dans la pénombre, le visage grave. Mary Marquet, assise sous le palmier nain, tripotait son mouchoir. Debout près d'elle, un œil sur sa montre-bracelet, Sacha ressemblait à un officier qui, dans la tranchée, s'apprête à donner l'ordre de l'attaque.

Soudain, miracle ! *Great* s'est redressée, a ôté ses lunettes et, l'œil brillant, le visage lumineux sous la lumière artificielle, un sourire sur ses lèvres trop rouges, a lancé d'une voix autoritaire :

— Dites-moi au moins ce que je dois faire dans cette deuxième séquence !

On arrêta le tournage pour lui répéter les indications et lui rappeler son texte. Soudain, au beau milieu d'une réplique, son visage s'est crispé, les mains ont tâtonné au milieu des cartes étalées devant elle et, lentement, dans un soupir, elle s'est affalée sur la table.

— Coupez ! s'écria Abrams. Madame ! Madame ! Qu'avez-vous ?

Nous nous sommes précipités. *Great* n'était qu'évanouie. Nous l'avons transportée dans sa chambre, dévêtue, couchée. Notre médecin, le docteur Parrot, est arrivé dans les minutes qui ont suivi.

— Elle vient de faire une nouvelle crise d'urémie, dit-il après un bref examen. Je crains que, cette fois, ce ne soit plus grave que d'habitude. Mais aussi, quelle imprudence de votre part ! Vous auriez dû lui interdire cette nouvelle extravagance. Désormais, il lui faut un repos absolu. Je veillerai moi-même à ce qu'elle le respecte. Dites-vous qu'au moindre écart le pire peut arriver.

Elle a survécu à cette nouvelle attaque. Elle affirmait même, dès le lendemain, qu'elle aurait aimé faire une promenade au bois de Boulogne, jusqu'à la résidence de son ami Montesquiou, pour lui faire la surprise (il est mort depuis deux ans). Elle a demandé que l'on prévienne Georges Clairin pour qu'il vienne faire son dernier portrait (il avait lui aussi disparu, quatre ans auparavant). En revanche, Louise Abéma était présente, mais bouleversée au point de négliger de se saisir de son calepin et de son crayon.

Quelques jours plus tard, lorsque *Great* s'est levée pour nous rejoindre à la table du déjeuner, elle avait revêtu, comme pour une réception, la robe de velours rose que Sacha lui a rapportée d'un voyage à Venise. Elle a pris place dans sa cathèdre, a mangé peu, bu moins encore, mais a parlé d'abondance.

Un de ses derniers moments de bonheur, c'est en compagnie de Mrs. Campbell qu'elle l'a connu. Elle n'avait pu oublier que cette grande artiste anglaise avait été sa Mélisande, dans la pièce de Maeterlinck, et qu'elles avaient vécu, dans un théâtre de Londres, l'amorce d'un sentiment qui dépassait la simple notion d'amitié.

Un article publié par *Le Figaro* a rameuté, boulevard Pereire, tous les journalistes de la capitale. Lorsque j'écarte le rideau de la fenêtre, je peux les voir, massés sous la pluie de mars comme des vautours qui attendent leur proie, portant sous leur manteau leur appareil photographique et leur calepin. Chaque jour, le docteur Parrot rédige pour eux le bulletin de santé de notre malade.

J'entends *Great* maugréer :

— Est-ce qu'ils sont encore là ?

— Il en reste quelques-uns.

— Eh bien, ils attendront ! Ça m'amuse de les taquiner un peu. Ils m'ont bien assez embêtée, moi !

Elle a eu un petit rire aigrelet en remontant le drap sous son menton.

Le matin du 16 mars, alors que tombait une lumineuse averse de printemps, elle nous a fait appeler à son chevet. Après une nuit agitée, où elle avait été torturée par des maux de tête accompagnés de vomissements, elle se sentait ankylosée et incapable, balbutiaitelle, de faire sa toilette. Elle a tenté de se redresser contre ses oreillers marqués de sa devise : *Quand même !* mais a dû y renoncer.

Appelé d'urgence, le docteur Parrot s'est montré pessimiste :

— Je vous avais prévenus : son mal est inguérissable. À son âge, compter sur une rémission serait illusoire. C'est la fin, mes amis...

Mon père s'est jeté sur le lit en sanglotant. Il a pris sa mère dans ses bras, comme pour l'arracher à ses draps. Il a gémi :

— Je vous en prie, mère, ne nous quittez pas. Je vous l'interdis !

Les bras de *Great* se sont agrippés à lui. Elle a essayé de lui parler, mais les mots lui sont restés dans la gorge. Elle était encore comme nouée à lui quand le docteur Parrot est intervenu.

— Lâchez-la, monsieur, dit-il. Votre mère n'est plus de ce monde.

Il a fermé les yeux de la morte, a ouvert la fenêtre et a lancé aux journalistes :

— Messieurs, Mme Sarah Bernhardt vient de mourir.

Il a ajouté en se tournant vers nous :

— Je vous conseille de faire interdire la porte de votre hôtel, sinon vous serez envahis par ces messieurs. Notre chère défunte n'aurait pas aimé cela...

Le lendemain, le peintre Marcel Vergès est venu faire un dernier croquis de la morte. En traits délicats, il l'a représentée allongée sur son lit, vêtue de ce blanc qu'elle aimait, au milieu d'un semis de ses fleurs préférées : violettes et camélias, tenant un crucifix entre ses mains. Son visage d'une blancheur de craie est serein sous la tignasse d'un blond roux, où apparaissent des mèches de cheveux blancs.

Quelques jours avant sa mort, elle m'a dit :

— Quand j'aurai disparu, bientôt sans doute, tu trouveras mon cercueil au grenier. C'est celui où je couchais quand ma petite sœur Régina était malade. C'est là qu'il faudra placer mon corps. Je veux être enterrée au Père-Lachaise, et non à Belle-Île, comme je l'avais envisagé. C'est trop loin. Mes amis renonceraient à faire le voyage... Ne dis rien de tout ça à Maurice, surtout. Il est trop sensible, ce petit. Toi, tu es plus solide.

Elle a ajouté :

— Moi qui, tant de fois, dans presque tous mes spectacles, suis morte sur scène, je vais, cette fois-ci, mourir pour de bon. J'aurais préféré que ce soit dans un théâtre, au milieu de mes partenaires, face au public. À la fin de *La Dame aux camélias*, par exemple. S'éteindre en même temps que Marguerite Gautier, quel rêve ! Bah... mourir pour mourir, ici ou là, à tel moment ou à tel autre, qu'importe ! C'est toujours mourir...

Elle a pris son petit miroir au manche incrusté de pierres précieuses en me disant :

— Passe-moi mon rouge à lèvres, ma chérie. J'attends des visites et j'ai déjà l'air d'un cadavre...

Dans les trois jours qui ont suivi, quantité de gens sont venus boulevard Péreire. Par dizaines, par centaines, de Paris et d'ailleurs : des relations, des compagnons de route, des amis... Bouquets et gerbes se sont amoncelés dans la chambre, dans le salon, jusque sur le perron où des inconnus sont venus déposer un hommage écrit ou quelques fleurs de la saison : violettes et jonquilles. Très vite, autour du lit de Sarah, l'air saturé de parfum est devenu irrespirable.

Cela m'a rappelé la fin du roman d'Émile Zola : *La Faute de l'abbé Mouret,* lorsque, dans sa chambre du Paradou, Albine meurt, asphyxiée par le parfum des brassées de fleurs sauvages qu'elle y a entassées...

UN GOÛT D'ÉTERNITÉ

Récit de Pitou

Me voilà, quelques jours après la mort de la patronne, investi d'une fonction que je n'aurais jamais osé imaginer : gardien du temple dédié à Sarah.

En me confiant le trousseau de clés de l'immeuble du boulevard Péreire, M. Maurice m'a dit :

— Nous avons confiance en vous, tout comme ma mère elle-même. Je vous recommande de veiller à ce qu'aucun étranger à la famille ne pénètre dans cette maison. Vous allez avoir du travail : trier les papiers, y mettre de l'ordre... Ne vous occupez pas du ménage. Ce serait inutile. Nous vous laissons Marguerite, plutôt que de la confier à un jardin d'acclimatation. Elle vous tiendra compagnie. Ma fille gardera le chien. Il n'en a plus pour longtemps, à son âge...

J'aime bien Marguerite. Nous faisons bon ménage. Certains prétendent que je lui ressemble, ce qui ne me choque pas, d'autant qu'il y a du vrai dans la comparaison. Les premiers jours de cette solitude à deux, cet aimable animal m'a suivi partout, couchant la nuit sur ma carpette et, le jour, cherchant d'un regard éploré des traces de sa maîtresse qu'une grande voiture noire a emportée et qui n'est pas revenue.

Une semaine après les obsèques, je l'ai trouvée morte dans la chambre de Sarah. Je suis allé l'enterrer dans le jardin, avec son jouet préféré : la poupée d'étoffe rouge dont elle ne se séparait jamais.

Le gouvernement de la République a refusé de faire à Mme Sarah Bernhardt des obsèques nationales, comme le furent celles de son grand ami, Victor Hugo. Elle a pourtant connu, dans un domaine différent, une renommée identique. Il est vrai que, dans des siècles, on continuera à lire Victor Hugo, alors qu'il ne restera d'elle, quoi donc ? des articles de journaux, ses mémoires, des peintures, quelques bouts de pellicule et « sa voix d'or » enregistrée par la machine à rouleau de Mr. Edison...

La ferveur populaire a dénoncé l'ingratitude officielle. Des dizaines de milliers de personnes formaient le cortège qui, partant du boulevard Péreire, s'est arrêté pour un office religieux à l'église Saint-François-de-Sales, a marqué une halte devant le théâtre qui porte son nom, avant de l'escorter jusqu'au cimetière du Père-Lachaise. Sur la tombe toute simple figurent simplement son nom, sa date de naissance : 1844, et celle de sa mort : 1923. Il est difficile de lire cette inscription car la dalle est envahie de fleurs et de plaques.

Nombre de ses amis ont effectué des démarches pour qu'elle fût inhumée au Panthéon où elle avait sa place. Là encore, ils se sont heurtés aux réticences puis au refus du gouvernement. Une femme ! Une artiste ! Ce haut lieu de la mémoire, c'est aux hommes politiques et aux généraux qu'il est réservé en priorité.

Je regrette parfois d'avoir accepté la mission qui m'a été proposée par M. Maurice et Mme Lysiane Verneuil.

Les premiers jours, j'ai tourné en rond dans cette grande bâtisse, retrouvant à chaque pas des souvenirs qui me tiraient des larmes, comme cette photo prise à Belle-Île : une image de bonheur. Je figure près de ma maîtresse, méconnaissable sous mon vieux chapeau, en compagnie de Suzanne Saylor, de Reynaldo Hahn, de Georges Clairin, avec, en fond de décor, ce tas de pierres : le fortin. Nous sommes tous allongés ou assis dans l'herbe, Sarah avec ses deux chiens, le visage enfoui sous sa cape.

Le souvenir de la défunte se respire dans toutes les pièces. Il imprègne le moindre bibelot, les tentures, les cloisons. Il éclate dans le grand tableau de Georges Clairin qui orne la cheminée du salon. Le moindre objet murmure son nom. Le moindre recoin est imprégné de sa présence. J'évolue dans cette solitude peuplée d'ombres comme dans une symphonie funèbre qui n'aurait pas de fin.

La première nuit, je l'ai passée dans sa penderie, recroquevillé sous ses robes et ses manteaux, ivre de l'odeur des étoffes et des parfums qu'elle aimait.

Je crois que ma maîtresse avait plus que de l'affection pour moi : une sincère amitié, que je lui rendais au centuple. Elle me considérait comme son factotum, mais aussi comme son bouffon, peut-être en se souvenant de celui qu'elle avait incarné dans une pièce de Miguel Zamacoïs. Elle me savait gré de la distraire et de la faire rire par mes excentricités. Je parvenais à lui faire oublier les blessures d'amour-propre que lui infligeaient certains journalistes. Ce service, personne d'autre n'aurait pu le lui rendre, et moi je n'attendais rien d'autre que son affection. Je l'aimais, oui. À ma manière.

Ils sont venus. Ils ont tout emporté. Tout, de la cave au grenier ! M. Maurice m'a fait comprendre, avec un peu d'embarras, qu'il fallait en passer par là : les droits de succession qu'il faudrait payer, les dettes qu'il devait honorer... Quand l'argent parle, le souvenir reste muet. J'avais le cœur en berne en voyant partir toutes les pièces de ce gigantesque bric-à-brac qui était son univers : les meubles précieux, les objets offerts par des souverains étrangers, les reliques ramenées de ses voyages, ses costumes de scène, ses portraits...

Quelques jours avant ce pillage, un journaliste est venu frapper à ma porte. J'ai d'abord refusé de le laisser entrer dans cette sorte de sanctuaire. Il a insisté et, comme il était jeune, débutant sans doute dans le métier, je l'ai laissé entrer. Il m'a dit son nom : Maurice Fleuret. Il était très ému, hochait tristement la tête en parcourant le temple de « la Divine ». Trois jours plus tard il m'a apporté son article :

Comment évoquer la grande tragédienne, dans ce hall en désarroi ? C'est pourtant là, sur ce parquet mosaïqué, qu'elle recevait, étendue sur des peaux de bêtes, entourée du vacarme des perroquets multicolores, des cris des singes gam-

badant dans les palmiers. Au milieu de cette confusion, dans cet hôtel abandonné, je reconnais, ici et là, un objet familier qui évoque des sensations que l'on croyait mortes et qui, tout à coup, ressuscitent : le grand bureau de L'Aiglon, *les deux flambeaux en émaux byzantins qui étaient renversés chaque soir dans* Izéil...

Les opérations de la salle des ventes n'ont pas traîné. Il y avait foule : les uns venant se procurer un souvenir à bon compte, d'autres par simple esprit de lucre, la majorité par curiosité. Ils ont tout raflé. Lorsque les hyènes dépècent un cadavre, elles laissent au moins le squelette. Là, elles ont fait place nette.

Des amis de ma maîtresse se sont ligués pour tenter de faire de sa maison parisienne et du fortin de Belle-Île cette demeure de vacances qui me fut aussi chère qu'à elle, un musée à sa mémoire. Pourquoi ce musée, et qu'y mettrait-on ? Tout a été dispersé...

Les initiatives se sont succédé : donner le nom de Sarah Bernhardt à la place du Châtelet, créer aux environs de Paris un centre destiné à accueillir des artistes et des écrivains dépourvus de ressources, élever au Palais-Royal, à la mémoire de l'artiste, une sorte de mausolée, prétentieux et ridicule... Toutes ont échoué. Toutes sauf le projet initié par Sacha Guitry d'une statue à édifier par souscription. Quatre-vingts artistes ont versé leur contribution. L'œuvre, en marbre, a été confiée à un sculpteur tourangeau de grand talent : François Sicard, et sera édifiée dans le quartier de la Plaine Monceau, où elle a longtemps vécu. Elle figurera avec le costume qu'elle portait dans *Phèdre.*

Lysiane s'approche du bureau, se penche sur les documents qui s'y entassent, pose sa main sur mon épaule.

— Alors, Pitou, où en êtes-vous ?

— Ma foi, madame, c'est bien long, bien difficile, mais je progresse. Regardez vous-même ! Des articles, des affiches, des programmes, des contrats, des milliers de lettres venues des quatre coins du monde, des brouillons... J'en ai encore pour des jours et des jours.

— Courage, Pitou ! Vous faites du bon travail. Tenez, je vous ai apporté de quoi vous éviter le restaurant.

— Comme à un naufragé sur une île déserte... Vous êtes bien aimable, madame Lysiane.

Elle pointe son index sur un gros dossier marqué de la lettre M et me demande ce qu'il contient.

— Cette lettre, madame, signifie MALHEURS. J'y ai rassemblé les événements néfastes qu'a connus votre grand-mère. Ce qui explique son épaisseur.

— Et ces autres dossiers ? Des manuscrits, on dirait...

— Ceux de son roman : *La Petite Idole*. Celui de ses mémoires : *Ma double vie*, et quelques autres... Celui d'une sorte d'opéra que lui a confié Louise Michel, cette anarchiste morte à Marseille, il y a dix-huit ans : *Prométhée*. Votre grand-mère hésitait à le monter, car cela supposait une mise en scène et une figuration impressionnantes. Cette œuvre finira aux oubliettes, comme tant d'autres, je le crains. Moi, je l'ai classée...

— Que trouvez-vous encore d'intéressant dans ce fatras ?

— De tout, avec parfois d'heureuses surprises, comme cette lettre d'une ou d'un correspondant anonyme, que j'ai découverte il y a une heure. Elle est rédigée dans une belle cursive à l'ancienne, avec, pour toute signature, le dessin d'une fleur de camélia. Si vous permettez, je vais vous la lire :

Madame Sarah Bernhardt, il semble que vous donniez un pouvoir à vos rêves les plus fous, à travers les personnages que vous incarnez au théâtre. Vous semez ces rêves sur votre route, où que vous alliez. Vous accompagner, sur la scène ou dans la vie, c'est s'évader de notre société et de notre temps pour pénétrer dans un monde dont la banalité quotidienne est exclue pour faire place à l'universel et à l'éternité.

Madame Sarah Bernhardt, si l'on vous enfermait dans une cellule vide, sans fenêtre, que l'on verrouille la porte en vous laissant seule quelques heures ou quelques jours, dans une vacuité absolue, vous en sortiriez en robe byzantine, emportée par une coulée de lave, dans un parfum de fleurs et un souffle d'amour. Vous auriez laissé dans cette cellule, accrochés aux murs comme les décors de vos pièces, des rêves, des cauchemars et des alexandrins suspendus en guirlandes...

— J'aime bien cet hommage, murmure Lysiane. Il me semble que j'aurais pu l'écrire...

Pour en savoir plus...

La source essentielle de cet ouvrage se trouve dans les mémoires de Sarah Bernhardt : *Ma double vie* (Éditions des Femmes, 1980), qu'il convient de consulter avec prudence.

L'auteur conseille également :

Sur Sarah Bernhardt

Catherine Simon Bacchi : *Sarah Bernhardt, mythe et réalité.* Album illustré, sans nom d'éditeur.

Jean-Pierre Angrémy : *Portraits de Sarah Bernhardt,* catalogue d'une exposition à la Bibliothèque nationale. Illustré.

Arthur Gold et Robert Fizdale : *Sarah Bernhardt,* Gallimard, « Biographies ». Hors-texte ; traduit et annoté par Jean-François Sené.

Claudette Joannis : *Sarah Bernhardt, « Reine de l'attitude »,* Payot. Hors-texte.

Anne Delbée : *Le Sourire de Sarah Bernhardt,* Fayard. Hors-texte.

Françoise Sagan : *Sarah Bernhardt, le rire incassable,* Robert Laffont, « Elle était une fois ». Hors-texte.

Cornelia Otis Skinner : *Madame Sarah Bernhardt,* Cercle du bibliophile. Hors-texte ; adapté par Philippe Jullian, préface de Gilbert Sigaux.

Louis Sapin : *La Scandaleuse Sarah Bernhardt,* Éditions de la Crémille. Hors-texte.

Anne-Marie Fugier : *Comédienne : de Mlle Mars à Sarah Bernhardt,* Le Seuil.

Sur Morny

Pierre Paul : *Le Dernier Grand Seigneur.*

Maurice Porturier, *Morny et son temps.*

Sur l'affaire Marie Colombier

Marie Colombier : *Sarah Barnum.* Avec une préface de Paul Bonnetain, sans nom d'éditeur.

– *Pièces à conviction.* Avec un portrait de Marie Colombier, sans nom d'éditeur.

Un goût d'éternité

Sur le théâtre

Francis Ambrière : *Mlle Mars et Marie Dorval, au théâtre et dans la vie,* Le Seuil. Hors-texte.
Sylvie Chevalley : *La Comédie-Française, hier et aujourd'hui,* Didier. Illustré.

Divers

Edmond de Goncourt : *Journal,* Robert Laffont, « Bouquins ».
Jules Renard : *Journal,* Robert Laffont, « Bouquins ».
Léon Daudet : *Souvenirs et polémiques,* Robert Laffont, « Bouquins ».
Jean-François Nivet : *Octave Mirbeau,* Plon. Hors-texte.
Thibaut d'Anthonay : *Jean Lorrain,* Plon. Hors-texte.
François Broche : *Léon Daudet, le dernier imprécateur,* Robert Laffont. Hors-texte.
Raymond Castans : *Sacha Guitry,* De Fallois. Hors-texte.
Georges Mouly : *La Vie prodigieuse de Victorien Sardou,* Albin Michel.
Jules Claretie : *La Vie à Paris,* Victor Havard.
Francis de Croisset : *La Vie parisienne au théâtre,* Grasset.

Sur Belle-Île

Henrik Moret et Béatrice Moulin : *Belle-Isle-en-Mer ou les Ciseaux de la tempête,* Payot. Hors-texte.

Table des chapitres

Ouvrages de Michel Peyramaure (suite)

Le Beau Monde, Laffont ; France-Loisirs et Presses Pocket.
Pacifique-Sud, Presses de la Cité, France-Loisirs et Presses Pocket.
Les Demoiselles des Écoles, Laffont ; France-Loisirs et Presses Pocket.
Martial Chabannes gardien des ruines, Laffont, prix du Printemps du livre de Montaigut ; France-Loisirs.
Louisiana, Presses de la Cité, France-Loisirs et Presses Pocket.
Un monde à sauver, Bartillat, prix Jules-Sandeau.
Henri IV :
1. *L'Enfant roi de Navarre*, Laffont.
2. *Ralliez-vous à mon panache blanc !, Laffont.*
3. *Les Amours, les passions et la gloire*, Laffont.

Lavalette grenadier d Égypte, Laffont ; France-Loisirs.
La Tour des Anges, France-Loisirs ; Laffont.
Suzanne Valadon :
1. *Les Escaliers de Montmartre*, Laffont ; Grand livre du mois.
2. *Le Temps des ivresses*, Laffont ; Grand livre du mois.

Jeanne d'Arc :
1. *Et Dieu donnera la victoire*, Laffont.
2. *La Couronne de feu*, Laffont.

Les Chiens sauvages, Laffont.
Vu du clocher, Bartillat.
La Cabane aux fées, Le Rocher.
Soupes d'orties, nouvelles Anne-Carrière.
Le Roman des Croisades :
1. *La Croix et le Royaume*, Laffont.
2. *Les Étendards du Temple*, Laffont..

Le Roman de Catherine de Médicis, Presses de la Cité.

POUR LA JEUNESSE

La Vallée des mammouths, Grand Prix des Treize, Laffont, collection « Plein Vent » ; Folio-junior.
Les Colosses de Carthage, Laffont, collection « Plein Vent ».
Cordillère interdite, Laffont, collection « Plein Vent ».
Nous irons décrocher les nuages, Laffont, collection « Plein Vent ».
Je suis Napoléon Bonaparte, Belfond Jeunesse.

ÉDITIONS DE LUXE

Amour du Limousin (illustrations de J.-B. Valadié), Plaisir du Livre, Paris. Réédition (1986) aux éditions Fanlac, à Périgueux.
Èves du monde (illustrations de J.-B. Valadié), Art Média.
Valadié (album, Terre des Arts).

TOURISME

Le Limousin (Larousse).
La Corrèze (Ch. Bonneton).
Le Limousin (Ouest-France).
Brive (commentaire sur des gravures de Pierre Courtois), R. Moreau, Brive.
La Vie en Limousin (texte pour des photos de Pierre Batillot), « Les Monédières ».
Balade en Corrèze (photos de Sylvain Marchou), Les Trois-Épis, Brive.
Brive (Casterman).
Les Montagnes du jour, éd. « Les Monédières ». Préface de Daniel Borzeix.
Sentiers du Limousin, Fayard.

Impression réalisée sur CAMERON par

BUSSIÈRE CAMEDAN IMPRIMERIES

GROUPE CPI

à Saint-Amand-Montrond (Cher)
pour le compte des Éditions Robert Laffont
en avril 2002

N° d'édition : 42788/01. — N° d'impression : 021819/4.
Dépôt légal : mai 2002.

Imprimé en France